Javier López López

FÚTBOL: 160 FICHAS DE ENTRENAMIENTO PARA CADETES

WANCEULEN
EDITORIAL DEPORTIVA, S.L.

Título:	FÚTBOL: 160 FICHAS DE ENTRENAMIENTO PARA CADETES
Autor:	*Javier López López*
Editorial:	**WANCEULEN EDITORIAL DEPORTIVA, S.L.** C/. Cristo del Desamparo y Abandono, 56 - 41006 SEVILLA Tlfs. 95 492 15 11 y 95 465 66 61 - Fax: 95 492 10 59
I.S.B.N.:	978-84-9823-256-1
Dep. Legal:	CA-600/2002
© Copyright:	WANCEULEN EDITORIAL DEPORTIVA, S.L.
Primera Edición:	Año 2002

Reservados todos los derechos. Queda prohibido reproducir, almacenar en sistemas de recuperación de la información y transmitir parte alguna de esta publicación, cualquiera que sea el medio empleado (electrónico, mecánico, fotocopia, impresión, grabación, etc.) sin el permiso previo y por escrito de los titulares de los derechos de propiedad intelectual.

PRÓLOGO

Esta nueva colección, cubre un hueco muy importante en la bibliografía sobre entrenamiento y enseñanza del fútbol, como es el de la programación y desarrollo práctico de las sesiones de entrenamiento para toda la temporada, en todos sus niveles, desde prebenjamines (6-7 años) hasta seniors (más de 18 años). Otro aspecto novedoso de la colección, es la concepción integral del entrenamiento, desarrollando todos los contenidos técnico-tácticos a través de formas jugadas.

El entrenador de fútbol, siempre ha solicitado obras que, de forma clara describan juegos prácticos con balón, que amenicen el entrenamiento y a su vez cubran el desarrollo de los aspectos específicos necesarios para una correcta e idónea actuación en la competición.

Cada volumen de esta colección, está dedicado a una categoría de modo específico. En cada uno de ellos, el autor comienza con una clara fundamentación. Posteriormente ofrece una temporalización de toda la temporada, describiento claramente los Objetivos y Contenidos que se trabajan en cada sesión de entrenamiento, en unas tablas estructuradas por microciclos, que permiten tener una visión completa de la secuenciación de los distintos contenidos y la evolución del trabajo diario.

A continuación, se desarrollan todas las Sesiones de Entrenamiento de la Temporada, a través de una ficha individual por cada una de ellas, en el que todas las actividades fundamentales llevan una completa explicación y la representación gráfica correspondiente.

La estructura metodológica de éstas actividades, requiere una práctica cercana a la situación real de competición, y en la que se establezcan los procesos de relación interna propios del juego, con el objetivo fundamental de que el jugador fomente y potencie el pensamiento táctico y la capacidad de juego, debido esencialmente a una continua toma de decisiones.

Los contenidos desarrollados y las actividades propuestas, mantienen la misma línea metodológica seguida con anterioridad en otras publicaciones de Editorial Wanceulen y que sienta las bases de un entrenamiento moderno, científico, realista y fundamentado en las directrices actuales que rigen los proceso de enseñanza- aprendizaje de los deportes colectivos y en nuestro caso, fútbol.

En definitiva, la colección, plantea el entrenamiento a través de tareas integradas que procuren la mejora simultánea de los aspectos técnicos, tácticos, físicos y psicológicos.

El lector encontrará en las páginas de esta obra, la solución al trabajo diario, con la seguridad del éxito en su aplicación, ya que todas las actividades han sido llevadas a la práctica previamente por el autor. Para los técnicos noveles representará una simplificación a la hora de elaborar las sesiones diarias, y para los técnicos experimentados, una base sobre la que construir entrenamientos muy completos, con la aportación de la experiencia propia.

Antonio Wanceulen Moreno
Director Editorial Wanceulen
Entrenador Nacional de Fútbol

ÍNDICE:

INTRODUCCIÓN	9
1.- PLANIFICACIÓN DEL ENTRENAMIENTO	11
1.1.- Macrociclo	13
1.2.- Periodo	13
1.3.- Mesociclo	15
1.4.- Microciclo	39
1.5.- Sesión	39
2.- LAS TAREAS JUGADAS	43
3.- INDICACIONES METODOLÓGICAS	46
4.- ASPECTOS A CONSIDERAR	46
5.- CUADRO - RESUMEN SESIONES DE ENTRENAMIENTO PARA JUGADORES CADETES	49
6.- SÍMBOLOS EMPLEADOS	50
7.- 160 SESIONES DE ENTRENAMIENTOS	51
BIBLIOGRAFÍA	207

INTRODUCCIÓN

La etapa cadete constituye una de las más importantes en el proceso de formación de los jugadores y en la misma la labor del entrenador es de vital importancia.

Nos encontramos con unos jugadores en plena etapa de inestabilidad tanto física como psicológica como consecuencia de los profundos cambios que trae la pubertad.

Es en este aspecto en donde radica la labor del entrenador que debe a partir de la comprensión, conocimientos y personalidad, inculcar en primer lugar el respeto, la solidaridad y el compañerismo para favorecer la dinámica del grupo deportivo y en segundo lugar, debe a través de una metodología de entrenamiento adecuada, lograr que sus jugadores incrementen en un alto grado sus capacidades para el desarrollo del juego.

En la actualidad esta metodología busca el perfeccionamiento de la acciones a través de situaciones propias del juego en sí, llevando a cabo entrenamientos que favorezcan aspectos como la imaginación, la creatividad e inteligencia táctica y que tengan como protagonistas: el balón, los jugadores y el juego.

Este libro pretende servir de ayuda a todos aquellos entrenadores, preparadores físicos, monitores que desarrollan su labor en equipos de categoría cadete y que buscan nuevas ideas para la realización de las sesiones de entrenamiento. En el mismo se van a encontrar una primera parte en donde exponemos la planificación de la temporada, integrando en la misma todos los aspectos propios del juego y una segunda parte en la que se desarrollan las 160 sesiones de entrenamiento para la realización completa de la temporada a través del método global.

Aprovecho la ocasión para agradecer a los jugadores del equipo cadete del C.D. Lugo por su ilusión e interés en el desarrollo de la planificación aquí realizada.

1.- PLANIFICACIÓN DEL ENTRENAMIENTO

Constituye una forma de ordenar los conocimientos e ideas con el objetivo de organizar y desarrollar las sesiones de entrenamiento durante la temporada, y que estas reúnan todos los aspectos propios del juego: tácticos, técnicos, físicos, psicológicos, teniendo en cuenta el calendario de competiciones.

- Objetivos de la planificación:
- Evitar la improvisación, de la misma nace el fracaso.
- Conseguir una contínua progresión y mantenimiento de la forma de los jugadores.
- Conseguir el máximo estado de forma en la época de la temporada que más nos interese ya que los jugadores no pueden mantener la misma durante largos períodos de tiempo.
- Adaptar el estado de forma de los jugadores teniendo en cuenta los parones que existen durante la competición.
- Lograr integrar de forma óptima todos los aspectos propios del juego.
- Aspectos a tener encuenta en la planificación.
- Objetivo deportivo que se pretende alcanzar con la misma.
- Tener presente las fechas de los partidos de liga, copa, amistosos.
- Épocas que se van a dedicar a controles, test, revisiones médicas.
- Integrar de forma óptima los aspectos físicos-tácticos-técnicos-psicológicos.
- Cuantificar el volumen e intensidad durante los diferentes ciclos de preparación.
- División de la planificación en:
    - Macrociclos
    - Periodos
    - Mesociclos
    - Microciclos
    - Sesiones
    - Tareas

- La planificación aquí desarrollada consta de:

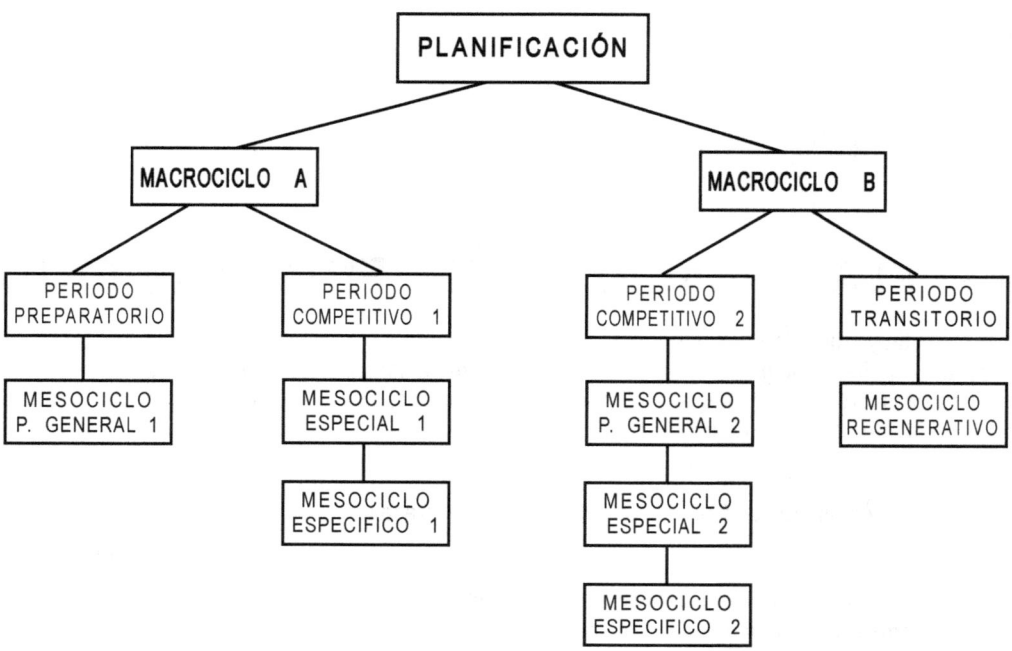

1.1.- MACROCICLO

Constituye un conjunto de varios periodos, describe ciclos de entrenamiento con una duración de 5-6 semanas a 3-4 años.

Dividiremos la temporada en dos macrociclos:

A) MACROCICLO I
1.1. Objetivos:
Alcanzar y mantener un elevado estado de forma.
1.2. Características:
Al inicio gran volumen y moderada intensidad, para pasar a disminuir el volumen y aumentar la intensidad.
1.3. Duración:
Periodos (preparatorio y competitivo I).
Mesociclos, (P. General I, especial I y específico I)
Microciclos (1º al 20º)
Sesiones (1ª a 80ª)
1.4. Contenidos.
Se detallan en el desarrollo de los mesociclos y microciclos.

B) MACROCICLO II
2.1. Objetivos:
Mantener el máximo estado de forma.
2.2. Características:
Mantenimiento del volumen del periodo competitivo I y aumento de la intensidad y al acabar las competiciones reducción ligera del volumen y progresiva de la intensidad.
2.3. Duración:
Periodos (competitivo II y transitorio).
Mesociclos (P. general 2, especial 2, específico 2 y regenerativo).
Microciclos (21º al 40º).
Sesiones (81ª a 160ª).
2.4. Contenidos.
Se detallan en el desarrollo de los mesociclos y microciclos.

1.2.- PERIODOS

Constituyen un conjunto de varios mesociclos, describe ciclos de entrenamiento con una duración entre 7-8 semanas a 5-6 meses.

Dividiremos la temporada en cuatro periodos:

A) PERIODO PREPARATORIO

1.1. Objetivos:
Crear una base sobre la que se asiente la preparación global general y especial con la intención de lograr el máximo desarrollo de la forma deportiva.

1.2. Características
Gran volumen de trabajo. Intensidad moderada o submáxima.

1.3. Duración.
Mesociclos (P. General 1).
Microciclos (1º al 6º)
Sesiones (1ª a 24ª)

1.4 Contenidos.
Se detallan en el desarrollo de los mesociclos y microciclos.

B) PERIODOS COMPETITIVOS I Y II.

2.1. Objetivos:
Lograr y mantener la máxima forma deportiva.
Mantener un alto nivel de condición física.
Máxima eficacia en la realización de acciones técnico-tácticas.
Perfeccionamiento físico-táctico-técnico-psicológico.

2.2. Características:
Reducción progresiva del volumen de trabajo. Aumento progresivo y mantenimiento de la intensidad de trabajo (submáxima y máxima)

2.3. Duración:
Competitivo I, Mesociclos (Especial 1 y específico 1)
Microciclos (7º al 20º), Sesiones (25ª a 80ª)
Competitivo II, Mesociclos (P. General 2, Especial 2 y específico 2)
Microciclos (21º al 38º), Sesiones (81ª a 152ª).

2.4. Contenidos:
Se detallan en el desarrollo de los mesociclos y microciclos.

C) PERIODO TRANSITORIO

3.1. Objetivos:
Regeneración del organismo y mantenimiento de un buen nivel de forma para el regreso a los entrenamientos de la próxima temporada.

3.2. Características:
Ligero descenso del volumen del periodo competitivo y descenso progresivo de la intensidad (moderada).

3.3. Duración :
Mesociclo (regenerativo), Microciclos (39º y 40º), Sesiones: (153ª a 160ª).
3.4. Contenidos:
Se detallan en el desarrollo de los mesociclos y microciclos.

1.3.- MESOCICLO

Constituye un conjunto de varios microciclos, describe ciclos de entrenamiento de entre dos a ocho semanas.

Se caracteriza por:
- Microciclos de entrenamiento similares.
- Microciclos con similares objetivos y con diferentes cargas de entrenamiento.

Dividiremos la planificación en once mesociclos:

MESOCICLO DE PREPARACIÓN GENERAL 1:
- N.º Mesociclo: 1
- Duración: 6 microciclos (24 sesiones)
- Objetivo: Generar base para la competición.
- Contenidos:

1ER MICROCICLO: MANTENER LA POSESIÓN DEL BALÓN - RECUPERAR EL BALÓN

MICROCICLO I	1.ª SESIÓN	2.ª SESIÓN	3.ª SESIÓN	4.ª SESIÓN
FÍSICOS	−Fuerza - resistencia. −Resistencia intensidad II. −Capacidades Coordinativas.	−Velocidad frecuencia. −Resistencia intensidad II. −Capacidades Coordinativas.	−Fuerza - resistencia. −Resistencia intensidad II. −Capacidades Coordinativas.	−Velocidad reacción. −Resistencia intensidad II. −Capacidades Coordinativas.
TÁCTICOS	−Apoyos, desmarques, paredes, c.orientación, temporizaciones. −Marcaje, vigilancia.	−Apoyos, desmarques, paredes, c.orientación, temporizaciones. −Marcaje, vigilancia.	−Apoyos, desmarques, paredes, c. orientación, temporizaciones. −Marcaje, vigilancia.	−Apoyos, desmarques, paredes, c. orientación, temporizaciones. −Marcaje, vigilancia.
TÉCNICOS	−Control conducción pase. −Entrada, carga, anticipación interceptación.	−Control conducción pase. −Entrada, carga, anticipación interceptación.	−Control conducción pase. −Entrada, carga, anticipación interceptación.	−Control conducción pase. −Entrada, carga, anticipación interceptación.
PSICOLÓGICOS	−Atención, concentración, creatividad, seguridad. −Atención, concentración, sacrificio, voluntad, agresividad.	−Atención, concentración, creatividad, seguridad. −Atención, concentración, sacrificio, voluntad, agresividad.	−Atención, concentración, creatividad, seguridad. −Atención, concentración, sacrificio, voluntad, agresividad.	−Atención, concentración, creatividad, seguridad. −Atención, concentración, sacrificio, voluntad, agresividad.

2º MICROCICLO: PROGRESIÓN EN EL JUEGO - EVITAR LA PROGRESIÓN EN EL JUEGO

MICROCICLO II	1.ª SESIÓN	2.ª SESIÓN	3.ª SESIÓN	4.ª SESIÓN
FÍSICOS	– Fuerza resistencia. – Resistencia intensidad II. – Capacidades Coordinativas.	– Vel. frecuencia – Resistencia intensidad II. – Capacidades Coordinativas.	– Fuerza resistencia. – Resistencia intensidad II. – Capacidades Coordinativas.	– Velocidad de reacción. – Resistencia intensidad II. – Capacidades Coordinativas.
TÁCTICOS	– Progresión, amplitud, apoyos, desmarques, paredes, profundidad, progresión, c. orientación. – Temporizaciones, repliegues, basculaciones, vigilancia, marcaje, coberturas, permutas.	– Progresión, amplitud, apoyos, desmarques, paredes, profundidad, progresión, c. orientación. – Temporizaciones, repliegues, basculaciones, vigilancia, marcaje, coberturas, permutas.	– Progresión, amplitud, apoyos, desmarques, paredes, profundidad, progresión, c. orientación. – Temporizaciones, repliegues, basculaciones, vigilancia, marcaje, coberturas, permutas.	– Progresión, amplitud, apoyos, desmarques, paredes, profundidad, progresión, c. orientación. – Temporizaciones, repliegues, basculaciones, vigilancia, marcaje, coberturas, permutas.
TÉCNICOS	– Control, condición pase, acc. combinativas, tiro. – Entrada, carga, anticipación interceptación.	– Control pase, acc. combinativas, tiro. – Entrada, carga, anticipación interceptación.	– Control, pase, conducción, regate, acc. combinativas, tiro. – Entrada, carga, anticipación interceptación.	– Control, conducción, regate, pase, tiro, acc. combinativas. – Entrada, carga, anticipación interceptación.
PSICOLÓGICOS	– Atención, concentración, creatividad. – Atención, concentración, sacrificio, voluntad.	– Atención, concentración, creatividad. – Atención, concentración, sacrificio, voluntad.	– Atención, concentración, creatividad. – Atención, concentración, sacrificio, voluntad.	– Atención, concentración, creatividad. – Atención, concentración, sacrificio, voluntad.

3º MICROCICLO: LA FINALIZACIÓN - EVITAR EL GOL
Superar las situaciones 1x1 - evitar ser superado 1x1

MICROCICLO III	1.ª SESIÓN	2.ª SESIÓN	3.ª SESIÓN	4.ª SESIÓN
FÍSICOS	– Fuerza resistencia. – Resistencia intensidad II. – Capacidades Coordinativas.	– Vel. frecuencia – Resistencia intensidad III. – Capacidades Coordinativas,	– Fuerza resistencia. – Resistencia intensidad II. – Capacidades Coordinativas.	– Velocidad de reacción. – Resistencia intensidad II. – Capacidades Coordinativas.
TÁCTICOS	– Progresión, profundidad, desmarques, paredes, c. orientación. – Marcaje, vigilancia, repliegues.	– C. Ritmo, temporizaciones. – Temporizaciones, repliegues.	– Progresión, profundidad, desmarques, paredes, c. orientación. – Marcaje, vigilancia, repliegues.	– C. Ritmo, temporizaciones. – Temporizaciones, repliegues.

TÉCNICOS	– Control, pase, tiro y cabeza. – Entrada, carga, anticipación interceptación, despeje.	– Conducción, finta, regate, c. técnica. – Entrada, carga.	– Control, pase, tiro y cabeza. – Entrada, carga, anticipación interceptación, despeje.	– Conducción, finta, regate, c. técnica. – Entrada, carga.
PSICOLÓGICOS	– Atención, concentración, valentía, confianza. – Atención, concentración.	– Atención, concentración, confianza, valentía, creatividad. – Atención, concentración, seguridad.	– Atención, concentración, valentía, confianza. – Atención, concentración.	– Atención, concentración, confianza, valentía, creatividad. – Atención, concentración, seguridad.

4º MICROCICLO: MANTENER LA POSESIÓN DEL BALÓN - RECUPERAR EL BALÓN

MICROCICLO IV	1.ª SESIÓN	2.ª SESIÓN	3.ª SESIÓN	4.ª SESIÓN
FÍSICOS	– Fuerza resistencia. – Resistencia intensidad II. – Capacidades Coordinativas.	– Vel. frecuencia. – Resistencia intensidad III. – Capacidades Coordinativas.	– Fuerza resistencia. – Resistencia especial competición. – Capacidades Coordinativas.	– Velocidad de reacción. – Resistencia intensidad II. – Capacidades Coordinativas.
TÁCTICOS	– Apoyos, desmarques, paredes, c. orientación, temporizaciones. – Marcaje, vigilancia.	– Apoyos, desmarques, paredes, c. orientación, temporizaciones. – Marcaje, vigilancia.	– Apoyos, desmarques, paredes, c. orientación, temporizaciones. – Marcaje, vigilancia.	– Apoyos, desmarques, paredes, c. orientación, temporizaciones. – Marcaje, vigilancia.
TÉCNICOS	– Control, conducción, pase. – Entrada, carga, anticipación, interceptación.	– Control, pase. – Entrada, carga, anticipación, interceptación.	– Control, conducción, regate, pase. – Entrada, carga, anticipación, interceptación.	– Control, conducción, regate, pase. – Entrada, carga., anticipación, interceptación.
PSICOLÓGICOS	– Atención, concentración, creatividad, seguridad. – Atención, concentración, sacrificio, voluntad, agresividad.	– Atención, concentración, creatividad, seguridad. – Atención, concentración, sacrificio, voluntad, seguridad.	– Atención, concentración, creatividad, seguridad. – Atención, concentración, sacrificio, voluntad, agresividad.	– Atención, concentración, creatividad, seguridad. – Atención, concentración, sacrificio, voluntad, agresividad.

5º MICROCICLO: PROGRESIÓN EN EL JUEGO - EVITAR LA PROGRESIÓN EN EL JUEGO

MICROCICLO V	1.ª SESIÓN	2.ª SESIÓN	3.ª SESIÓN	4.ª SESIÓN
FÍSICOS	– Fuerza resistencia. – Resistencia intensidad II. – Capacidades Coordinativas.	– Vel. frecuencia. – Resistencia intensidad III. – Capacidades Coordinativas.	– Fuerza resistencia. – Resistencia especial competición. – Capacidades Coordinativas.	– Velocidad de reacción. – Resistencia intensidad II. – Capacidades Coordinativas.

TÁCTICOS	– Progresión, amplitud, apoyos, desmarques, paredes, profundidad, progresión, c. orientación. – Temporizaciones, repliegues, basculaciones, vigilancia, marcaje, coberturas, permutas.	–Progresión, amplitud, apoyos, desmarques, paredes, profundidad, progresión, c. orientación. – Temporizaciones, repliegues, basculaciones, vigilancia, marcaje, coberturas, permutas.	–Progresión, amplitud, apoyos, desmarques, paredes, profundidad, progresión, c. orientación. – Temporizaciones, repliegues, basculaciones, vigilancia, marcaje, coberturas, permutas.	–Progresión, amplitud, apoyos, desmarques, paredes, profundidad, progresión, c. orientación. – Temporizaciones, repliegues, basculaciones, vigilancia, marcaje, coberturas, permutas.
TÉCNICOS	– Control, conducción, pase, acc. combinativas, tiro. – Entrada, carga, anticipación, interceptación.	– Control, pase, acc. combinativas, tiro. – Entrada, carga, anticipación, interceptación.	– Control, pase, conducción, regate, acc. combinativas, tiro. – Entrada, carga, anticipación, interceptación.	– Control, conducción, pase, tiro, acc. combinativas. – Entrada, carga, anticipación, interceptación.
PSICOLÓGICOS	– Atención, concentración, creatividad. – Atención, concentración, sacrificio, voluntad.	– Atención, concentración, creatividad. – Atención, concentración, sacrificio, voluntad.	– Atención, concentración, creatividad. – Atención, concentración, sacrificio, voluntad.	– Atención, concentración, creatividad. – Atención, concentración, sacrificio, voluntad.

6º MICROCICLO: LA FINALIZACIÓN - EVITAR EL GOL
Superar las situaciones 1:1 - Evitar ser superado 1:1

MICROCICLO IV	1.ª SESIÓN	2.ª SESIÓN	3.ª SESIÓN	4.ª SESIÓN
FÍSICOS	– Fuerza resistencia. – Resistencia intensidad II. – Capacidades Coordinativas.	– Vel. frecuencia – Resistencia intensidad III. – Capacidades Coordinativas.	– Fuerza resistencia. – Resistencia intensidad II. – Capacidades Coordinativas.	–Velocidad de reacción. – Resistencia intensidad II. – Capacidades Coordinativas.
TÁCTICOS	– Progresión, profundidad, desmarques, paredes, c. orientación. –Marcaje, vigilancia, repliegues.	– C. Ritmo, temporizaciones. –Temporizaciones, repliegues.	– Progresión, profundidad, desmarques, paredes, c. orientación. –Marcaje, vigilancia, repliegues.	– C. Ritmo, temporizaciones. –Temporizaciones, repliegues.
TÉCNICOS	– Control, pase, tiro y cabeza. – Entrada, carga, anticipación interceptación, despeje.	– Conducción, finta, regate, c. técnica. – Entrada, carga.	– Control, pase, tiro y cabeza. – Entrada, carga, anticipación, interceptación, despeje.	– Conducción, finta, regate, c. técnica. – Entrada, carga.
PSICOLÓGICOS	– Atención, concentración, valentía, confianza. – Atención, concentración.	– Atención, concentración, confianza, valentía, creatividad. – Atención, concentración, seguridad.	– Atención, concentración, valentía, confianza. – Atención, concentración.	– Atención, concentración, confianza, valentía, creatividad. – Atención, concentración, seguridad.

MESOCICLO ESPECIAL 1:
- N.º Mesociclo: 2
- Duración: 7 microciclos (28 sesiones)
- Objetivo: Aguantar los esfuerzos de alta intensidad durante el mayor tiempo posible.
- Contenidos:

1ER MICROCICLO: MANTENER LA POSESIÓN DEL BALÓN - RECUPERAR EL BALÓN

MICROCICLO I	1.ª SESIÓN	2.ª SESIÓN	3.ª SESIÓN	4.ª SESIÓN
FÍSICOS	−Fuerza máxima. −Resistencia intensidad II. −Capacidades Coordinativas.	−Velocidad desplazamiento. −Resistencia intensidad III. −Capacidades Coordinativas.	−Cap. anaeróbica, aláctica. −Resistencia especial competición. −Capacidades Coordinativas.	−Velocidad de reacción. −Resistencia intensidad I. −Capacidades Coordinativas.
TÁCTICOS	−Apoyos, desmarques, paredes, c. orientación, temporizaciones. −Marcaje, vigilancia.	−Apoyos, desmarques, paredes, c. orientación, temporizaciones. −Marcaje, vigilancia.	−Apoyos, desmarques, paredes, c. orientación, temporizaciones. −Marcaje, vigilancia.	−Apoyos, desmarques, paredes, c. orientación, temporizaciones. −Marcaje, vigilancia.
TÉCNICOS	−Control, conducción, pase. −Entrada, carga, anticipación, interceptación.	−Control, pase. −Entrada, carga, anticipación, interceptación.	−Control, conducción, regate, pase. −Entrada, carga, anticipación, interceptación.	−Control, conducción, regate, pase. −Entrada, carga, anticipación, interceptación.
PSICOLÓGICOS	−Atención, concentración, creatividad, seguridad. −Atención, concentración, sacrificio, voluntad, agresividad.	−Atención, concentración, creatividad, seguridad. −Atención, concentración, sacrificio, voluntad, agresividad.	−Atención, concentración, creatividad, seguridad. −Atención, concentración, sacrificio, voluntad, agresividad.	−Atención, concentración, creatividad, seguridad. −Atención, concentración, sacrificio, voluntad, agresividad.

2º MICROCICLO: PROGRESIÓN EN EL JUEGO - EVITAR LA PROGRESIÓN EN EL JUEGO

MICROCICLO II	1.ª SESIÓN	2.ª SESIÓN	3.ª SESIÓN	4.ª SESIÓN
FÍSICOS	−Fuerza máxima. −Resistencia intensidad II. −Capacidades Coordinativas.	−Velocidad desplazamiento. −Resistencia intensidad III. −Capacidades Coordinativas.	−Cap. anaeróbica, aláctica. −Resistencia especial competición. −Capacidades Coordinativas.	−Velocidad de reacción. −Resistencia intensidad I. −Capacidades Coordinativas.

TÁCTICOS	– Progresión amplitud, apoyos, desmarques, paredes, profundidad, progresión, c. orientación. – Temporizaciones, repliegues, basculaciones, vigilancia, marcaje, coberturas, permutas.	– Progresión amplitud, apoyos, desmarques, paredes, profundidad, progresión, c. orientación. – Temporizaciones, repliegues, basculaciones, vigilancia, marcaje, coberturas, permutas.	– Progresión amplitud, apoyos, desmarques, paredes, profundidad, progresión, c. orientación. – Temporizaciones, repliegues, basculaciones, vigilancia, marcaje, coberturas, permutas.	– Progresión amplitud, apoyos, desmarques, paredes, profundidad, progresión, c. orientación. – Temporizaciones, repliegues, basculaciones, vigilancia, marcaje, coberturas, permutas.
TÉCNICOS	– Control conducción pase, acc. combinativas, tiro. – Entrada, carga, anticipación interceptación.	– Control pase, acc. combinativas, tiro. – Entrada, carga, anticipación interceptación.	– Control, pase, conducción, regate, acc. combinativas, tiro. – Entrada, carga, anticipación interceptación.	– Control conducción regate, pase, tiro, acc. combinativas. – Entrada, carga, anticipación, interceptación.
PSICOLÓGICOS	– Atención, concentración, creatividad. – Atención, concentración, sacrificio, voluntad.	– Atención, concentración, creatividad. – Atención, concentración, sacrificio, voluntad.	– Atención, concentración, creatividad. – Atención, concentración, sacrificio, voluntad.	– Atención, concentración, creatividad. – Atención, concentración, sacrificio, voluntad.

3ER MICROCICLO: LA FINALIZACIÓN - EVITAR EL GOL
Superar las situaciones 1:1 evitar ser superado 1:1

MICROCICLO III	1.ª SESIÓN	2.ª SESIÓN	3.ª SESIÓN	4.ª SESIÓN
FÍSICOS	– Fuerza máxima – Resistencia intensidad II. – Capacidades Coordinativas.	– Velocidad desplazamiento. – Resistencia intensidad III. – Capacidades Coordinativas.	– Cap. anaeróbica, aláctica. – Resistencia intensidad II. – Capacidades Coordinativas.	– Velocidad de reacción. – Resistencia intensidad I. – Capacidades Coordinativas.
TÁCTICOS	– Progresión, profundidad, desmarques, paredes, c. orientación. – Marcaje, vigilancia, repliegues.	– C. Ritmo, temporizaciones. – Temporizaciones, repliegues.	– Progresión, profundidad, desmarques, paredes, c. orientación. – Marcaje, vigilancia, repliegues.	– C. Ritmo, temporizaciones. – Temporizaciones, repliegues.
TÉCNICOS	– Control, pase, tiro y cabeza. – Entrada, carga, anticipación, interceptación, despeje.	– Conducción, finta, regate, c. técnica. – Entrada, carga.	– Control, pase, tiro y cabeza. – Entrada, carga, anticipación, interceptación, despeje.	– Conducción, finta, regate, c. técnica. – Entrada, carga.
PSICOLÓGICOS	– Atención, concentración, valentía, confianza. – Atención, concentración.	– Atención, concentración, confianza, valentia, creatividad. – Atención, concentración, seguridad.	– Atención, concentración, valentía, confianza. – Atención, concentración.	– Atención, concentración, confianza, valentía, creatividad. – Atención, concentración, seguridad.

4º MICROCICLO: MANTENER LA POSESIÓN DEL BALÓN- RECUPERAR EL BALÓN

MICROCICLO IV	1.ª SESIÓN	2.ª SESIÓN	3.ª SESIÓN	4.ª SESIÓN
FÍSICOS	– Fuerza máxima – Resistencia intensidad II. – Capacidades Coordinativas.	– Velocidad desplazamiento. – Resistencia intensidad III. – Capacidades Coordinativas.	– Cap. anaeróbica, aláctica. – Resistencia especial competición. – Capacidades Coordinativas.	– Velocidad de reacción. – Resistencia intensidad I. – Capacidades Coordinativas.
TÁCTICOS	– Apoyos, desmarques, paredes, c. orientación, temporizaciones. – Marcaje, vigilancia.	– Apoyos, desmarques, paredes, c. orientación, temporizaciones. – Marcaje, vigilancia.	– Apoyos, desmarques, paredes, c. orientación, temporizaciones. – Marcaje, vigilancia.	– Apoyos, desmarques, paredes, c. orientación, temporizaciones. – Marcaje, vigilancia.
TÉCNICOS	– Control, conducción, pase. – Entrada, carga, anticipación, interceptación.	– Control, pase. – Entrada, carga, anticipación, interceptación.	– Control, conducción, regate, pase. – Entrada, carga, anticipación, interceptación.	– Control, conducción, regate, pase. – Entrada, carga, anticipación, interceptación.
PSICOLÓGICOS	– Atención, concentración, creatividad, seguridad. – Atención, concentración, sacrificio, voluntad, agresividad.	– Atención, concentración, creatividad, seguridad. – Atención, concentración, sacrificio, voluntad, agresividad.	– Atención, concentración, creatividad, seguridad. – Atención, concentración, sacrificio, voluntad, agresividad.	– Atención, concentración, creatividad, seguridad. – Atención, concentración, sacrificio, voluntad, agresividad.

5º MICROCICLO: PROGRESIÓN EN EL JUEGO - EVITAR LA PROGRESIÓN EN EL JUEGO

MICROCICLO V	1.ª SESIÓN	2.ª SESIÓN	3.ª SESIÓN	4.ª SESIÓN
FÍSICOS	– Fuerza máxima. – Resistencia intensidad II. – Capacidades Coordinativas.	– Velocidad desplazamiento. – Resistencia intensidad III. – Capacidades Coordinativas.	– Cap. anaeróbica, Aláctica. – Resistencia especial competición. – Capacidades Coordinativas.	– Velocidad de reacción. – Resistencia intensidad I. – Capacidades Coordinativas.
TÁCTICOS	– Progresión, amplitud, apoyos, desmarques, paredes, profundidad, progresión, c. orientación. – Temporizaciones, repliegues, basculaciones, vigilancia, marcaje, coberturas, permutas.	– Progresión, amplitud, apoyos, desmarques, paredes, profundidad, progresión, c. orientación. – Temporizaciones, repliegues, basculaciones, vigilancia, marcaje, coberturas, permutas.	– Progresión, amplitud, apoyos, desmarques, paredes, profundidad, progresión, c. orientación. – Temporizaciones, repliegues, basculaciones, vigilancia, marcaje, coberturas, permutas.	– Progresión, amplitud, apoyos, desmarques, paredes, profundidad, progresión, c. orientación. – Temporizaciones, repliegues, basculaciones, vigilancia, marcaje, coberturas, permutas.

TÉCNICOS	– Control conducción pase, acc. combinativas, tiro. – Entrada, carga, anticipación interceptación.	– Control pase, acc. combinativas, tiro. – Entrada, carga, anticipación interceptación.	– Control, pase, conducción, regate, acc. combinativas, tiro. – Entrada, carga, anticipación interceptación.	– Control conducción regate, pase, tiro, acc. combinativas. – Entrada, carga, anticipación interceptación.
PSICOLÓGICOS	– Atención, concentración, creatividad. – Atención, concentración, sacrificio, voluntad.	– Atención, concentración, creatividad. – Atención, concentración, sacrificio, voluntad.	– Atención, concentración, creatividad. – Atención, concentración, sacrificio, voluntad.	– Atención, concentración, creatividad. – Atención, concentración, sacrificio, voluntad.

6º MICROCICLO: LA FINALIZACIÓN - EVITAR EL GOL
Superar las situaciones 1:1 evitar ser superado 1:1

MICROCICLO VI	1.ª SESIÓN	2.ª SESIÓN	3.ª SESIÓN	4.ª SESIÓN
FÍSICOS	– Fuerza máxima – Resistencia intensidad II. – Capacidades Coordinativas.	– Velocidad desplazamiento. – Resistencia intensidad III. – Capacidades Coordinativas.	– Cap. anaeróbica, aláctica. – Resistencia especial competición. – Capacidades Coordinativas.	– Velocidad de reacción. – Resistencia intensidad I. – Capacidades Coordinativas.
TÁCTICOS	– Progresión, profundidad, desmarques, paredes, c. orientación. – Marcaje, vigilancia, repliegues.	– C. Ritmo, temporizaciones. – Temporizaciones, repliegues.	– Progresión, profundidad, desmarques, paredes, c. orientación. – Marcaje, vigilancia, repliegues.	– C. Ritmo, temporizaciones. – Temporizaciones, repliegues.
TÉCNICOS	– Control, pase, tiro y cabeza. – Entrada, carga, anticipación, interceptación, despeje.	– Conducción, finta, regate, c. técnica. – Entrada, carga.	– Control, pase, tiro y cabeza. – Entrada, carga, anticipación, interceptación, despeje.	– Conducción, finta, regate, c. técnica. – Entrada, carga.
PSICOLÓGICOS	– Atención, concentración, valentía, confianza. – Atención, concentración.	– Atención, concentración, confianza, valentía, creatividad. – Atención, concentración, seguridad.	– Atención, concentración, valentía, confianza. – Atención, concentración.	– Atención, concentración, confianza, valentía, creatividad. – Atención, concentración, seguridad.

7º MICROCICLO: MANTENER LA POSESIÓN DEL BALÓN - RECUPERAR EL BALÓN

MICROCICLO VII	1.ª SESIÓN	2.ª SESIÓN	3.ª SESIÓN	4.ª SESIÓN
FÍSICOS	– Fuerza máxima – Resistencia intensidad II. – Capacidades coordinativas.	– Velocidad desplazamiento. – Resistencia intensidad III. – Capacidades coordinativas.	– Cap. anaeróbica, aláctica. – Resistencia especial competición. – Capacidades coordinativas.	– Velocidad de reacción. – Resistencia intensidad I. – Capacidades coordinativas.

TÁCTICOS	– Apoyos, desmarques, paredes, c. orientación, temporizaciones. – Marcaje, vigilancia.	– Apoyos, desmarques, paredes, c. orientación, temporizaciones. – Marcaje, vigilancia.	– Apoyos, desmarques, paredes, c. orientación, temporizaciones. – Marcaje, vigilancia.	– Apoyos, desmarques, paredes, c. orientación, temporizaciones. – Marcaje, vigilancia.
TÉCNICOS	– Control, conducción, pase. – Entrada, carga, anticipación, interceptación.	– Control, pase. – Entrada, carga, anticipación, interceptación.	– Control, conducción, regate, pase. – Entrada, carga, anticipación, interceptación.	– Control, conducción, regate, pase. – Entrada, carga, anticipación, interceptación.
PSICOLÓGICOS	– Atención, concentración, creatividad, seguridad. – Atención, concentración, sacrificio, voluntad, agresividad.	– Atención, concentración, creatividad, seguridad. – Atención, concentración, sacrificio, voluntad, agresividad.	– Atención, concentración, creatividad, seguridad. – Atención, concentración, sacrificio, voluntad, agresividad.	– Atención, concentración, creatividad, seguridad. – Atención, concentración, sacrificio, voluntad, agresividad.

MESOCICLO ESPECÍFICO 1:
- N.º Mesociclo: 3
- Duración: 7 microciclos (28 sesiones)
- Objetivo: Obtener la máxima eficacia en la realización de las acciones durante todo el partido.
- Contenidos:

1ER MICROCICLO: MANTENER LA POSESIÓN DEL BALÓN - RECUPERAR EL BALÓN

MICROCICLO I	1.ª SESIÓN	2.ª SESIÓN	3.ª SESIÓN	4.ª SESIÓN
FÍSICOS	– Fuerza rapida – Resistencia intensidad II. – Capacidades Coordinativas.	– Velocidad de reacción. – Resistencia intensidad III. – Capacidades Coordinativas.	– Cap. anaeróbica, láctica. – Resistencia especial competición. – Capacidades Coordinativas.	– Velocidad de reacción. – Resistencia intensidad I. – Capacidades Coordinativas.
TÁCTICOS	– Apoyos, desmarques, paredes, c. orientación, temporizaciones. – Marcaje, vigilancia.	– Apoyos, desmarques, paredes, c. orientación, temporizaciones. – Marcaje, vigilancia.	– Apoyos, desmarques, paredes, c. orientación, temporizaciones. – Marcaje, vigilancia.	– Apoyos, desmarques, paredes, c. orientación, temporizaciones. – Marcaje, vigilancia.
TÉCNICOS	– Control, conducción, pase. – Entrada, carga, anticipación, interceptación.	– Control, pase. – Entrada, carga, anticipación, interceptación.	– Control, conducción regate, pase. – Entrada, carga, anticipación, interceptación.	– Control conducción regate, pase. – Entrada, carga, anticipación interceptación.
PSICOLÓGICOS	– Atención, concentración, creatividad, seguridad. – Atención, concentración, sacrificio, voluntad, agresividad.	– Atención, concentración, creatividad, seguridad. – Atención, concentración, sacrificio, voluntad, agresividad.	– Atención, concentración, creatividad, seguridad. – Atención, concentración, sacrificio, voluntad, agresividad.	– Atención, concentración, creatividad, seguridad. – Atención, concentración, sacrificio, voluntad, agresividad.

2° MICROCICLO: PROGRESIÓN EN EL JUEGO - EVITAR LA PROGRESIÓN EN EL JUEGO

MICROCICLO II	1.ª SESIÓN	2.ª SESIÓN	3.ª SESIÓN	4.ª SESIÓN
FÍSICOS	– Fuerza rápida. – Resistencia intensidad II. – Capacidades Coordinativas.	– Velocidad de reacción. – Resistencia intensidad III. – Capacidades Coordinativas.	– Cap. anaeróbica, láctica. – Resistencia especial competición. – Capacidades Coordinativas.	– Velocidad de reacción. – Resistencia intensidad I. – Capacidades Coordinativas.
TÁCTICOS	– Progresión amplitud, apoyos, desmarques, paredes, profundidad, progresión, c. orientación. – Temporizaciones, repliegues, basculaciones, vigilancia, marcaje, coberturas, permutas.	– Progresión amplitud, apoyos, desmarques, paredes, profundidad, progresión, c. orientación. – Temporizaciones, repliegues, basculaciones, vigilancia, marcaje, coberturas, permutas.	– Progresión amplitud, apoyos, desmarques, paredes, profundidad, progresión, c. orientación. – Temporizaciones, repliegues, basculaciones, vigilancia, marcaje, coberturas, permutas.	– Progresión amplitud, apoyos, desmarques, paredes, profundidad, progresión, c. orientación. – Temporizaciones, repliegues, basculaciones, vigilancia, marcaje, coberturas, permutas.
TÉCNICOS	– Control conducción pase, acc. combinativas, tiro. – Entrada, carga, anticipación interceptación.	– Control pase, acc. combinativas, tiro. – Entrada, carga, anticipación interceptación.	– Control, pase, conducción, regate, acc. combinativas, tiro. – Entrada, carga, anticipación interceptación.	– Control conducción regate, pase, tiro, acc. combinativas. – Entrada, carga, anticipación, interceptación.
PSICOLÓGICOS	– Atención, concentración, creatividad. – Atención, concentración, sacrificio, voluntad.	– Atención, concentración, creatividad. – Atención, concentración, sacrificio, voluntad.	– Atención, concentración, creatividad. – Atención, concentración, sacrificio, voluntad.	– Atención, concentración, creatividad. – Atención, concentración, sacrificio, voluntad.

3° MICROCICLO: LA FINALIZACIÓN - EVITAR EL GOL
Superar las situaciones 1:1 evitar ser superado 1:1

MICROCICLO II	1.ª SESIÓN	2.ª SESIÓN	3.ª SESIÓN	4.ª SESIÓN
FÍSICOS	– Fuerza rápida. – Resistencia intensidad II. – Capacidades Coordinativas.	– Velocidad de reacción. – Resistencia intensidad III. – Capacidades Coordinativas.	– Cap. anaeróbica, láctica. – Resistencia intensidad II. – Capacidades Coordinativas.	– Velocidad de reacción. – Resistencia intensidad II. – Capacidades Coordinativas.
TÁCTICOS	– Progresión, profundidad, desmarques, paredes, c. orientación. – Marcaje, vigilancia, repliegues.	– C. Ritmo, temporizaciones. – Temporizaciones, repliegues.	– Progresión, profundidad, desmarques, paredes, c. orientación. – Marcaje, vigilancia, repliegues.	– C. Ritmo, temporizaciones. – Temporizaciones, repliegues.

TÉCNICOS	– Control, pase, tiro, y cabeza. – Entrada, carga, anticipación, interceptación, despeje.	– Conducción, finta, regate, c. técnica. – Entrada, carga.	– Control, pase, tiro y cabeza.. – Entrada, carga, anticipación, interceptación, despeje.	– Conducción, finta, regate, c. técnica. – Entrada, carga.
PSICOLÓGICOS	– Atención, concentración, valentía, confianza. – Atención, concentración.	– Atención, concentración, confianza, valentía, creatividad. – Atención, concentración, seguridad.	– Atención, concentración, valentía, confianza. – Atención, concentración.	– Atención, concentración, confianza, valentía, creatividad. – Atención, concentración, seguridad.

4º MICROCICLO: MATENER LA POSESIÓN DEL BALÓN - RECUPERAR EL BALÓN

MICROCICLO IV	1.ª SESIÓN	2.ª SESIÓN	3.ª SESIÓN	4.ª SESIÓN
FÍSICOS	– Fuerza rápida. – Resistencia intensidad II. – Capacidades Coordinativas.	– Velocidad de reacción. – Resistencia intensidad III. – Capacidades Coordinativas.	– Cap. anaeróbica, láctica. – Resistencia intensidad II. – Capacidades Coordinativas.	– Velocidad de reacción. – Resistencia intensidad I. – Capacidades Coordinativas.
TÁCTICOS	– Progresión, profundidad, desmarques, paredes, c. orientación. – Marcaje, vigilancia, repliegues.	– C. Ritmo, temporizaciones. – Temporizaciones, repliegues.	– Progresión, profundidad, desmarques, paredes, c. orientación. – Marcaje, vigilancia, repliegues.	– C. Ritmo, temporizaciones. – Temporizaciones, repliegues.
TÉCNICOS	– Control, pase, tiro, y cabeza. – Entrada, carga, anticipación, interceptación, despeje.	– Conducción, finta, regate, c. técnica. – Entrada, carga.	– Control, pase, tiro y cabeza.. – Entrada, carga, anticipación, interceptación, despeje.	– Conducción, finta, regate, c. técnica. – Entrada, carga.
PSICOLÓGICOS	– Atención, concentración, valentía, confianza. – Atención, concentración.	– Atención, concentración, confianza, valentía, creatividad. – Atención, concentración, seguridad.	– Atención, concentración, valentía, confianza. – Atención, concentración.	– Atención, concentración, confianza, valentía, creatividad. – Atención, concentración, seguridad.

5º MICROCICLO: PROGRESIÓN EN EL JUEGO - EVITAR LA PROGRESIÓN EN EL JUEGO

MICROCICLO V	1.ª SESIÓN	2.ª SESIÓN	3.ª SESIÓN	4.ª SESIÓN
FÍSICOS	– Fuerza rápida. – Resistencia intensidad II. – Capacidades Coordinativas.	– Velocidad de reacción. – Resistencia intensidad III. – Capacidades Coordinativas.	– Cap. anaeróbica, láctica. – Resistencia especial competición. – Capacidades Coordinativas.	– Velocidad de reacción. – Resistencia intensidad I. – Capacidades Coordinativas.

	1.ª SESIÓN	2.ª SESIÓN	3.ª SESIÓN	4.ª SESIÓN
TÁCTICOS	– Progresión, amplitud, apoyos, desmarques, paredes, profundidad, progresión, c. orientación. – Temporizaciones, repliegues, basculaciones, vigilancia, marcaje, coberturas, permutas.	– Progresión, amplitud, apoyos, desmarques, paredes, profundidad, progresión, c. orientación. – Temporizaciones, repliegues, basculaciones, vigilancia, marcaje, coberturas, permutas.	– Progresión, amplitud, apoyos, desmarques, paredes, profundidad, progresión, c. orientación. – Temporizaciones, repliegues, basculaciones, vigilancia, marcaje, coberturas, permutas.	– Progresión, amplitud, apoyos, desmarques, paredes, profundidad, progresión, c. orientación. – Temporizaciones, repliegues, basculaciones, vigilancia, marcaje, coberturas, permutas.
TÉCNICOS	– Control, conducción pase, acc. combinativas, tiro. – Entrada, carga, anticipación, interceptación.	– Control, pase, acc. combinativas, tiro. – Entrada, carga, anticipación, interceptación.	– Control, pase, conducción, regate, acc. combinativas, tiro. – Entrada, carga, anticipación, interceptación.	– Control, conducción regate, pase, tiro, acc. combinativas. – Entrada, carga, anticipación, interceptación.
PSICOLÓGICOS	– Atención, concentración, creatividad. – Atención, concentración, sacrificio, voluntad.	– Atención, concentración, creatividad. – Atención, concentración, sacrificio, voluntad.	– Atención, concentración, creatividad. – Atención, concentración, sacrificio, voluntad.	– Atención, concentración, creatividad. – Atención, concentración, sacrificio, voluntad.

6º MICROCICLO: LA FINALIZACIÓN - EVITAR EL GOL
SUPERAR LAS SITUACIONES 1:1 - EVITAR SER SUPERARDO 1:1

MICROCICLO VI	1.ª SESIÓN	2.ª SESIÓN	3.ª SESIÓN	4.ª SESIÓN
FÍSICOS	– Fuerza rapida – Resistencia intensidad II. – Capacidades Coordinativas.	– Velocidad de reacción. – Resistencia intensidad III. – Capacidades Coordinativas.	– Cap. anaeróbica, láctica. – Resistencia especial competición. – Capacidades Coordinativas.	– Velocidad de reacción. – Resistencia intensidad I. – Capacidades Coordinativas.
TÁCTICOS	– Apoyos, desmarques, paredes, c. orientación, temporizaciones. – Marcaje, vigilancia.	– Apoyos, desmarques, paredes, c. orientación, temporizaciones. – Marcaje, vigilancia.	– Apoyos, desmarques, paredes, c. orientación, temporizaciones. – Marcaje, vigilancia.	– Apoyos, desmarques, paredes, c. orientación, temporizaciones. – Marcaje, vigilancia.
TÉCNICOS	– Control, conducción pase. – Entrada, carga, anticipación, interceptación.	– Control, pase. – Entrada, carga, anticipación interceptación.	– Control, conducción regate, pase. – Entrada, carga, anticipación, interceptación.	– Control, conducción, regate, pase. – Entrada, carga, anticipación, interceptación.
PSICOLÓGICOS	– Atención, concentración, creatividad, seguridad. – Atención, concentración, sacrificio, voluntad, agresividad.	– Atención, concentración, creatividad, seguridad. – Atención, concentración, sacrificio, voluntad, agresividad.	– Atención, concentración, creatividad, seguridad. – Atención, concentración, sacrificio, voluntad, agresividad.	– Atención, concentración, creatividad, seguridad. – Atención, concentración, sacrificio, voluntad, agresividad.

7º MICROCICLO: MANTENER LA POSESIÓN DEL BALÓN - RECUPERAR EL BALÓN

IMICROCICLO VII	1.ª SESIÓN	2.ª SESIÓN	3.ª SESIÓN	4.ª SESIÓN
FÍSICOS	– Fuerza rápida. – Resistencia intensidad II. – Capacidades Coordinativas.	– Velocidad de reacción. – Resistencia intensidad III. – Capacidades Coordinativas.	– Cap. anaeróbica, láctica. – Resistencia intensidad II. – Capacidades Coordinativas.	– Velocidad de reacción. – Resistencia intensidad I. – Capacidades Coordinativas.
TÁCTICOS	– Progresión, profundidad, desmarques, paredes, c. orientación. – Marcaje, vigilancia, repliegues.	– C. Ritmo, temporizaciones. – Temporizaciones, repliegues.	– Progresión, profundidad, desmarques, paredes, c. orientación. – Marcaje, vigilancia, repliegues.	– C. Ritmo, temporizaciones. – Temporizaciones, repliegues.
TÉCNICOS	– Control, pase, tiro y cabeza.. – Entrada, carga, anticipación, interceptación, despeje.	– Conducción, finta, regate, c. técnica. – Entrada, carga.	– Control, pase, tiro y cabeza.. – Entrada, carga, anticipación, interceptación, despeje.	– Conducción, finta, regate, c. técnica. – Entrada, carga.
PSICOLÓGICOS	– Atención, concentración, valentía, confianza. – Atención, concentración.	– Atención, concentración, confianza, valentía, creatividad. – Atención, concentración, seguridad.	– Atención, concentración, valentía, confianza. – Atención, concentración.	– Atención, concentración, confianza, valentía, creatividad. – Atención, concentración, seguridad.

MESOCICLO DE PREPARACIÓN GENERAL 2:

- N.º Mesociclo: 4
- Duración: 6 microciclos (24 sesiones)
- Objetivo: Generar base para la segunda vuelta.
- Contenidos:

1ᴱᴿ MICROCICLO: MANTENER LA POSESIÓN DEL BALÓN - RECUPERAR EL BALÓN

MICROCICLO I	1.ª SESIÓN	2.ª SESIÓN	3.ª SESIÓN	4.ª SESIÓN
FÍSICOS	– Fuerza resistencia. – Resistencia intensidad II. – Capacidades Coordinativas.	– Velocidad frecuencia. – Resistencia intensidad II. – Capacidades Coordinativas.	– Fuerza resistencia. – Resistencia especial competición. – Capacidades Coordinativas.	– Velocidad de reacción. – Resistencia intensidad I. – Capacidades Coordinativas.
TÁCTICOS	– Apoyos, desmarques, paredes, c. orientación, temporizaciones. – Marcaje, vigilancia.	– Apoyos, desmarques, paredes, c. orientación, temporizaciones. – Marcaje, vigilancia.	– Apoyos, desmarques, paredes, c. orientación, temporizaciones. – Marcaje, vigilancia.	– Apoyos, desmarques, paredes, c. orientación, temporizaciones. – Marcaje, vigilancia.

TÉCNICOS	– Control conducción pase. – Entrada, carga, anticipación, interceptación.	– Control, pase. – Entrada, carga, anticipación, interceptación.	– Control conducción regate, pase. – Entrada, carga, anticipación, interceptación.	– Control conducción regate, pase. – Entrada, carga, anticipación, interceptación.
PSICOLÓGICOS	– Atención, concentración, creatividad, seguridad. – Atención, concentración, sacrificio, voluntad, agresividad.	– Atención, concentración, creatividad, seguridad. – Atención, concentración, sacrificio, voluntad, agresividad.	– Atención, concentración, creatividad, seguridad. – Atención, concentración, sacrificio, voluntad, agresividad.	– Atención, concentración, creatividad, seguridad. – Atención, concentración, sacrificio, voluntad, agresividad.

2º MICROCICLO: PROGRESIÓN EN EL JUEGO - EVITAR LA PROGRESIÓN EN EL JUEGO

MICROCICLO II	1.ª SESIÓN	2.ª SESIÓN	3.ª SESIÓN	4.ª SESIÓN
FÍSICOS	– Fuerza resistencia. – Resistencia intensidad II. – Capacidades Coordinativas.	– Velocidad frecuencia. – Resistencia intensidad III. – Capacidades Coordinativas.	– Fuerza de resistenia. – Resistencia especial competición. – Capacidades Coordinativas.	– Velocidad de reacción. – Resistencia intensidad I. – Capacidades Coordinativas.
TÁCTICOS	– Progresión amplitud, apoyos, desmarques, paredes, profundidad, progresión, c. orientación. – Temporizaciones, repliegues, basculaciones, vigilancia, marcaje, coberturas, permutas.	– Progresión amplitud, apoyos, desmarques, paredes, profundidad, progresión, c. orientación. – Temporizaciones, repliegues, basculaciones, vigilancia, marcaje, coberturas, permutas.	– Progresión amplitud, apoyos, desmarques, paredes, profundidad, progresión, c. orientación. – Temporizaciones, repliegues, basculaciones, vigilancia, marcaje, coberturas, permutas.	– Progresión amplitud, apoyos, desmarques, paredes, profundidad, progresión, c. orientación. – Temporizaciones, repliegues, basculaciones, vigilancia, marcaje, coberturas, permutas.
TÉCNICOS	– Control conducción pase, acc. combinativas, tiro. – Entrada, carga, anticipación interceptación.	– Control pase, acc. combinativas, tiro. – Entrada, carga, anticipación interceptación.	– Control, pase, conducción, regate, acc. combinativas, tiro. – Entrada, carga, anticipación, interceptación.	– Control, conducción regate, pase, tiro, acc. combinativas. – Entrada, carga, anticipación, interceptación.
PSICOLÓGICOS	– Atención, concentración, creatividad. – Atención, concentración, sacrificio, voluntad.	– Atención, concentración, creatividad. – Atención, concentración, sacrificio, voluntad.	– Atención, concentración, creatividad. – Atención, concentración, sacrificio, voluntad.	– Atención, concentración, creatividad. – Atención, concentración, sacrificio, voluntad.

3ᴱᴿ MICROCICLO: LA FINALIZACIÓN - EVITAR EL GOL
Superar las situaciones 1x1 evitar ser superado 1:1

MICROCICLO III	1.ª SESIÓN	2.ª SESIÓN	3.ª SESIÓN	4.ª SESIÓN
FÍSICOS	– Fuerza de resistencia. – Resistencia intensidad II. – Capacidades Coordinativas.	– Velocidad frecuencia. – Resistencia intensidad III. – Capacidades Coordinativas.	– Fuerza resistancia. – Resistencia intensidad II. – Capacidades Coordinativas.	– Velocidad de reacción. – Resistencia intensidad I. – Capacidades Coordinativas.
TÁCTICOS	– Progresión, profundidad, desmarques, paredes, c. orientación. – Marcaje, vigilancia, repliegues.	– C. Ritmo, temporizaciones. – Temporizaciones, repliegues	– Progresión, profundidad, desmarques, paredes, c. orientación. – Marcaje, vigilancia, repliegues.	– C. Ritmo, temporizaciones. – Temporizaciones, repliegues.
TÉCNICOS	– Control, pase, tiro y cabeza. – Entrada, carga, anticipación, interceptación, despeje.	– Conducción, finta, regate, c. técnica. – Entrada, carga.	– Control, pase, tiro y cabeza. – Entrada, carga, anticipación, interceptación, despeje.	– Conducción, finta, regate, c. técnica. – Entrada, carga.
PSICOLÓGICOS	– Atención, concentración, confianza. – Atención, concentración.	– Atención, concentración, confianza, valentía, creatividad. – Atención, concentración, seguridad.	– Atención, concentración, valentía, confianza. – Atención, concentración.	– Atención, concentración, confianza, valentía, creatividad. – Atención, concentración, seguridad.

4º MICROCICLO: MANTENER LA POSESIÓN DEL BALÓN - RECUPERAR EL BALÓN

MICROCICLO VI	1.ª SESIÓN	2.ª SESIÓN	3.ª SESIÓN	4.ª SESIÓN
FÍSICOS	– Fuerza resistencia. – Resistencia intensidad II. – Capacidades Coordinativas.	– Velocidad frecuencia. – Resistencia intensidad III. – Capacidades Coordinativas.	– Fuerza resistencia. – Resistencia especial competición. – Capacidades Coordinativas.	– Velocidad de reacción. – Resistencia intensidad I. – Capacidades Coordinativas.
TÁCTICOS	– Apoyos, desmarques, paredes, c. orientación, temporizaciones. – Marcaje, vigilancia.	– Apoyos, desmarques, paredes, c. orientación, temporizaciones. – Marcaje, vigilancia.	– Apoyos, desmarques, paredes, c. orientación, temporizaciones. – Marcaje, vigilancia.	– Apoyos, desmarques, paredes, c. orientación, temporizaciones. – Marcaje, vigilancia.
TÉCNICOS	– Control conducción pase. – Entrada, carga, anticipación interceptación.	– Control, pase. – Entrada, carga, anticipación interceptación.	– Control, conducción regate, pase. – Entrada, carga, anticipación interceptación.	– Control conducción regate, pase. – Entrada, carga, anticipación, interceptación.

PSICOLÓGICOS	– Atención, concentración, creatividad, seguridad. – Atención, concentración, sacrificio, voluntad, agresividad.	– Atención, concentración, creatividad, seguridad. – Atención, concentración, sacrificio, voluntad, agresividad.	– Atención, concentración, creatividad, seguridad. – Atención, concentración, sacrificio, voluntad, agresividad.	– Atención, concentración, creatividad, seguridad. – Atención, concentración, sacrificio, voluntad, agresividad.

5º MICROCICLO: PROGRESIÓN EN EL JUEGO - EVITAR LA PROGRESIÓN EN EL JUEGO

MICROCICLO V	1.ª SESIÓN	2.ª SESIÓN	3.ª SESIÓN	4.ª SESIÓN
FÍSICOS	– Fuerza. – Resistencia intensidad II. – Capacidades Coordinativas.	– Velocidad, frecuencia. – Capacidades Coordinativas.	– Fuerza, resistencia. – Capacidades Coordinativas.	– Velocidad de reacción. – Resistencia intensidad I. – Capacidades Coordinativas.
TÁCTICOS	– Progresión amplitud, apoyos, desmarques, paredes, profundidad, progresión, c. orientación. – Temporizaciones, repliegues, basculaciones, vigilancia, marcaje, coberturas, permutas.	– Progresión amplitud, apoyos, desmarques, paredes, profundidad, progresión, c. orientación. – Temporizaciones, repliegues, basculaciones, vigilancia, marcaje, coberturas, permutas.	– Progresión amplitud, apoyos, desmarques, paredes, profundidad, progresión, c. orientación. – Temporizaciones, repliegues, basculaciones, vigilancia, marcaje, coberturas, permutas.	– Progresión amplitud, apoyos, desmarques, paredes, profundidad, progresión, c. orientación. – Temporizaciones, repliegues, basculaciones, vigilancia, marcaje, coberturas, permutas.
TÉCNICOS	– Control, conducción, pase, acc. combinativas, tiro. – Entrada, carga, anticipación, interceptación.	– Control, pase, acc. combinativas, tiro. – Entrada, carga, anticipación, interceptación.	– Control, pase, conducción, regate, acc. combinativas, tiro. – Entrada, carga, anticipación, interceptación.	– Control, conducción, regate, pase, tiro, acc. combinativas. – Entrada, carga, anticipación, interceptación.
PSICOLÓGICOS	– Atención, concentración, creatividad. – Atención, concentración, sacrificio, voluntad.	– Atención, concentración, creatividad. – Atención, concentración, sacrificio, voluntad.	– Atención, concentración, creatividad. – Atención, concentración, sacrificio, voluntad.	– Atención, concentración, creatividad. – Atención, concentración, sacrificio, voluntad.

6º MICROCICLO: LA FINALIZACIÓN - EVITAR EL GOL
Superar las situaciones 1x1 - Evitar ser superado 1:1

MICROCICLO VI	1.ª SESIÓN	2.ª SESIÓN	3.ª SESIÓN	4.ª SESIÓN
FÍSICOS	– Fuerza. – Resistencia intensidad II. – Capacidades Coordinativas.	– Veloc. frecuencia. – Resistencia intensidad III. – Capacidades Coordinativas.	– Veloc. resistencia. – Resistencia intensidad II. – Capacidades Coordinativas.	– Velocidad de reacción. – Resistencia intensidad I. – Capacidades Coordinativas.

TÁCTICOS	– Progresión, profundidad, desmarques, paredes, c. orientación. – Marcaje, vigilancia, repliegues.	– C. Ritmo, temporizaciones. – Temporizaciones, repliegues	– Progresión, profundidad, desmarques, paredes, c. orientación. – Marcaje, vigilancia, repliegues.	– C. Ritmo, temporizaciones. – Temporizaciones, repliegues.
TÉCNICOS	– Control, pase, tiro y cabeza. – Entrada, carga, anticipación, interceptación, despeje.	– Conducción, finta, regate, c. técnica. – Entrada, carga.	– Control, pase, tiro y cabeza. – Entrada, carga, anticipación, interceptación, despeje.	– Conducción, finta, regate, c. técnica. – Entrada, carga.
PSICOLÓGICOS	– Atención, concentración, confianza. – Atención, concentración.	– Atención, concentración, confianza, valentía, creatividad. – Atención, concentración, seguridad.	– Atención, concentración, valentía, confianza. – Atención, concentración.	– Atención, concentración, confianza, valentía, creatividad. – Atención, concentración, seguridad.

MESOCICLO ESPECIAL 2:

- N.º Mesociclo: 5
- Duración: 6 microciclos (24 sesiones)
- Objetivo: Aguantar los esfuerzos de alta intensidad durante el mayor tiempo posible.
- Contenidos:

1ER MICROCICLO: MANTENER LA POSESIÓN DEL BALÓN - RECUPERAR EL BALÓN

MICROCICLO I	1.ª SESIÓN	2.ª SESIÓN	3.ª SESIÓN	4.ª SESIÓN
FÍSICOS	– Fuerza máxima. – Resistencia intensidad II. – Capacidades Coordinativas.	– Velocidad desplazamiento. – Resistencia intensidad III. – Capacidades Coordinativas.	– Cap. anaeróbica, aláctica. – Resistencia especial competición. – Capacidades Coordinativas.	– Velocidad de reacción. – Resistencia intensidad I. – Capacidades Coordinativas.
TÁCTICOS	– Apoyos, desmarques, paredes, c. orientación, temporizaciones. – Marcaje, vigilancia.	– Apoyos, desmarques, paredes, c. orientación, temporizaciones. – Marcaje, vigilancia.	– Apoyos, desmarques, paredes, c. orientación, temporizaciones. – Marcaje, vigilancia.	– Apoyos, desmarques, paredes, c. orientación, temporizaciones. – Marcaje, vigilancia.
TÉCNICOS	– Control, conducción, pase. – Entrada, carga, anticipación, interceptación.	– Control, pase. – Entrada, carga, anticipación, interceptación.	– Control, conducción, regate, pase. – Entrada, carga, anticipación, interceptación.	– Control, conducción, regate, pase. – Entrada, carga, anticipación, interceptación.
PSICOLÓGICOS	– Atención, concentración, creatividad, seguridad. – Atención, concentración, sacrificio, voluntad, agresividad.	– Atención, concentración, creatividad, seguridad. – Atención, concentración, sacrificio, voluntad, agresividad.	– Atención, concentración, creatividad, seguridad. – Atención, concentración, sacrificio, voluntad, agresividad.	– Atención, concentración, creatividad, seguridad. – Atención, concentración, sacrificio, voluntad, agresividad.

2º MICROCICLO: PROGRESIÓN EN EL JUEGO - EVITAR LA PROGRESIÓN EN EL JUEGO

MICROCICLO II	1.ª SESIÓN	2.ª SESIÓN	3.ª SESIÓN	4.ª SESIÓN
FÍSICOS	– Fuerza máxima. – Resistencia intensidad II. – Capacidades Coordinativas.	– Vel. desplazamiento. – Resistencia intensidad III. – Capacidades Coordinativas.	– Capacidad anaeróbica Aláctica. – Resistencia especial competición. – Capacidades Coordinativas.	– Velocidad de reacción. – Resistencia intensidad I. – Capacidades Coordinativas.
TÁCTICOS	– Progresión, amplitud, apoyos, desmarques, paredes, profundidad, progresión, c. orientación. – Temporizaciones, repliegues, basculaciones, vigilancia, marcaje, coberturas, permutas.	– Progresión, amplitud, apoyos, desmarques, paredes, profundidad, progresión, c. orientación. – Temporizaciones, repliegues, basculaciones, vigilancia, marcaje, coberturas, permutas.	– Progresión, amplitud, apoyos, desmarques, paredes, profundidad, progresión, c. orientación. – Temporizaciones, repliegues, basculaciones, vigilancia, marcaje, coberturas, permutas.	– Progresión, amplitud, apoyos, desmarques, paredes, profundidad, progresión, c. orientación. – Temporizaciones, repliegues, basculaciones, vigilancia, marcaje, coberturas, permutas.
TÉCNICOS	– Control, conducción, pase, acc. combinativas, tiro. – Entrada, carga, anticipación, interceptación.	– Control, pase, acc. combinativas, tiro. – Entrada, carga, anticipación, interceptación.	– Control, pase, conducción, regate, acc. combinativas, tiro. – Entrada, carga, anticipación, interceptación.	– Control, conducción regate, pase, tiro, acc. combinativas. – Entrada, carga, anticipación, interceptación.
PSICOLÓGICOS	– Atención, concentración, creatividad. – Atención, concentración, sacrificio, voluntad.	– Atención, concentración, creatividad. – Atención, concentración, sacrificio, voluntad.	– Atención, concentración, creatividad. – Atención, concentración, sacrificio, voluntad.	– Atención, concentración, creatividad. – Atención, concentración, sacrificio, voluntad.

3ER MICROCICLO: LA FINALIZACIÓN - EVITAR EL GOL
Superar las situaciones 1:1 evitar ser superado 1:1

MICROCICLO III	1.ª SESIÓN	2.ª SESIÓN	3.ª SESIÓN	4.ª SESIÓN
FÍSICOS	– Fuerza máxima. – Resistencia intensidad II. – Capacidades Coordinativas.	– Velocidad desplazamiento. – Resistencia intensidad III. – Capacidades Coordinativas.	– Capacidad anaeróbica Aláctica – Resistencia especial competición. – Capacidades Coordinativas.	– Velocidad de reacción. – Resistencia intensidad I. – Capacidades Coordinativas.
TÁCTICOS	– Progresión, profundidad, desmarques, paredes, c. orientación. – Marcaje, vigilancia, repliegues.	– C. Ritmo, temporizaciones. – Temporizaciones, repliegues.	– Progresión, profundidad, desmarques, paredes, c. orientación. – Marcaje, vigilancia, repliegues.	– C. Ritmo, temporizaciones. – Temporizaciones, repliegues.

TÉCNICOS	– Control, pase, tiro y cabeza. – Entrada, carga, anticipación, interceptación, despeje.	– Conducción, finta, regate, c. técnica. – Entrada, carga.	– Control, pase, tiro y cabeza. – Entrada, carga, anticipación, interceptación, despeje.	– Conducción, finta, regate, c. técnica. – Entrada, carga.
PSICOLÓGICOS	– Atención, concentración, valentía, confianza. – Atención, concentración.	– Atención, concentración, confianza, valentía, creatividad. – Atención, concentración, seguridad.	– Atención, concentración, valentía, confianza. – Atención, concentración.	– Atención, concentración, confianza, valentía, creatividad. – Atención, concentración, seguridad.

4º MICROCICLO: MANTENER LA POSESIÓN DEL BALÓN - RECUPERAR EL BALÓN

MICROCICLO IV	1.ª SESIÓN	2.ª SESIÓN	3.ª SESIÓN	4.ª SESIÓN
FÍSICOS	– Fuerza máxima. – Resistencia intensidad II. – Capacidad Coordinativas.	– Velocidad desplazamiento. – Resistencia intensidad III. – Capacidad Coordinativas.	– Cap. Anaeróbica aláctica. – Resistencia especial competición. – Capacidad Coordinativas.	– Velocidad de reacción. – Resistencia intensidad I. – Capacidad Coordinativas.
TÁCTICOS	– Apoyos, desmarques, paredes, c. orientación, temporizaciones. – Marcaje, vigilancia.	– Apoyos, desmarques, paredes, c. orientación, temporizaciones. – Marcaje, vigilancia.	– Apoyos, desmarques, paredes, c. orientación, temporizaciones. – Marcaje, vigilancia.	– Apoyos, desmarques, paredes, c. orientación, temporizaciones. – Marcaje, vigilancia.
TÉCNICOS	– Control, conducción pase. – Entrada, carga, anticipación interceptación.	– Control, pase. – Entrada, carga, anticipación, interceptación.	– Control, conducción regate, pase. – Entrada, carga, anticipación, interceptación.	– Control, conducción regate, pase. – Entrada, carga, anticipación, interceptación.
PSICOLÓGICOS	– Atención, concentración, creatividad, seguridad. – Atención, concentración, sacrificio, voluntad, agresividad.	– Atención, concentración, creatividad, seguridad. – Atención, concentración, sacrificio, voluntad, agresividad.	– Atención, concentración, creatividad, seguridad. – Atención, concentración, sacrificio, voluntad, agresividad.	– Atención, concentración, creatividad, seguridad. – Atención, concentración, sacrificio, voluntad, agresividad.

5º MICROCICLO: PROGRESIÓN EN EL JUEGO - EVITAR LA PROGRESIÓN EN EL JUEGO

MICROCICLO V	1.ª SESIÓN	2.ª SESIÓN	3.ª SESIÓN	4.ª SESIÓN
FÍSICOS	– Fuerza máxima. – Resistencia intensidad II. – Capacidad Coordinativas.	– Vel. desplazamiento. – Resistencia intensidad III. – Capacidad Coordinativas.	– Capacidad anaeróbica Aláctica. – Resistencia especial competición. – Capacidad Coordinativas.	– Velocidad de reacción. – Resistencia intensidad I. – Capacidad Coordinativas.

TÁCTICOS	– Progresión, amplitud, apoyos, desmarques, paredes, profundidad, progresión, c. orientación. – Temporizaciones, repliegues, basculaciones, vigilancia, marcaje, coberturas, permutas.	– Progresión amplitud, apoyos, desmarques, paredes, profundidad, progresión, c. orientación. – Temporizaciones, repliegues, basculaciones, vigilancia, marcaje, coberturas, permutas.	– Progresión amplitud, apoyos, desmarques, paredes, profundidad, progresión, c. orientación. – Temporizaciones, repliegues, basculaciones, vigilancia, marcaje, coberturas, permutas.	– Progresión amplitud, apoyos, desmarques, paredes, profundidad, progresión, c. orientación. – Temporizaciones, repliegues, basculaciones, vigilancia, marcaje, coberturas, permutas.
TÉCNICOS	– Control, conducción pase, acc. combinativas, tiro. – Entrada, carga, anticipación, interceptación.	– Control pase, acc. combinativas, tiro. – Entrada, carga, anticipación, interceptación.	– Control, pase, conducción, regate, acc. combinativas, tiro. – Entrada, carga, anticipación, interceptación.	– Control, conducción regate, pase, tiro, acc. combinativas. – Entrada, carga, anticipación, interceptación.
PSICOLÓGICOS	– Atención, concentración, creatividad. – Atención, concentración, sacrificio, voluntad.	– Atención, concentración, creatividad. – Atención, concentración, sacrificio, voluntad.	– Atención, concentración, creatividad. – Atención, concentración, sacrificio, voluntad.	– Atención, concentración, creatividad. – Atención, concentración, sacrificio, voluntad.

6° MICROCICLO: LA FINALIZACIÓN - EVITAR EL GOL
Superar las situaciones 1x1 - Evitar ser superado 1:1

MICROCICLO VI	1.ª SESIÓN	2.ª SESIÓN	3.ª SESIÓN	4.ª SESIÓN
FÍSICOS	– Fuerza máxima. – Resistencia intensidad II. – Capacidades Coordinativas.	– Vel. desplazamiento. – Resistencia intensidad III. – Capacidades Coordinativas.	– Capacidad anaeróbica aláctica. – Resistencia especial competición. – Capacidades Coordinativas.	– Velocidad de reacción. – Resistencia intensidad I. – Capacidades Coordinativas.
TÁCTICOS	– Progresión, profundidad, desmarques, paredes, c. orientación. – Marcaje, vigilancia, repliegues.	– C. Ritmo, temporizaciones. – Temporizaciones, repliegues.	– Progresión, profundidad, desmarques, paredes, c. orientación. – Marcaje, vigilancia y repliegues.	– C. ritmo, temporizaciones. – Temporizaciones, repliegues.
TÉCNICOS	– Control, pase, tiro, y cabeza. – Entrada, carga, anticipación interceptación, despeje.	– Conducción, finta, regate, c. técnica. – Entrada, carga.	– Control, pase, tiro y cabeza. – Entrada, carga, anticipación, interceptación, despeje.	– Conducción, finta, regate, c. técnica. – Entrada, carga.
PSICOLÓGICOS	– Atención, concentración, valentía, confianza. – Atención, concentración.	– Atención, concentración, confianza, valentía, creatividad. – Atención, concentración, seguridad.	– Atención, concentración, valentía, confianza. – Atención, concentración.	– Atención, concentración, confianza, valentía, creatividad. – Atención, concentración, seguridad.

MESOCICLO ESPECÍFICO 2:

- N.º Mesociclo: 6
- Duración: 6 Microciclos (24 sesiones)
- Objetivo: Obtener la máxima eficacia en la realización de las acciones durante todo el partido.
- Contenidos:

1ER MICROCICLO: MANTENER LA POSESIÓN DEL BALÓN - RECUPERAR EL BALÓN

MICROCICLO I	1.ª SESIÓN	2.ª SESIÓN	3.ª SESIÓN	4.ª SESIÓN
FÍSICOS	– Fuerza rápida. – Resistencia intensidad II. – Capacidades Coordinativas.	– Velocidad reacción. – Resistencia intensidad III. – Capacidades Coordinativas.	– Anaeróbica láctica. – Resistencia especial competición. – Capacidades Coordinativas.	– Velocidad de reacción. – Resistencia intensidad I. – Capacidades Coordinativas.
TÁCTICOS	– Apoyos, desmarques, paredes, c. orientación, temporizaciones. – Marcaje, vigilancia.	– Apoyos, desmarques, paredes, c. orientación, temporizaciones. – Marcaje, vigilancia.	– Apoyos, desmarques, paredes, c. orientación, temporizaciones. – Marcaje, vigilancia.	– Apoyos, desmarques, paredes, c. orientación, temporizaciones. – Marcaje, vigilancia.
TÉCNICOS	– Control, conducción pase. – Entrada, carga, anticipación, interceptación.	– Control, pase. – Entrada, carga, anticipación, interceptación.	– Control, conducción regate, pase. – Entrada, carga, anticipación, interceptación.	– Control, conducción, regate, pase. – Entrada, carga, anticipación, interceptación.
PSICOLÓGICOS	– Atención, concentración, creatividad, seguridad. – Atención, concentración, sacrificio, voluntad, agresividad.	– Atención, concentración, creatividad, seguridad. – Atención, concentración, sacrificio, voluntad, agresividad.	– Atención, concentración, creatividad, seguridad. – Atención, concentración, sacrificio, voluntad, agresividad.	– Atención, concentración, creatividad, seguridad. – Atención, concentración, sacrificio, voluntad, agresividad.

2º MICROCICLO: PROGRESIÓN EN EL JUEGO - EVITAR LA PROGRESIÓN EN EL JUEGO

MICROCICLO II	1.ª SESIÓN	2.ª SESIÓN	3.ª SESIÓN	4.ª SESIÓN
FÍSICOS	– Fuerza rápida. – Resistencia intensidad II. – Capacidades Coordinativas.	– Vel. reacción. – Resistencia intensidad III. – Capacidades Coordinativas.	– Capacidad anaeróbica láctica. – Resistencia especial competición. – Capacidades Coordinativas.	– Velocidad de reacción. – Resistencia intensidad I. – Capacidades Coordinativas.
TÁCTICOS	– Progresión, amplitud, apoyos, desmarques, paredes, profundidad, progresión, c. orientación. – Temporizaciones, repliegues, basculaciones, vigilancia, marcaje, coberturas, permutas.	– Progresión, amplitud, apoyos, desmarques, paredes, profundidad, progresión, c. orientación. – Temporizaciones, repliegues, basculaciones, vigilancia, marcaje, coberturas, permutas.	– Progresión, amplitud, apoyos, desmarques, paredes, profundidad, progresión, c. orientación. – Temporizaciones, repliegues, basculaciones, vigilancia, marcaje, coberturas, permutas.	– Progresión, amplitud, apoyos, desmarques, paredes, profundidad, progresión, c. orientación. – Temporizaciones, repliegues, basculaciones, vigilancia, marcaje, coberturas, permutas.

TÉCNICOS	−Control, conducción pase, acc. combinativas, tiro. −Entrada, carga, anticipación, interceptación.	−Control pase, acc. combinativas, tiro. −Entrada, carga, anticipación, interceptación.	−Control, pase, conducción, regate, acc. combinativas, tiro. −Entrada, carga, anticipación, interceptación.	−Control, conducción regate, pase, tiro, acc. combinativas. −Entrada, carga, anticipación, interceptación.
PSICOLÓGICOS	−Atención, concentración, creatividad. −Atención, concentración, sacrificio, voluntad.	−Atención, concentración, creatividad. −Atención, concentración, sacrificio, voluntad.	−Atención, concentración, creatividad. −Atención, concentración, sacrificio, voluntad.	−Atención, concentración, creatividad. −Atención, concentración, sacrificio, voluntad.

3ᴱᴿ MICROCICLO: LA FINALIZACIÓN - EVITAR EL GOL
Superar las situaciones 1:1 - Evitar ser superado 1:1

MICROCICLO III	1.ª SESIÓN	2.ª SESIÓN	3.ª SESIÓN	4.ª SESIÓN
FÍSICOS	−Fuerza rápida. −Resistencia intensidad II. −Capacidades Coordinativas.	−Vel. reacción −Resistencia intensidad III. −Capacidades Coordinativas.	−Capacidad anaeróbica láctica. −Resistencia intensidad. −Capacidades Coordinativas.	−Velocidad de reacción. −Resistencia intensidad I. −Capacidades Coordinativas.
TÁCTICOS	−Progresión, profundidad, desmarques, paredes, c. orientación. − Marcaje, vigilancia, repliegues.	−C. Ritmo, temporizaciones. −Temporizaciones, repliegues.	−Progresión, profundidad, desmarques, paredes, c. orientación. − Marcaje, vigilancia y repliegues.	−C. ritmo, temporizaciones. − Temporizaciones, repliegues.
TÉCNICOS	−Control, pase, tiro y cabeza. −Entrada, carga, anticipación interceptación, despeje.	−Conducción, finta, regate, c. técnica. −Entrada, carga.	−Control, pase, tiro y cabeza. −Entrada, carga, anticipación, interceptación, despeje.	−Conducción, finta, regate, c. técnica. −Entrada, carga.
PSICOLÓGICOS	−Atención, concentración, valentía, confianza. −Atención, concentración.	−Atención, concentración, confianza, valentía, creatividad. −Atención, concentración, seguridad.	−Atención, concentración, valentía, confianza. −Atención, concentración.	−Atención, concentración, confianza, valentía, creatividad. −Atención, concentración, seguridad.

4º MICROCICLO: MANTENER LA POSESIÓN DEL BALÓN- RECUPERAR EL BALÓN

MICROCICLO IV	1.ª SESIÓN	2.ª SESIÓN	3.ª SESIÓN	4.ª SESIÓN
FÍSICOS	−Fuerza rápida. −Resistencia intensidad II. −Capacidades Coordinativas.	−Velocidad reacción. −Resistencia intensidad III. −Capacidades Coordinativas.	−Cap. Anaeróbica, láctica. −Resistencia especial competición. −Capacidades Coordinativas.	−Velocidad de reacción. −Resistencia intensidad I. −Capacidades Coordinativas.

TÁCTICOS	– Apoyos, desmarques, paredes, c. orientación, temporizaciones. – Marcaje, vigilancia.	– Apoyos, desmarques, paredes, c. orientación, temporizaciones. – Marcaje, vigilancia.	– Apoyos, desmarques, paredes, c. orientación, temporizaciones. – Marcaje, vigilancia.	– Apoyos, desmarques, paredes, c. orientación, temporizaciones. – Marcaje, vigilancia.
TÉCNICOS	– Control, conducción pase. – Entrada, carga, anticipación, interceptación.	– Control, pase. – Entrada, carga, anticipación, interceptación.	– Control, conducción regate, pase. – Entrada, carga, anticipación, interceptación.	– Control, conducción, regate, pase. – Entrada, carga, anticipación, interceptación.
PSICOLÓGICOS	– Atención, concentración, creatividad, seguridad. – Atención, concentración, sacrificio, voluntad, agresividad.	– Atención, concentración, seguridad. – Atención, concentración, sacrificio, voluntad, agresividad.	– Atención, concentración, creatividad, seguridad. – Atención, concentración, sacrificio, voluntad, agresividad.	– Atención, concentración, creatividad, seguridad. – Atención, concentración, sacrificio, voluntad, agresividad.

5° MICROCICLO: PROGRESIÓN EN EL JUEGO - EVITAR LA PROGRESIÓN EN EL JUEGO

MICROCICLO V	1.ª SESIÓN	2.ª SESIÓN	3.ª SESIÓN	4.ª SESIÓN
FÍSICOS	– Fuerza rápida. – Resistencia intensidad II. – Capacidades Coordinativas.	– Vel. reacción. – Resistencia intensidad III. – Capacidades Coordinativas.	– Capacidad anaeróbica láctica. – Resistencia especial competición. – Capacidades Coordinativas.	– Velocidad de reacción. – Resistencia intensidad I. – Capacidades Coordinativas.
TÁCTICOS	– Progresión, amplitud, apoyos, desmarques, paredes, profundidad, progresión, c. orientación. – Temporizaciones, repliegues, basculaciones, vigilancia, marcaje, coberturas, permutas.	– Progresión, amplitud, apoyos, desmarques, paredes, profundidad, progresión, c. orientación. – Temporizaciones, repliegues, basculaciones, vigilancia, marcaje, coberturas, permutas.	– Progresión, amplitud, apoyos, desmarques, paredes, profundidad, progresión, c. orientación. – Temporizaciones, repliegues, basculaciones, vigilancia, marcaje, coberturas, permutas.	– Progresión, amplitud, apoyos, desmarques, paredes, profundidad, progresión, c. orientación. – Temporizaciones, repliegues, basculaciones, vigilancia, marcaje, coberturas, permutas.
TÉCNICOS	– Control, conducción pase, acc. combinativas, tiro. – Entrada, carga, anticipación, interceptación.	– Control, pase, acc. combinativas, tiro. – Entrada, carga, anticipación, interceptación.	– Control, pase, conducción, regate, acc. combinativas, tiro. – Entrada, carga, anticipación, interceptación.	– Control, conducción, regate, pase, tiro, acc. combinativas. – Entrada, carga, anticipación, interceptación.
PSICOLÓGICOS	– Atención, concentración, creatividad. – Atención, concentración, sacrificio, voluntad.	– Atención, concentración, creatividad. – Atención, concentración, sacrificio, voluntad.	– Atención, concentración, creatividad. – Atención, concentración, sacrificio, voluntad.	– Atención, concentración, creatividad. – Atención, concentración, sacrificio, voluntad.

6º MICROCICLO: LA FINALIZACIÓN - EVITAR EL GOL
Superar las situaciones 1:1 - Evitar ser superado 1:1

MICROCICLO VI	1.ª SESIÓN	2.ª SESIÓN	3.ª SESIÓN	4.ª SESIÓN
FÍSICOS	−Fuerza rápida. −Resistencia intensidad II. −Capacidades Coordinativas.	−Vel. reacción −Resistencia intensidad III. −Capacidades Coordinativas.	−Capacidad anaeróbica láctica. −Resistencia intensidad. −Capacidades Coordinativas.	−Velocidad de reacción. −Resistencia intensidad I. −Capacidades Coordinativas.
TÁCTICOS	−Progresión, profundidad, desmarques, paredes, c. orientación. −Marcaje, vigilancia, repliegues.	−C. Ritmo, temporizaciones. −Temporizaciones, repliegues.	−Progresión, profundidad, desmarques, paredes, c. orientación. −Marcaje, vigilancia y repliegues.	−C. ritmo, temporizaciones. −Temporizaciones, repliegues.
TÉCNICOS	−Control, pase, tiro y cabeza. −Entrada, carga, anticipación, interceptación, despeje.	−Conducción, finta, regate, c. técnica. −Entrada, carga.	−Control, pase, tiro y cabeza. −Entrada, carga, anticipación, interceptación, despeje.	−Conducción, finta, regate, c. técnica. −Entrada, carga.
PSICOLÓGICOS	−Atención, concentración, valentía, confianza. −Atención, concentración.	−Atención, concentración, valentía, creatividad. −Atención, concentración, seguridad.	−Atención, concentración, valentía, confianza. −Atención, concentración.	−Atención, concentración, confianza, valentía, creatividad. −Atención, concentración, seguridad.

MESOCICLO REGENERATIVO

- N.º Mesociclo: 7
- Duración: 2 Microciclos (8 sesiones).
- Objetivo: Iniciar la recuperación tras la temporada.
- Contenidos:

1ᴱᴿ MICROCICLO: MANTENER LA POSESIÓN DEL BALÓN - RECUPERAR EL BALÓN

Microciclo I	1ª Y 3ª SESIÓN	2ª Y 4ª SESIÓN
FÍSICOS	− Capacidad Aeróbica. − Resistencia intensidad II. − Capacidades Coordinativas.	− Capacidad Aeróbica. − Resistencia intensidad II. − Capacidades Coordinativas.
TÁCTICO ESTRATEGICO	− Apoyos, desmarques, paredes, c. orientación, temporizaciones. − Marcaje, vigilancia.	− Apoyos, desmarques, paredes, c. orientación, temporizaciones. − Marcaje, vigilancia.
TÉCNICOS	− Control, conducción. − Entrada, carga, anticipación, interceptación.	− Control. − Entrada, carga, anticipación, interceptación.

PSICOLÓGICOS	– Atención, concentración, creatividad, seguridad. – Atención, concentración, sacrificio, voluntad, agresividad.	– Atención, concentración, creatividad, seguridad. – Atención, concentración, sacrificio, voluntad, agresividad.

2º MICROCICLO: PROGRESIÓN EN EL JUEGO - EVITAR LA PROGRESIÓN EN EL JUEGO

Microciclo II	1ª Y 3ª SESIÓN	2ª Y 4ª SESIÓN
FÍSICOS	– Capacidad Aeróbica. – Resistencia intensidad II. – Capacidades Coordinativas.	– Capacidad Aeróbica. – Resistencia intensidad II. – Capacidades Coordinativas.
TÁCTICO	– Progresión, amplitud, apoyos, desmarques, paredes, profundidad, progresión, c. orientación. – Temporizaciones, repliegues, basculaciones, vigilancia, marcaje, coberturas, permutas.	– Progresión, amplitud, apoyos, desmarques, paredes, profundidad, progresión, c. orientación. – Temporizaciones, repliegues, basculaciones, vigilancia, marcaje, coberturas, permutas.
TÉCNICOS	– Control, conducción, pase, acc. combinativas, tiro. – Entrada, carga, anticipación, interceptación.	– Control, pase, acc. combinativas, tiro. – Entrada, carga, anticipación, interceptación.
PSICOLÓGICOS	– Atención concentración, creatividad. – Atención, concentración, sacrificio, voluntad.	– Atención, concentración, creatividad. – Atención, concentración, sacrificio, voluntad.

1.4.- MICROCICLO

Constituye un conjunto de varias sesiones de entrenamiento, describe ciclos de entrenamiento de breve duración, generalmente una semana.

Dividiremos la temporada en cuarenta microciclos.

1.5.- SESIÓN

Constituye un conjunto de varias tareas, describe ciclos de entrenamiento de entre 60' a 180'.

Dividiremos la temporada en 160 sesiones de entrenamiento. Así mismo dividiremos las sesiones de entrenamiento en cuatro apartados:

1.- EXPLICAR OBJETIVOS Y CONTENIDOS DE LA SESIÓN:

* Objetivo: Motivar y dar a conocer a los jugadores qué objetivos perseguimos alcanzar en el desarrollo de la sesión de entrenamiento y las tareas a emplear con tal fin.

* Contenidos: Explicación corta, clara y concisa de los objetivos y tareas a desarrollar en la sesión de entrenamiento.

   * Duración del apartado 1: 4-5 minutos.

2.- INTRODUCCIÓN AL MEDIO.

   * Objetivo: Servir para la preparación físico-técnico-táctico-psicológica, con el fin de preparar y motivar a los jugadores para que puedan alcanzar el máximo rendimiento posible en la parte principal del entrenamiento.

   * Contenidos: Dividiremos la introducción al medio en tres partes:

A) Ejercicios de movilidad articular y estiramientos de baja intensidad.

   * Objetivo: Preparar las articulaciones y músculos para el inicio del calentamiento.

   * Contenidos: Ejercicios de estiramientos y de movilidad articular.

1.- Rotar tobillos.   2.- Estiramiento gemelos.   3.- Rotar rodillas.

4.- Estiramiento cuadriceps.   5.- Estiramiento isquiotibiales.   6.- Estiramiento psoas

7.- Estiramiento aduptores.   8.- Rotar cadera.   9.- Estir. zona lumbar

10.- Estiramiento pectoral.   11.- Estiramiento hombros.   12.- Estiramiento brazos.

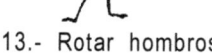

13.- Rotar hombros.   14.- Rotar cuello.

   * Duración: 3-4 minutos.

B) Tareas globales de baja intensidad.

* Objetivo: Preparación físico-táctico-técnico-psicológica para el inicio de la parte principal.

* Contenidos:

Realizaremos dos tareas de baja intensidad que relacionaremos con el objetivo del juego que intentemos mejorar en el desarrollo de la sesión de entrenamiento. Dividiremos a la plantilla en dos grupos que realizarán la misma tarea.

Ejemplo: Objetivo del juego: Mantener la posesión del balón - recuperar el balón.

1.ª **TAREA.**

Juego 3:3+3 comodines ofensivos que apoyan desde las esquinas del cuadrado.

El equipo atacante intenta mantener la posesión del balón.

Dimensiones: 15 x 15 m.

Duración: 6 minutos.

Nº Toques: 2

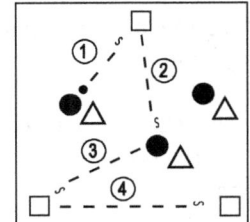

2.ª **TAREA.**

Juego 3:3+3 comodines ofensivos que apoyan desde los lados exteriores del cuadrado.

El equipo atacante intenta mantener la posesión del balón.

Dimensiones: 15 x 15 m.

Duración: 6 minutos.

Nº Toques: 2

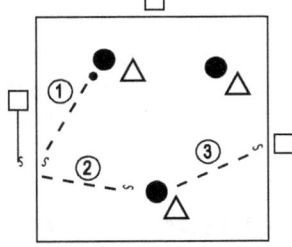

Con la realización de estas tareas globales de baja intensidad aseguraremos desde el primer momento la mejora y preparación de todos los aspectos propios al juego (físicos-técnicos-tácticos-psicológicos).

- *A nivel físico:* prestaremos atención a trabajar en espacios muy reducidos con lo que lograremos el adecuado aumento de la frecuencia cardíaca y la temperatura corporal y muscular.

- *A nivel técnico-táctico:* trabajaremos las acciones en situaciones de superioridad numérica lo que facilitarán el desarrollo de las mismas.

- *A nivel psicológico:* lograremos trabajar desde el primer momento la atención, concentración y sobre todo los factores de percepción, decisión y ejecución.

* Duración: 12 minutos.

C) Ejercicios de movilidad articular y estiramientos de alta intensidad.

* Objetivo: Preparación de las articulaciones y los músculos para el inicio de la parte principal.

* Contenidos: Repetición de la rutina de estiramientos y movilidad articular del apartado

(a) pero realizados de forma más intensa.
* Duración: 3-4 minutos.
* Duración del apartado: 2: 20-22 minutos.

3.- PARTE PRINCIPAL.
* Objetivo: Mejora integrada de los aspectos propios del juego (físicos, técnicos, tácticos, psicológicos).

* Contenidos: Orientaremos los contenidos en función de los objetivos que intentemos alcanzar.

Dividiremos la parte principal en dos partes:

A) *Mejora de aspectos condicionales que no pueden mejorarse a través del método global.*

*Objetivo: Mejora de ciertas capacidades condicionales que no pueden trabajarse a través del método global. Ejem. Fuerza máxima, etc...

* Contenidos: Orientaremos los contenidos en función de los objetivos que intentemos alcanzar.

* Duración: 15-20 minutos.

B) *Mejora integrada de los aspectos propios del juego.*

* Objetivo: Mejora global de los aspectos físicos-tácticos-técnicos-psicológicos.

* Contenidos: Realizaremos cuatro tareas jugadas globales que tendrán relación con el objetivo del juego que intentemos mejorar en la sesión. Dividiremos la plantilla en dos grupos, los cuales mientras un grupo realiza la tarea 1 el otro realiza la tarea 2, al acabar las mismas cambian haciendo igual con la tarea 3 y 4.

* Duración: 35-50 minutos.

4.- VUELTA A LA CALMA
* Objetivo: Iniciar y facilitar la recuperación.
* Contenidos: Dividiremos la vuelta a la calma en dos partes:

A) *Circuito para el trabajo complementario de fuerza del tronco.*
* Objetivo: Mejora de la fuerza de la zona dorso-lumbar.
* Contenidos: Circuito de abdominales-lumbares:

Estaciones: 6.   Duración: 25''   Micropausa: 25''   Series: 2-3

1.- Plegado isométrico.   2.- Lumbar de tronco isométrico.

3.- Plegado dinámico (subir-bajar tronco).   4.- Lumbar de piernas isométrico.

5.- La campana (subir, girar tronco y bajar)   6.- Cruzados: (levantar pierna derecha, brazo izquierdo y pierna izquierda- brazo derecho).

* Duración: 5-7 minutos.

B) Ejercicios de estiramientos y soltura individual.
* Objetivo: Recuperación de la musculatura implicada durante el entrenamiento.
* Contenidos: Repetición de la rutina de estiramiento de la "introducción al medio".
* Duración: 4-5 minutos.
* Duración del apartado 4: 10-12 minutos.

* **DURACIÓN DE LA SESIÓN:**
    90-120 minutos

2.- LAS TAREAS JUGADAS

Constituyen la unidad básica en la programación y en el desarrollo de las sesiones de entrenamiento.

En el programa vamos a emplear dos tipos diferentes de tareas:

- **TAREAS ANALÍTICAS-CONDICIONALES:**

Las emplearemos para la mejora de ciertas capacidades condicionales que no pueden desarrollarse através del método global:

Fuerza-resistencia

Fuerza- máxima

Fuerza- rápida

Vel. desplazamiento

Vel. frecuencia

Vel. reacción

Resistencia a la velocidad

Flexibilidad

- **TAREAS GLOBALES:**

Las emplearemos para la mejora integrada de los aspectos físicos-técnico-táctico-psicológico.

Dentro de estas tareas vamos a diferenciar entre:

- *Tareas globales sin finalización:*

Son todas aquellas en la que los equipos carecen de referencias (porterías, zonas, etc.) hacia las que atacan y defienden, las emplearemos para desarrollar el objetivo del juego de mantener la posesión del balón - recuperar el balón.

- *Tareas globales con finalización.*

Son todas aquellas en las que los equipos tienen referencias (porterías, zonas, etc.) hacia las que atacar y defender, las emplearemos para desarrollar el objetivo del juego de progresión en el juego - evitar la progresión en el juego y la finalización - evitar el gol.

Este tipo de tareas nos permiten una estructura táctica (sistema).

Es conveniente emplear la norma del fuera de juego en estas tareas para una mejor adaptación a la competición. En las tareas emplearemos diferentes formas de finalizar las acciones de ataque: tirando, conduciendo o pasando controlando.

- *Tareas globales sin colaboración y con oposición.*

Son todas aquellas tareas en la que los jugadores no tienen compañeros de equipo (1x1) las emplearemos para desarrollar el objetivo del juego de superar las situaciones 1:1 - evitar ser superado 1:1.

A la hora de diseñar las tareas jugadas podemos establecer diferentes niveles de dificultad en la realización de las mismas atendiendo a diferentes parámetros:

- **NÚMERO DE JUGADORES:**

- *Mínima dificultad:*

Tareas en donde el equipo que tiene que realizar el objetivo dispone de un número de jugadores mayor que el adversario (6:3).

- *Media dificultad:*

Tareas en donde el equipo que tiene que realizar el objetivo dispone de un número de jugadores iguales que el adversario (5:5).

- *Máxima dificultad:*

Tareas en donde el equipo que tiene que realizar el objetivo dispone de un número de jugadores menor que el adversario (3:6)

- **DIMENSIONES DEL CAMPO**

    - *Mínima dificultad:*

    Dimensiones amplias en relación al número de jugadores.

    Ej. 5:5 en un campo de 50m x 50m.

    - *Máxima dificultad:*

    Dimensiones amplias en relación al número de jugadores.

    Ej. 5:5 en un campo de 25 m. x 25 m.

- **TAMAÑO DE LAS PORTERÍAS:**

    - *Mínima dificultad:*

    Dimensiones grandes de las porterías. Ej. 15m.

    - *Máxima dificultad:*

    Dimensiones reducidas de las porterías. Ej. 2m.

- **LIMITACIÓN DEL NÚMERO DE TOQUES:**

    - *Mínima dificultad:*

    Juego libre de toques

    - *Media dificultad:*

    Dos o tres toques

    - *Máxima dificultad:*

    Un toque

- **LÍMITE TEMPORAL PARA DESARROLLAR UNA ACCIÓN CONCRETA:**

    - *Mínima dificultad:*

    20" para finalizar una acción de ataque.

    - *Máxima dificultad:*

    10" para finalizar una acción de ataque.

- **LÍMITE DE PASES PARA CONSEGUIR PUNTUAR:**

    - *Mínima dificultad:*

    5 pases seguidos para conseguir un punto.

    - *Máxima dificultad:*

    10 pases seguidos para conseguir un punto.

3.- INDICACIONES METODOLOGICAS

Realizaremos los calentamientos con balón, empleando tareas jugadas de baja intensidad para asegurar el aprendizaje y mejora de los comportamientos técnico-táctico-físico y psicológico desde el primer momento.

Relacionaremos el calentamiento con el objetivo del juego de la sesión.

Emplearemos las tareas jugadas de uno u otro objetivo en función de la planificación.

Al presentar una tarea jugada ante los jugadores es importante:

- Explicar objetivos de la misma.
- Explicar los medios a desarrollar para alcanzar el objetivo.
- Explicar la organización:

Límites especiales, tipo de marcaje, sistema, formas de finalizar, número de toques permitidos.

Estas explicaciones deben ser cortas y concretas.

- Explicación de la tarea jugada y demostración por parte de un grupo de jugadores.
- Aclarar las posibles dudas de los jugadores.
- Durante la ejecución de las tareas llevaremos a cabo indicaciones y correcciones.
- Para asegurar la continuidad durante las tareas es conveniente disponer de balones en los límites del espacio de juego y en el interior de las porterías, para no perder tiempo cuando un balón sale fuera del espacio delimitado.
- Debemos establecer tras una tarea jugada un periodo de pausa activa para realizar ejercicios de estiramientos, reponer líquidos, analizar la práctica, etc, antes de realizar una nueva tarea.
- A la conclusión de las tareas jugadas y especialmente a la conclusión del entrenamiento debemos realizar una fase de vuelta a la calma a través de ejercicios de estiramientos y soltura.

4.- ASPECTOS A CONSIDERAR.

El presente programa está dirigido a un grupo de 22 jugadores, si bien en las tareas pueden emplearse un mayor o menor nº de jugadores con el fin de adaptarlos al número de jugadores de cada equipo.

- El programa consta de cuatro sesiones semanales.

- El trabajo de recuperación tras un partido, soy partidario de realizarlo a la conclusión del mismo, a través de 10'-15' de carrera contínua y ejer. estiramientos y soltura, por lo cuál no se incluye ninguna sesión dedicada a este tipo de trabajo.

- De cara a iniciar la pretemporada, es conveniente que el entrenador dé a cada uno de sus jugadores una serie de tareas a realizar en el período vacacional para no bajar en exceso el estado de forma.

Estas tareas deben realizarse al menos durante 3-4 semanas previas a la incorporación a los entrenamientos y fundamentalmente deben dirigirse a la mejora de la resistencia aeróbica, fuerza brazos, tronco y trabajo de flexibilidad.

- El material necesario para desarrollar este programa va a ser:

- Un campo de fútbol
- 20-25 balones
- 3 juegos de 12 petos de diferentes colores
- 2 p. móviles
- 40 semiesferas
- 20 picas
- 20 pitotes
- 12 aros
- 22 esterillas
- 3 barras halterofilia
- 6 mancuernas
- 200 kilos en discos
- 1 banca
- 1 máquina cuadriceps-isquiotibiales.

5.- CUADRO – RESUMEN SESIONES DE ENTRENAMIENTO PARA JUGADORES CADETES

MACRO-CICLO	PERIODO	MESOCICLO	MICROCICLO	SESIONES
A	PREPARATORIO	1º PREPARACIÓN GENERAL I	6	24
A	COMPETITIVO I	2º PREPARACIÓN ESPECIAL I	7	28
A	COMPETITIVO I	3º ESPECÍFICO I	7	28
B	COMPETITIVO II	4º PREPARACIÓN GENERAL II	6	24
B	COMPETITIVO II	5º PREPARACIÓN ESPECIAL II	6	24
B	COMPETITIVO II	6º ESPECÍFICO II	6	24
B	TRANSITORIO	7º REGENERATIVO	2	8

TOTAL: 40 MICROCICLOS Y 160 SESIONES

6.- SÍMBOLOS EMPLEADOS

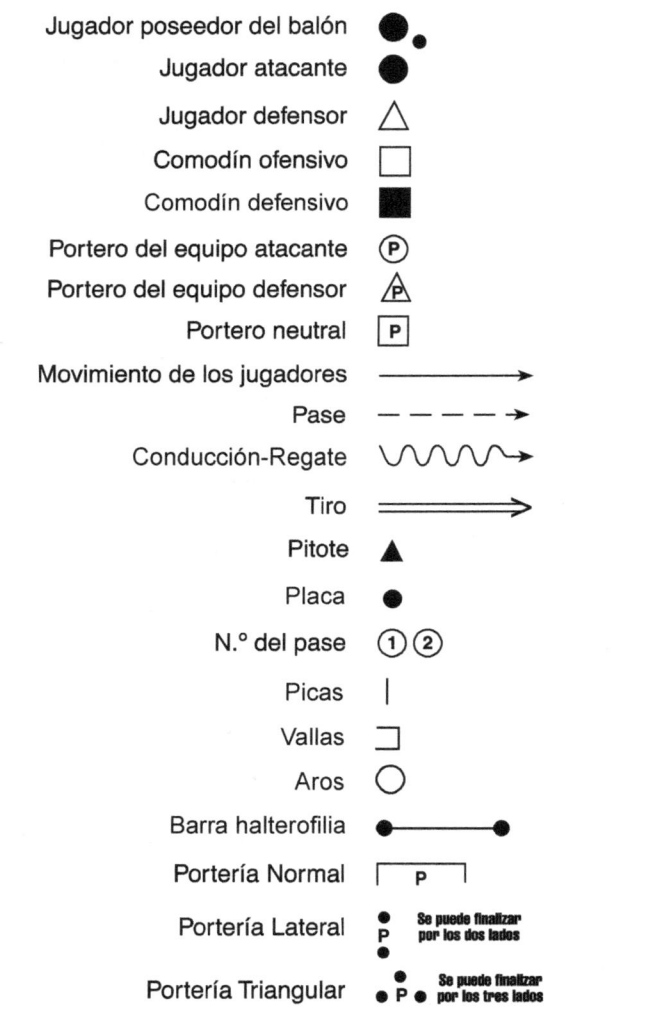

| PERIODO PREPARATORIO | CATEGORÍA CADETES | MESOCICLO PREP. GRAL. I | MICROCICLO I | SESIÓN 1 | DURACIÓN: 110' |

OBJETIVO: Ofensivo: Mantener la posesión del balón. Defensivo: Recuperar el balón.
MED. TÁCTICOS: Ofensivo: Apoyos, desmarques, paredes, temporizaciones, c. orientación.
Defensivo: Marcaje, vigilancia.
MED. TÉCNICOS: Ofensivos: Control. conducción, pase. Defensivos: Entrada, anticipación, interceptación, carga.
MED. PSICOLÓG.: Ofensivos: Atención, concentración, seguridad, cap. cognitivas.
Defensivos: Atención, concentración, sacrificio, voluntad.
MED. FÍSICOS: Fuerza resistencia, resistencia intensidad II, capacidades coordinativas.

1.- Explicación de objetivos y contenidos   2.- INTRODUCCIÓN AL MEDIO   Ejercicios de Movilidad Articular y Estiramiento

2.1 Juego 3:3+3 comodines ofensivos que apoyan (dos desde las esquinas del cuadrado y uno desde el interior del cuadrado).El equipo atacante intenta mantener la posesión del balón.
Dimensión: 15m x 15m. Duración: 6´.Nº toques: 2-3

2.2 Juego 3:3+3 comodines ofensivos que apoyan (dos desde los lados exteriores del cuadrado y uno desde el interior del cuadrado). El equipo atacante intenta mantener la posesión del balón.
Dimensión: 15m x 15m. Duración: 6´.Nº toques: 2-3

| Ejs. Movilidad Articular y Estiramientos | 3.- PARTE PRINCIPAL | 3.1. CIRCUITO DE FUERZA - RESISTENCIA |

3.2-Zona de resistencia: intensidad: II
-Nº jugadores: 20 (4 equipos de 5 jugadores).
-Dimensiones: 4 cuadrados de 35mx35m.
-Duración: 10´
-Recuperación: 2´   -Nº toques: 3
Juego Nº1.-
Juego 5:5. Se divide el campo en cuatro zonas. El equipo atacante consigue un punto cada vez que logra dar cuatro pases en el interior de una zona.
Juego Nº2.-
Juego 5:5. Se divide el campo en dos zonas, en cada una de ellas un equipo mantiene la posesión. El equipo atacante consigue un punto cada vez que logra dar ocho pases seguidos en el interior de su zona.
Juego Nº3.-
Juego 5:5. El equipo atacante intenta mantener la posesión del balón no pudiendo jugar el mismo en el interior de la zona marcada (7´5mx7´5m).
Juego Nº4.-
Juego 5:5. El equipo atacante intenta mantener la posesión del balón consiguiendo un punto cada vez que logran dar cinco pases cortos seguidos.

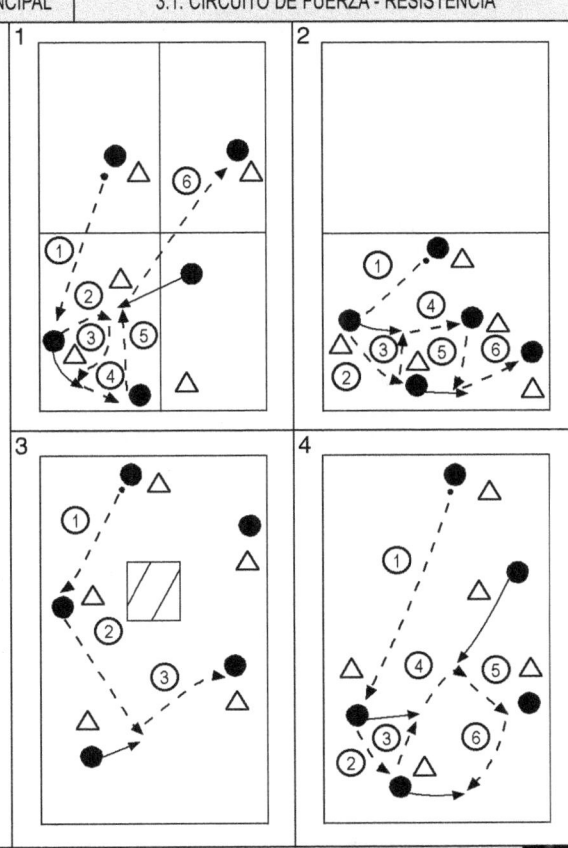

| 4. VUELTA A LA CALMA | 4.1. CIRCUITO DE FUERZA BASE TRONCO | 4.2. EJER. MOV. ARTICULAR-ESTIRAMIENTOS |

PERIODO PREPARATORIO	CATEGORÍA CADETES	MESOCICLO PREP. GRAL. I	MICROCICLO I	SESIÓN 2	DURACIÓN: 110'

OBJETIVO: Ofensivo: Mantener la posesión del balón. Defensivo: Recuperar el balón.
MED. TÁCTICOS: Ofensivo: Apoyos, desmarques, paredes, temporizaciones, c. orientación.
Defensivo: Marcaje, vigilancia.
MED. TÉCNICOS: Ofensivos: Control, conducción, pase. Defensivos: Entrada, anticipación, interceptación, carga.
MED. PSICOLÓG.: Ofensivos: Atención, concentración, seguridad, cap. cognitivas.
Defensivos: Atención, concentración, sacrificio, voluntad
MED. FÍSICOS: Vel. frecuencia, resistencia intensidad II, capacidades coordinativas.

1.- Explicación de objetivos y contenidos   2.- INTRODUCCIÓN AL MEDIO   Ejercicios de Movilidad Articular y Estiramiento

2.1 Juego 6: 3. Dos equipos de 3 jugadores atacantes situados (dos en las esquinas del cuadrado y cuatro en el interior del mismo), tratan de mantener la posesión del balón contra un equipo de tres jugadores defensores que intentan recuperarlo, si lo consiguen pasa a defender el equipo que perdió el balón.
Dimensión: 15m x 15m. Duración: 6´. Nº toques: 2-3

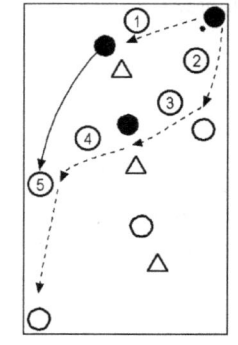
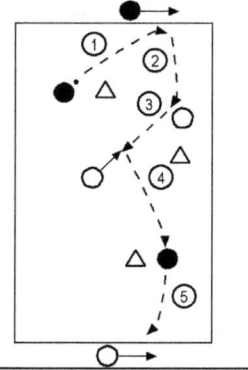

2.2 Juego 6:3. Dos equipos de 3 jugadores atacantes situados (dos en los lados exteriores del cuadrado y cuatro en el interior del mismo) tratan de mantener la posesión del balón contra un equipo de tres jugadores defensores que intentan recuperarlo, si lo consiguen pasa a defender el equipo que perdió el balón.
Dimensión: 15m x 15m. Duración: 6´. Nº toques: 2-3

Ejs. Movilidad Articular y Estiramientos   3.- PARTE PRINCIPAL   3.1. CIRCUITO DE VELOCIDAD DE FRECUENCIA

3.2-Zona de resistencia: intensidad: II
-Nº jugadores: 20 (4 equipos de 5 jugadores).
-Dimensiones: 4 cuadrados de 30mx30m.
-Duración: 10´
-Recuperación: 2´   -Nº toques: 3
JUEGO Nº 1.-
Juego 5:5. El equipo atacante intenta mantener la posesión del balón consiguiendo un punto cada vez que logra dar ocho pases seguidos.
JUEGO Nº 2.-
Juego 5:5. El equipo atacante intenta mantener la posesión del balón sólo permiténdose los pases cortos y a ras de suelo.
JUEGO Nº 3.-
Juego 5:5. El equipo atacante intenta mantener la posesión del balón siguiendo la secuencia de pases: 3 pases cortos-1 pase largo.
JUEGO Nº 4.-
Juego 5:5. El equipo atacante intenta mantener la posesión del balón consiguiendo un punto cada vez que logran realizar un pase a través de alguna de las tres porterías pequeñas (2m) situadas en el campo.

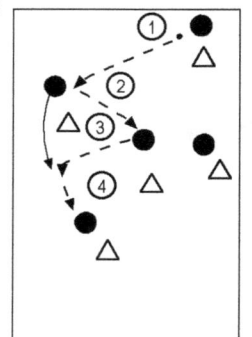
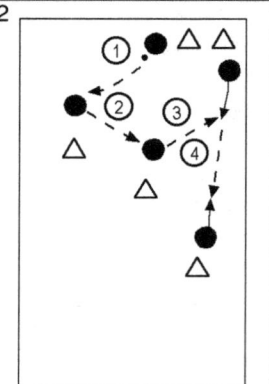
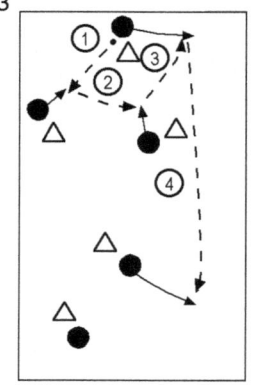
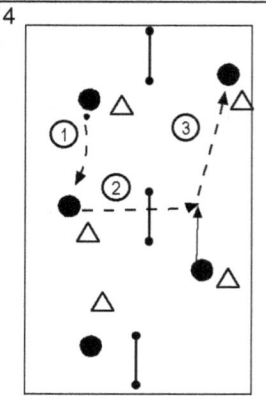

4. VUELTA A LA CALMA   4.1. CIRCUITO DE FUERZA BASE TRONCO   4.2. EJER. MOV. ARTICULAR-ESTIRAMIENTOS

| PERIODO PREPARATORIO | CATEGORÍA CADETES | MESOCICLO PREP. GRAL. I | MICROCICLO I | SESIÓN 3 | DURACIÓN: 110' |

OBJETIVO: Ofensivo: Mantener la posesión del balón. Defensivo: Recuperar el balón.
MED. TÁCTICOS: Ofensivo: Apoyos, desmarques, paredes, temporizaciones, c. orientación.
Defensivo: Marcaje, vigilancia.
MED. TÉCNICOS: Ofensivos: Control, conducción, pase.
Defensivos: Entrada, anticipación, interceptación, carga.
MED. PSICOLÓG.: Ofensivos: Atención, concentración, seguridad, cap. cognitivas.
Defensivos: Atención, concentración, sacrificio, voluntad.
MED. FÍSICOS: Fuerza resistencia, resistencia intensidad II, capacidades coordinativas.

1.- Explicación de objetivos y contenidos   2.- INTRODUCCIÓN AL MEDIO   Ejercicios de Movilidad Articular y Estiramiento

2.1 Juego 3:3+3 comodines ofensivos que apoyan desde el interior del cuadrado. El equipo atacante intenta mantener la posesión del balón.

Dimensión: 15m x 15m. Duración: 6´.Nº toques: 2-3

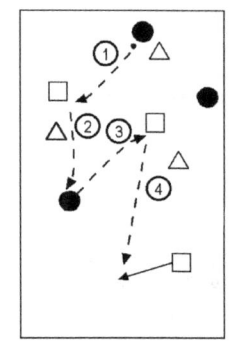

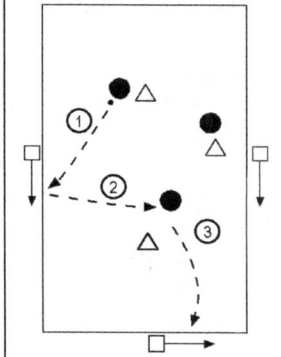

2.2 Juego 3:3+3 comodines ofensivos que apoyan desde los lados exteriores del cuadrado. El equipo atacante intenta mantener la posesión del balón.

Dimensión: 15m x 15m. Duración: 6´.Nº toques: 2-3

| Ejs. Movilidad Articular y Estiramientos | 3.- PARTE PRINCIPAL | 3.1. CIRCUITO DE FUERZA - RESISTENCIA |

3.2.-Zona de resistencia: intensidad: II
-Nº jugadores: 20 (4 equipos de 4 jugadores + 4 comodines).
-Dimensiones: 4 cuadrados de 30mx30m.
-Duración: 10´
-Recuperación: 2´   -Nº toques: 3

JUEGO Nº1.-
Juego 5:5. El equipo atacante intenta mantener la posesión del balón consiguiendo un punto cada vez que un jugador controla el balón en el interior de uno de los cinco cuadrados (2mx2m) situados en el campo.

JUEGO Nº2.-
Juego 5:5.El equipo atacante intenta mantener la posesión del balón consiguiendo un punto cada vez que logran realizar un pase a través de alguna de las cinco porterías pequeñas (2m) situadas en el campo.

JUEGO Nº3.-
Juego 5:5. El equipo atacante intenta mantener la posesión del balón consiguiendo un punto cada vez que un jugador realiza un pse desde el interior de uno de los cinco cuadrados (2mx2m) situados en el campo.

JUEGO Nº4.-
Juego 5:5. El equipo atacante intenta mantener la posesión del balón consiguiendo un punto cada vez que el balón pasa por todos los jugadores.

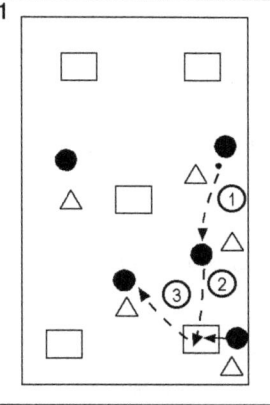

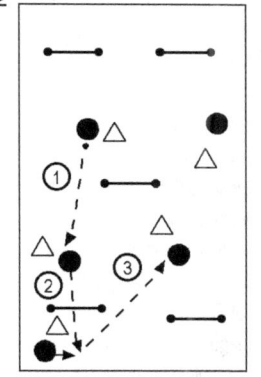

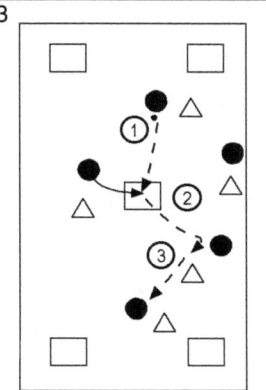

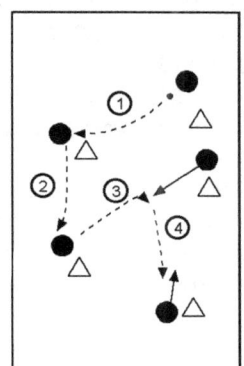

| 4. VUELTA A LA CALMA | 4.1. CIRCUITO DE FUERZA BASE TRONCO | 4.2. EJER. MOV. ARTICULAR-ESTIRAMIENTOS |

PERIODO PREPARATORIO	CATEGORÍA CADETES	MESOCICLO PREP. GRAL. I	MICROCICLO I	SESIÓN 4	DURACIÓN: 110'

OBJETIVO: Ofensivo: Mantener la posesión del balón. Defensivo: Recuperar el balón.
MED. TÁCTICOS: Ofensivo: Apoyos, desmarques, paredes, temporizaciones c. orientación.
Defensivo: Marcaje, vigilancia.
MED. TÉCNICOS: Ofensivos: Control, conducción, pase.
Defensivos: Entrada, anticipación, interceptación, carga.
MED. PSICOLÓG.: Ofensivos: Atención, concentración, seguridad, cap. cognitivas.
Defensivos: Atención, concentración, sacrificio, voluntad.
MED. FÍSICOS: Vel. reacción, resistencia intensidad II, capacidades coordinativas.

1.- Explicación de objetivos y contenidos 2.- INTRODUCCIÓN AL MEDIO   Ejercicios de Movilidad Articular y Estiramiento

2.1 Juego 6:3. Dos equipos de 3 jugadores atacantes situados (cuatro en las esquinas del cuadrado y dos en el interior del mismo), tratan de mantener la posesión del balón contra un equipo de tres jugadores defensores que intentan recuperarlo, si lo consiguen pasa a defender el equipo que perdió el balón.
Dimensión: 15m x 15m. Duración: 6'.Nº toques: 2-3

2.2 Juego 6:3. Dos equipos de 3 jugadores atacantes situados (cuatro en los lados exteriores del cuadrado y dos en el interior del mismo) tratan de mantener la posesión del balón contra un equipo de tres jugadores defensores que intentan recuperarlo, si lo consiguen pasa a defender el equipo que perdió el balón.
Dimensión: 15m x 15m. Duración: 6'.Nº toques: 2-3

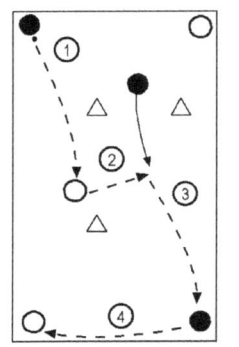 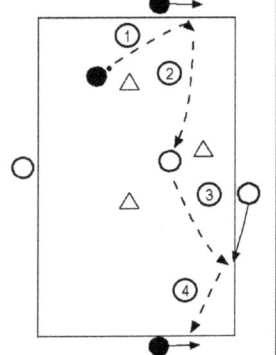

Ejs. Movilidad Articular y Estiramientos 3.- PARTE PRINCIPAL 3.1. CIRCUITO DE VELOCIDAD DE REACCIÓN

3.2-Zona de resistencia: Intensidad: II
-Nº jugadores: 20 (4 equipos de 5 jugadores).
-Dimensiones: 4 cuadrados de 35mx35m.
-Duración: 10'
-Recuperación: 2'   -Nº toques: 3

JUEGO Nº1.-
Juego 5:5. El equipo atacante intenta mantener la posesión del balón consiguiendo un punto cada vez que un jugador logra atravesar conduciendo alguna de las cinco porterías (2m) situadas en el campo.

JUEGO Nº2.-
Juego 5:5.El equipo atacante intenta mantener la posesión consiguiendo un punto cada vez que tras dar ocho pases seguidos envía el balón fuera del cuadrado logrando un jugador controlarlo antes del 2º bote.

JUEGO Nº3.-
Juego 5:5. El equipo atacante intenta mantener la posesión del balón consiguiendo un punto cada vez que realizan una pared.

JUEGO Nº4.-
Juego 5:5. Se delimitan dos zonas marcada (5mx35m). El equipo atacante intenta mantener la posesión del balón consiguiendo un punto cada vez que tras dar ocho pases seguidos envía el balón al interior de una zona marcada logrando un jugador controlarlo en su interior.

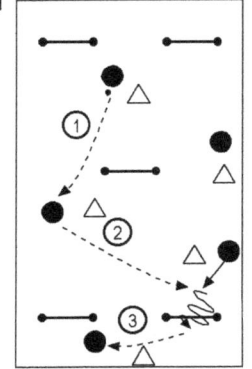 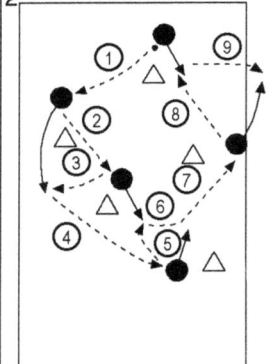

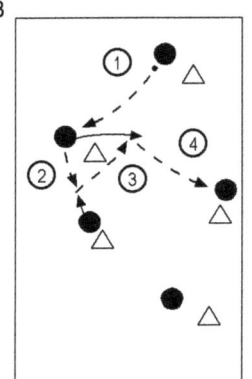 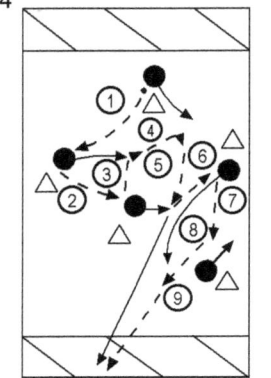

4. VUELTA A LA CALMA 4.1. CIRCUITO DE FUERZA BASE TRONCO 4.2. EJER. MOV. ARTICULAR-ESTIRAMIENTOS

PERIODO PREPARATORIO	CATEGORÍA CADETES	MESOCICLO PREP. GRAL. I	MICROCICLO II	SESIÓN 1	DURACIÓN: 110'

OBJETIVO: Ofensivo: Progresión en el juego (ataque). Defensivo: Evitar la progresión en el juego.
MED. TÁCTICOS: Ofensivo: Profundidad, paredes, c. ritmo, c. orientación, desmarques, apoyos, amplitud, progresión.
Defensivo: Entrada, temporización, marcaje, bascular, red. espacio, coberturas, permutas.
MED. TÉCNICOS: Ofensivos: Control. conducción, pase, tiro. Defensivos: Entrada, anticipación, interceptación, carga.
MED. PSICOLÓG.: Ofensivos: Atención, concentración, creatividad, cap. cognitivas.
Defensivos: Atención, concentración, sacrificio, voluntad.
MED. FÍSICOS: Fuerza-resistencia, resistencia intensidad II, capacidades coordinativas.

1.- Explicación de objetivos y contenidos   2.- INTRODUCCIÓN AL MEDIO   Ejercicios de Movilidad Articular y Estiramiento

2.1 Juego 3:3+3 comodines ofensivos que apoyan desde el interior del campo. Cada equipo ataca y defiende una portería pequeña (3m). El equipo atacante intenta progresar en el juego y finalizar tirando en la portería adversaria tras dar seis pases seguidos.
Dimensión: 22m x 16m. Duración: 6´. Nº toques: 2-3

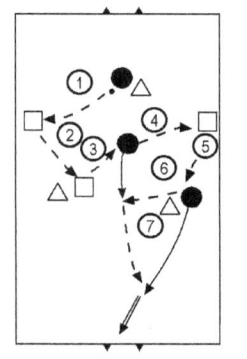

2.2 Juego 4:4+3 comodines ofensivos que apoyan desde el interior del campo. Cada equipo ataca y defiende una portería triangular (4mx3 lados). El equipo atacante intenta progresar en el juego y finalizar tirando en la portería adversaria tras dar seis pases seguidos.
Dimensión: 22m x 16m. Duración: 6´. Nº toques: 2-3

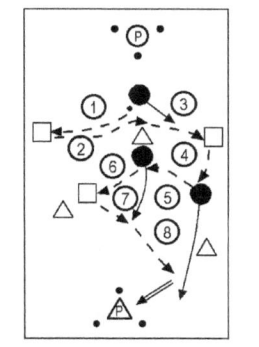

Ejs. Movilidad Articular y Estiramientos   3.- PARTE PRINCIPAL   3.1. CIRCUITO DE FUERZA - RESISTENCIA

3.2.-Zona de resistencia: intensidad: II
-Nº jugadores: 22 (4 equipos de 5 jugadores + 2 porteros).
-Dimensiones: 4 rectángulos de 45mx30m.
-Duración: 10´
-Recuperación: 2´   -Nº toques: 3
JUEGO Nº1.-
Juego 5:5. Cada equipo ataca y defiende una zona marcada (5mx30m). El equipo atacante intenta progresar en el juego y finalizar enviando el balón al interior de la zona marcada adversaria logrando un jugador controlarlo en su interior tras dar seis pases seguidos. Sistema: 3-2 ó 4-1.
JUEGO Nº2.-
Juego 6:6. Cada equipo ataca y defiende una portería triangular (5mx3 lados). El equipo atacante intenta progresar en el juego y finalizar tirando en la portería adversaria tras dar seis pases seguidos. Sistema: 1-3-2 ó 1- 4-1.
JUEGO Nº3.-
Juego 5:5. Cada equipo ataca y defiende una portería ancha (20m). El equipo atacante intenta progresar en el juego y finalizar atravesando conduciendo la portería adversaria tras dar seis pases seguidos. Sistema:
JUEGO Nº4.-
Juego 6:6. Cada equipo ataca y defiende una portería cuadrada (6mx6m). El equipo atacante intenta progresar en el juego y finalizar tirando en la portería adversaria tras dar seis pases seguidos. Sistema: 1-3-2 ó 1-4-1.

1 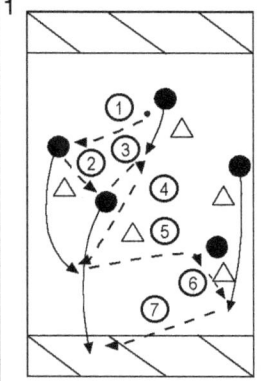   2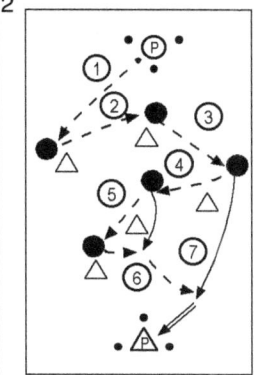

3 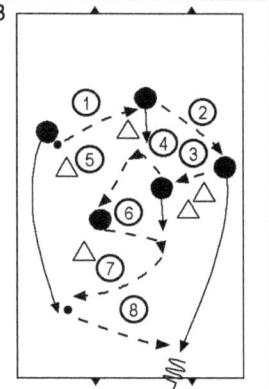   4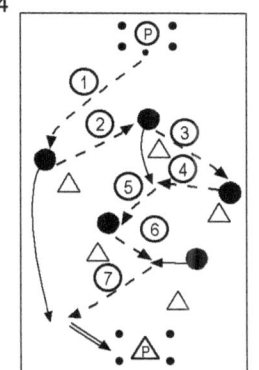

4. VUELTA A LA CALMA   4.1. CIRCUITO DE FUERZA BASE TRONCO   4.2. EJER. MOV. ARTICULAR-ESTIRAMIENTOS

PERIODO PREPARATORIO	CATEGORÍA CADETES	MESOCICLO PREP. GRAL. I	MICROCICLO II	SESIÓN 2	DURACIÓN: 110'

OBJETIVO: Ofensivo: Progresión en el juego (contraataque)
Defensivo: Evitar la progresión en el juego.
MED. TÁCTICOS: Ofensivo: Profundidad, paredes, c. ritmo, c. orientación, desmarques, apoyos, amplitud, progresión.
Defensivo: Entrada, temporización, marcaje, bascular, red. espacio, coberturas, permutas.
MED. TÉCNICOS: Ofensivos: Control, conducción, pase, tiro. Defensivos: Entrada, anticipación, interceptación, carga.
MED. PSICOLÓG.: Ofensivos: Atención, concentración, creatividad, cap. cognitivas.
Defensivos: Atención, concentración, sacrificio, voluntad.
MED. FÍSICOS: Vel. frecuencia, resistencia intensidad II, capacidades coordinativas.

1.- Explicación de objetivos y contenidos 2.- INTRODUCCIÓN AL MEDIO	Ejercicios de Movilidad Articular y Estiramiento

2.1 Juego 3:3+3 comodines ofensivos que apoyan desde el interior del campo. Cada equipo ataca y defiende una portería ancha (10m). El equipo atacante intenta progresar en el juego y finalizar atravesando conduciendo la portería adversaria antes del 6º pase.
Dimensión: 22m x 16m. Duración: 6'. Nº toques: 2-3

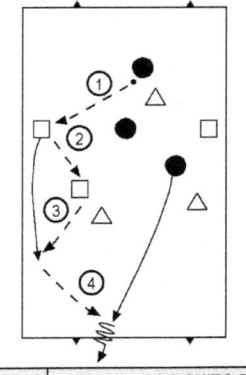

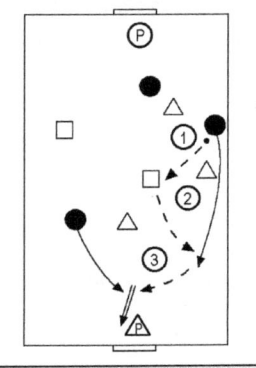

2.2 Juego 4:4+2 comodines ofensivos que apoyan desde el interior del campo. Cada equipo ataca y defiende una portería normal (6m). El equipo atacante intenta progresar en el juego y finalizar tirando en la portería adversaria antes del 6º pase.
Dimensión: 22m x 16m. Duración: 6'. Nº toques: 2-3

Ejs. Movilidad Articular y Estiramientos	3.- PARTE PRINCIPAL	3.1. CIRCUITO DE VELOCIDAD FRECUENCIA

3.2-Zona de resistencia: intensidad: II
-Nº jugadores: 22 (4 equipos de 5 jugadores + dos porteros).
-Dimensiones: 4 rectángulos de 45mx30m.
-Duración: 10'
-Recuperación: 2'   -Nº toques: 3
JUEGO Nº1.-
Juego 5:5. Cada equipo ataca y defiende una línea de fondo. El equipo atacante intenta progresar en el juego y finalizar atravesando conduciendo la línea de fondo adversaria antes del 6º pase. Sistema: 3-2 ó 4-1.
JUEGO Nº2.-
Juego 6:6. Cada equipo ataca y defiende una portería normal (7m). El equipo atacante intenta progresar en el juego y finalizar tirando en la portería adversaria antes del 6º pase. Sistema: 1-3-2 ó 1-4-1.
JUEGO Nº3.-
Juego 5:5. Cada equipo ataca y defiende una línea de fondo. El equipo atacante intenta progresar en el juego y finalizar logrando un jugador controlar un pase por detrás de la línea de fondo adversaria antes del 6º pase. Sistema: 3-2 ó 4-1.
JUEGO Nº4.-
Juego 6:6. Cada equipo ataca y defiende una portería lateral (7m). El equipo atacante intenta progresar en el juego y finalizar tirando en la portería adversaria antes del 6º pase. Sistema: 1-3-2 ó 1-4-1.

1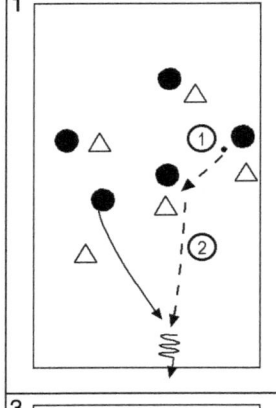

2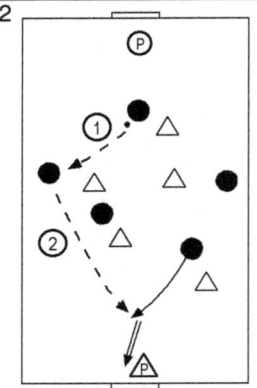

3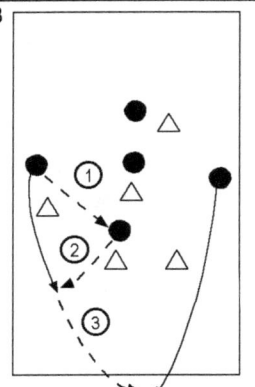

4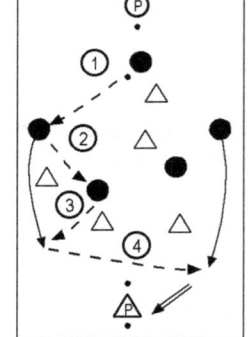

4. VUELTA A LA CALMA	4.1. CIRCUITO DE FUERZA BASE TRONCO	4.2. EJER. MOV. ARTICULAR-ESTIRAMIENTOS

PERIODO PREPARATORIO	CATEGORÍA CADETES	MESOCICLO PREP. GRAL. I	MICROCICLO II	SESIÓN 3	DURACIÓN: 110'

OBJETIVO: Ofensivo: Progresión en el juego. Defensivo: Evitar la progresión en el juego.
MED. TÁCTICOS: Ofensivo: Profundidad, paredes, c. ritmo, c. orientación, desmarques, apoyos, amplitud, progresión.
Defensivo: Entrada, temporización, marcaje, bascular, red. espacio, coberturas, permutas.
MED. TÉCNICOS: Ofensivos: Control, conducción, pase, tiro.
Defensivos: Entrada, anticipación, interceptación, carga.
MED. PSICOLÓG.: Ofensivos: Atención, concentración, creatividad, cap. cognitivas.
Defensivos: Atención, concentración, sacrificio, voluntad.
MED. FÍSICOS: Fuerza resistencia, resistencia intensidad II, capacidades coordinativas.

1.- Explicación de objetivos y contenidos   2.- INTRODUCCIÓN AL MEDIO   Ejercicios de Movilidad Articular y Estiramiento

2.1.- Juego 3:3+3 comodines ofensivos que apoyan desde el interior del cuadrado. Cada equipo ataca y defiende una línea de fondo. El equipo atacante intenta progresar en el juego y finalizar atravesando conduciendo la línea de fondo adversaria.
Dimensión: 22m x 16m. Duración: 6´. Nº toques: 2-3

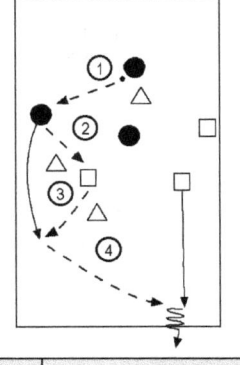 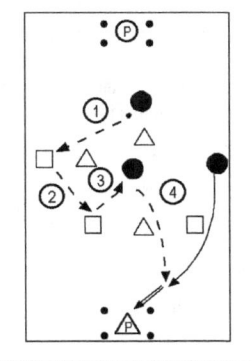

2.2.- Juego 4:4+3 comodines ofensivos que apoyan desde el interior del campo. Cada equipo ataca y defiende una portería cuadrada (5mx5m). El equipo atacante intenta progresar en el juego y finalizar tirando en la portería adversaria.
Dimensión: 22m x 16m. Duración: 6´. Nº toques: 2-3

Ejs. Movilidad Articular y Estiramientos   3.- PARTE PRINCIPAL   3.1. CIRCUITO DE FUERZA RESISTENCIA

3.2.- ZONAS DE RESISTENCIA: INTENSIDAD: II
- N.º JUGADORES: 22 (4 equipos de 5 jugadores + 2 porteros).
- DIMENSIONES: 4 rectángulos de 45mx30m.
- DURACIÓN: 10'
- RECUPERACIÓN: 2'   - N.º DE TOQUES: 3

JUEGO Nº 1.-
Juego 5:5. Cada equipo ataca y defiende una zona marcada (5mx20m). El equipo atacante intenta progresar en el juego y finalizar atravesando conduciendo la zona marcada adversaria.
Sistema: 3-2 ó 4-1.

JUEGO Nº 2.-
Juego 6:6. Cada equipo ataca y defiende una portería normal (7m) situada como indica el gráfico. El equipo atacante intenta progresar en el juego y finalizar tirando en la portería adversaria.
Sistema: 1-3-2 ó 1-4-1.

JUEGO Nº 3.-
Juego 5:5. Cada equipo ataca y defiende tres porterías pequeñas (2m). El equipo atacante intenta progresar en el juego y finalizar tirando en alguna de las porterías adversarias. Sistema: 3-2 ó 4-1.

JUEGO Nº 4.-
Juego 6:6. Cada equipo ataca y defiende dos porterías pequeñas (3m). El equipo atacante intenta progresar en el juego y finalizar tirando en alguna de las porterías adversarias desde fuera de la zona marcada (5mx30m). Sistema: 1-3-2 ó 1-4-1.

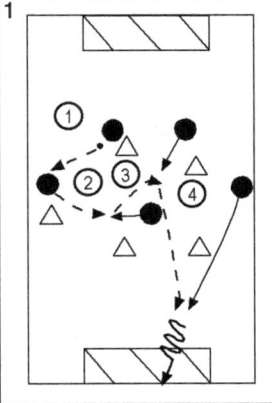 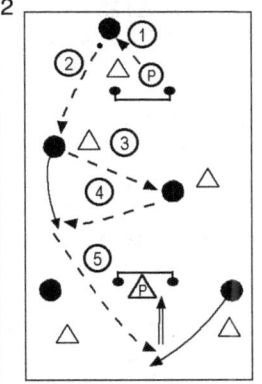
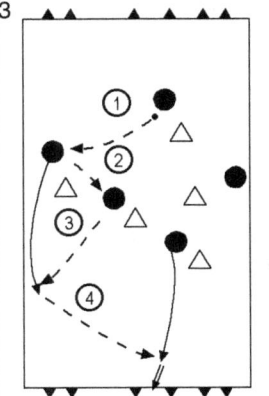 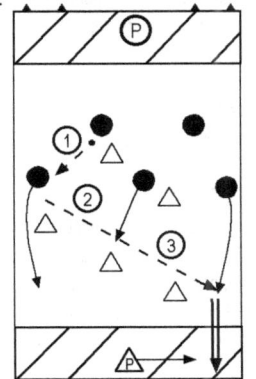

4. VUELTA A LA CALMA   4.1. CIRCUITO DE FUERZA BASE TRONCO   4.2. EJER. MOV. ARTICULAR-ESTIRAMIENTOS

PERIODO PREPARATORIO	CATEGORÍA CADETES	MESOCICLO PREP. GRAL. I	MICROCICLO II	SESIÓN 4	DURACIÓN: 110'

OBJETIVO: Ofensivo: Progresión en el juego (ataque por las bandas).
Defensivo: Evitar la progresión en el juego.
MED. TÁCTICOS: Ofensivo: Profundidad, amplitud, vel. juego, c. orientación, desmarques, apoyos, progresión.
Defensivo: Entrada, temporización, marcaje, bascular, red. espacio, repliegues, coberturas, permutas.
MED. TÉCNICOS: Ofensivos: Control, conducción, pase, tiro. Defensivos: Entrada, anticipación, interceptación, carga.
MED. PSICOLÓG.: Ofensivos: Atención, concentración, creatividad, cap. cognitivas.
Defensivos: Atención, concentración, sacrificio, voluntad.
MED. FÍSICOS: Vel. reacción, resistencia intensidad II, capacidades cognitivas.

1.- Explicación de objetivos y contenidos 2.- INTRODUCCIÓN AL MEDIO	Ejercicios de Movilidad Articular y Estiramiento

2.1.- Juego 3:3+3 comodines ofensivos que apoyan (dos desde las bandas y uno desde el interior del campo). Cada equipo ataca y defiende dos porterías pequeñas (2m). El equipo atacante intenta progresar en el juego y finalizar tirando en alguna de las porterías adversarias.
Dimensión: 22m x 16m. Duración: 6´. Nº toques: 2-3

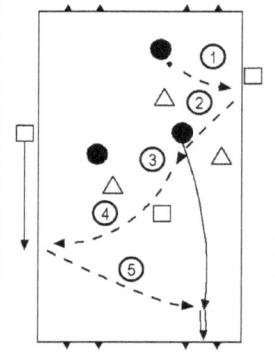
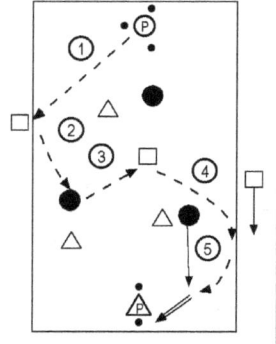

2.2.- Juego 4:4+3 comodines ofensivos que apoyan (dos desde las bandas y uno desde el interior del campo). Cada equipo ataca y defiende una portería lateral (m). El equipo atacante intenta progresar en el juego y finalizar tirando en la portería adversaria.
Dimensión: 22m x 16m. Duración: 6´. Nº toques: 2-3

Ejs. Movilidad Articular y Estiramientos	3.- PARTE PRINCIPAL	3.1. CIRCUITO DE VELOCIDAD DE REACCIÓN

3.2.- ZONAS DE RESISTENCIA: INTENSIDAD: II
- N.º JUGADORES: 22 (4 equipos de 5 jugadores + 2 porteros).
- DIMENSIONES: 4 rectángulos de 45m x 30m.
- DURACIÓN: 10'
- RECUPERACIÓN: 2'   - N.º DE TOQUES: 3
JUEGO Nº 1.-
Juego 5:5. Cada equipo ataca y defiende dos cuadrados (5mx5m). El equipo atacante intenta progresar en el juego y finalizar atravesando conduciendo alguno de los cuadrados adversarios. Sistema: 3-2 ó 4-1.
JUEGO Nº 2.-
Juego 6:6. Se delimitan dos zonas laterales (5mx45m) Cada equipo ataca y defiende una portería normal (7m). El equipo atacante intenta progresar en el juego teniendo que hacer pasar el balón por las dos zonas laterales para poder finalizar tirando en la portería adversaria. Sistema: 1-3-2 ó 1-4-1.
JUEGO Nº 3.-
Juego 5:5. Cada equipo ataca y defiende dos porterías laterales (2m). El equipo atacante intenta progresar en el juego y finalizar tirando en alguna de las porterías adversarias. Sistema: 3-2 ó 4-1.
JUEGO Nº 4.-
Juego 6:6. Cada equipo ataca y defiende una portería normal (7m). El equipo atacante intenta progresar en el juego no pudiendo jugar el balón en el interior de la zona marcada (20mx7m) y finalizar tirando en la portería adversaria. Sistema: 1-3-2 ó 1-4-1.

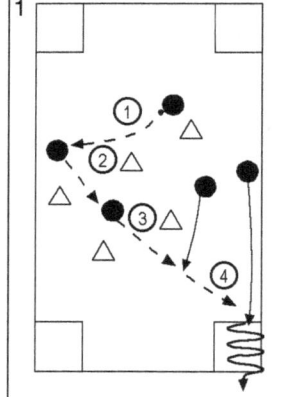
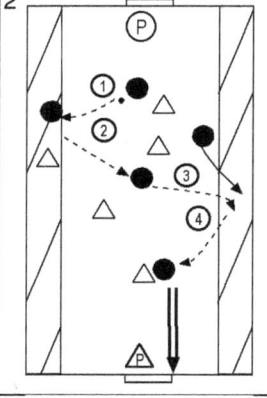
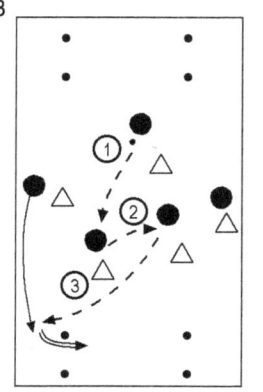
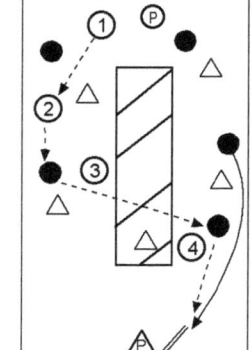

4. VUELTA A LA CALMA	4.1. CIRCUITO DE FUERZA BASE TRONCO	4.2. EJER. MOV. ARTICULAR-ESTIRAMIENTOS

PERIODO PREPARATORIO	CATEGORÍA CADETES	MESOCICLO PREP. GRAL. I	MICROCICLO III	SESIÓN 1	DURACIÓN: 110'

OBJETIVO: Ofensivo: La finalización. Defensivo: Evitar el gol.
MED. TÁCTICOS: Ofensivo: Paredes, c. orientación, vel. juego, profundidad, progresión, desmarques.
Defensivo: Entrada, marcaje, vigilancia, repliegues.
MED. TÉCNICOS: Ofensivos: Pase, control, tiro, juego de cabeza.
Defensivos: Entrada, carga, anticipación, interceptación, despeje.
MED. PSICOLÓG.: Ofensivos: Atención, concentración, confianza. Defensivos: Atención, concentración.
MED. FÍSICOS: Fuerza-resistencia, resistencia intensidad II, capacidades coordinativas.

1.- Explicación de objetivos y contenidos 2.- INTRODUCCIÓN AL MEDIO	Ejercicios de Movilidad Articular y Estiramiento

2.1.- Juego 3:3+3 comodines ofensivos que apoyan desde las esquinas del cuadrado. El equipo atacante tiene que finalizar tirando antes del 6º pase en la portería neutral (5m).
Dimensión: 20m x 20m. Duración: 6´. Nº toques: 2-3

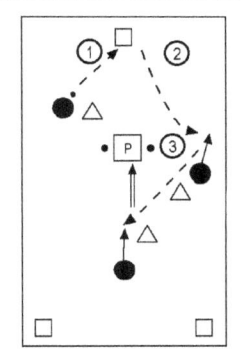 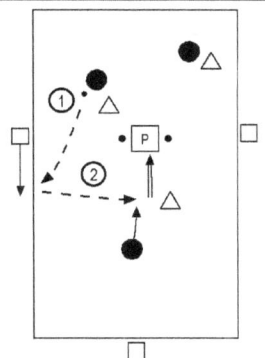

2.2.- Juego 3:3+3 comodines ofensivos que apoyan desde los lados exteriores del cuadrado. El equipo atacante tiene que finalizar tirando antes del 6º pase en la portería neutral (5m).
Dimensión: 20m x 20m. Duración: 6´. Nº toques: 2-3

Ejs. Movilidad Articular y Estiramientos	3.- PARTE PRINCIPAL	3.1. CIRCUITO DE FUERZA RESISTENCIA

3.2.- ZONAS DE RESISTENCIA: INTENSIDAD: II
- N.º JUGADORES: 20 (4 equipos de 5 jugadores).
- DIMENSIONES: 4 rectángulos de 30m x 20m.
- DURACIÓN: 10'
- RECUPERACIÓN: 2'   - N.º DE TOQUES: 3
JUEGO Nº 1.-
Juego 5:5. Cada equipo ataca y defiende una portería normal (7m). El equipo atacante tiene que finalizar tirando antes del 6º pase en la portería adversaria.
JUEGO Nº 2.-
Juego 5:5. Cada equipo ataca y defiende una portería normal (7m). El equipo atacante tiene que finalizar tirando antes del 6º pase en la portería adversaria desde el interior de la zona marcada (15mx20m).
JUEGO Nº 3.-
Juego 5:5. Cada equipo ataca y defiende una portería normal (7m). El equipo atacante tiene que finalizar tirando antes del 6º pase en la portería adversaria desde el interior de una de las dos zonas marcadas (30mx6´5m).
JUEGO Nº 4.-
Juego 5:5. Cada equipo ataca y defiende una portería normal (7m). El equipo atacante tiene que finalizar tirando antes del 6º pase en la portería adversaria desde el interior de la zona marcada (7´5mx20m).

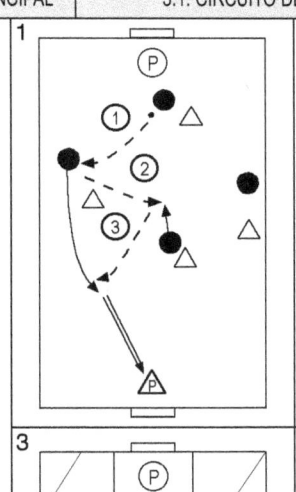 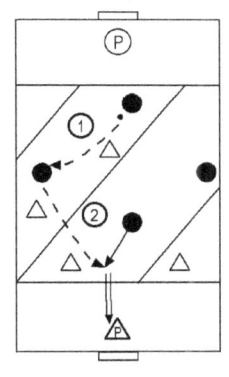

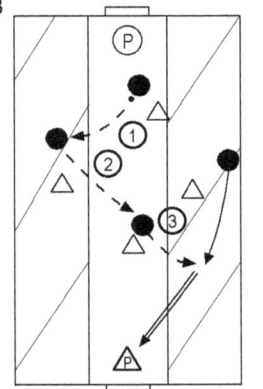 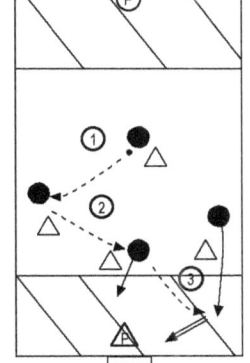

4. VUELTA A LA CALMA	4.1. CIRCUITO DE FUERZA BASE TRONCO	4.2. EJER. MOV. ARTICULAR-ESTIRAMIENTOS

PERIODO PREPARATORIO	CATEGORÍA CADETES	MESOCICLO PREP. GRAL. I	MICROCICLO III	SESIÓN 2	DURACIÓN: 110'

OBJETIVO: Ofensivo: Superar las situaciones 1:1. Defensivo: Evitar ser superado 1:1.
MED. TÁCTICOS: Ofensivo: C. ritmo, temporizaciones. Defensivo: Entrada, temporizaciónes, repliegues.
MED. TÉCNICOS: Ofensivos: Conducción, finta, regate, cobertura técnica. Defensivos: Entrada, carga.
MED. PSICOLÓG.: Ofensivos: Atención, concentración, creatividad, confianza, valentía.
Defensivos: Atención, concentración, seguridad.
MED. FÍSICOS: Vel. frecuencia, resistencia intensidad II, capacidades coordinativas.

1.- Explicación de objetivos y contenidos   2.- INTRODUCCIÓN AL MEDIO | Ejercicios de Movilidad Articular y Estiramiento

2.1.- Juego 6:3. Seis atacantes cada uno con un balón lo conducen en el interior del cuadrado tratando de superar 1:1 a tres defensores y mantener la posesión del balón, si los defensores logran recuperar el balón pasan a atacar.
Dimensión: 15m x 15m. Duración: 4´.

2.2.-Juego 6:3. Seis atacantes cada uno con un balón lo conducen en el interior del cuadrado tratando de superar 1:1 a tres defensores y atravesar conduciendo la portería neutral (2m), si los defensores logran recuperar el balón pasan a atacar.
Dimensión: 15m x 15m. Duración: 4´.

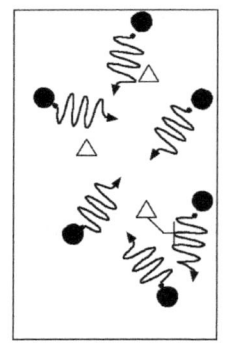 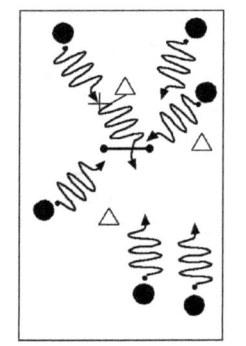

Ejs. Movilidad Articular y Estiramientos | 3.- PARTE PRINCIPAL | 3.1. CIRCUITO DE VELOCIDAD DE FRECUENCIA

3.2.- ZONAS DE RESISTENCIA: INTENSIDAD: II
- N.º JUGADORES: 20 (4 equipos de 5 jugadores).
- DIMENSIONES: 4 rectángulos de 30m x 20m.
- DURACIÓN: 10'
- RECUPERACIÓN: 2'   - N.º DE TOQUES: Libre
JUEGO Nº 1.-
Juego 5:5. Cada equipo ataca y defiende una línea de fondo defendida por un jugador del equipo. El equipo atacante consigue un punto cada vez que logre superar 1:1 al jugador que defiende la línea de fondo adversaria y atraviesa conduciendo la misma.
JUEGO Nº 2.-
Juego 5:5. Cada equipo ataca y defiende una portería normal (7m). El equipo atacante tiene que superar 1:1 a un defensor antes de poder finalizar tirando en la portería adversaria.
JUEGO Nº 3.-
Juego 5:5. Cada equipo ataca y defiende una portería ancha (12m) defendida por un jugador del equipo. El equipo atacante consigue un punto cada vez que logra superar 1:1 al jugador que defiende la portería ancha adversaria y atraviesa conduciendo la misma.
JUEGO Nº 4.-
Juego 5:5. Cada equipo ataca y defiende una zona marcada (5mx20m) defendida por un jugador del equipo. El equipo atacante consigue un punto cada vez que logre superar 1:1 al jugador que defiende la zona marcada adversaria y atraviese conduciendo la misma.

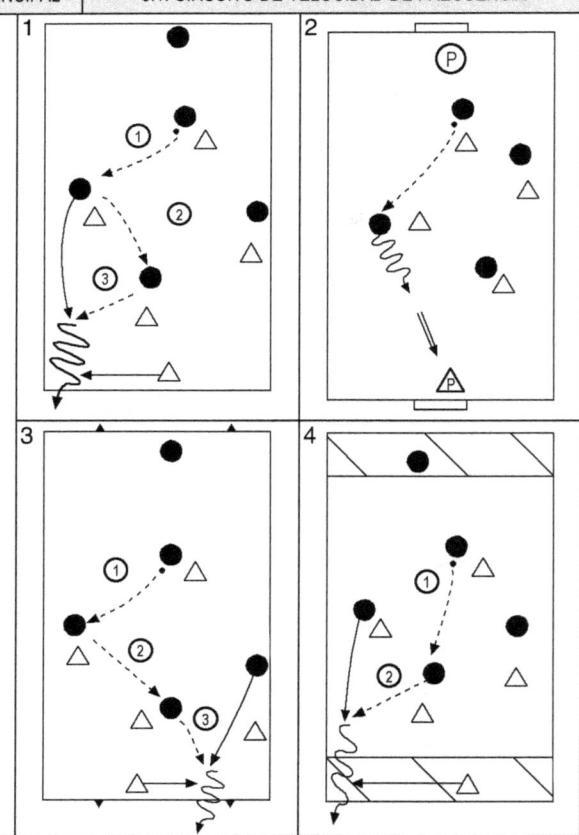

4. VUELTA A LA CALMA | 4.1. CIRCUITO DE FUERZA BASE TRONCO | 4.2. EJER. MOV. ARTICULAR-ESTIRAMIENTOS

PERIODO PREPARATORIO	CATEGORÍA CADETES	MESOCICLO PREP. GRAL. I	MICROCICLO III	SESIÓN 3	DURACIÓN: 110'

OBJETIVO: Ofensivo: La finalización. Defensivo: Evitar el gol.
MED. TÁCTICOS: Ofensivo: Paredes, c. orientación, vel. juego, profundidad, progresión, desmarques.
Defensivo: Entrada, marcaje, vigilancia, repliegues.
MED. TÉCNICOS: Ofensivos: Pase, control, tiro, juego de cabeza.
Defensivos: Entrada, carga, anticipación, interceptación, despeje.
MED. PSICOLÓG.: Ofensivos: Atención, concentración, confianza. Defensivos: Atención, concentración.
MED. FÍSICOS: Fuerza resistencia, resistencia intensidad II, capacidades coordinativas.

1.- Explicación de objetivos y contenidos 2.- INTRODUCCIÓN AL MEDIO	Ejercicios de Movilidad Articular y Estiramiento

2.1.- Juego 3:3+3 comodines ofensivos que apoyan desde el interior del cuadrado. El equipo atacante tiene que finalizar tirando antes del 6º pase en la portería triangular neutral (4mx3 lados).

Dimensión: 20 x 20 m. Duración: 6'. Nº Toques: 2-3

2.2.- Juego 3:3+3 comodines ofensivos que apoyan desde los lados exteriores del cuadrado. El equipo atacante tiene que finalizar tirando antes del 6º pase en la portería triangular neutral (4mx3 lados).

Dimensión: 20 x 20 m. Duración: 6'. Nº Toques: 2-3

Ejs. Movilidad Articular y Estiramientos	3.- PARTE PRINCIPAL	3.1. CIRCUITO DE FUERZA - RESISTENCIA

3.2.- ZONAS DE RESISTENCIA: INTENSIDAD: II
- Nº JUGADORES: 20 (4 equipos de 5 jugadores).
- DIMENSIONES: 4 rectángulos de 30m x 20m.
- DURACIÓN: 10'
- RECUPERACIÓN: 2'   - Nº DE TOQUES: 3
JUEGO Nº 1.-
Juego 5:5. Cada equipo ataca y defiende una portería cuadrada (6mx6m). El equipo atacante tiene que finalizar tirando antes del 6º pase en la portería adversaria.
JUEGO Nº 2.-
Juego 5:5. Cada equipo ataca y defiende una portería lateral (7m). El equipo atacante tiene que finalizar tirando antes del 6º pase en la portería adversaria.
JUEGO Nº 3.-
Juego 5:5. Cada equipo ataca y defiende una portería normal (7m). El equipo atacante tiene que finalizar tirando antes del 6º pase en la portería adversaria.
JUEGO Nº 4.-
Juego 5:5. Cada equipo ataca y defiende una portería triangular (5mx3 lados). El equipo atacante tiene que finalizar tirando antes del 6º pase en la portería adversaria.

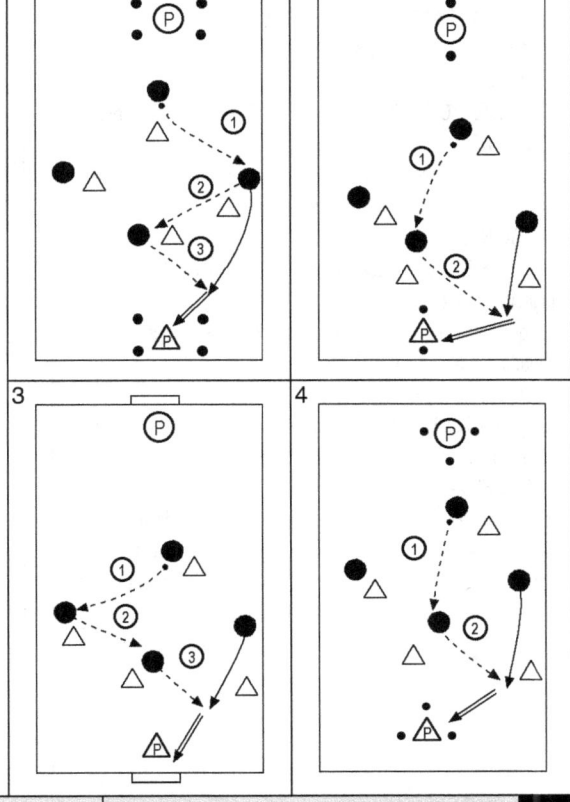

4. VUELTA A LA CALMA	4.1. CIRCUITO DE FUERZA BASE TRONCO	4.2. EJER. MOV. ARTICULAR-ESTIRAMIENTOS

| PERIODO PREPARATORIO | CATEGORÍA CADETES | MESOCICLO PREP. GRAL. I | MICROCICLO III | SESIÓN 4 | DURACIÓN: 110' |

OBJETIVO: Ofensivo: Superar las situaciones 1:1. Defensivo: Evitar ser superado 1:1.
MED. TÁCTICOS: Ofensivo: C. ritmo, temporizaciones. Defensivo: Entradas, temporizaciones, repliegues.
MED. TÉCNICOS: Ofensivos: Conducción, finta, regate, cobertura técnica. Defensivos: Entrada, carga.
MED. PSICOLÓG.: Ofensivos: Atención, concentración, creatividad, confianza, valentía.
Defensivos: Atención, concentración, seguridad.
MED. FÍSICOS: Vel. reacción, resistencia intensidad II, capacidades coordinativas.

1.- Explicación de objetivos y contenidos   2.- INTRODUCCIÓN AL MEDIO   Ejercicios de Movilidad Articular y Estiramiento

2.1.- Juego 6:3. Seis atacantes cada uno con un balón lo conducen en el interior del cuadrado tratando de superar 1:1 a tres defensores y atravesar conduciendo la zona marcada (2mx2m), si los defensores logran recuperar el balón pasan a atacar.
Dimensión: 15 x 15 m. Duración: 4'.

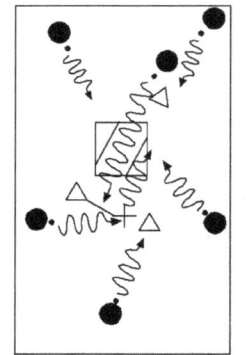

2.2.- Juego 6:3. Seis atacantes cada uno con un balón lo conducen en el interior del cuadrado tratando de superar 1:1 a tres defensores y atravesar conduciendo alguna de las tres porterías pequeñas (2m), si los defensores logran recuperar el balón pasan a atacar.
Dimensión: 15 x 15 m. Duración: 4'.

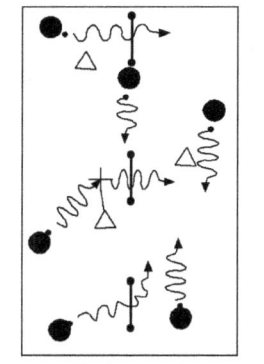

| Ejs. Movilidad Articular y Estiramientos | 3.- PARTE PRINCIPAL | 3.1. CIRCUITO DE VELOCIDAD DE REACCIÓN |

3.2.- ZONAS DE RESISTENCIA: INTENSIDAD: II
- N.º JUGADORES: 20 (4 equipos de 5 jugadores).
- DIMENSIONES: 4 cuadrados de 30m x 30m.
- DURACIÓN: 10'
- RECUPERACIÓN: 2'   - N.º DE TOQUES: Libre
JUEGO Nº 1.-
Juego 5:5. El equipo atacante consigue un punto cada vez que un jugador logra superar 1:1 a un defensor.
JUEGO Nº 2.-
Juego 5:5. El equipo atacante consigue un punto cada vez que un jugador tras superar 1:1 a un defensor y logra atravesar conduciendo alguna de las cinco porterías pequeñas (2m) situadas en el campo.
JUEGO Nº 3.-
Juego 5:5. Los jugadores atacantes tienen que superar 1:1 a un adversario antes de poder pasar el balón.
JUEGO Nº 4.-
Juego 5:5. El equipo atacante consigue un punto cada vez que un jugador tras superar 1:1 a un defensor. y logra atravesar conduciendo alguna de las cuatro porterías pequeñas (2m) situadas en el campo.

1
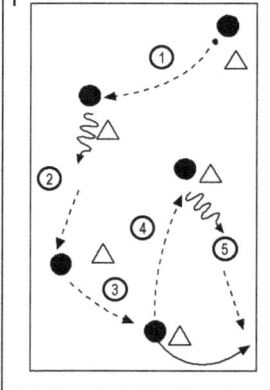

2
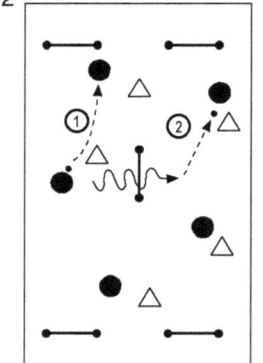

3
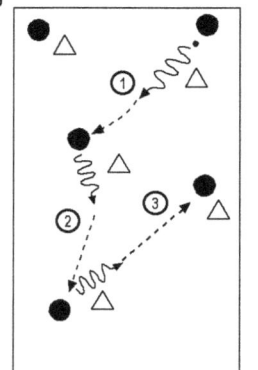

4
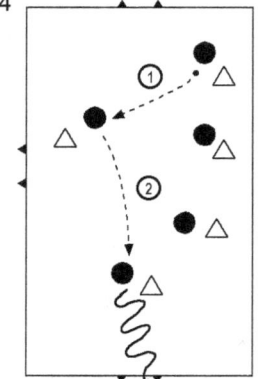

| 4. VUELTA A LA CALMA | 4.1. CIRCUITO DE FUERZA BASE TRONCO | 4.2. EJER. MOV. ARTICULAR-ESTIRAMIENTOS |

| PERIODO PREPARATORIO | CATEGORÍA CADETES | MESOCICLO PREP. GRAL. I | MICROCICLO IV | SESIÓN 1 | DURACIÓN: 110' |

OBJETIVO: Ofensivo: Mantener la posesión del balón.
Defensivo: Recuperar el balón.
MED. TÁCTICOS: Ofensivo: Apoyos, desmarques, paredes, temporizaciones, c. orientación.
Defensivo: Marcaje, vigilancia.
MED. TÉCNICOS: Ofensivos: Control. conducción, pase.
Defensivos: Entrada, anticipación, interceptación, carga.
MED. PSICOLÓG.: Ofensivos: Atención, concentración, seguridad, cap. cognitivas.
Defensivos: Atención, concentración, sacrificio, voluntad.
MED. FÍSICOS: Fuerza-resistencia, resistencia intensidad II, capacidades coordinativas.

1.- Explicación de objetivos y contenidos   2.- INTRODUCCIÓN AL MEDIO   Ejercicios de Movilidad Articular y Estiramiento

2.1.- Juego 3:3+3 comodines ofensivos que apoyan desde las esquinas del cuadrado. El equipo atacante intenta mantener la posesión del balón.
Dimensión: 15m x 15m. Duración: 6´. Nº toques: 2-3

2.2.- Juego 3:3+3 comodines ofensivos que apoyan desde los lados exteriores del cuadrado. El equipo atacante intenta mantener la posesión del balón.
Dimensión: 15m x 15m. Duración: 6´. Nº toques: 2-3

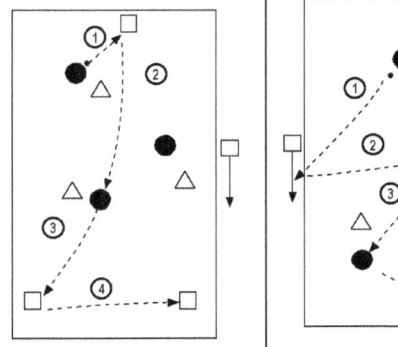

Ejs. Movilidad Articular y Estiramientos   3.- PARTE PRINCIPAL   3.1. CIRCUITO DE FUERZA - RESISTENCIA

3.2.- ZONAS DE RESISTENCIA: INTENSIDAD: II
- N.º JUGADORES: 20 (4 equipos de 5 jugadores).
- DIMENSIONES: 4 cuadrados de 35m x 35m.
- DURACIÓN: 10'
- RECUPERACIÓN: 2'   - N.º DE TOQUES: 3

JUEGO Nº 1.-
Juego 5:5. El equipo atacante intenta mantener la posesión del balón consiguiendo un punto cada vez que logran realizar un pase a través de alguna de las tres porterías pequeñas (2m) situadas en el campo.

JUEGO Nº 2.-
Juego 5:5. El equipo atacante intenta mantener la posesión del balón consiguiendo un punto cada vez que un jugador realiza un pase desde el interior de uno de los cinco cuadrados (2mx2m) situados en el campo.

JUEGO Nº 3.-
Juego 5:5. El equipo atacante intenta mantener la posesión del balón consiguiendo un punto cada vez que logran realizar un pase a través de alguna de las cinco porterías pequeñas (2m) situadas en el campo.

JUEGO Nº 4.-
Juego 5:5. El equipo atacante intenta mantener la posesión del balón no pudiendo jugar el mismo en el interior de la zona marcada (5mx35m).

1 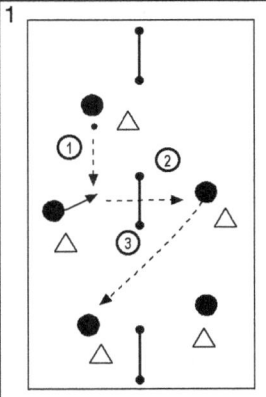   2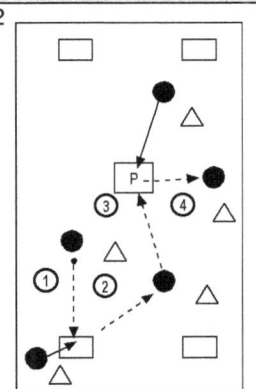

3 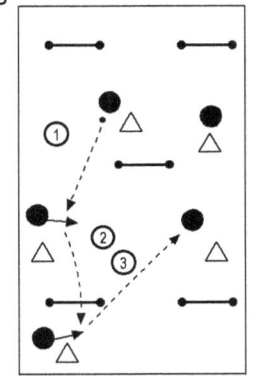   4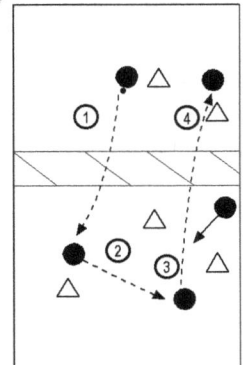

4. VUELTA A LA CALMA   4.1. CIRCUITO DE FUERZA BASE TRONCO   4.2. EJER. MOV. ARTICULAR-ESTIRAMIENTOS

PERIODO PREPARATORIO	CATEGORÍA CADETES	MESOCICLO PREP. GRAL. I	MICROCICLO IV	SESIÓN 2	DURACIÓN: 110'

OBJETIVO: Ofensivo: Mantener la posesión del balón. Defensivo: Recuperar el balón.
MED. TÁCTICOS: Ofensivo: Apoyos, desmarques, paredes, temporizaciones, c.orientación.
Defensivo: Marcaje, vigilancia.
MED. TÉCNICOS: Ofensivos: Control, pase. Defensivos: Entrada, anticipación, interceptación, carga.
MED. PSICOLÓG.: Ofensivos: Atención, concentración, seguridad, cap. cognitivas.
Defensivos: Atención, concentración, sacrificio, voluntad.
MED. FÍSICOS: Vel. frecuencia, resistencia intensidad III, capacidades coordinativas.

1.- Explicación de objetivos y contenidos 2.- INTRODUCCIÓN AL MEDIO	Ejercicios de Movilidad Articular y Estiramiento

2.1.- Juego 6:3. Dos equipos de 3 jugadores atacantes situados (cuatro en del cuadrado y dos en el interior del mismo), tratan de mantener la posesión del balón contra un equipo de tres jugadores defensores que intentan recuperarlo, si lo consiguen pasa a defender el equipo que perdió el balón.
Dimensión: 15m x 15m. Duración: 6´.Nº toques: 2-3

2.2.- Juego 6:3. Dos equipos de 3 jugadores atacantes situados en el interior del cuadrado tratan de mantener la posesión del balón contra un equipo de tres defensores que intentan recuperarlo, si lo consiguen pasa a defender el equipo que perdió el balón.
Dimensión: 15m x 15m. Duración: 6´.Nº toques: 2-3

Ejs. Movilidad Articular y Estiramientos	3.- PARTE PRINCIPAL	3.1. CIRCUITO DE VELOCIDAD DE FRECUENCIA

3.2.- ZONAS DE RESISTENCIA: INTENSIDAD: III
- N.º JUGADORES: 20 (4 equipos de 5 jugadores).
- DIMENSIONES: 4 cuadrados de 30m x 30m.
- DURACIÓN: 7 '
- RECUPERACIÓN: 2'   - N.º DE TOQUES: 1-2
JUEGO Nº 1.-
Juego 5:5. El equipo atacante intenta mantener la posesión del balón consiguiendo un punto cada vez que logra dar diez pases seguidos.
JUEGO Nº 2.-
Juego 5:5. El equipo atacante intenta mantener la posesión del balón siguiendo la secuencia de pases: 3 pases cortos-1 pase largo.
JUEGO Nº 3.-
Juego 5:5. El equipo atacante intenta mantener la posesión del balón sólo permitiéndose los pases cortos y a ras de suelo.
JUEGO Nº 4.-
Juego 5:5. Se divide el campo en cuatro zonas. El equipo atacante intenta mantener la posesión del balón no pudiendo realizar más de tres pases seguidos en el interior de una misma zona.

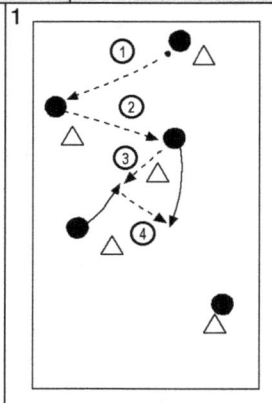
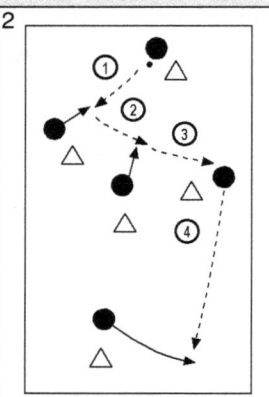
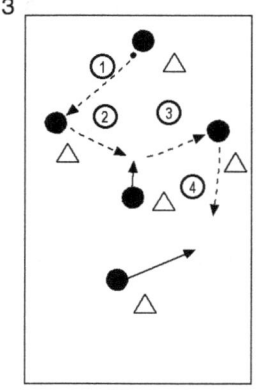
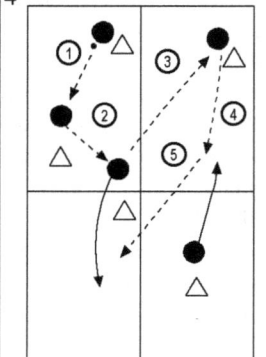

4. VUELTA A LA CALMA	4.1. CIRCUITO DE FUERZA BASE TRONCO	4.2. EJER. MOV. ARTICULAR-ESTIRAMIENTOS

PERIODO PREPARATORIO	CATEGORÍA CADETES	MESOCICLO PREP. GRAL. I	MICROCICLO IV	SESIÓN 3	DURACIÓN: 110'

OBJETIVO: Ofensivo: Mantener la posesión del balón. Defensivo: Recuperar el balón.
MED. TÁCTICOS: Ofensivo: Apoyos, desmarques, paredes, temporizaciones, c. orientación.
Defensivo: Marcaje, vigilancia.
MED. TÉCNICOS: Ofensivos: Control, conducción, regate, pase.
Defensivos: Entradas, anticipación, interceptación, carga.
MED. PSICOLÓG.: Ofensivos: Atención, concentración, seguridad, cap. cognitivas.
Defensivos: Atención, concentración, sacrificio, voluntad.
MED. FÍSICOS: Fuerza resistencia, resistencia especial de competición, capacidades coordinativas.

1.- Explicación de objetivos y contenidos   2.- INTRODUCCIÓN AL MEDIO   Ejercicios de Movilidad Articular y Estiramiento

2.1.- Juego 3:3+3 comodines ofensivos que apoyan desde el interior del cuadrado. El equipo atacante intenta mantener la posesión del balón.

Dimensión: 15m x 15m. Duración: 6´. Nº toques: 2-3

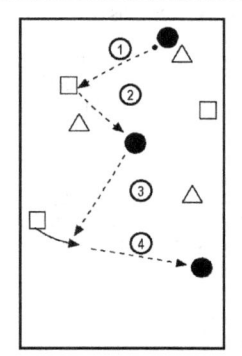

2.2.- Juego 3:3+3 comodines ofensivos que apoyan (dos desde los lados exteriores del cuadrado y uno desde el interior del mismo). El equipo atacante intenta mantener la posesión del balón.

Dimensión: 15m x 15m. Duración: 6´. Nº toques: 2-3

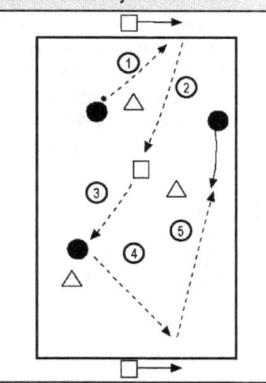

Ejs. Movilidad Articular y Estiramientos	3.- PARTE PRINCIPAL	3.1. CIRCUITO DE FUERZA - RESISTENCIA

3.2.- ZONAS DE RESISTENCIA: ESPECIAL DE COMPETICIÓN
- N.º JUGADORES: 22 (2 equipos de 11 jugadores).
- DIMENSIONES: Todo el campo reglamentario.
- DURACIÓN: 20'
- RECUPERACIÓN: 1'   - N.º DE TOQUES: Libre

JUEGO Nº 1.-
Juego 11:11. El equipo atacante para poder finalizar tirando en la portería adversaria tiene que dar diez pases seguidos.

JUEGO Nº 2.-
Juego 11:11. El equipo atacante intenta porgresar en el juego sólo permitiéndose los pases a ras de suelo y finalizar tirando en la portería adversaria.

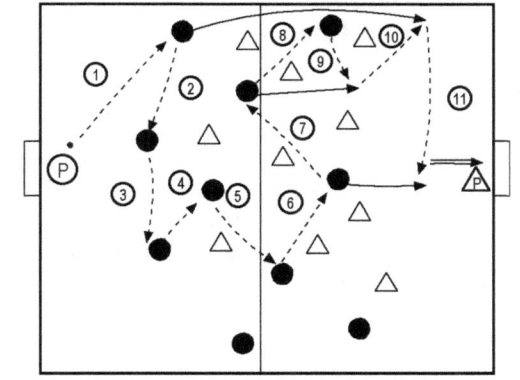

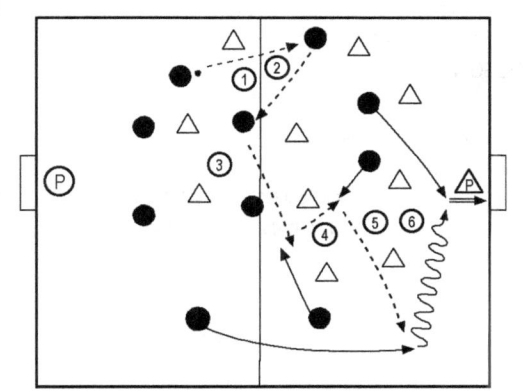

4. VUELTA A LA CALMA	4.1. CIRCUITO DE FUERZA BASE TRONCO	4.2. EJER. MOV. ARTICULAR-ESTIRAMIENTOS

PERIODO PREPARATORIO	CATEGORÍA CADETES	MESOCICLO PREP. GRAL. I	MICROCICLO IV	SESIÓN 4	DURACIÓN: 110'

OBJETIVO: Ofensivo: Mantener la posesión del balón. Defensivo: Recuperar el balón.
MED. TÁCTICOS: Ofensivo: Apoyos, desmarques, paredes, temporizaciones c. orientación.
Defensivo: Marcaje, vigilancia.
MED. TÉCNICOS: Ofensivos: Control, conducción, pase. Defensivos: Entrada, anticipación, interceptación, carga.
MED. PSICOLÓG.: Ofensivos: Atención, concentración, seguridad, cap. cognitivas.
Defensivos: Atención, concentración, sacrificio, voluntad.
MED. FÍSICOS: Vel. reacción, resistencia intensidad II, capacidades coordinativas.

1.- Explicación de objetivos y contenidos   2.- INTRODUCCIÓN AL MEDIO   Ejercicios de Movilidad Articular y Estiramiento

2.1.- Juego 6:3. Dos equipos de 3 jugadores atacantes situados (dos en las esquinas del cuadrado y cuatro en el interior del mismo), tratan de mantener la posesión del balón contra un equipo de tres jugadores defensores que intentan recuperarlo, si lo consiguen pasa a defender el equipo que perdió el balón.
Dimensión: 15m x 15m. Duración: 6´.Nº toques: 2-3

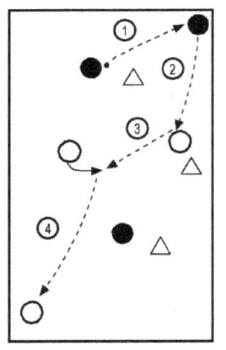
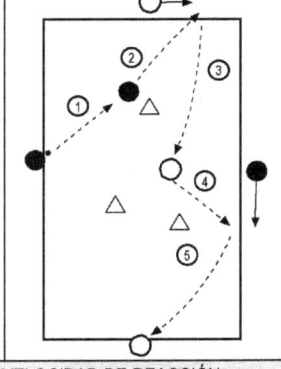

2.2.- Juego 6:3. Dos equipos de 3 jugadores atacantes situados (cuatro en los lados exteriores del cuadrado y dos en el interior del mismo) tratan de mantener la posesión del balón contra un equipo de tres jugadores defensores que intentan recuperarlo, si lo consiguen pasa a defender el equipo que perdió el balón.
Dimensión: 15m x 15m. Duración: 6´.Nº toques: 2-3

Ejs. Movilidad Articular y Estiramientos	3.- PARTE PRINCIPAL	3.1. CIRCUITO DE VELOCIDAD DE REACCIÓN

3.2.- ZONAS DE RESISTENCIA: INTENSIDAD: II
- N.º JUGADORES: 20 (4 equipos de 5 jugadores).
- DIMENSIONES: 4 cuadrados de 35m x 35m.
- DURACIÓN: 10'
- RECUPERACIÓN: 2'   - N.º DE TOQUES: 3
JUEGO Nº 1.-
Juego 5:5. El equipo atacante intenta mantener la posesión del balón consiguiendo un punto cada vez que un jugador logra atravesar conduciendo alguna de las cinco porterías pequeñas (2m) situadas en el campo.
JUEGO Nº 2.-
Juego 5:5. El equipo atacante intenta mantener la posesión del balón consiguiendo un punto cada vez que un jugador logra controlar el balón en el interior de uno de los cinco cuadrados (2mx2m) situados en el campo.
JUEGO Nº 3.-
Juego 5:5. El equipo atacante intenta mantener la posesión del balón sólo permitiéndose los pases cortos.
JUEGO Nº 4.-
Juego 5:5. El equipo atacante intenta mantener la posesión del balón consiguiendo un punto cada vez que logran realizar una pared.

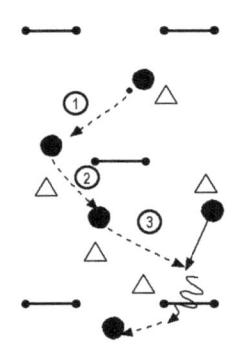
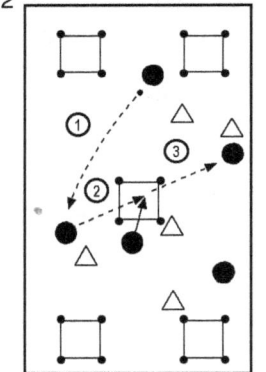
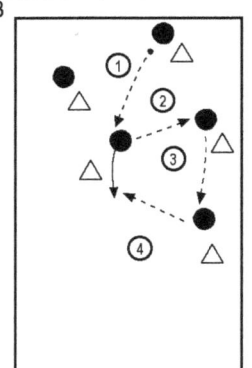
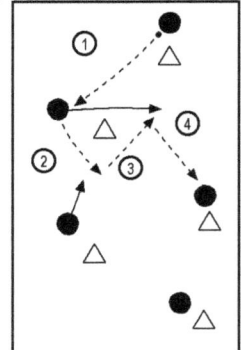

4. VUELTA A LA CALMA	4.1. CIRCUITO DE FUERZA BASE TRONCO	4.2. EJER. MOV. ARTICULAR-ESTIRAMIENTOS

PERIODO PREPARATORIO	CATEGORÍA CADETES	MESOCICLO PREP. GRAL. I	MICROCICLO V	SESIÓN 1	DURACIÓN: 110'

OBJETIVO: Ofensivo: Progresión en el juego (ataque). Defensivo: Evitar la progresión en el juego.
MED. TÁCTICOS: Ofensivo: Profundidad, paredes, c. ritmo, c. orientación, desmarques, apoyos, amplitud, progresión.
Defensivo: Entrada, temporización, marcaje, bascular, red. espacio, coberturas, permutas.
MED. TÉCNICOS: Ofensivos: Control. conducción, regate, pase, tiro.
Defensivos: Entrada, anticipación, interceptación, carga.
MED. PSICOLÓG.: Ofensivos: Atención, concentración, creatividad, cap. cognitivas.
Defensivos: Atención, concentración, sacrificio, voluntad.
MED. FÍSICOS: Fuerza-resistencia, resistencia intensidad II, capacidades coordinativas.

1.- Explicación de objetivos y contenidos   2.- INTRODUCCIÓN AL MEDIO   Ejercicios de Movilidad Articular y Estiramiento

2.1.- Juego 3:3+3 comodines ofensivos que apoyan desde el interior del campo. Cada equipo ataca y defiende una portería pequeña (3m). El equipo atacante intenta progresar en el juego y finalizar tirando en la portería adversaria tras dar seis pases seguidos.
Dimensión: 22m x 16m. Duración: 6'.Nº toques: 2.

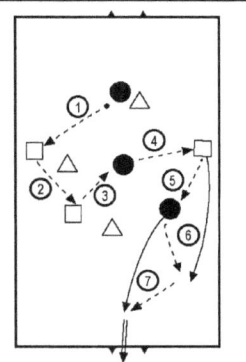 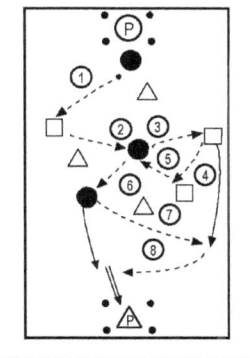

2.2.- Juego 4:4+3 comodines ofensivos que apoyan desde el interior del campo. Cada equipo ataca y defiende una portería cuadrada (5mx5m). El equipo atacante intenta progresar en el juego y finalizar tirando en la portería tras dar seis pases seguidos.
Dimensión: 22m x 16m. Duración: 6'.Nº toques: 2.

Ejs. Movilidad Articular y Estiramientos   3.- PARTE PRINCIPAL   3.1. CIRCUITO DE FUERZA - RESISTENCIA

3.2.- ZONAS DE RESISTENCIA: INTENSIDAD: II
- Nº JUGADORES: 22 (4 equipos de 5 jugadores + 2 porteros).
- DIMENSIONES: 4 rectángulos de 45mx30m.
- DURACIÓN: 10'
- RECUPERACIÓN: 2'   - Nº DE TOQUES: 3
JUEGO Nº 1.-
Juego 5:5. Cada equipo ataca y defiende una línea de fondo. El equipo atacante intenta progresar en el juego y finalizar logrando un jugador controlar el balón por detrás de la línea de fondo adversarias tras dar seis pases seguidos. Sistema: 3-2 ó 4-1.
JUEGO Nº 2.-
Juego 6:6. Cada equipo ataca y defiende una portería triangular (5mx3 lados). El equipo atacante intenta progresar en el juego y finalizar tirando en la portería adversaria tras dar seis pases seguidos. Sistema: 1-3-2 ó 1- 4-1.
JUEGO Nº 3.-
Juego 5:5. Cada equipo ataca y defiende una zona marcada (5mx20m). El equipo atacante intenta progresar en el juego y finalizar atravesando conduciendo la portería adversaria tras dar seis pases seguidos. Sistema: 3-2 ó 4-1.
JUEGO Nº 4.-
Juego 5:5. Cada equipo ataca y defiende una portería normal (7m). El equipo atacante intenta progresar en el juego y finalizar tirando en la portería adversaria tras dar seis pases seguidos. Sistema: 1-3-2 ó 1-4-1.

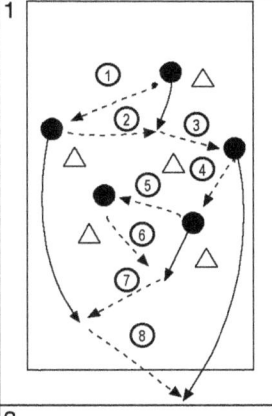 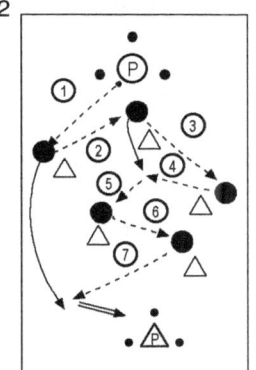
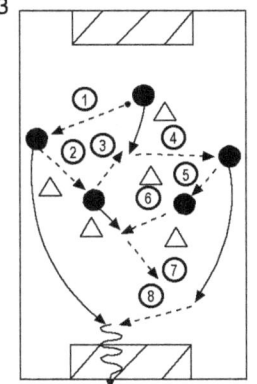 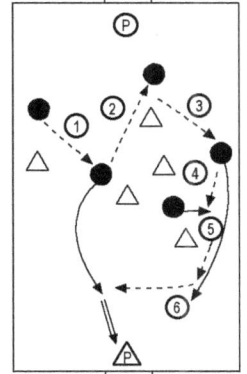

4. VUELTA A LA CALMA   4.1. CIRCUITO DE FUERZA BASE TRONCO   4.2. EJER. MOV. ARTICULAR-ESTIRAMIENTOS

PERIODO PREPARATORIO	CATEGORÍA CADETES	MESOCICLO PREP. GRAL. I	MICROCICLO V	SESIÓN 2	DURACIÓN: 110'

OBJETIVO: Ofensivo: Progresión en el juego (contraataque). Defensivo: Evitar la progresión en el juego.
MED. TÁCTICOS: Ofensivo: Profundidad, paredes, c. ritmo, c. orientación, desmarques, apoyos, amplitud, progresión.
Defensivo: Entrada, temporización, marcaje, bascular, red. espacio, coberturas, permutas.
MED. TÉCNICOS: Ofensivos: Control, conducción, pase, tiro.
Defensivos: Entrada, anticipación, interceptación, carga.
MED. PSICOLÓG.: Ofensivos: Atención, concentración, creatividad, cap. cognitivas.
Defensivos: Atención, concentración, sacrificio, voluntad.
MED. FÍSICOS: Vel. frecuencia, resistencia intensidad II, capacidades coordinativas.

1.- Explicación de objetivos y contenidos 2.- INTRODUCCIÓN AL MEDIO | Ejercicios de Movilidad Articular y Estiramiento

2.1.- Juego 3:3+3 comodines ofensivos que apoyan desde el interior del campo. Cada equipo ataca y defiende una línea de fondo. El equipo atacante intenta progresar en el juego y finalizar atravesando conduciendo la línea de fondo adversaria antes del 6º pase.
Dimensión: 22m x 16m. Duración: 6´.Nº toques: 2

2.2.- Juego 4:4+3 comodines ofensivos que apoyan desde el interior del campo. Cada equipo ataca y defiende una portería triangular (4mx3 lados). El equipo atacante intenta progresar en el juego y finalizar tirando en la portería adversaria antes del 6º pase.
Dimensión: 22m x 16m. Duración: 6´.Nº toques: 2

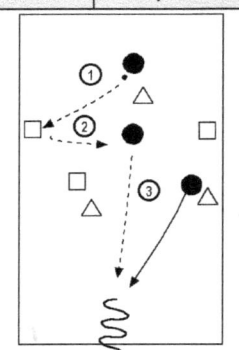
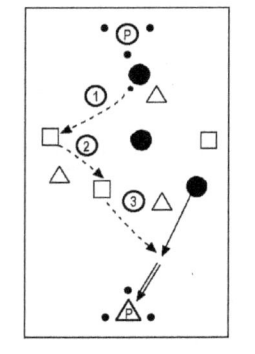

Ejs. Movilidad Articular y Estiramientos | 3.- PARTE PRINCIPAL | 3.1. CIRCUITO DE VELOCIDAD DE FRECUENCIA

3.2.- ZONAS DE RESISTENCIA: INTENSIDAD: II
- N.º JUGADORES: 22 (4 equipos de 5 jugadores + dos porteros).
- DIMENSIONES: 4 rectángulos de 45mx30m.
- DURACIÓN: 10'
- RECUPERACIÓN: 2'   - N.º DE TOQUES: 3
JUEGO Nº 1.-
Juego 5:5. Cada equipo ataca y defiende tres porterías pequeñas (2m). El equipo atacante intenta progresar en el juego y finalizar tirando en alguna de las porterías adversarias antes del 6º pase. Sistema: 3-2 ó 4-1.
JUEGO Nº 2.-
Juego 6:6. Cada equipo ataca y defiende una portería cuadrada (5mx5m). El equipo atacante intenta progresar en el juego y finalizar tirando en la portería adversaria antes del 6º pase. Sistema: 1-3-2 ó 1-4-1.
JUEGO Nº 3.-
Juego 5:5. Cada equipo ataca y defiende una portería ancha (20m). El equipo atacante intenta progresar en el juego y finalizar atravesando conduciendo la portería adversaria antes del 6º pase. Sistema: 3-2 ó 4-1.
JUEGO Nº 4.-
Juego 6:6. Cada equipo ataca y defiende una portería lateral (7m). El equipo atacante intenta progresar en el juego y finalizar tirando en la portería adversaria antes del 6º pase. Sistema: 1-3-2 ó 1-4-1.

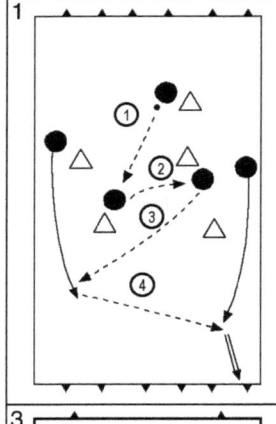
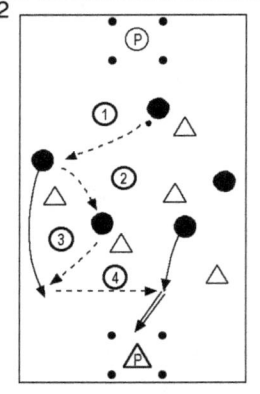
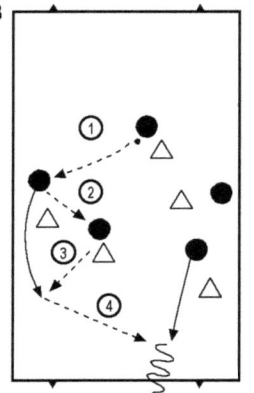
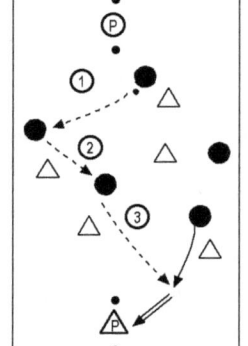

4. VUELTA A LA CALMA | 4.1. CIRCUITO DE FUERZA BASE TRONCO | 4.2. EJER. MOV. ARTICULAR-ESTIRAMIENTOS

PERIODO PREPARATORIO	CATEGORÍA CADETES	MESOCICLO PREP. GRAL. I	MICROCICLO V	SESIÓN 3	DURACIÓN: 110'

OBJETIVO: Ofensivo: Progresión en el juego. Defensivo: Evitar la progresión en el juego.
MED. TÁCTICOS: Ofensivo: Profundidad, paredes, c. ritmo, c. orientación, desmarques, apoyos, amplitud, progresión.
Defensivo: Entrada, temporización, marcaje, bascular, red. espacio, coberturas, permutas.
MED. TÉCNICOS: Ofensivos: Control, conducción, regate, pase, tiro.
Defensivos: Entrada, anticipación, interceptación, carga.
MED. PSICOLÓG.: Ofensivos: Atención, concentración, creatividad, cap. cognitivas.
Defensivos: Atención, concentración, sacrificio, voluntad.
MED. FÍSICOS: Fuerza resistencia, resistencia especial de competición, capacidades coordinativas.

1.- Explicación de objetivos y contenidos 2.- INTRODUCCIÓN AL MEDIO	Ejercicios de Movilidad Articular y Estiramiento

2.1.- Juego 3:3+3 comodines ofensivos que apoyan desde el interior del campo. Cada equipo ataca y defiende una portería ancha (10m). El equipo atacante intenta progresar en el juego y finalizar atravesando conduciendo la portería adversaria.
Dimensión: 22m x 16m. Duración: 6´. Nº toques: 2

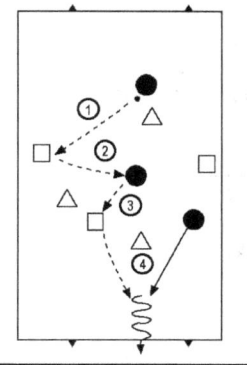 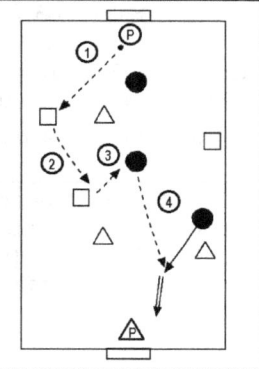

2.2.- Juego 4:4+3 comodines ofensivos que apoyan desde el interior del campo. Cada equipo ataca y defiende una portería normal (6m). El equipo atacante intenta progresar en el juego y finalizar tirando en la portería adversaria.
Dimensión: 22m x 16m. Duración: 6´. Nº toques: 2

Ejs. Movilidad Articular y Estiramientos	3.- PARTE PRINCIPAL	3.1. CIRCUITO DE FUERZA - RESISTENCIA

3.2.- ZONAS DE RESISTENCIA: INTENSIDAD: II
- N.º JUGADORES: 22 (2 equipos de 11 jugadores).
- DIMENSIONES: Todo el campo reglamentario.
- DURACIÓN: 20'
- RECUPERACIÓN: 1'   - N.º DE TOQUES: Libre

JUEGO Nº 1.-
Juego 11:11. El equipo atacante intenta progresar en el juego teniendo que realizar una jugada a través de una de las porterías (7m) situadas cerca de las bandas para poder finalizar tirando en la portería adversaria.

JUEGO Nº 2.-
Juego 11:11. El equipo atacante intenta progresar en el juego no pudiendo jugar el balón en el interior de la zona marcada (30mx15m) y finalizar tirando en la portería adversaria.

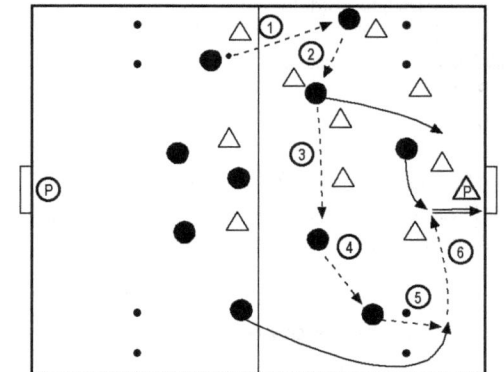

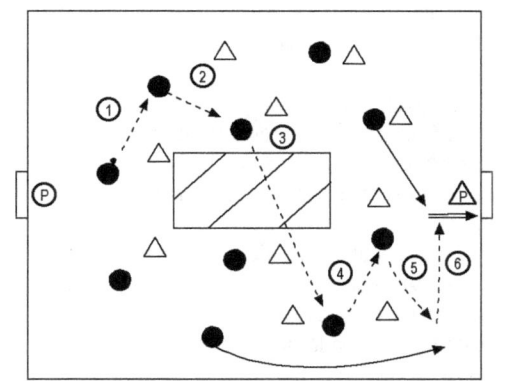

4. VUELTA A LA CALMA	4.1. CIRCUITO DE FUERZA BASE TRONCO	4.2. EJER. MOV. ARTICULAR-ESTIRAMIENTOS

| PERIODO PREPARATORIO | CATEGORÍA CADETES | MESOCICLO PREP. GRAL. I | MICROCICLO V | SESIÓN 4 | DURACIÓN: 110' |

OBJETIVO: Ofensivo: Progresión en el juego (ataque por las bandas).
Defensivo: Evitar la progresión en el juego.
MED. TÁCTICOS: Ofensivo: Profundidad, paredes, c. ritmo, c. orientación, desmarques, apoyos, progresión.
Defensivo: Entrada, temporización, marcaje, bascular, red. espacio, coberturas, permutas.
MED. TÉCNICOS: Ofensivos: Control, conducción, pase, tiro.
Defensivos: Entrada, anticipación, interceptación, carga.
MED. PSICOLÓG.: Ofensivos: Atención, concentración, creatividad, cap. cognitivas.
Defensivos: Atención, concentración, sacrificio, voluntad.
MED. FÍSICOS: Vel. reacción, resistencia intensidad II, capacidades coordinativas.

1.- Explicación de objetivos y contenidos   2.- INTRODUCCIÓN AL MEDIO   Ejercicios de Movilidad Articular y Estiramiento

2.1.- Juego 3:3+3 comodines ofensivos que apoyan desde el interior del campo. Cada equipo ataca y defiende dos porterías pequeñas (2m). El equipo atacante intenta progresar en el juego y finalizar tirando en alguna de las porterías adversarias.

Dimensión: 22m x 16m. Duración: 6´.Nº toques: 2

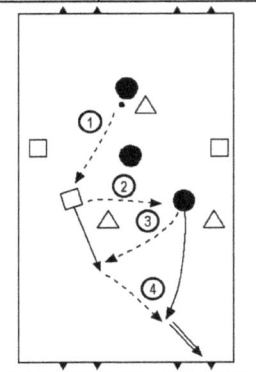 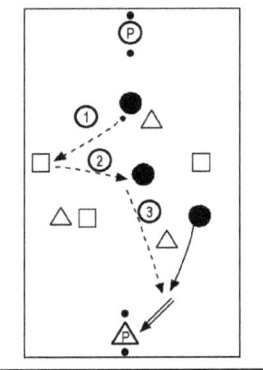

2.2.- Juego 4:4+3 comodines ofensivos que apoyan desde el interior del campo. Cada equipo ataca y defiende una portería lateral (6m). El equipo atacante intenta progresar en el juego y finalizar tirando en la portería adversaria.

Dimensión: 22m x 16m. Duración: 6´.Nº toques: 2

| Ejs. Movilidad Articular y Estiramientos | 3.- PARTE PRINCIPAL | 3.1. CIRCUITO DE VELOCIDAD DE REACCIÓN |

3.2.- ZONAS DE RESISTENCIA: INTENSIDAD: II
- N.º JUGADORES: 22 (4 equipos de 5 jugadores + 2 porteros).
- DIMENSIONES: 4 rectángulos de 45mx30m.
- DURACIÓN: 10'
- RECUPERACIÓN: 2'   - N.º DE TOQUES: 3

JUEGO Nº 1.-
Juego 5:5. Cada equipo ataca y defiende dos porterías pequeñas (2m). El equipo atacante intenta progresar en el juego y finalizar tirando en alguna de las porterías adversarias. Sistema: 3-2 ó 4-1.

JUEGO Nº 2.-
Juego 6:6. Cada equipo ataca y defiende una portería normal (7m). El equipo atacante intenta progresar en el juego no pudiendo realizar jugada a través de las porterías de 12 m de ancho situadas a 5 m de la línea frontal del área grande y finalizar tirando en la portería adversaria. Sistema: 1-3-2 ó 1-4-1.

JUEGO Nº 3.-
Juego 5:5. Cada equipo ataca y defiende dos cuadrados (5mx5m). El equipo atacante intenta progresar en el juego y finalizar logrando un jugador controlar el balón en el interior de alguno de los cuadrados adversarios. Sistema: 3-2 ó 4-1.

JUEGO Nº 4.-
Juego 6:6. Cada equipo ataca y defiende una portería normal (7m). El equipo atacante intenta progresar en el juego teniendo que realizar jugada a traves de alguna de las dos porterías (8m) situadas a 8 m de la línea de fondo y finalizar tirando en la portería adversaria. Sistema: 1-3-2 ó 1-4-1.

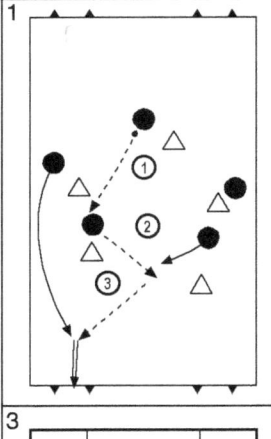 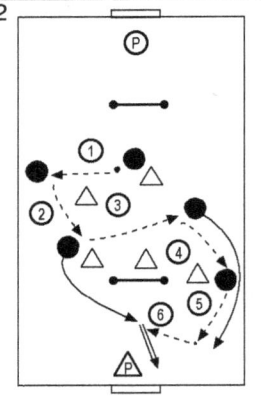

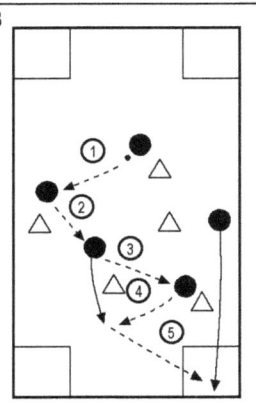 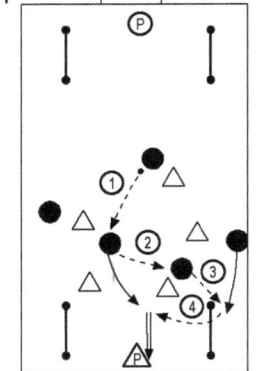

| 4. VUELTA A LA CALMA | 4.1. CIRCUITO DE FUERZA BASE TRONCO | 4.2. EJER. MOV. ARTICULAR-ESTIRAMIENTOS |

PERIODO PREPARATORIO	CATEGORÍA CADETES	MESOCICLO PREP. GRAL. I	MICROCICLO VI	SESIÓN 1	DURACIÓN: 100'

OBJETIVO: Ofensivo: La finalización. Defensivo: Evitar el gol.
MED. TÁCTICOS: Ofensivo: Paredes, c. orientación, vel. juego, profundidad, progresión, desmarques.
Defensivo: Entrada, marcaje, vigilancia, repliegues.
MED. TÉCNICOS: Ofensivos: Pase, control, tiro, juego de cabeza.
Defensivos: Entrada, carga, anticipación, interceptación, despeje.
MED. PSICOLÓG.: Ofensivos: Atención, concentración, confianza. Defensivos: Atención, concentración.
MED. FÍSICOS: Fuerza-resistencia, resistencia intensidad II, capacidades coordinativas.

1.- Explicación de objetivos y contenidos 2.- INTRODUCCIÓN AL MEDIO	Ejercicios de Movilidad Articular y Estiramiento

2.1.- Juego 3:3+3 comodines ofensivos que apoyan desde las esquinas del cuadrado. El equipo atacante tiene que finalizar antes del 5º pase en la portería triangular neutral (4mx 3 lados).
Dimensión: 22m x 22m. Duración: 6'.Nº toques: 2-3

2.2.- Juego 3:3+3 comodines ofensivos que apoyan desde los lados exteriores del cuadrado. El equipo atacante tiene que finalizar antes del 5º pase en la portería triangular neutral (4mx 3 lados).
Dimensión: 22m x 22m. Duración: 6'.Nº toques: 2-3

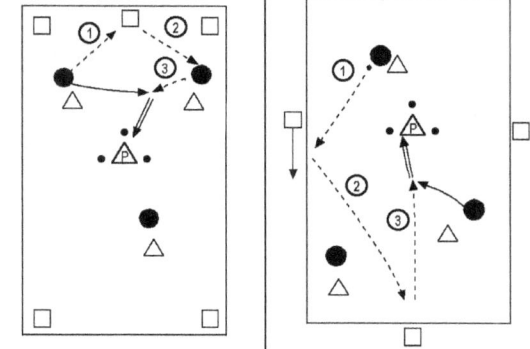

Ejs. Movilidad Articular y Estiramientos	3.- PARTE PRINCIPAL	3.1. CIRCUITO DE FUERZA - RESISTENCIA

3.2.- ZONAS DE RESISTENCIA: INTENSIDAD: II
- N.º JUGADORES: 20 (4 equipos de 5 jugadores).
- DIMENSIONES: 4 rectángulos de 30mx25m.
- DURACIÓN: 10'
- RECUPERACIÓN: 2'   - N.º DE TOQUES: 2-3
JUEGO Nº 1.-
Juego 5:5. Cada equipo ataca y defiende una portería normal (7m). El equipo atacante tiene que finalizar tirando antes del 5º pase en la portería adversaria.
JUEGO Nº 2.-
Juego 5:5. Cada equipo ataca y defiende una portería triangular (5m x 3lados). El equipo atacante tiene que finalizar tirando antes del 5º pase en la portería adversaria.
JUEGO Nº 3.-
Juego 5:5. Cada equipo ataca y defiende una portería lateral (7m). El equipo atacante tiene que finalizar tirando antes del 5º pase en la portería adversaria.
JUEGO Nº 4.-
Juego 5:5. Cada equipo ataca y defiende una portería cuadrada (6mx6m). El equipo atacante tiene que finalizar tirando antes del 5º pase en la portería adversaria.

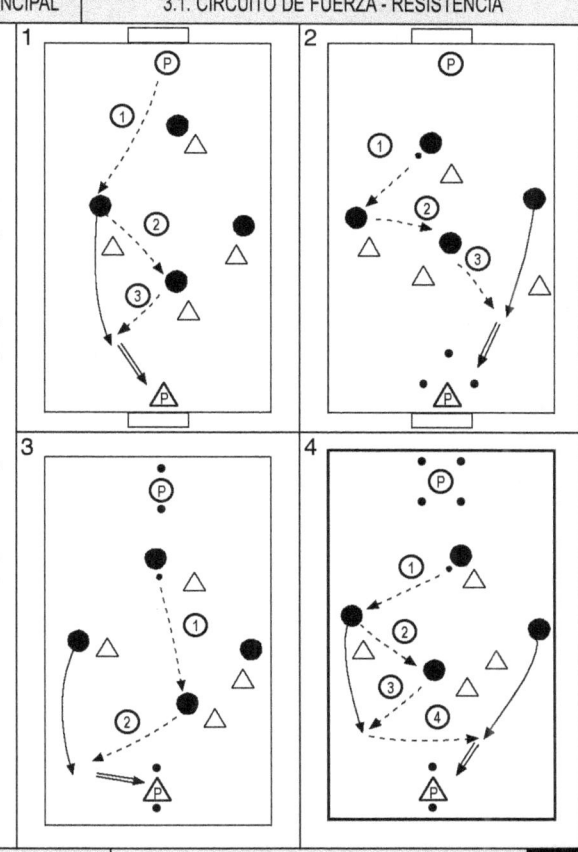

4. VUELTA A LA CALMA	4.1. CIRCUITO DE FUERZA BASE TRONCO	4.2. EJER. MOV. ARTICULAR-ESTIRAMIENTOS

PERIODO PREPARATORIO	CATEGORÍA CADETES	MESOCICLO PREP. GRAL. I	MICROCICLO VI	SESIÓN 2	DURACIÓN: 100'

OBJETIVO: Ofensivo: Superar las situaciones 1:1. Defensivo: Evitar ser superado 1:1.
MED. TÁCTICOS: Ofensivo: C. ritmo, temporizaciones. Defensivo: Entrada, temporizaciones, repliegues.
MED. TÉCNICOS: Ofensivos: Conducción, finta, regate, cobertura técnica. Defensivos: Entrada, carga.
MED. PSICOLÓG.: Ofensivos: Atención, concentración, creatividad, confianza, valentía.
Defensivos: Atención, concentración, seguridad.
MED. FÍSICOS: Vel. frecuencia, resistencia intensidad III, capacidades coordinativas.

1.- Explicación de objetivos y contenidos   2.- INTRODUCCIÓN AL MEDIO   Ejercicios de Movilidad Articular y Estiramiento

2.1.- Juego 6:3. Seis atacantes cada uno con un balón lo conducen en el interior del cuadrado tratando de superar 1:1 a tres defensores y atravesar conduciendo la zona marcada (2mx2m), los defensores si recuperan el balón pasan a atacar.
Dimensión: 15m x 15m. Duración: 4´

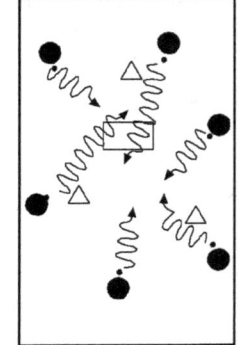
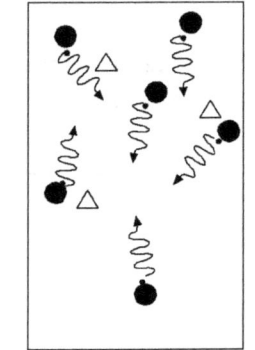

2.2.- Juego 6:3. Seis atacantes cada uno con un balón lo conducen en el interior del cuadrado tratando de superar 1:1 a tres defensores y mantener la posesión del balón, los defensores si logran recuperar el balón pasan a atacar.
Dimensión: 15m x 15m. Duración: 4´

Ejs. Movilidad Articular y Estiramientos   3.- PARTE PRINCIPAL   3.1. CIRCUITO DE VELOCIDAD DE FRECUENCIA

3.2.- ZONAS DE RESISTENCIA: INTENSIDAD: III
- N.º JUGADORES: 22 (10 parejas (1:1) + 2 porteros).
- DIMENSIONES: 2 cuadrados 1-3 (20m x 20m).
                2 rectángulos 2-4 (25m x 20m.)
- DURACIÓN: 2x1'
- RECUPERACIÓN: 1'   - N.º DE TOQUES: Libre
JUEGO Nº 1.-
Juego 1:1 (5 parejas). El jugador atacante intenta superar 1:1 a su defensor y mantener la posesión del balón.
JUEGO Nº 2.-
Juego 1:1 (5 parejas). Cada jugador ataca y defiende una portería normal (6m). El jugador atacante intenta superar 1:1 a su defensor y finalizar tirando en la portería adversaria.
JUEGO Nº 3.-
Juego 1:1 (5 parejas). El jugador atacante intenta superar 1:1 a su defensor y atravesar conduciendo la portería neutral (2m).
JUEGO Nº 4.-
Juego 1:1 (5 parejas). Cada jugador ataca y defiende una portería triangular (5mx3 lados). El jugador atacante intenta superar 1:1 a su defensor y finalizar tirando en la portería adversaria.

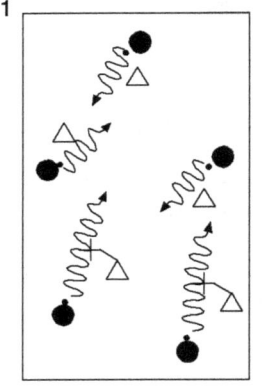
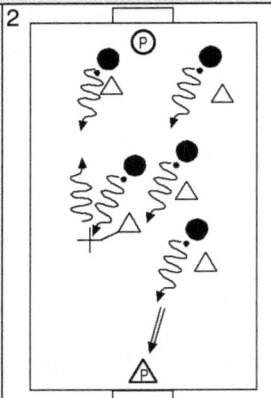
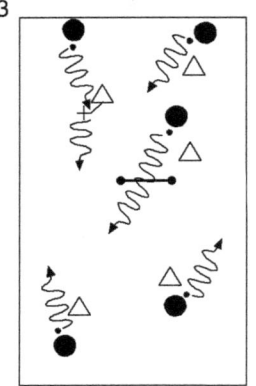
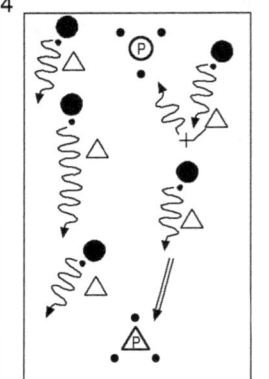

4. VUELTA A LA CALMA   4.1. CIRCUITO DE FUERZA BASE TRONCO   4.2. EJER. MOV. ARTICULAR-ESTIRAMIENTOS

PERIODO PREPARATORIO	CATEGORÍA CADETES	MESOCICLO PREP. GRAL. I	MICROCICLO VI	SESIÓN 3	DURACIÓN: 100'

OBJETIVO: Ofensivo: La finalización. Defensivo: Evitar el gol.
MED. TÁCTICOS: Ofensivo: Paredes, c. orientación, vel. juego, profundidad, progresión, desmarques.
Defensivo: Entrada, marcaje, vigilancia, repliegues.
MED. TÉCNICOS: Ofensivos: Pase, control, tiro. Defensivos: Entrada, carga, anticipación, interceptación, despeje.
MED. PSICOLÓG.: Ofensivos: Atención, concentración, confianza. Defensivos: Atención, concentración.
MED. FÍSICOS: Fuerza resistencia, resistencia intensidad II, capacidades coordinativas.

1.- Explicación de objetivos y contenidos	2.- INTRODUCCIÓN AL MEDIO	Ejercicios de Movilidad Articular y Estiramiento

2.1.- Juego 3:3+3 comodines ofensivos que apoyan desde el interior del cuadrado. El equipo atacante tiene que finalizar tirando antes del 5º pase en la portería lateral neutral (5m).

Dimensión: 22m x 22m. Duración: 6´.Nº toques: 2-3

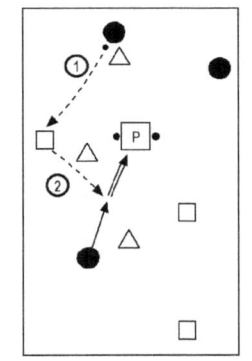

2.2.- Juego 3:3+3 comodines ofensivos que apoyan desde las esquinas del cuadrado. El equipo atacante tiene que finalizar tirando antes del 5º pase en la portería lateral neutral (5m).

Dimensión: 22m x 22m. Duración: 6´.Nº toques: 2-3

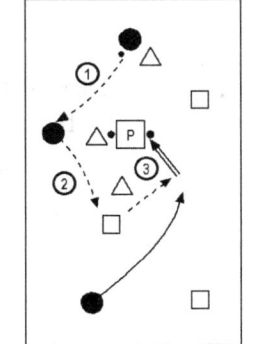

Ejs. Movilidad Articular y Estiramientos	3.- PARTE PRINCIPAL	3.1. CIRCUITO DE FUERZA - RESISTENCIA

3.2.- ZONAS DE RESISTENCIA: INTENSIDAD: II
- N.º JUGADORES: 20 (4 equipos de 5 jugadores).
- DIMENSIONES: 4 rectángulos de 30m x 27m.
- DURACIÓN: 8'
- RECUPERACIÓN: 2'   - N.º DE TOQUES: 2-3
JUEGO Nº 1.-
Juego 5:5. Cada equipo ataca y defiende una portería normal (7m) y sitúa a dos jugadores en las esquinas del campo hacia el que atacan (cada 2 cambiarlos) y a dos jugadores en el interior del campo. El equipo atacante tiene que finalizar tirando antes del 5º pase en la portería adversaria.
JUEGO Nº 2.-
Juego 5:5. Cada equipo ataca y defiende una portería normal (7m) y sitúa a dos jugadores en las bandas del campo hacia el que atacan (cada 2 cambiarlos) y a dos jugadores en el interior del campo. El equipo atacante tiene que finalizar tirando antes del 5º pase en la portería adversaria.
JUEGO Nº 3.-
Juego 5:5. Cada equipo ataca y defiende una portería normal (7m) y sitúa a dos jugadores por detrás de la línea de fondo adversaria (cada 2 cambiarlos) y a dos jugadores en el interior del campo. El equipo atacante tiene que finalizar tirando antes del 5º pase en la portería adversaria.
JUEGO Nº 4.-
Juego 5:5. Cada equipo ataca y defiende una portería normal (7m) y sitúa a dos jugando en las bandas del campo que defienden (cada 2 cambiarlos) y a dos jugadores en el interior del campo. El equipo atacante tiene que finalizar tirando antes del 5º pase en la portería adversaria.

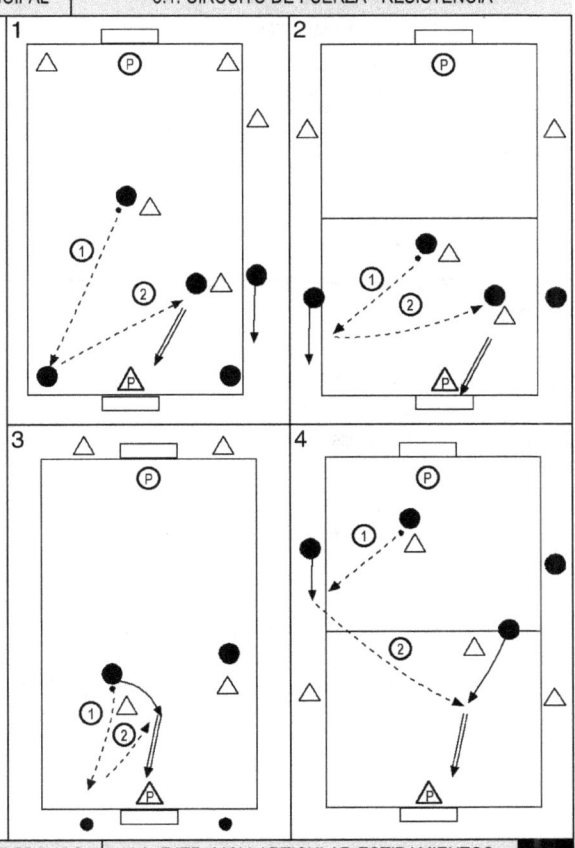

4. VUELTA A LA CALMA	4.1. CIRCUITO DE FUERZA BASE TRONCO	4.2. EJER. MOV. ARTICULAR-ESTIRAMIENTOS

PERIODO PREPARATORIO	CATEGORÍA CADETES	MESOCICLO PREP. GRAL. I	MICROCICLO VI	SESIÓN 4	DURACIÓN: 90'

OBJETIVO: Ofensivo: Superar las situaciones 1:1. Defensivo: Evitar ser superado 1:1.
MED. TÁCTICOS: Ofensivo: C. ritmo, temporizaciones. Defensivo: Entradas, temporizaciones, repliegues.
MED. TÉCNICOS: Ofensivos: Conducción, finta, regate, cobertura técnica. Defensivos: Entrada, carga.
MED. PSICOLÓG.: Ofensivos: Atención, concentración, creatividad, confianza, valentía.
Defensivos: Atención, concentración, seguridad.
MED. FÍSICOS: Vel. reacción, resistencia intensidad II, capacidades coordinativas.

1.- Explicación de objetivos y contenidos   2.- INTRODUCCIÓN AL MEDIO   Ejercicios de Movilidad Articular y Estiramiento

2.1.- Juego 6:3. Seis atacantes cada uno con un balón lo conducen en el interior del cuadrado tratando de superar 1:1 a tres defensores y atravesar conduciendo la portería neutral (2m), los defensores si recuperan el balón pasan a atacar.
Dimensión: 15m x 15m. Duración: 4´

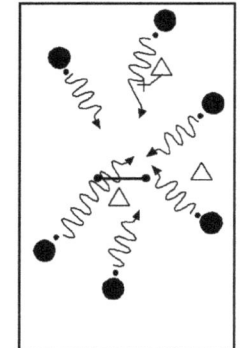

2.2.- Juego 6:3. Seis atacantes cada uno con un balón lo conducen en el interior del cuadrado tratando de superar 1:1 a tres defensores y atravesar conduciendo la portería triangular (2mx3 lados), los defensores si recuperan el balón pasan a atacar.
Dimensión: 15m x 15m. Duración: 4´

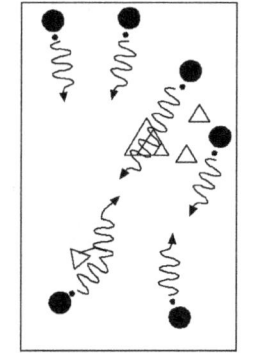

Ejs. Movilidad Articular y Estiramientos   3.- PARTE PRINCIPAL   3.1. CIRCUITO DE VELOCIDAD DE REACCIÓN

3.2.- ZONAS DE RESISTENCIA: INTENSIDAD: II
- N.º JUGADORES: 20 (4 equipos de 5 jugadores).
- DIMENSIONES: 4 cuadrados de 30m x 30m.
- DURACIÓN: 8'
- RECUPERACIÓN: 2'   - N.º DE TOQUES: Libre
JUEGO Nº 1.-
Juego 5:5. Los jugadores de los dos equipos van numerados del 1 al 5 y se marcan uno al otro. Los jugadores del equipo atacante tienen que superar 1:1 a su defensor directo antes de poder pasar el balón.
JUEGO Nº 2.-
Juego 5:5. El equipo atacante consigue un punto cada vez que un jugador tras superar 1:1 a un defensor logra atravesar conduciendo alguna de las cinco porterías pequeñas (2m) situadas en el campo.
JUEGO Nº 3.-
Juego 5:5. El equipo consigue un punto cada vez que un jugador supera 1:1 a un defensor.
JUEGO Nº 4.-
Juego 5:5. El equipo atacante consigue un punto cada vez que un jugador tras superar 1:1 a un defensor logra atravesar conduciendo algun de los cinco cuadrados (2mx2m) situados en el campo.

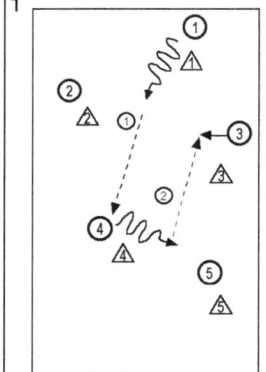
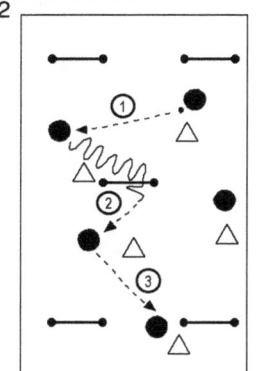
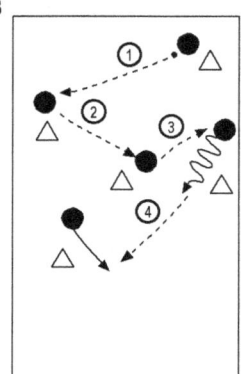
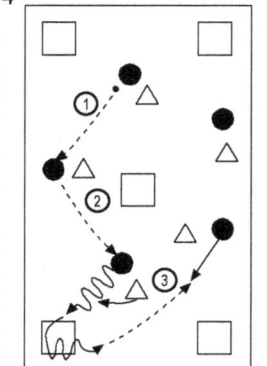

4. VUELTA A LA CALMA   4.1. CIRCUITO DE FUERZA BASE TRONCO   4.2. EJER. MOV. ARTICULAR-ESTIRAMIENTOS

| PERIODO COMPETITIVO I | CATEGORÍA CADETES | MESOCICLO ESPECIAL I | MICROCICLO I | SESIÓN 1 | DURACIÓN: 100' |

OBJETIVO: Ofensivo: Mantener la posesión del balón. Defensivo: Recuperar el balón.
MED. TÁCTICOS: Ofensivo: Apoyos, desmarques, paredes, temporizaciones, c. orientación.
Defensivo: Marcaje, vigilancia.
MED. TÉCNICOS: Ofensivos: Control. conducción, pase. Defensivos: Entrada, anticipación, interceptación, carga.
MED. PSICOLÓG.: Ofensivos: Atención, concentración, seguridad, cap. cognitivas.
Defensivos: Atención, concentración, sacrificio, voluntad.
MED. FÍSICOS: Fuerza- máxima, resistencia intensidad II, capacidades coordinativas.

1.- Explicación de objetivos y contenidos   2.- INTRODUCCIÓN AL MEDIO   Ejercicios de Movilidad Articular y Estiramiento

2.1.- Juego 3:3+3 comodines ofensivos que apoyan desde las esquinas del cuadrado. El equipo atacante intenta mantener la posesión del balón.

Dimensión: 15m x 15m. Duración: 6´.Nº toques: 2

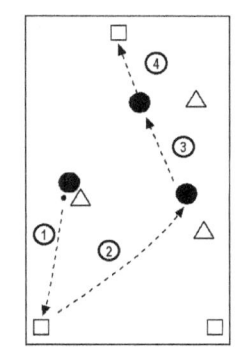 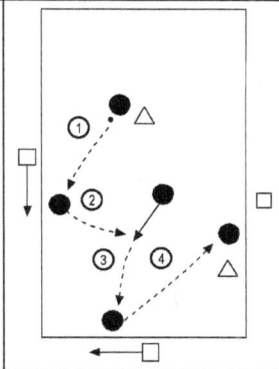

2.2.- Juego 3:3+3 comodines ofensivos que apoyan desde los lados exteriores del cuadrado. El equipo atacante intenta mantener la posesión del balón.

Dimensión: 15mx15m. Duración: 6´.Nº toques: 2

Ejs. Movilidad Articular y Estiramientos   3.- PARTE PRINCIPAL   3.1. CIRCUITO DE FUERZA MÁXIMA

3.2.- ZONAS DE RESISTENCIA: INTENSIDAD: II
- N.º JUGADORES: 20 (4 equipos de 5 jugadores).
- DIMENSIONES: 4 cuadrados de 35m x 35m.
- DURACIÓN: 10'
- RECUPERACIÓN: 2'   - N.º DE TOQUES: 2-3
JUEGO Nº 1.-
Juego 5:5. El equipo atacante intenta mantener la posesión del balón consiguiendo un punto cada vez que logran dar diez pases seguidos.
JUEGO Nº 2.-
Juego 5:5. El equipo atacante intenta mantener la posesión del balón consiguiendo un punto cada vez que un jugador recibe el balón en el interior de uno de los cinco cuadrados (2mx2m) situados en el campo.
JUEGO Nº 3.-
Juego 5:5. El equipo atacante intenta mantener la posesión del balón no pudiendo jugar el mismo en el interior de la zona marcada (7´5m x 7´5m).
JUEGO Nº 4.-
Juego 5:5. El equipo atacante intenta mantener la posesión del balón consiguiendo un punto cada vez que logran realizar un pase desde el interior de uno de los cinco cuadrados (2mx2m) situados en el campo.

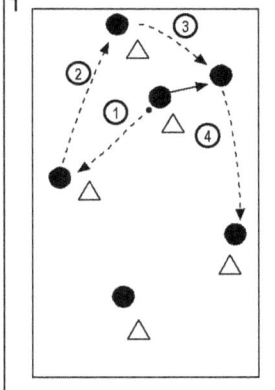 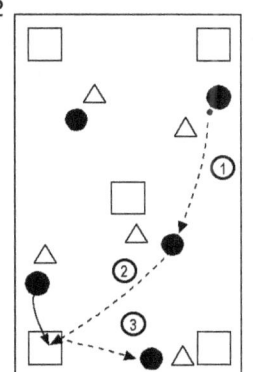

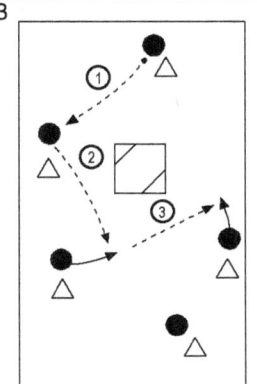 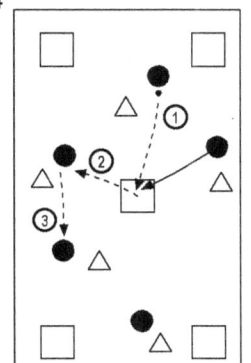

4. VUELTA A LA CALMA   4.1. CIRCUITO DE FUERZA BASE TRONCO   4.2. EJER. MOV. ARTICULAR-ESTIRAMIENTOS

PERIODO COMPETITIVO I	CATEGORÍA CADETES	MESOCICLO ESPECIAL I	MICROCICLO I	SESIÓN 2	DURACIÓN: 100'

OBJETIVO: Ofensivo: Mantener la posesión del balón. Defensivo: Recuperar el balón.
MED. TÁCTICOS: Ofensivo: Apoyos, desmarques, paredes, temporizaciones, c. orientación.
Defensivo: Marcaje, vigilancia.
MED. TÉCNICOS: Ofensivos: Pase. Defensivos: Entrada, anticipación, interceptación, carga.
MED. PSICOLÓG.: Ofensivos: Atención, concentración, seguridad, cap. cognitivas.
Defensivos: Atención, concentración, sacrificio, voluntad.
MED. FÍSICOS: Vel. desplazamientos, resistencia intensidad III, capacidades coordinativas.

1.- Explicación de objetivos y contenidos 2.- INTRODUCCIÓN AL MEDIO	Ejercicios de Movilidad Articular y Estiramiento

2.1.- Juego 6:3. Dos equipos de 3 jugadores atacantes situados (dos en las esquinas del cuadrado y cuatro en el interior del mismo), tratan de mantener la posesión del balón contra un equipo de tres jugadores defensores, si estos recuperan el balón pasa a defender el equipo que perdió el balón.

Dimensión: 15m x 15m. Duración: 6´.Nº toques: 2

2.2.- Juego 6:3. Dos equipos de 3 jugadores atacantes situados (dos en los lados exteriores del cuadrado y cuatro en el interior del mismo) tratan de mantener la posesión del balón contra un equipo de tres jugadores defensores, si estos recuperan el balón pasa a defender el equipo que perdió el balón.

Dimensión: 15m x 15m. Duración: 6´.Nº toques: 2

Ejs. Movilidad Articular y Estiramientos	3.- PARTE PRINCIPAL	3.1. CIRCUITO DE VELOCIDAD DE DESPLAZAMIENTO

3.2.- ZONAS DE RESISTENCIA: INTENSIDAD: III
- N.º JUGADORES: 20 (4 equipos de 5 jugadores).
- DIMENSIONES: 4 cuadrados de 35m x 35m.
- DURACIÓN: 7'
- RECUPERACIÓN: 2'   - N.º DE TOQUES: 1

JUEGO Nº 1.-
Juego 5:5. El equipo atacante intenta mantener la posesión del balón sólo permitiéndose los pases cortos y a ras de suelo.

JUEGO Nº 2.-
Juego 5:5. El equipo atacante intenta mantener la posesión del balón consiguiendo un punto cada vez que un jugador logra realizar un pase a través de alguna de las cinco porterías (2m) situadas en el campo.

JUEGO Nº 3.-
Juego 5:5. Cada equipo nombra a un capitán. El equipo atacante intenta mantener la posesión del balón consiguiendo un punto cada vez que le envían un pase a su capitán.

JUEGO Nº 4.-
Juego 5:5. El equipo atacante intenta mantener la posesión del balón consiguiendo un punto cada vez que un jugador logra realizar un pase a través de alguna de las tres porterías (2m) situadas en el campo.

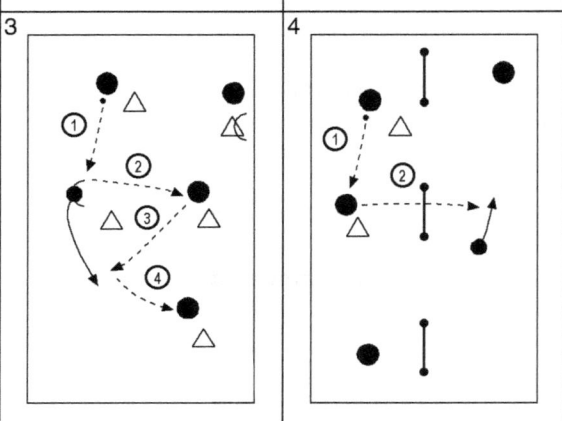

4. VUELTA A LA CALMA	4.1. CIRCUITO DE FUERZA BASE TRONCO	4.2. EJER. MOV. ARTICULAR-ESTIRAMIENTOS

PERIODO COMPETITIVO I	CATEGORÍA CADETES	MESOCICLO ESPECIAL I	MICROCICLO I	SESIÓN 3	DURACIÓN: 100'

OBJETIVO: Ofensivo: Mantener la posesión del balón. Defensivo: Recuperar el balón.
MED. TÁCTICOS: Ofensivo: Apoyos, desmarques, paredes, temporizaciones, c. orientación.
Defensivo: Marcaje, vigilancia.
MED. TÉCNICOS: Ofensivos: Control, conducción, regate, pase.
Defensivos: Entrada, anticipación, interceptación, carga.
MED. PSICOLÓG.: Ofensivos: Atención, concentración, seguridad, cap. cognitivas.
Defensivos: Atención, concentración, sacrificio, voluntad.
MED. FÍSICOS: Cap. anaeróbica aláctica, resistencia especial de competición, capacidades coordinativas.

1.- Explicación de objetivos y contenidos	2.- INTRODUCCIÓN AL MEDIO	Ejercicios de Movilidad Articular y Estiramiento

2.1.- Juego 3:3+3 comodines ofensivos que apoyan (dos desde las esquinas del cuadrado y uno desde el interior del mismo). El equipo atacante intenta mantener la posesión del balón.

Dimensión: 15m x 15m. Duración: 6´. Nº toques: 2

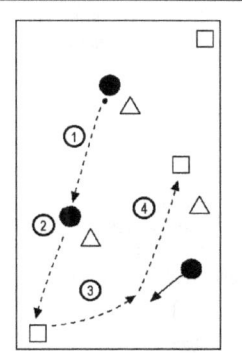

2.2.- Juego 3:3+3 comodines ofensivos que apoyan (dos desde los lados exteriores del cuadrado y uno desde el interior del mismo). El equipo atacante intenta mantener la posesión del balón.

Dimensión: 15m x 15m. Duración: 6´. Nº toques: 2

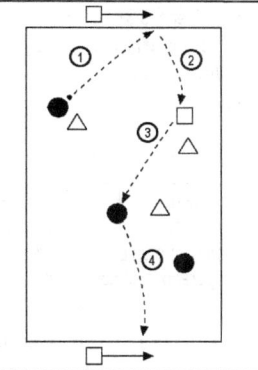

Ejs. Movilidad Articular y Estiramientos	3.- PARTE PRINCIPAL	3.1. CIRCUITO DE CAPACIDAD ANAERÓBICA ALÁCTICA

3.2.- ZONAS DE RESISTENCIA:
- N.º JUGADORES: 22 (2 equipos de 11 jugadores).
- DIMENSIONES: Todo el campo reglamentario.
- DURACIÓN: 20'
- RECUPERACIÓN: 2'   - N.º DE TOQUES: Libre

JUEGO Nº 1.-
Juego 11:11. Se divide el campo en tres zonas. El equipo atacante sólo se les permiten los pases en la zona en la que se encuentra el balón o en la de delante prohibiéndose los pases hacia la zona posterior.

JUEGO Nº 2.-
Juego 11:11. El equipo atacante para poder finalizar en la portería adversaria tiene que dar diez pases seguidos en campo contrario.

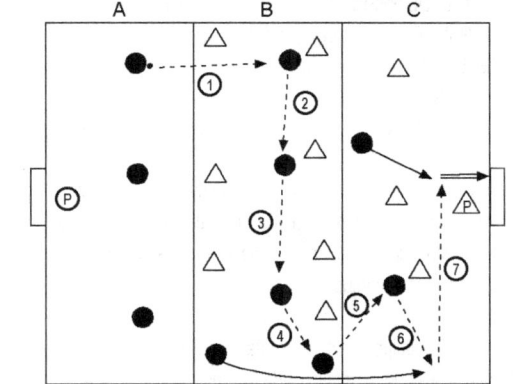

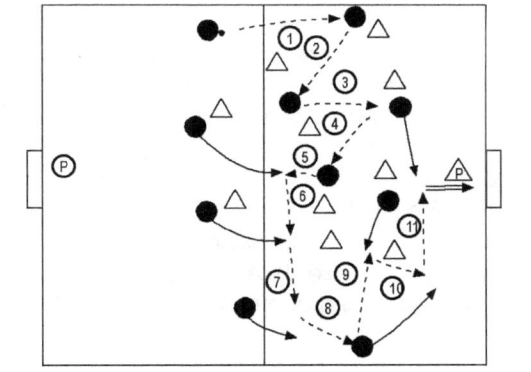

4. VUELTA A LA CALMA	4.1. CIRCUITO DE FUERZA BASE TRONCO	4.2. EJER. MOV. ARTICULAR-ESTIRAMIENTOS

PERIODO COMPETITIVO I	CATEGORÍA CADETES	MESOCICLO ESPECIAL I	MICROCICLO I	SESIÓN 4	DURACIÓN: 90'

OBJETIVO: Ofensivo: Mantener la posesión del balón. Defensivo: Recuperar el balón.
MED. TÁCTICOS: Ofensivo: Apoyos, desmarques, paredes, temporizaciones c. orientación.
Defensivo: Marcaje, vigilancia.
MED. TÉCNICOS: Ofensivos: Control, conducción, regate, pase.
Defensivos: Entrada, anticipación, interceptación, carga.
MED. PSICOLÓG.: Ofensivos: Atención, concentración, seguridad, cap. cognitivas.
Defensivos: Atención, concentración, sacrificio, voluntad.
MED. FÍSICOS: Vel. reacción, resistencia intensidad I, capacidades coordinativas..

1.- Explicación de objetivos y contenidos 2.- INTRODUCCIÓN AL MEDIO	Ejercicios de Movilidad Articular y Estiramiento

2.1.- Juego 3:3+3 comodines ofensivos que apoyan desde el interior del cuadrado. El equipo atacante intenta mantener la posesión del balón.

Dimensión: 15m x 15m. Duración: 6´. Nº toques: 2

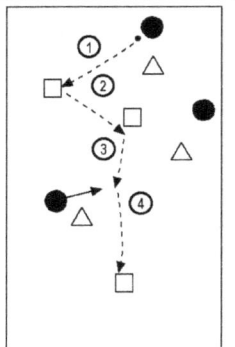 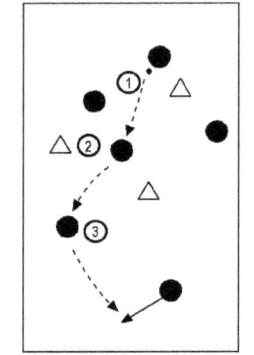

2.2.- Juego 6:3. Dos equipos de 3 jugadores atacantes situados en el interior del cuadrado tratan de mantener la posesión del balón contra un equipo de tres jugadores defensores que intentan recuperarlo, si lo consiguen pasa a defender el equipo que perdió el balón.

Dimensión: 15m x 15m. Duración: 6´. Nº toques: 2

Ejs. Movilidad Articular y Estiramientos	3.- PARTE PRINCIPAL	3.1. CIRCUITO DE VELOCIDAD DE REACCIÓN

3.2.- ZONAS DE RESISTENCIA: INTENSIDAD: I
- N.º JUGADORES: 20 (4 equipos de 5 jugadores).
- DIMENSIONES: 4 cuadrados de 30m x 30m.
- DURACIÓN: 8'
- RECUPERACIÓN: 2'   - N.º DE TOQUES: Libre

JUEGO Nº 1.-
Juego 5:5. El equipo atacante intenta mantener la posesión del balón consiguiendo un punto cada vez que un jugador logra atravesar conduciendo alguna de las tres porterías pequeñas (2m) situadas en el campo.

JUEGO Nº 2.-
Juego 5:5. El equipo atacante intenta mantener la posesión del balón consiguiendo un punto cada vez que el balón pasa por todos sus jugadores.

JUEGO Nº 3.-
Juego 5:5. El equipo atacante intenta mantener la posesión del balón consiguiendo un punto cada vez que un jugador logra atravesar conduciendo alguna de las cinco porterías (2m) situadas en el campo.

JUEGO Nº 4.-
Juego 5:5. El equipo atacante intenta mantener la posesión del balón consiguiendo un punto cada vez que un jugador que recibe el balón en el interior de uno de los cinco cuadrados (2mx2m) logra salir conduciendo el balón del mismo.

1 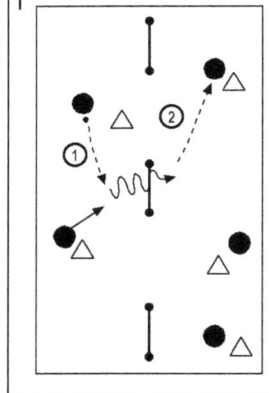   2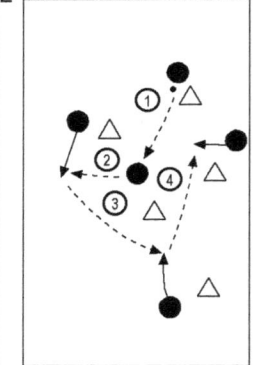

3 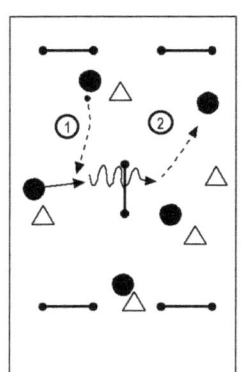   4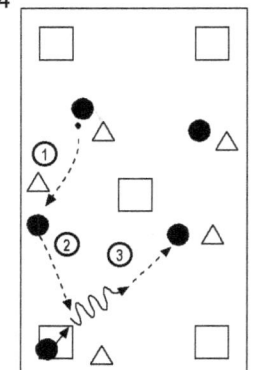

4. VUELTA A LA CALMA	4.1. CIRCUITO DE FUERZA BASE TRONCO	4.2. EJER. MOV. ARTICULAR-ESTIRAMIENTOS

PERIODO COMPETITIVO I	CATEGORÍA CADETES	MESOCICLO ESPECIAL I	MICROCICLO II	SESIÓN 1	DURACIÓN: 100'

OBJETIVO: Ofensivo: Progresión en el juego (ataque). Defensivo: Evitar la progresión en el juego.
MED. TÁCTICOS: Ofensivo: Profundidad, paredes, c. ritmo, c. orientación, desmarques, apoyos, amplitud, progresión.
Defensivo: Entrada, temporización, marcaje, bascular, red. espacio, coberturas, permutas.
MED. TÉCNICOS: Ofensivos: Control, conducción, pase, tiro. Defensivos: Entrada, anticipación, interceptación, carga.
MED. PSICOLÓG.: Ofensivos: Atención, concentración, creatividad, cap. cognitivas.
Defensivos: Atención, concentración, sacrificio, voluntad.
MED. FÍSICOS: Fuerza máxima, resistencia intensidad II, capacidades coordinativas.

1.- Explicación de objetivos y contenidos   2.- INTRODUCCIÓN AL MEDIO   Ejercicios de Movilidad Articular y Estiramiento

2.1.- Juego 3:3+3 comodines ofensivos que apoyan desde el interior del campo. Cada equipo ataca y defiende una línea de fondo. El equipo atacante intenta progresar en el juego y finalizar atravesando conduciendo la línea de fondo adversaria tras dar seis pases seguidos.

Dimensión: 22m x 16m. Duración: 6´.Nº toques: 2-3

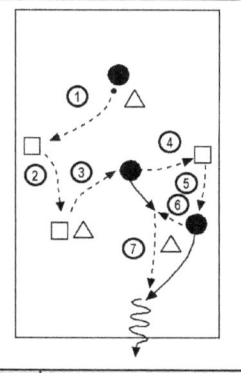

2.2.- Juego 4:4+3 comodines ofensivos que apoyan desde el interior del campo. Cada equipo ataca y defiende una portería normal (6m). El equipo atacante intenta progresar en el juego y finalizar tirando en la portería tras dar seis pases seguidos.

Dimensión: 22m x 16m. Duración: 6´.Nº toques: 2

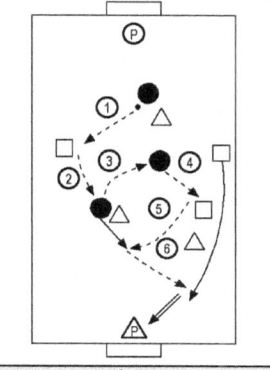

Ejs. Movilidad Articular y Estiramientos   3.- PARTE PRINCIPAL   3.1. CIRCUITO DE FUERZA MÁXIMA

3.2.- ZONAS DE RESISTENCIA: INTENSIDAD: II
- N.º JUGADORES: 22 (4 equipos de 5 jugadores + 2 porteros).
- DIMENSIONES: 4 rectángulos de 45m x 30m.
- DURACIÓN: 10'
- RECUPERACIÓN: 2'   - N.º DE TOQUES: 3
JUEGO Nº 1.-
Juego 5:5. Cada equipo ataca y defiende una línea de fondo. El equipo atacante intenta progresar en el juego y finalizar atravesando conduciendo la línea de fondo adversaria tras dar seis pases seguidos. Sistema: 3-2 ó 4-1.
JUEGO Nº 2.-
Juego 6:6 Cada equipo ataca y defiende una portería normal (7m). El equipo atacante intenta progresar en el juego y finalizar tirando en la portería adversaria tras dar seis pases seguidos. Sistema: 1-3-2.
JUEGO Nº 3.-
Juego 5:5. Cada equipo ataca y defiende una portería ancha (15m). El equipo atacante intenta progresar en el juego y finalizar atravesando conduciendo la portería adversaria tras dar seis pases seguidos. Sistema: 3-2 ó 4-1.
JUEGO Nº 4.-
Juego 6:6. Cada equipo ataca y defiende una portería triangular (5mx3 lados). El equipo atacante intenta progresar en el juego y finalizar tirando en la portería adversaria tras dar seis pases seguidos. Sistema: 1-3-2

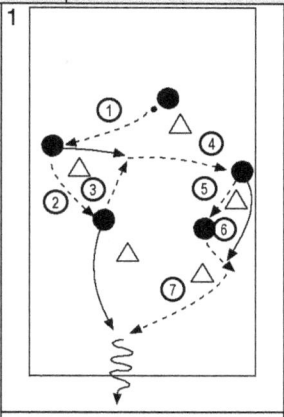
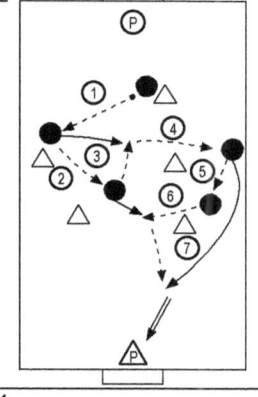
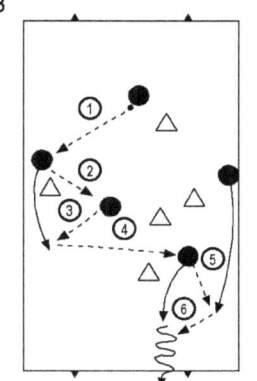
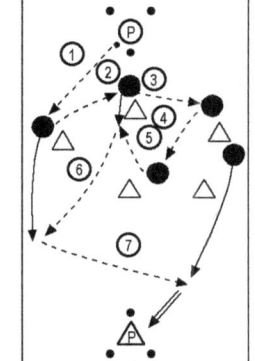

4. VUELTA A LA CALMA   4.1. CIRCUITO DE FUERZA BASE TRONCO   4.2. EJER. MOV. ARTICULAR-ESTIRAMIENTOS

| PERIODO COMPETITIVO I | CATEGORÍA CADETES | MESOCICLO ESPECIAL I | MICROCICLO II | SESIÓN 2 | DURACIÓN: 100' |

OBJETIVO: Ofensivo: Progresión en el juego (contraataque). Defensivo: Evitar la progresión en el juego.
MED. TÁCTICOS: Ofensivo: Profundidad, vel. juego, c. orientación, desmarques, apoyos, amplitud, progresión.
Defensivo: Entrada, temporización, marcaje, bascular, red. espacio, repliegues, coberturas, permutas.
MED. TÉCNICOS: Ofensivos: Control, pase, tiro. Defensivos: Entrada, anticipación, interceptación, carga.
MED. PSICOLÓG.: Ofensivos: Atención, concentración, creatividad, cap. cognitivas.
Defensivos: Atención, concentración, sacrificio, voluntad.
MED. FÍSICOS: Vel. desplazamiento, resistencia intensidad III, capacidades coordinativas.

| 1.- Explicación de objetivos y contenidos   2.- INTRODUCCIÓN AL MEDIO | Ejercicios de Movilidad Articular y Estiramiento |

2.1.- Juego 3:3+3 comodines ofensivos que apoyan desde el interior del campo. Cada equipo ataca y defiende una portería ancha (10m). El equipo atacante intenta progresar en el juego y finalizar atravesando conduciendo la portería adversaria antes del 6º pase.

Dimensión: 22m x 16m. Duración: 6´.Nº toques: 2-3

2.2.- Juego 4:4+3 comodines ofensivos que apoyan desde el interior del campo. Cada equipo ataca y defiende una portería triangular (4mx3 lados). El equipo atacante intenta progresar en el juego y finalizar tirando en la portería adversaria antes del 6º pase.

Dimensión: 22m x 16m. Duración: 6´.Nº toques: 2-3

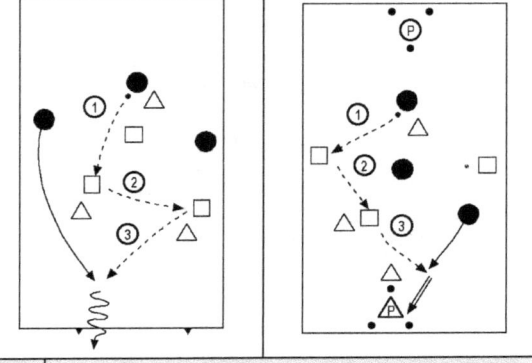

| Ejs. Movilidad Articular y Estiramientos | 3.- PARTE PRINCIPAL | 3.1. CIRCUITO DE VELOCIDAD DE DESPLAZAMIENTO |

3.2.- ZONAS DE RESISTENCIA: INTENSIDAD: III
- N.º JUGADORES: 22 (4 equipos de 5 jugadores + dos porteros).
- DIMENSIONES: 4 rectángulos de 50m x 35m.
- DURACIÓN: 7'
- RECUPERACIÓN: 2'   - N.º DE TOQUES: 1-2

JUEGO Nº 1.-
Juego 5:5. Cada equipo ataca y defiende tres porterías pequeñas (2m). El equipo atacante intenta progresar en el juego y finalizar tirando en alguna de las porterías adversarias antes del 6º pase. Sistema: 3-2 ó 4-1.

JUEGO Nº 2.-
Juego 6:6. Cada equipo ataca y defiende una portería lateral (7m). El equipo atacante intenta progresar en el juego y finalizar tirando en la portería adversaria antes del 6º pase. Sistema: 1-3-2 ó 4-1.

JUEGO Nº 3.-
Juego 5:5. Cada equipo ataca y defiende cuatro pitotes colocados a lo largo de la línea de fondo. El equipo atacante intenta progresar en el juego y finalizar intentando mediante un tiro derribar los pitotes del adversario antes del 6º pase. Sistema: 3-2 ó 4-1.

JUEGO Nº 4.-
Juego 6:6. Cada equipo ataca y defiende una portería cuadrada (6mx6m). El equipo atacante intenta progresar en el juego y finalizar tirando en la portería adversaria antes del 6º pase. Sistema: 1-3-2 ó 4-1.

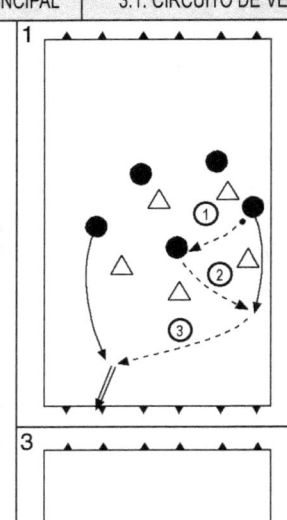
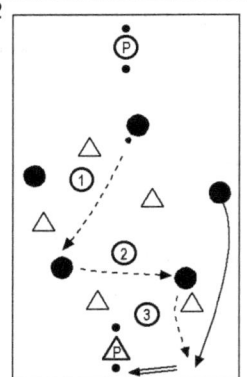
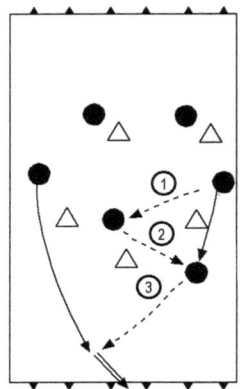
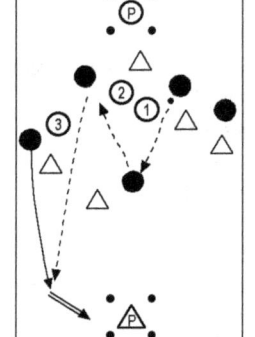

| 4. VUELTA A LA CALMA | 4.1. CIRCUITO DE FUERZA BASE TRONCO | 4.2. EJER. MOV. ARTICULAR-ESTIRAMIENTOS |

PERIODO COMPETITIVO I	CATEGORÍA CADETES	MESOCICLO ESPECIAL I	MICROCICLO II	SESIÓN 3	DURACIÓN: 100'

OBJETIVO: Ofensivo: Progresión en el juego. Defensivo: Evitar la progresión en el juego.
MED. TÁCTICOS: Ofensivo: Profundidad, paredes, c. ritmo, c. orientación, desmarques, apoyos, amplitud, progresión.
Defensivo: Entrada, temporización, marcaje, bascular, red. espacio, coberturas, permutas.
MED. TÉCNICOS: Ofensivos: Control, conducción, regate, pase, tiro.
Defensivos: Entrada, anticipación, interceptación, carga.
MED. PSICOLÓG.: Ofensivos: Atención, concentración, creatividad, cap. cognitivas.
Defensivos: Atención, concentración, sacrificio, voluntad.
MED. FÍSICOS: Cap. anaeróbica aláctica, resistencia especial de competición, capacidades coordinativas.

1.- Explicación de objetivos y contenidos	2.- INTRODUCCIÓN AL MEDIO	Ejercicios de Movilidad Articular y Estiramiento

2.1.- Juego 3:3+3 comodines ofensivos que apoyan desde el interior del campo. Cada equipo ataca y defiende una portería pequeña (2m). El equipo atacante intenta progresar en el juego y finalizar tirando en la portería adversaria.

Dimensión: 22m x 16m. Duración: 6´.Nº toques: 2-3

2.2.- Juego 4:4+3 comodines ofensivos que apoyan desde el interior del campo. Cada equipo ataca y defiende una portería cuadrada (5mx5m). El equipo atacante intenta progresar en el juego y finalizar tirando en la portería adversaria.

Dimensión: 22m x 16m. Duración: 6´.Nº toques: 2-3

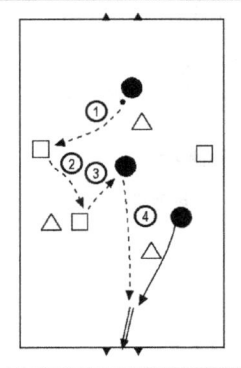 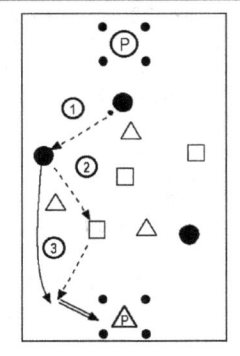

Ejs. Movilidad Articular y Estiramientos	3.- PARTE PRINCIPAL	3.1. CIRCUITO DE CAPACIDAD ANAERÓBICA ALÁCTICA

3.2.- ZONAS DE RESISTENCIA: ESPECIAL DE COMPETICIÓN
- N.º JUGADORES: 22 (2 equipos de 11 jugadores).
- DIMENSIONES: Todo el campo reglamentario.
- DURACIÓN: 20'
- RECUPERACIÓN: 1'   - N.º DE TOQUES: Libre

JUEGO Nº 1.-
Juego 11:11. Se delimitan dos zonas laterales de 12mx largo del campo. El equipo atacante intenta progresar en el juego teniendo que hacer pasar el balón por las dos zonas laterales antes de poder finalizar tirando en la portería adversaria.

JUEGO Nº 2.-
Juego 11:11.El equipo atacante intenta progresar en el juego no permitiéndose los pases hacia atrás y finalizar tirando en la portería adversaria.

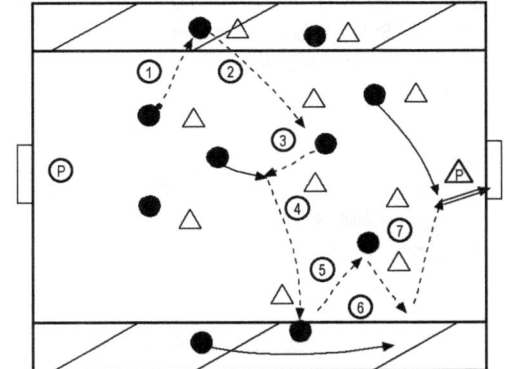

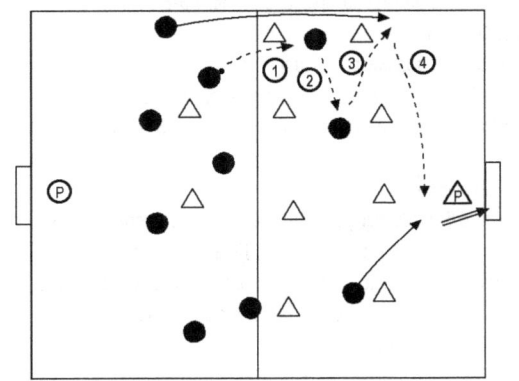

4. VUELTA A LA CALMA	4.1. CIRCUITO DE FUERZA BASE TRONCO	4.2. EJER. MOV. ARTICULAR-ESTIRAMIENTOS

PERIODO COMPETITIVO I	CATEGORÍA CADETES	MESOCICLO ESPECIAL I	MICROCICLO II	SESIÓN 4	DURACIÓN: 90'

OBJETIVO: Ofensivo: Progresión en el juego (ataque por las bandas).
                         Defensivo: Evitar la progresión en el juego.
MED. TÁCTICOS: Ofensivo: Profundidad, amplitud, Vel. juego, c. orientación, desmarques, apoyos, progresión.
Defensivo: Entrada, temporización, marcaje, bascular, red. espacio, repliegues, coberturas, permutas.
MED. TÉCNICOS: Ofensivos: Control, conducción, regate, pase, tiro.
                         Defensivos: Entrada, anticipación, interceptación, carga.
MED. PSICOLÓG.: Ofensivos: Atención, concentración, creatividad, cap. cognitivas.
                         Defensivos: Atención, concentración, sacrificio, voluntad.
MED. FÍSICOS: Vel. reacción, resistencia intensidad I, capacidades cognitivas.

1.- Explicación de objetivos y contenidos 2.- INTRODUCCIÓN AL MEDIO	Ejercicios de Movilidad Articular y Estiramiento

2.1.- Juego 3:3+3 comodines ofensivos que apoyan (dos desde las bandas y uno desde el interior del campo). Cada equipo ataca y defiende dos porterías pequeñas (2m). El equipo atacante intenta progresar en el juego y finalizar tirando en la portería adversaria.

Dimensión: 22m x 16m. Duración: 6´.Nº toques: 2-3

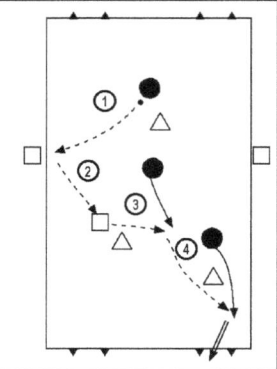 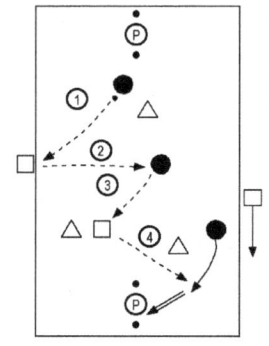

2.2.- Juego 4:4+3 comodines ofensivos que apoyan (dos desde las bandas y uno desde el interior del campo). Cada equipo ataca y defiende una portería lateral (5m). El equipo atacante intenta progresar en el juego y finalizar tirando en la portería adversaria.

Dimensión: 22m x 16m. Duración: 6´.Nº toques: 2-3

Ejs. Movilidad Articular y Estiramientos	3.- PARTE PRINCIPAL	3.1. CIRCUITO DE VELOCIDAD DE REACCIÓN

3.2.- ZONAS DE RESISTENCIA: INTENSIDAD: I
- N.º JUGADORES: 24 (2 equipos de 11 jugadores + 2 comodines).
- DIMENSIONES: 4 rectángulos de 40m x 30m.
- DURACIÓN: 8'
- RECUPERACIÓN: 2'   - N.º DE TOQUES: Libre

JUEGO Nº 1.-
Juego 5:5. Cada equipo ataca y defiende dos porterías pequeñas (2m). El equipo atacante intenta progresar en el juego y finalizar tirando en alguna de las porterías adversarias. Sistema: 3-2 ó 4-1.

JUEGO Nº 2.-
Juego 6:6. Cada equipo ataca y defiende una portería lateral (7m). El equipo atacante intenta progresar en el juego y finalizar tirando en la portería adversaria. Sistema: 1-3-2 ó 1-4-1.

JUEGO Nº 3.-
Juego 5:5. Cada equipo ataca y defiende dos porterías laterales (2m). El equipo atacante intenta progresar en el juego y finalizar tirando en alguna de las porterías adversarias. Sistema: 3-2 ó 1-4-1.

JUEGO Nº 4.-
Juego 6:6. Cada equipo ataca y defiende dos porterías (una normal 7m y una pequeña 1m). El equipo atacante intenta progresar en el juego y finalizar pudiéndolo hacer en la portería normal adversaria tirando o en la portería pequeña atravesándola conduciendo. Sistema: 1-3-2 ó 1-4-1.

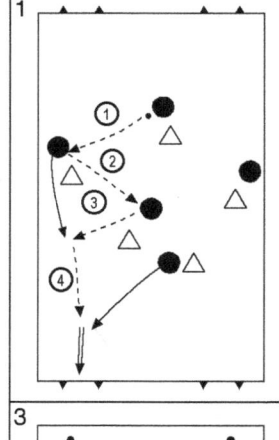 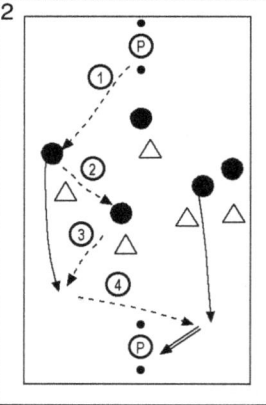

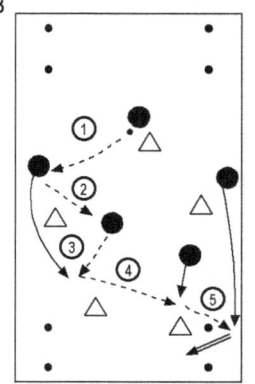 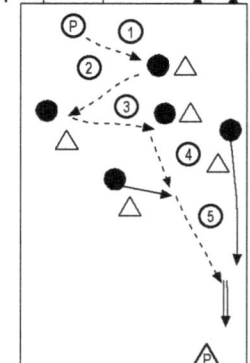

4. VUELTA A LA CALMA	4.1. CIRCUITO DE FUERZA BASE TRONCO	4.2. EJER. MOV. ARTICULAR-ESTIRAMIENTOS

| PERIODO COMPETITIVO I | CATEGORÍA CADETES | MESOCICLO ESPECIAL I | MICROCICLO III | SESIÓN 1 | DURACIÓN: 100' |

OBJETIVO: Ofensivo: La finalización. Defensivo: Evitar el gol.
MED. TÁCTICOS: Ofensivo: Paredes, c. orientación, vel. juego, profundidad, progresión, desmarques.
Defensivo: Entrada, marcaje, vigilancia, repliegues.
MED. TÉCNICOS: Ofensivos: Pase, control, tiro, juego de cabeza.
                             Defensivos: Entrada, carga, anticipación, interceptación, despeje.
MED. PSICOLÓG.: Ofensivos: Atención, concentración, confianza. Defensivos: Atención, concentración.
MED. FÍSICOS: Fuerza-máxima, resistencia intensidad II, capacidades coordinativas

1.- Explicación de objetivos y contenidos 2.- INTRODUCCIÓN AL MEDIO	Ejercicios de Movilidad Articular y Estiramiento
2.1.- Juego 3:3+3 comodines ofensivos que apoyan desde las esquinas del cuadrado. El equipo atacante tiene que finalizar tirando antes del 6º pase en la portería neutral (5m). Dimensión: 22m x 22m. Duración: 6´.Nº toques: 2-3	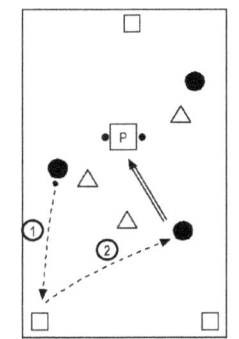 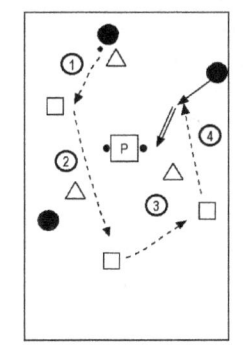
2.2.- Juego 3:3+3 comodines ofensivos que apoyan desde el interior del cuadrado. El equipo atacante tiene que finalizar tirando antes del 6º pase en la portería neutral (5m). Dimensión: 22m x 22m. Duración: 6´.Nº toques: 2-3	

Ejs. Movilidad Articular y Estiramientos	3.- PARTE PRINCIPAL	3.1. CIRCUITO DE FUERZA MÁXIMA
3.2.- ZONAS DE RESISTENCIA: INTENSIDAD: II - N.º JUGADORES: 20 (4 equipos de 5 jugadores). - DIMENSIONES: 4 rectángulos de 30m x 20m. - DURACIÓN: 10' - RECUPERACIÓN: 2' - N.º DE TOQUES: 3 JUEGO Nº 1.- Juego 5:5. Cada equipo ataca y defiende una portería normal (7m). El equipo atacante tiene que finalizar tirando antes del 6º pase en la portería adversaria. JUEGO Nº 2.- Juego 5:5. Cada equipo ataca y defiende una portería normal (7m). El equipo atacante tiene que finalizar tirando desde campo propio antes del 6º pase en la portería adversaria. JUEGO Nº 3.- Juego 5:5. Cada equipo ataca y defiende una portería normal (7m). El equipo atacante tiene que finalizar tirando desde el interior de la zona marcada (15mx20m) antes del 6º pase en la portería adversaria. JUEGO Nº 4.- Juego 5:5. Cada equipo ataca y defiende una portería normal (7m). El equipo atacante tiene que finalizar tirando desde el interior de la zona marcada (7´5mx20m) antes del 6º pase en la portería adversaria		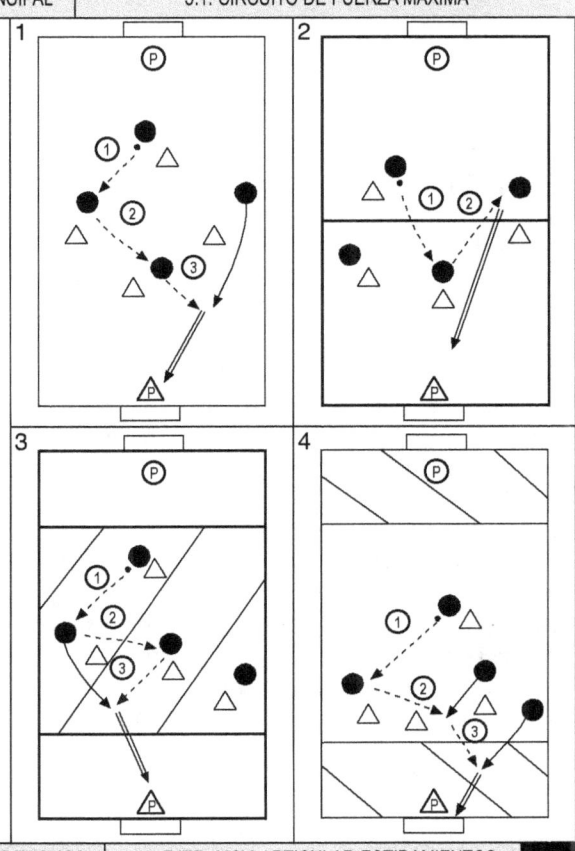

| 4. VUELTA A LA CALMA | 4.1. CIRCUITO DE FUERZA BASE TRONCO | 4.2. EJER. MOV. ARTICULAR-ESTIRAMIENTOS |

| PERIODO COMPETITIVO I | CATEGORÍA CADETES | MESOCICLO ESPECIAL I | MICROCICLO III | SESIÓN 2 | DURACIÓN: 100' |

OBJETIVO: Ofensivo: Superar las situaciones 1:1. Defensivo: Evitar ser superado 1:1.
MED. TÁCTICOS: Ofensivo: C. ritmo, temporizaciones. Defensivo: Entrada, temporizaciones, repliegues.
MED. TÉCNICOS: Ofensivos: Conducción, finta, regate, cobertura técnica. Defensivos: Entrada, carga.
MED. PSICOLÓG.: Ofensivos: Atención, concentración, creatividad, confianza, valentía.
Defensivos: Atención, concentración, seguridad.
MED. FÍSICOS: Vel. desplazamiento, resistencia intensidad III, capacidades coordinativas.

1.- Explicación de objetivos y contenidos   2.- INTRODUCCIÓN AL MEDIO   Ejercicios de Movilidad Articular y Estiramiento

2.1.- Juego 6:3. Seis atacantes cada uno con un balón lo conducen en el interior del cuadrado tratando de superar 1:1 a tres defensores y atravesar conduciendo la portería neutral (2m), los defensores si logran recuperar el balón pasan a atacar.
Dimensión: 15m x 15m. Duración: 4´

2.2.- Juego 6:3. Seis atacantes cada uno con un balón lo conducen en el interior del cuadrado tratando de superar 1:1 a tres defensores y atravesar conduciendo la zona marcada (2mx2m), los defensores si logran recuperar el balón pasan a atacar.
Dimensión: 15m x 15m. Duración: 4´

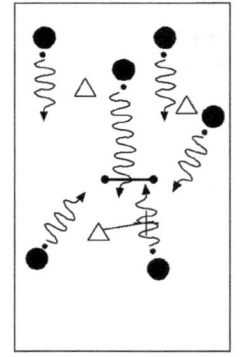
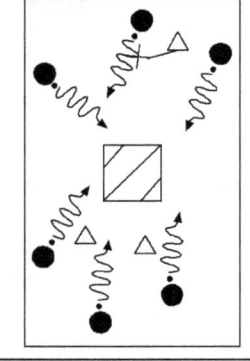

Ejs. Movilidad Articular y Estiramientos   3.- PARTE PRINCIPAL   3.1. CIRCUITO DE VELOCIDAD DE DESPLAZAMIENTO

3.2.- ZONAS DE RESISTENCIA: INTENSIDAD: III
- N.º JUGADORES: 22 (10 parejas (1:1) + 2 porteros).
- DIMENSIONES: 2 cuadrados 1-3 (20m x 20m), rectángulos 2-4 (20m x 15m).
- DURACIÓN: 2x1´
- RECUPERACIÓN: 1'   - N.º DE TOQUES: Libre

JUEGO Nº 1.-
Juego 1:1 (5 parejas). El jugador atacante intenta superar 1:1 a su defensor y atravesar conduciendo alguna de las tres porterías pequeñas (2m) situadas en el campo.

JUEGO Nº 2.-
Juego 1:1 (5 parejas). Cada jugador ataca y defiende una portería ancha (10m) defendida por un portero. El jugador atacante intenta superar 1:1 a su defensor y atravesar conduciendo la portería adversaria tras superar 1:1 al portero adversario.

JUEGO Nº 3.-
Juego 1:1 (5 parejas). El jugador atacante intenta superar 1:1 a su defensor y mantener la posesión del balón.

JUEGO Nº 4.-
Juego 1:1 (5 parejas). Cada jugador ataca y defiende una una línea de fondo defendida por un portero. El jugador atacante intenta superar 1:1 a su defensor y atravesar conduciendo la línea de fondo adversaria tras superar 1:1 al portero adversario.

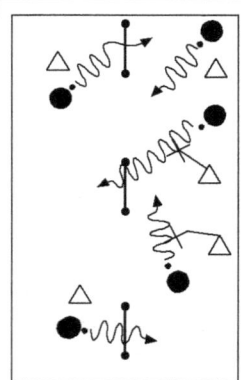
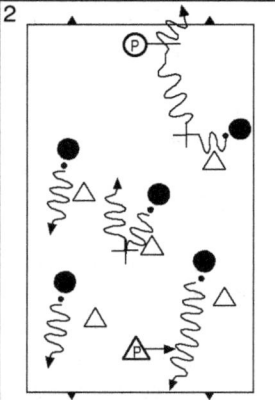
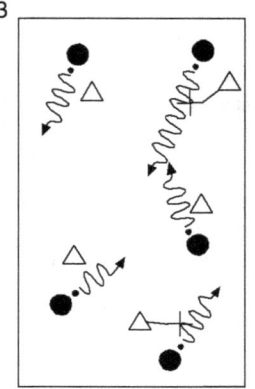
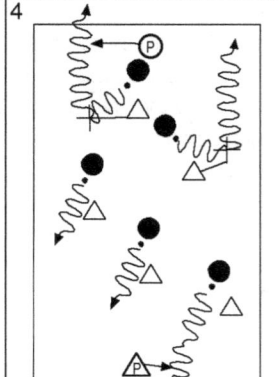

4. VUELTA A LA CALMA   4.1. CIRCUITO DE FUERZA BASE TRONCO   4.2. EJER. MOV. ARTICULAR-ESTIRAMIENTOS

| PERIODO COMPETITIVO I | CATEGORÍA CADETES | MESOCICLO ESPECIAL I | MICROCICLO III | SESIÓN 3 | DURACIÓN: 100' |

OBJETIVO: Ofensivo: La finalización. Defensivo: Evitar el gol.
MED. TÁCTICOS: Ofensivo: Paredes, c. orientación, vel. juego, profundidad, progresión, desmarques.
Defensivo: Entrada, marcaje, vigilancia, repliegues.
MED. TÉCNICOS: Ofensivos: Pase, control, tiro, juego de cabeza.
Defensivos: Entrada, carga, anticipación, interceptación, despeje.
MED. PSICOLÓG.: Ofensivos: Atención, concentración, confianza. Defensivos: Atención, concentración.
MED. FÍSICOS: Cap. anaeróbica aláctica, resistencia intensidad II, capacidades coordinativas.

| 1.- Explicación de objetivos y contenidos | 2.- INTRODUCCIÓN AL MEDIO | Ejercicios de Movilidad Articular y Estiramiento |

2.1.- Juego 3:3+3 comodines ofensivos que apoyan desde las esquinas del cuadrado. El equipo atacante tiene que finalizar tirando antes del 6º pase en la portería triangular neutral (4mx3 lados).

Dimensión: 22m x 22m. Duración: 6´. Nº toques: 2-3

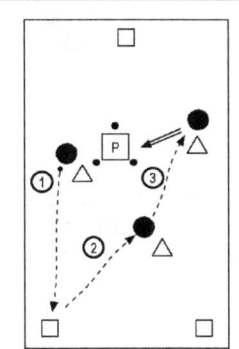
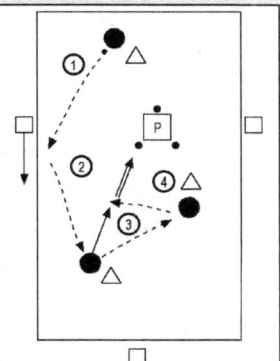

2.2.- Juego 3:3+3 comodines ofensivos que apoyan desde los lados exteriores del cuadrado. El equipo atacante tiene que finalizar antes del 6º pase en la portería triangular neutral (4mx3 lados).

Dimensión: 22m x 22m. Duración: 6´. Nº toques: 2-3

| Ejs. Movilidad Articular y Estiramientos | 3.- PARTE PRINCIPAL | 3.1. CIRCUITO DE CAPACIDAD ANAERÓBICA ALÁCTICA |

3.2.- ZONAS DE RESISTENCIA: INTENSIDAD: II
- Nº JUGADORES: 20 (4 equipos de 5 jugadores).
- DIMENSIONES: 4 rectángulos de 30m x 20m.
- DURACIÓN: 10'
- RECUPERACIÓN: 2'   - Nº DE TOQUES: 3

JUEGO Nº 1.-
Juego 5:5. Cada equipo ataca y defiende una portería normal (7m). El equipo atacante tiene que finalizar tirando antes del 6º pase en la portería adversaria.

JUEGO Nº 2.-
Juego 5:5. Cada equipo ataca y defiende una portería triangular (5mx3 lados). El equipo atacante tiene que finalizar tirando antes del 6º pase en la portería adversaria.

JUEGO Nº 3.-
Juego 5:5. Cada equipo ataca y defiende una portería lateral (7m). El equipo atacante tiene que finalizar tirando antes del 6º pase en la portería adversaria.

JUEGO Nº 4.-
Juego 5:5. Cada equipo ataca y defiende una portería cuadrada (6mx6m). El equipo atacante tiene que finalizar tirando antes del 6º pase en la portería adversaria.

1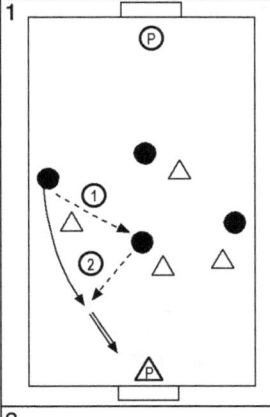
2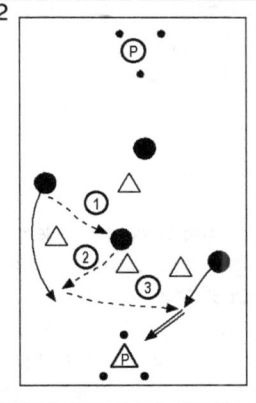
3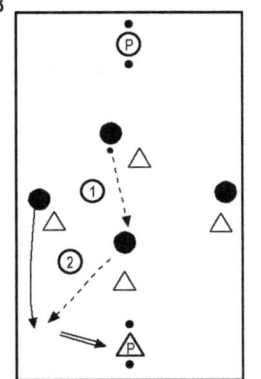
4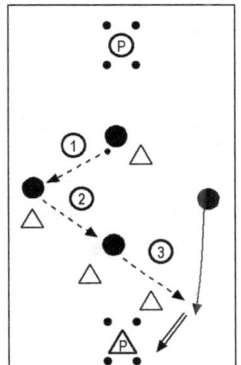

| 4. VUELTA A LA CALMA | 4.1. CIRCUITO DE FUERZA BASE TRONCO | 4.2. EJER. MOV. ARTICULAR-ESTIRAMIENTOS |

PERIODO COMPETITIVO I	CATEGORÍA CADETES	MESOCICLO ESPECIAL I	MICROCICLO III	SESIÓN 4	DURACIÓN: 90'

OBJETIVO: Ofensivo: Superar las situaciones 1:1. Defensivo: Evitar ser superado 1:1.
MED. TÁCTICOS: Ofensivo: C. ritmo, temporizaciones. Defensivo: Entradas, temporizaciones, repliegues.
MED. TÉCNICOS: Ofensivos: Conducción, finta, regate, cobertura técnica. Defensivos: Entrada, carga.
MED. PSICOLÓG.: Ofensivos: Atención, concentración, creatividad, confianza, valentía.
Defensivos: Atención, concentración, seguridad.
MED. FÍSICOS: Vel. reacción, resistencia intensidad I, capacidades coordinativas.

1.- Explicación de objetivos y contenidos   2.- INTRODUCCIÓN AL MEDIO   Ejercicios de Movilidad Articular y Estiramiento

2.1.- Juego 6:3. Seis atacantes cada uno con un balón lo conducen en el interior del cuadrado tratando de superar 1:1 a tres defensores y mantener la posesión del balón, los defensores si logran recuperar el balón pasan a atacar.

Dimensión: 15 x 15 m. Duración: 4'.

2.2.- Juego 6:3. Seis atacantes cada uno con un balón lo conducen en el interior del cuadrado tratando de superar 1:1 a tres defensores y atravesar conduciendo la portería neutral (2m), los defensores si logran recuperar el balón pasan a atacar.

Dimensión: 15 x 15 m. Duración: 4'.

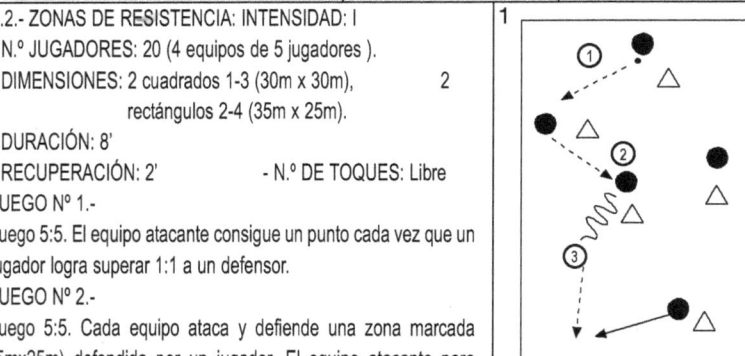

Ejs. Movilidad Articular y Estiramientos   3.- PARTE PRINCIPAL   3.1. CIRCUITO DE VELOCIDAD DE REACCIÓN

3.2.- ZONAS DE RESISTENCIA: INTENSIDAD: I
- N.º JUGADORES: 20 (4 equipos de 5 jugadores).
- DIMENSIONES: 2 cuadrados 1-3 (30m x 30m), rectángulos 2-4 (35m x 25m).
- DURACIÓN: 8'
- RECUPERACIÓN: 2'   - N.º DE TOQUES: Libre
JUEGO Nº 1.-
Juego 5:5. El equipo atacante consigue un punto cada vez que un jugador logra superar 1:1 a un defensor.
JUEGO Nº 2.-
Juego 5:5. Cada equipo ataca y defiende una zona marcada (5mx25m) defendida por un jugador. El equipo atacante para conseguir un punto tiene que superar 1:1 al jugador que defiende la zona marcada y atravesar conduciendo la misma.
JUEGO Nº 3.-
Juego 5:5. El equipo atacante para conseguir un punto un jugador tiene que superar 1:1 a un defensor y atravesar conduciendo alguna de las tres porterías (2m), situadas en el campo.
JUEGO Nº 4.-
Juego 5:5. Cada equipo ataca y defiende una portería normal (7m). El equipo atacante sólo puede finalizar tirando en la portería adversaria tras superar 1:1 a un defensor.

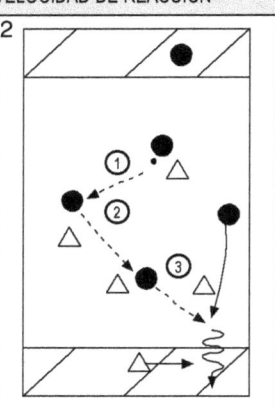

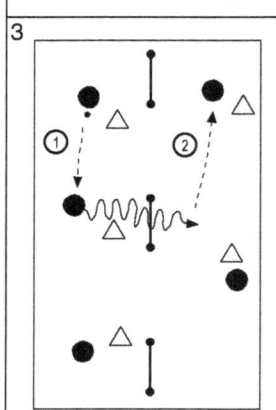

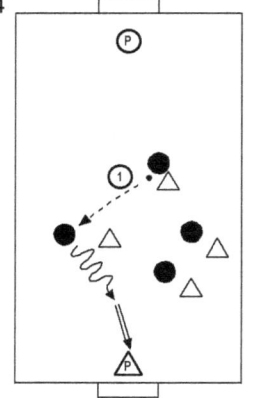

4. VUELTA A LA CALMA   4.1. CIRCUITO DE FUERZA BASE TRONCO   4.2. EJER. MOV. ARTICULAR-ESTIRAMIENTOS

PERIODO COMPETITIVO I	CATEGORÍA CADETES	MESOCICLO ESPECIAL I	MICROCICLO IV	SESIÓN 1	DURACIÓN: 100'

OBJETIVO: Ofensivo: Mantener la posesión del balón. Defensivo: Recuperar el balón.
MED. TÁCTICOS: Ofensivo: Apoyos, desmarques, paredes, temporizaciones, c. orientación.
Defensivo: Marcaje, vigilancia.
MED. TÉCNICOS: Ofensivos: Control. conducción, regate, pase.
Defensivos: Entrada, anticipación, interceptación, carga.
MED. PSICOLÓG.: Ofensivos: Atención, concentración, seguridad, cap. cognitivas.
Defensivos: Atención, concentración, sacrificio, voluntad.
MED. FÍSICOS: Fuerza-máxima, resistencia intensidad II, capacidades coordinativas.

1.- Explicación de objetivos y contenidos 2.- INTRODUCCIÓN AL MEDIO	Ejercicios de Movilidad Articular y Estiramiento

2.1.- Juego 3:3+3 comodines ofensivos que apoyan desde los lados exteriores del cuadrado. El equipo atacante intenta mantener la posesión del balón.

Dimensión: 15m x 15m. Duración: 6´.Nº toques: 2-3.

2.2.- Juego 3:3+3 comodines ofensivos que apoyan desde el interior del cuadrado. El equipo atacante intenta mantener la posesión del balón.

Dimensión: 15m x 15m. Duración: 6´.Nº toques: 2-3

Ejs. Movilidad Articular y Estiramientos	3.- PARTE PRINCIPAL	3.1. CIRCUITO DE FUERZA MÁXIMA

3.2.- ZONAS DE RESISTENCIA: INTENSIDAD: II
- N.º JUGADORES: 20 (4 equipos de 5 jugadores).
- DIMENSIONES: 4 cuadrados de 35m x 35m.
- DURACIÓN: 10'
- RECUPERACIÓN: 2'   - N.º DE TOQUES: 3

JUEGO Nº 1.-
Juego 5:5. El equipo atacante intenta mantener la posesión del balón consiguiendo un punto cada vez que logran realizar un pase a través de alguna de las tres porterías (2m) situadas en el campo.

JUEGO Nº 2.-
Juego 5:5. Se divide el campo en cuatro zonas. El equipo atacante intenta mantener la posesión del balón consiguiendo un punto cada vez que logran dar cuatro pases en el interior de una misma zona.

JUEGO Nº 3.-
Juego 5:5. El equipo atacante intenta mantener la posesión del balón consiguiendo un pundo cada vez que logran dar diez pases seguidos.

JUEGO Nº 4.-
Juego 5:5. El equipo atacante intenta mantener la posesión del balón sólo permiténdose los pases cortos y a ras de suelo.

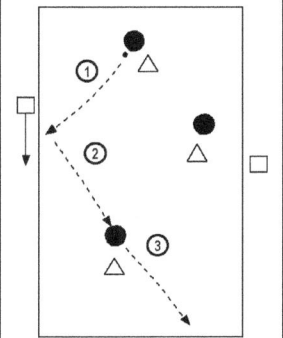

1

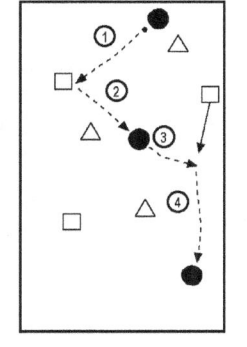

2

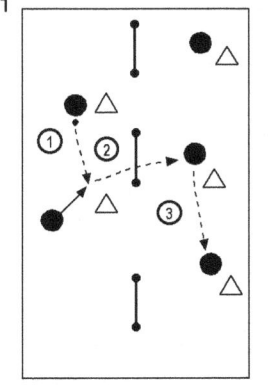

3

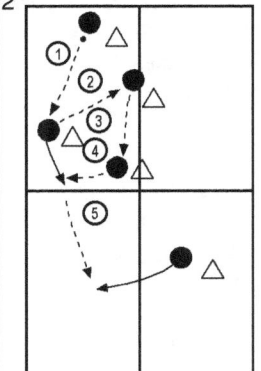

4

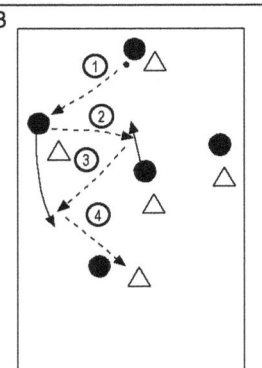

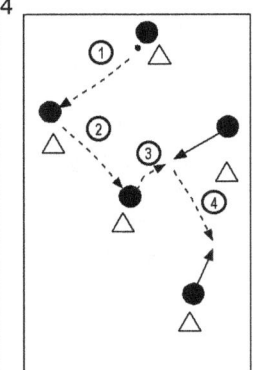

4. VUELTA A LA CALMA	4.1. CIRCUITO DE FUERZA BASE TRONCO	4.2. EJER. MOV. ARTICULAR-ESTIRAMIENTOS

| PERIODO COMPETITIVO I | CATEGORÍA CADETES | MESOCICLO ESPECIAL I | MICROCICLO IV | SESIÓN 2 | DURACIÓN: 100' |

OBJETIVO: Ofensivo: Mantener la posesión del balón. Defensivo: Recuperar el balón.
MED. TÁCTICOS: Ofensivo: Apoyos, desmarques, paredes, temporizaciones, c. orientación.
Defensivo: Marcaje, vigilancia.
MED. TÉCNICOS: Ofensivos: Control, conducción, regate, pase.
Defensivos: Entrada, anticipación, interceptación, carga.
MED. PSICOLÓG.: Ofensivos: Atención, concentración, seguridad, cap. cognitivas.
Defensivos: Atención, concentración, sacrificio, voluntad.
MED. FÍSICOS: Vel. desplazamiento, resistencia intensidad III, capacidades coordinativas.

| 1.- Explicación de objetivos y contenidos | 2.- INTRODUCCIÓN AL MEDIO | Ejercicios de Movilidad Articular y Estiramiento |

2.1.- Juego 6:3. Dos equipos de 3 jugadores atacantes situados (dos en las esquinas del cuadrado y cuatro en el interior del mismo), tratan de mantener la posesión del balón contra un equipo de tres jugadores defensores, si estos recuperan el balón pasa a defender el equipo que perdió el balón.

Dimensión: 15m x 15m. Duración: 6´.Nº toques: 2-3

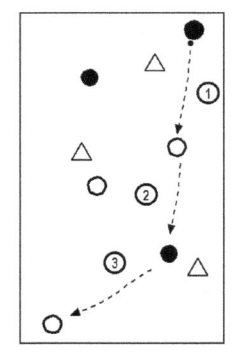

2.2.- Juego 6:3. Dos equipos de 3 jugadores atacantes situados (dos en los lados exteriores del cuadrado y cuatro en el interior del mismo) tratan de mantener la posesión del balón contra un equipo de tres jugadores defensores, si estos recuperan el balón pasa a defender el equipo que perdió el balón.

Dimensión: 15m x 15m. Duración: 6´.Nº toques: 2-3

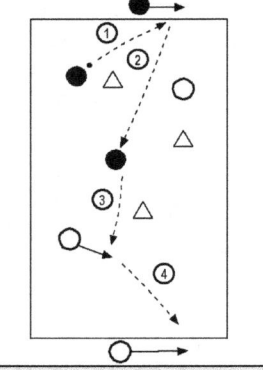

| Ejs. Movilidad Articular y Estiramientos | 3.- PARTE PRINCIPAL | 3.1. CIRCUITO DE VELOCIDAD DE DESPLAZAMIENTO |

3.2.- ZONAS DE RESISTENCIA: INTENSIDAD: III
- N.º JUGADORES: 20 (4 equipos de 5 jugadores).
- DIMENSIONES: 4 cuadrados de 35m x 35m.
- DURACIÓN: 7'
- RECUPERACIÓN: 2'   - N.º DE TOQUES: 1-2

JUEGO Nº 1.-
Juego 5:5. El equipo atacante intenta mantener la posesión del balón consiguiendo un punto cada vez que logran realizar un pase a través de alguna de las cinco porterías (2m) situadas en el campo.

JUEGO Nº 2.-
Juego 5:5. El equipo atacante intenta mantener la posesión del balón siguiendo la secuencia de pases: 3 pases cortos, 1 pase largo.

JUEGO Nº 3.-
Juego 5:5. El equipo atacante intenta mantener la posesión del balón consiguiendo un punto cada vez que un jugador logra realizar un pase desde el interior de uno de los cinco cuadrados (2mx2m) situados en el campo.

JUEGO Nº 4.-
Juego 5:5. El equipo atacante intenta mantener la posesión del balón consiguiendo un punto cada vez que realizan una pared.

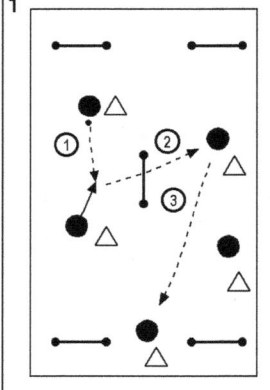

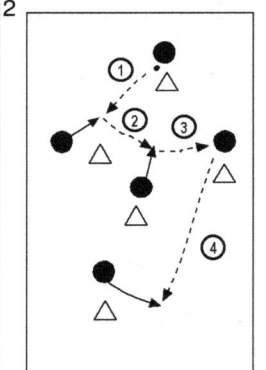

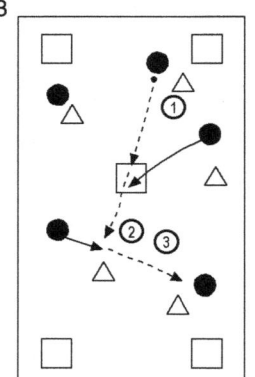

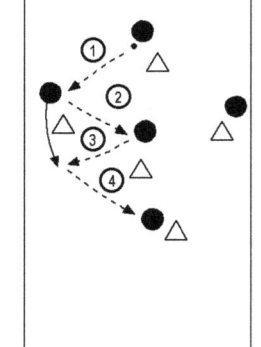

| 4. VUELTA A LA CALMA | 4.1. CIRCUITO DE FUERZA BASE TRONCO | 4.2. EJER. MOV. ARTICULAR-ESTIRAMIENTOS |

PERIODO COMPETITIVO I	CATEGORÍA CADETES	MESOCICLO ESPECIAL I	MICROCICLO IV	SESIÓN 3	DURACIÓN: 100'

OBJETIVO: Ofensivo: Mantener la posesión del balón. Defensivo: Recuperar el balón.
MED. TÁCTICOS: Ofensivo: Apoyos, desmarques, paredes, temporizaciones, c. orientación.
Defensivo: Marcaje, vigilancia.
MED. TÉCNICOS: Ofensivos: Control, conducción, regate, pase. Defensivos: Entrada, anticipación, interceptación, carga.
MED. PSICOLÓG.: Ofensivos: Atención, concentración, seguridad, cap. cognitivas.
Defensivos: Atención, concentración, sacrificio, voluntad.
MED. FÍSICOS: Cap. anaeróbica láctica, resistencia especial de competición, capacidades coordinativas.

1.- Explicación de objetivos y contenidos 2.- INTRODUCCIÓN AL MEDIO	Ejercicios de Movilidad Articular y Estiramiento

2.1.- Juego 3:3+3 comodines ofensivos que apoyan (dos desde las esquinas del cuadrado y uno en el interior del mismo). El equipo atacante intenta mantener la posesión del balón.

Dimensión: 15m x 15m. Duración: 6´.Nº toques: 2-3

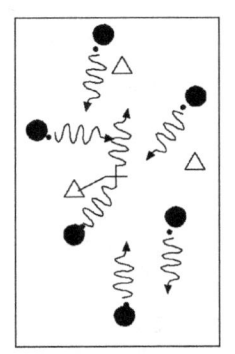

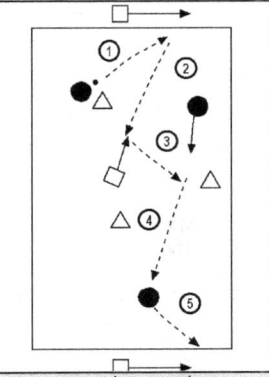

2.2.- Juego 3:3+3 comodines ofensivos que apoyan (dos desde los lados exteriores del cuadrado y uno desde el interior del mismo). El equipo atacante intenta mantener la posesión del balón.

Dimensión: 15m x 15m. Duración: 6´.Nº toques: 2-3

Ejs. Movilidad Articular y Estiramientos	3.- PARTE PRINCIPAL	3.1. CIRCUITO DE CAPACIDAD ANAERÓBICA ALÁCTICA

3.2.- ZONAS DE RESISTENCIA: ESPECIAL DE COMPETICIÓN
- N.º JUGADORES: 22 (2 equipos de 11 jugadores).
- DIMENSIONES: Todo el campo reglamentario.
- DURACIÓN: 20'
- RECUPERACIÓN: 1'   - N.º DE TOQUES: Libre

JUEGO Nº 1.-
Juego 11:11. Se divide el campo en tres zonas. El equipo atacante tiene que dar diez pases seguidos en el interior de la zona central para poder finalizar tirando en la portería adversaria.

JUEGO Nº 2.-
Juego 11:11. El equipo atacante tiene que dar diez pases seguidos en campo contrario para poder finalizar tirando en la portería adversaria.

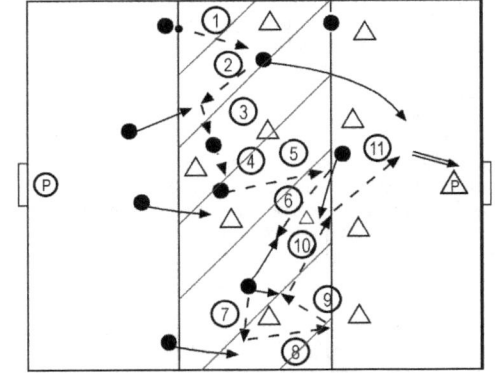

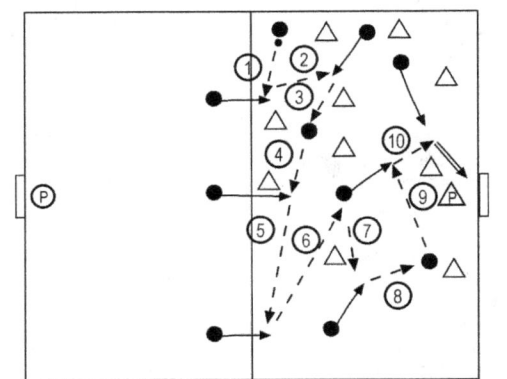

4. VUELTA A LA CALMA	4.1. CIRCUITO DE FUERZA BASE TRONCO	4.2. EJER. MOV. ARTICULAR-ESTIRAMIENTOS

| PERIODO COMPETITIVO I | CATEGORÍA CADETES | MESOCICLO ESPECIAL I | MICROCICLO IV | SESIÓN 4 | DURACIÓN: 90' |

OBJETIVO: Ofensivo: Mantener la posesión del balón. Defensivo: Recuperar el balón.
MED. TÁCTICOS: Ofensivo: Apoyos, desmarques, paredes, temporizaciones c. orientación.
Defensivo: Marcaje, vigilancia.
MED. TÉCNICOS: Ofensivos: Control, conducción, regate, pase.
Defensivos: Entrada, anticipación, interceptación, carga.
MED. PSICOLÓG.: Ofensivos: Atención, concentración, seguridad, cap. cognitivas.
Defensivos: Atención, concentración, sacrificio, voluntad.
MED. FÍSICOS: Vel. reacción, resistencia intensidad I, capacidades coordinativas.

1.- Explicación de objetivos y contenidos   2.- INTRODUCCIÓN AL MEDIO   Ejercicios de Movilidad Articular y Estiramiento

2.1.- Juego 6:3. Dos equipos de 3 jugadores atacantes situados (cuatro en las esquinas del cuadrado y dos en el interior del mismo) tratan de mantener la posesión del balón contra un equipo de tres jugadores defensores, si estos recuperan el balón, pasa a defender el equipo que perdió el balón.

Dimensión: 15m x 15m. Duración: 6´.Nº toques: 2-3

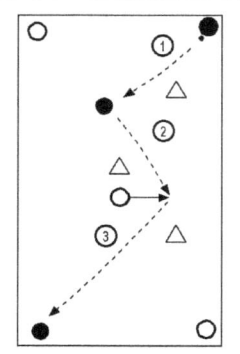

2.2.- Juego 6:3. Dos equipos de 3 jugadores atacantes situados (cuatro en los lados exteriores del cuadrado y dos en el interior del mismo) tratan de mantener la posesión del balón contra un equipo de tres jugadores defensores si estos recuperan el balón, pasa a defender el equipo que perdió el balón.

Dimensión: 15m x 15m. Duración: 6´.Nº toques: 2-3

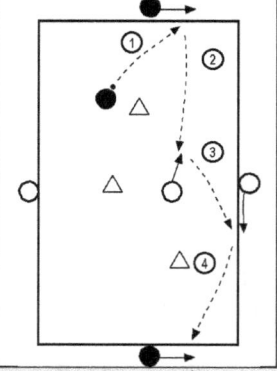

Ejs. Movilidad Articular y Estiramientos   3.- PARTE PRINCIPAL   3.1. CIRCUITO DE VELOCIDAD DE REACCIÓN

3.2.- ZONAS DE RESISTENCIA: INTENSIDAD: I
- N.º JUGADORES: 20 (4 equipos de 5 jugadores).
- DIMENSIONES: 2 cuadrados 1-3 (20m x 20m), cuadrados 3-4 (15m x 15m).
- DURACIÓN: 8'
- RECUPERACIÓN: 2'   - N.º DE TOQUES: Libre
JUEGO Nº 1.-
Juego 5:5. Cada equipo sitúa a un jugador en una de las esquinas del cuadrado desde donde apoyan y cuatro jugadores en el interior del mismo. El equipo atacante intenta mantener la posesión del balón consiguiendo un punto cada vez que logran dar diez pases seguidos, siempre que un jugador del interior del cuadrado le pasa el balón al situado en la esquina lo releva en esa posición.
JUEGO Nº 2.-
Juego 5:5. Cada equipo sitúa a un jugador en los lados exteriores del cuadrado desde donde apoyan y cuatro jugadores en el interior del mismo. El equipo atacante intenta mantener la posesión del balón consiguiendo un punto cada vez que logran dar diez pases seguidos. Siempre que un jugador del interior del cuadrado le pasa el balón al situado en la esquina lo releva en esa posición.
JUEGO Nº 3.-
Juego 5:5. Cada equipo sitúa a dos jugadores en las esquinas del cuadrado desde donde apoyan y tres jugadores en el interior del mismo. El equipo atacante intenta mantener la posesión del balón consiguiendo un punto cada vez que logran dar diez pases seguidos. Siempre que un jugador del interior del cuadrado le pasa el balón al situado en la esquina lo releva en esa posición.
JUEGO Nº 4.-
Juego 5:5. Cada equipo sitúa a dos jugadores en los lados exteriores del cuadrado desde donde apoyan y tres jugadores en el interior del mismo. El equipo atacante intenta mantener la posesión del balón consiguiendo un punto cada vez que logran dar diez pases seguidos. Siempre que un jugador del interior del cuadrado le pasa el balón al situado en la esquina lo releva en esa posición.

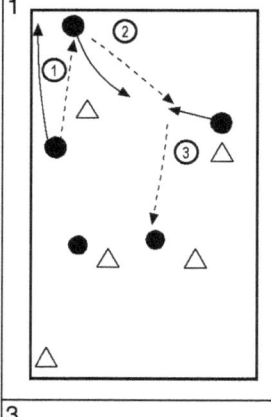
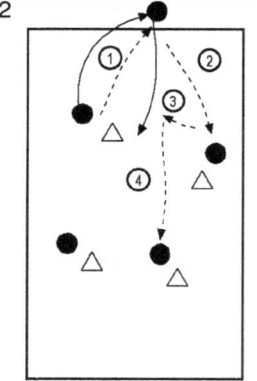
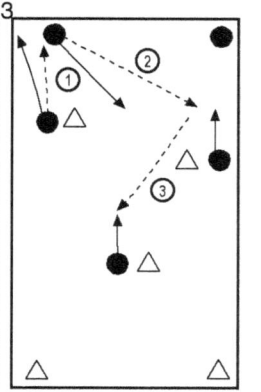
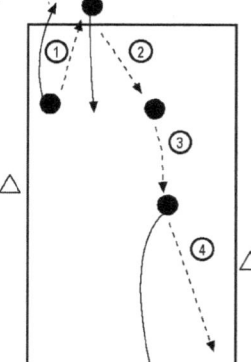

4. VUELTA A LA CALMA   4.1. CIRCUITO DE FUERZA BASE TRONCO   4.2. EJER. MOV. ARTICULAR-ESTIRAMIENTOS

PERIODO COMPETITIVO I	CATEGORÍA CADETES	MESOCICLO ESPECIAL I	MICROCICLO V	SESIÓN 1	DURACIÓN: 100'

OBJETIVO: Ofensivo: Progresión en el juego (ataque). Defensivo: Evitar la progresión en el juego.
MED. TÁCTICOS: Ofensivo: Profundidad, paredes, c. ritmo, c. orientación, desmarques, apoyos, amplitud, progresión.
Defensivo: Entrada, temporización, marcaje, bascular, red. espacio, coberturas, permutas.
MED. TÉCNICOS: Ofensivos: Control. conducción, regate, pase, tiro.
Defensivos: Entrada, anticipación, interceptación, carga.
MED. PSICOLÓG.: Ofensivos: Atención, concentración, creatividad, cap. cognitivas.
Defensivos: Atención, concentración, sacrificio, voluntad.
MED. FÍSICOS: Fuerza máxima, resistencia intensidad II, capacidades coordinativas.

1.- Explicación de objetivos y contenidos   2.- INTRODUCCIÓN AL MEDIO | Ejercicios de Movilidad Articular y Estiramiento

2.1.- Juego 3:3+3 comodines ofensivos que apoyan desde el interior del campo. Cada equipo ataca y defiende una portería triangular pequeña (2mx3 lados). El equipo atacante intenta progresar en el juego y finalizar tirando en la portería adversaria tras dar seis pases seguidos.
Dimensión: 22m x 16m. Duración: 6´.Nº toques: 2-3

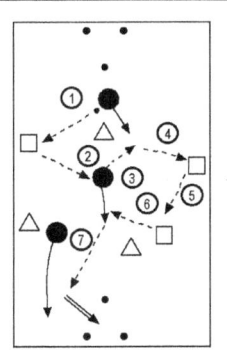 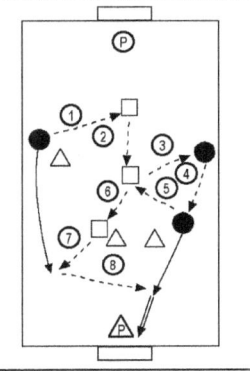

2.2.- Juego 3:3+3 comodines ofensivos que apoyan desde el interior del campo. Cada equipo ataca y defiende una portería normal (5m). El equipo atacante intenta progresar en el juego y finalizar tirando en la portería adversaria tras dar seis pases seguidos.
Dimensión: 22m x 16m. Duración: 6´.Nº toques: 2-3

Ejs. Movilidad Articular y Estiramientos | 3.- PARTE PRINCIPAL | 3.1. CIRCUITO DE FUERZA MAXIMA

3.2.- ZONAS DE RESISTENCIA: INTENSIDAD: II
- N.º JUGADORES: 22 (4 equipos de 5 jugadores + 2 porteros).
- DIMENSIONES: 4 rectángulos de 45m x 30m.
- DURACIÓN:10'
- RECUPERACIÓN: 2'   - N.º DE TOQUES: 3
JUEGO Nº 1.-
Juego 5:5. Cada equipo ataca y defiende una portería pequeña (3m). El equipo atacante intenta progresar en el juego y finalizar tirando en la portería adversaria tras dar seis pases seguidos. Sistema: 3-2 ó 4-1.
JUEGO Nº 2.-
Juego 6:6 Cada equipo ataca y defiende una portería triangular (5mx3 lados). El equipo atacante intenta progresar en el juego y finalizar tirando en la portería adversaria tras dar seis pases seguidos. Sistema: 1-3-2 ó 1-4-1
JUEGO Nº 3.-
Juego 5:5. Cada equipo ataca y defiende una zona marcada (5mx30m). El equipo atacante intenta progresar en el juego y finalizar atravesando conduciendo la zona marcada tras dar seis pases seguidos. Sistema: 3-2 ó 4-1
JUEGO Nº 4.-
Juego 6:6. Cada equipo ataca y defiende una portería cuadrada (6mx6m). El equipo atacante intenta progresar en el juego y finalizar tirando en la portería adversaria tras dar seis pases seguidos. Sistema: 1-3-2 ó 1-4-1.

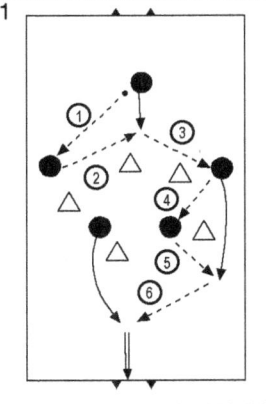 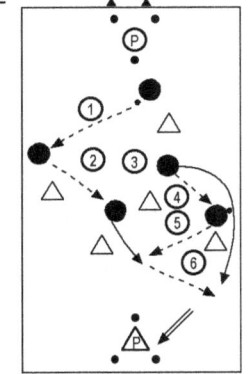

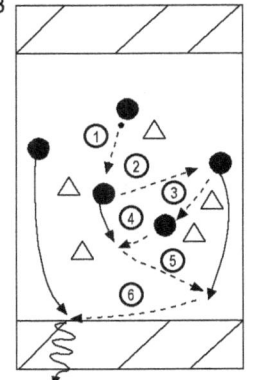 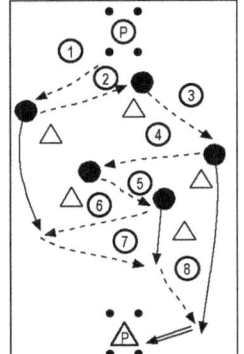

4. VUELTA A LA CALMA | 4.1. CIRCUITO DE FUERZA BASE TRONCO | 4.2. EJER. MOV. ARTICULAR-ESTIRAMIENTOS

PERIODO COMPETITIVO I	CATEGORÍA CADETES	MESOCICLO ESPECIAL I	MICROCICLO V	SESIÓN 2	DURACIÓN: 100'

OBJETIVO: Ofensivo: Progresión en el juego (contraataque). Defensivo: Evitar la progresión en el juego.
MED. TÁCTICOS: Ofensivo: Profundidad, vel. juego, c. orientación, desmarques, apoyos, amplitud, progresión.
Defensivo: Entrada, temporización, marcaje, bascular, red. espacio, repliegues, coberturas, permutas.
MED. TÉCNICOS: Ofensivos: Control, conducción, regate, pase, tiro.
Defensivos: Entrada, anticipación, interceptación, carga.
MED. PSICOLÓG.: Ofensivos: Atención, concentración, creatividad, cap. cognitivas.
Defensivos: Atención, concentración, sacrificio, voluntad.
MED. FÍSICOS: Vel. desplazamiento, resistencia intensidad III, capacidades coordinativas.

1.- Explicación de objetivos y contenidos   2.- INTRODUCCIÓN AL MEDIO   Ejercicios de Movilidad Articular y Estiramiento

2.1.- Juego 3:3+3 comodines ofensivos que apoyan desde el interior del campo. Cada equipo ataca y defiende una portería pequeña (3m). El equipo atacante intenta progresar en el juego y finalizar tirando en la portería adversaria antes del 6º pase.

Dimensión: 22m x 16m. Duración: 6´.Nº toques: 2-3

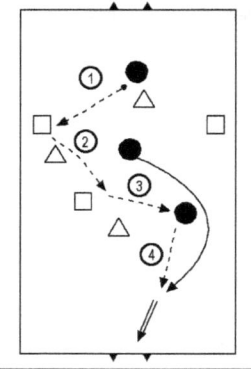 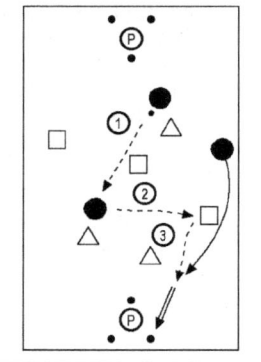

2.2.- Juego 4:4+3 comodines ofensivos que apoyan desde el interior del campo. Cada equipo ataca y defiende una portería triangular (4mx3 lados). El equipo atacante intenta progresar en el juego y finalizar tirando en la portería adversaria antes del 6º pase.

Dimensión: 22m x 16m. Duración: 6´.Nº toques: 2-3

Ejs. Movilidad Articular y Estiramientos	3.- PARTE PRINCIPAL	3.1. CIRCUITO DE VELOCIDAD DE DESPLAZAMIENTO

3.2.- ZONAS DE RESISTENCIA: INTENSIDAD: III
- N.º JUGADORES: 22 (4 equipos de 5 jugadores + dos porteros).
- DIMENSIONES: 4 rectángulos de 50m x 35m.
- DURACIÓN: 7'
- RECUPERACIÓN: 2'   - N.º DE TOQUES: 1-2

JUEGO Nº 1.-
Juego 5:5. Cada equipo ataca y defiende una línea de fondo. El equipo atacante intenta progresar en el juego y finalizar logrando un jugador controlar el balón por detrás de la línea de fondo adversaria antes del 6º pase. Sistema: 3-2 ó 4-1.

JUEGO Nº 2.-
Juego 6:6. Cada equipo ataca y defiende una portería normal (7m). El equipo atacante intenta progresar en el juego y finalizar tirando en la portería adversaria antes del 6º pase. Sistema: 1-3-2 ó 1-4-1.

JUEGO Nº 3.-
Juego 5:5. Cada equipo ataca y defiende una zona marcada (5mx35m). El equipo atacante intenta progresar en el juego y finalizar logrando un jugador controlar el balón en el interior de la zona marcada adversaria antes del 6º pase. Sistema: 3-2 ó 4-1.

JUEGO Nº 4.-
Juego 6:6. Cada equipo ataca y defiende una portería lateral (7m). El equipo atacante intenta progresar en el juego y finalizar tirando en la portería adversaria antes del 6º pase. Sistema: 1-3-2 ó 1-4-1.

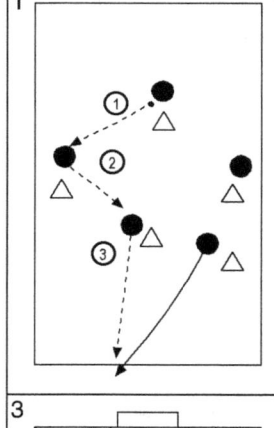 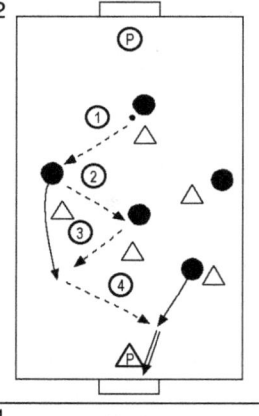

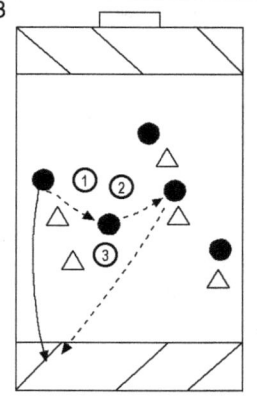 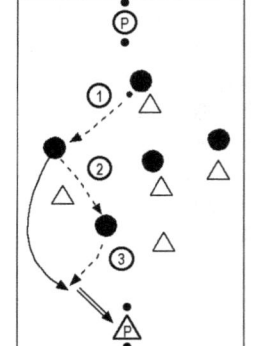

4. VUELTA A LA CALMA	4.1. CIRCUITO DE FUERZA BASE TRONCO	4.2. EJER. MOV. ARTICULAR-ESTIRAMIENTOS

PERIODO COMPETITIVO I	CATEGORÍA CADETES	MESOCICLO ESPECIAL I	MICROCICLO V	SESIÓN 3	DURACIÓN: 100'

OBJETIVO:	Ofensivo: Progresión en el juego. Defensivo: Evitar la progresión en el juego.
MED. TÁCTICOS:	Ofensivo: Profundidad, paredes, c. ritmo, c. orientación, desmarques, apoyos, amplitud, progresión.
	Defensivo: Entrada, temporización, marcaje, bascular, red. espacio, coberturas, permutas.
MED. TÉCNICOS:	Ofensivos: Control, conducción, regate, pase, tiro.
	Defensivos: Entrada, anticipación, interceptación, carga.
MED. PSICOLÓG.:	Ofensivos: Atención, concentración, creatividad, cap. cognitivas.
	Defensivos: Atención, concentración, sacrificio, voluntad.
MED. FÍSICOS:	Cap. anaeróbica aláctica, resistencia especial de competición, capacidades coordinativas.

1.- Explicación de objetivos y contenidos   2.- INTRODUCCIÓN AL MEDIO   Ejercicios de Movilidad Articular y Estiramiento

2.1.- Juego 3:3+3 comodines ofensivos que apoyan desde el interior del campo. Cada equipo ataca y defiende una línea de fondo. El equipo atacante intenta progresar en el juego y finalizar atravesando conduciendo la portería adversaria.

Dimensión: 22m x 16m. Duración: 6´. Nº toques: 2-3

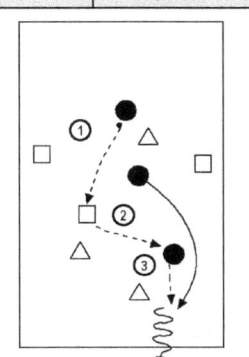

2.2.- Juego 4:4+3 comodines ofensivos que apoyan desde el interior del campo. Cada equipo ataca y defiende una portería lateral (5m). El equipo atacante intenta progresar en el juego y finalizar tirando en la portería adversaria.

Dimensión: 22m x 16m. Duración: 6´. Nº toques: 2-3

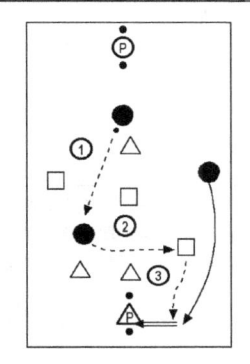

Ejs. Movilidad Articular y Estiramientos	3.- PARTE PRINCIPAL	3.1. CIRCUITO DE CAPACIDAD ANAERÓBICA ALÁCTICA

3.2.- ZONAS DE RESISTENCIA: ESPECIAL DE COMPETICIÓN
- N.º JUGADORES: 22 (2 equipos de 11 jugadores).
- DIMENSIONES: Todo el campo reglamentario.
- DURACIÓN: 20'
- RECUPERACIÓN: 1'   - N.º DE TOQUES: Libre

JUEGO Nº 1.-
Juego 11:11. Se delimitan dos líneas marcadas de 30m situadas a 20m de la línea de fondo. El equipo atacante intenta progresar en el juego no pudiendo jugar el balón a través de las líneas marcadas lo que les obligará a jugar por las zonas laterales.

JUEGO Nº 2.-
Juego 11:11. El equipo atacante intenta progresar en el juego sólo puede finalizar si el balón procede desde una de las zonas marcadas laterales del área de penalty.

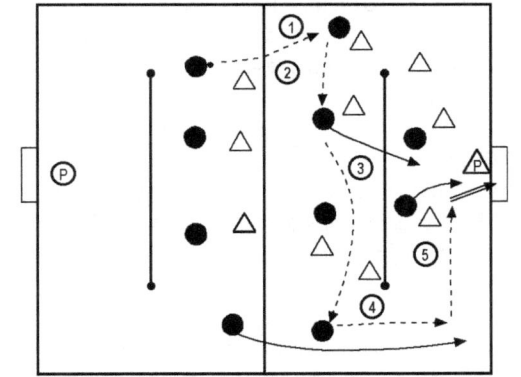

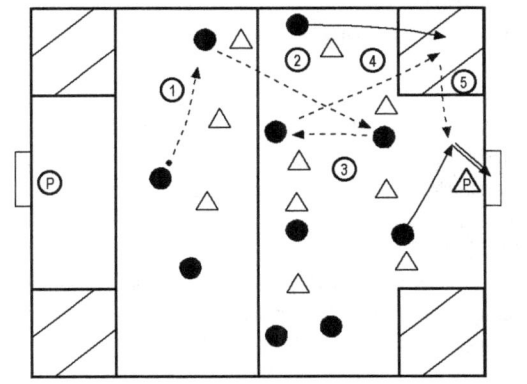

4. VUELTA A LA CALMA	4.1. CIRCUITO DE FUERZA BASE TRONCO	4.2. EJER. MOV. ARTICULAR-ESTIRAMIENTOS

PERIODO COMPETITIVO I	CATEGORÍA CADETES	MESOCICLO ESPECIAL I	MICROCICLO V	SESIÓN 4	DURACIÓN: 90'

OBJETIVO: Ofensivo: Progresión en el juego (ataque por las bandas).
Defensivo: Evitar la progresión en el juego.
MED. TÁCTICOS: Ofensivo: Profundidad, amplitud, Vel. juego, c. orientación, desmarques, apoyos, progresión.
Defensivo: Entrada, temporización, marcaje, bascular, red. espacio,repliegues, coberturas, permutas.
MED. TÉCNICOS: Ofensivos: Control, conducción, regate, pase, tiro.
Defensivos: Entrada, anticipación, interceptación, carga.
MED. PSICOLÓG.: Ofensivos: Atención, concentración, creatividad, cap. cognitivas.
Defensivos: Atención, concentración, sacrificio, voluntad.
MED. FÍSICOS: Vel. reacción, resistencia intensidad I, capacidades cognitivas.

1.- Explicación de objetivos y contenidos 2.- INTRODUCCIÓN AL MEDIO	Ejercicios de Movilidad Articular y Estiramiento

2.1.- Juego 3:3+3 comodines ofensivos que apoyan (dos desde las bandas y uno desde el interior del campo). El equipo atacante intenta progresar en el juego y finalizar atravesando conduciendo la portería adversaria.

Dimensión: 22m x 16m. Duración: 6´.Nº toques: 2-3

2.2.- Juego 4:4+3 comodines ofensivos que apoyan (dos desde las bandas y uno desde el interior del campo). El equipo atacante intenta progresar en el juego y finalizar tirando en la portería adversaria.

Dimensión: 22m x 16m. Duración: 6´.Nº toques: 2-3

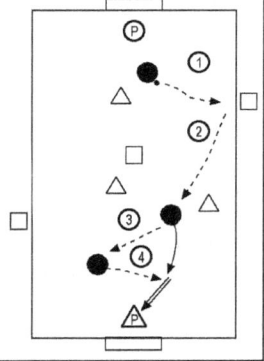

Ejs. Movilidad Articular y Estiramientos	3.- PARTE PRINCIPAL	3.1. CIRCUITO DE VELOCIDAD DE REACCIÓN

3.2.- ZONAS DE RESISTENCIA: INTENSIDAD: I
- N.º JUGADORES: 22 (4 equipos de 5 jugadores + 2 porteros).
- DIMENSIONES: 4 rectángulos de 40m x 30m.
- DURACIÓN: 8'
- RECUPERACIÓN: 2'   - N.º DE TOQUES: Libre

JUEGO Nº 1.-
Juego 5:5. Cada equipo ataca y defiende dos porterías laterales (2m). El equipo atacante intenta progresar en el juego y finalizar tirando en alguna de las porterías adversarias. Sistema: 3-2 ó 4-1.

JUEGO Nº 2.-
Juego 6:6. Cada equipo ataca y defiende una portería normal (7m). El equipo atacante intenta progresar en el juego teniendo que hacer pasar el balón por las dos zonas laterales (5mx40m) para poder finalizar tirando en la portería adversaria . Sistema: 1-3-2 ó 1-4-1.

JUEGO Nº 3.-
Juego 5:5. Cada equipo ataca y defiende dos cuadrados (5mx5m). El equipo atacante intenta progresar en el juego y finalizar atravesando conduciendo alguno de los cuadrados adversarios. Sistema: 3-2 ó 4-1.

JUEGO Nº 4.-
Juego 6:6. Cada equipo ataca y defiende una portería lateral (7m) . El equipo atacante intenta progresar en el juego y finalizar en la portería adversaria. Sistema: 1-3-2 ó 1-4-1.

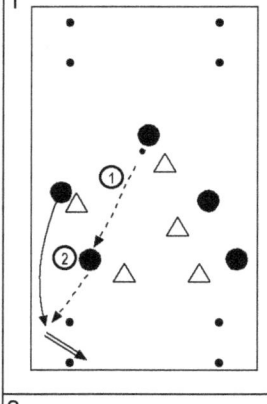
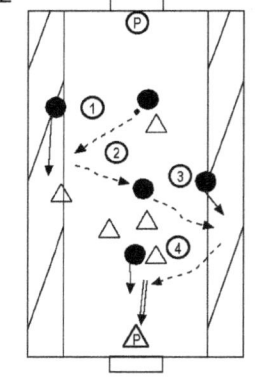
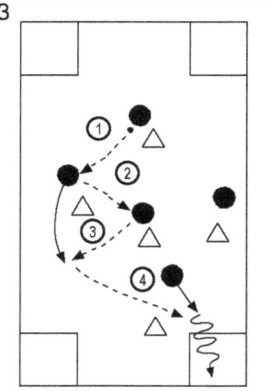
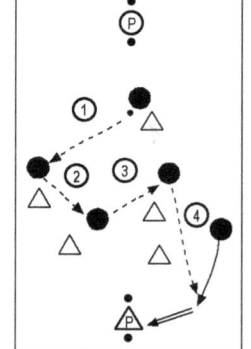

4. VUELTA A LA CALMA	4.1. CIRCUITO DE FUERZA BASE TRONCO	4.2. EJER. MOV. ARTICULAR-ESTIRAMIENTOS

PERIODO COMPETITIVO I	CATEGORÍA CADETES	MESOCICLO ESPECIAL I	MICROCICLO VI	SESIÓN 1	DURACIÓN: 100'

OBJETIVO: Ofensivo: La finalización. Defensivo: Evitar el gol.
MED. TÁCTICOS: Ofensivo: Paredes, c. orientación, vel. juego, profundidad, progresión, desmarques.
Defensivo: Entrada, marcaje, vigilancia, repliegues.
MED. TÉCNICOS: Ofensivos: Pase, control, tiro, juego de cabeza
Defensivos: Entrada, carga, anticipación, interceptación, despeje.
MED. PSICOLÓG.: Ofensivos: Atención, concentración, confianza. Defensivos: Atención, concentración.
MED. FÍSICOS: Fuerza-máxima, resistencia intensidad II, capacidades coordinativas.

1.- Explicación de objetivos y contenidos 2.- INTRODUCCIÓN AL MEDIO   Ejercicios de Movilidad Articular y Estiramiento

2.1.- Juego 3:3+3 comodines ofensivos que apoyan desde el interior del cuadrado. El equipo atacante tiene que finalizar tirando antes del 6º pase en la portería lateral neutral (5m).
Dimensión: 22m x 22m. Duración: 6´.Nº toques: 2-3

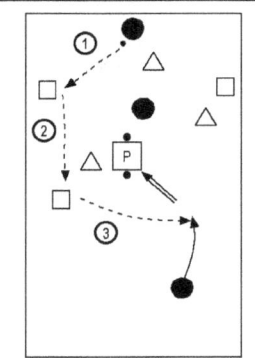

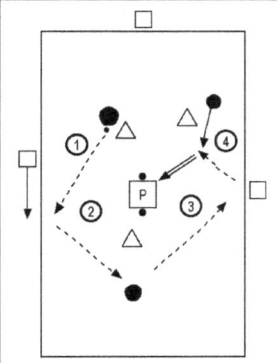

2.2.- Juego 3:3+3 comodines ofensivos que apoyan desde los lados exteriores del cuadrado. El equipo atacante tiene que finalizar tirando antes del 6º pase en la portería lateral neutral (5m).
Dimensión: 22m x 22m. Duración: 6´.Nº toques: 2-3

Ejs. Movilidad Articular y Estiramientos	3.- PARTE PRINCIPAL	3.1. CIRCUITO DE FUERZA MAXIMA

3.2.- ZONAS DE RESISTENCIA: INTENSIDAD: II
- N.º JUGADORES: 20 (4 equipos de 5 jugadores).
- DIMENSIONES: 4 rectángulos de 30m x 20m.
- DURACIÓN: 10'
- RECUPERACIÓN: 2'   - N.º DE TOQUES: 3
JUEGO Nº 1.-
Juego 5:5. Cada equipo ataca y defiende una portería normal (7m). El equipo atacante tiene que finalizar tirando antes del 6º pase en la portería adversaria.
JUEGO Nº 2.-
Juego 5:5. Cada equipo ataca y defiende una portería normal (7m) y sitúa a dos jugadores en campo propio y a dos jugadores en campo contrario (cada 5' cambiarlos de campo). El equipo atacante tiene que finalizar tirando desde campo propio antes del 6º pase en la portería adversaria
JUEGO Nº 3.-
Juego 5:5. Cada equipo ataca y defiende una portería normal (7m). El equipo atacante tiene que finalizar tirando desde el interior de las zonas marcadas (30mx5m) antes del 6º pase en la portería adversaria.
JUEGO Nº 4.-
Juego 5:5. Cada equipo ataca y defiende una portería normal (7m). El equipo atacante tiene que finalizar tirando desde el interior de la zona marcada (15mx20m) antes del 6º pase en la portería adversaria

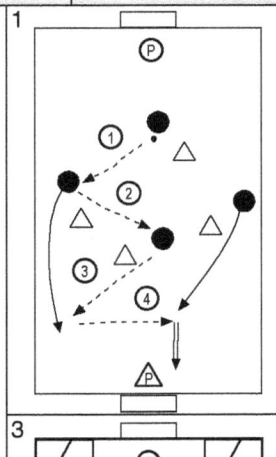

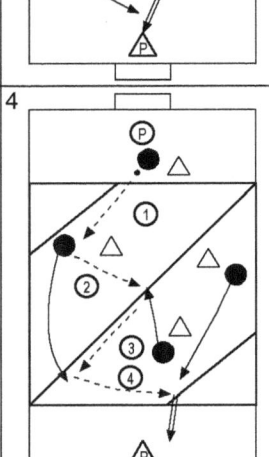

4. VUELTA A LA CALMA	4.1. CIRCUITO DE FUERZA BASE TRONCO	4.2. EJER. MOV. ARTICULAR-ESTIRAMIENTOS

PERIODO COMPETITIVO I	CATEGORÍA CADETES	MESOCICLO ESPECIAL I	MICROCICLO VI	SESIÓN 2	DURACIÓN: 100'

OBJETIVO: Ofensivo: Superar las situaciones 1:1. Defensivo: Evitar ser superado 1:1.
MED. TÁCTICOS: Ofensivo: C. ritmo, temporizaciones. Defensivo: Entrada, temporizaciones, pliegues
MED. TÉCNICOS: Ofensivos: Conducción, finta, regate, cobertura técnica. Defensivos: Entrada, carga.
MED. PSICOLÓG.: Ofensivos: Atención, concentración, creatividad, confianza, valentía.
Defensivos: Atención, concentración, seguridad.
MED. FÍSICOS: Vel. desplazamiento, resistencia intensidad III, capacidades coordinativas.

1.- Explicación de objetivos y contenidos 2.- INTRODUCCIÓN AL MEDIO	Ejercicios de Movilidad Articular y Estiramiento

2.1.- Juego 6:3. Seis atacantes cada uno con un balón lo conducen en el interior del cuadrado tratando de superar 1:1 a tres defensores y mantener la posesión del balón, los defensores si logran recuperar el balón pasan a atacar.

Dimensión: 15m x 15m. Duración: 4´

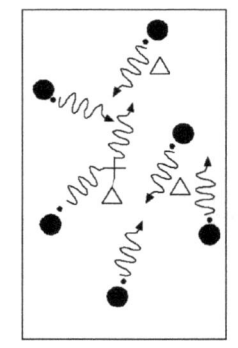

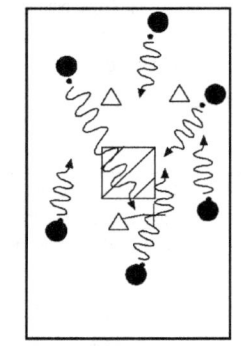

2.2.- Juego 6:3. Seis atacantes cada uno con un balón lo conducen en el interior del cuadrado tratando de superar 1:1 a tres defensores y atravesar conduciendo la zona marcada (2mx2m), si los defensores logran recuperar el balón pasan a atacar.

Dimensión: 15 x 15 m. Duración: 4'.

Ejs. Movilidad Articular y Estiramientos	3.- PARTE PRINCIPAL	3.1. CIRCUITO DE VELOCIDAD-DESPLAZAMIENTO

3.2.- ZONAS DE RESISTENCIA: INTENSIDAD: III
- N.º JUGADORES: 22 (10 parejas (1:1) + 2 porteros).
- DIMENSIONES: 2 cuadrados 1-3 (20m x 20m), 2 rectángulos 2-4 (20m x 15m).
- DURACIÓN: 2x1'
- RECUPERACIÓN: 1'   - N.º DE TOQUES: Libre

JUEGO Nº 1.-
Juego 1:1 (5 parejas). El jugador atacante intenta superar 1:1 a su defensor y atravesar conduciendo alguna de las cuatro porterías (2m) situadas en los lados exteriores del cuadrado.

JUEGO Nº 2.-
Juego 1:1 (5 parejas). Cada jugador ataca y defiende una portería normal (5m) con un portero. El jugador atacante intenta superar 1:1 a su defensor y finalizar tirando en la portería adversaria.

JUEGO Nº 3.-
Juego 1:1 (5 parejas). El jugador atacante intenta superar 1:1 a su defensor y mantener la posesión del balón

JUEGO Nº 4.-
Juego 1:1 (5 parejas). Cada jugador ataca y defiende una portería lateral (5m) con un portero. El jugador atacante intenta superar 1:1 a su defensor y finalizar tirando en la portería adversaria.

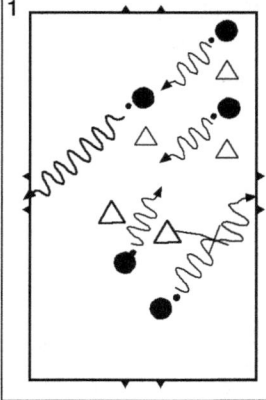

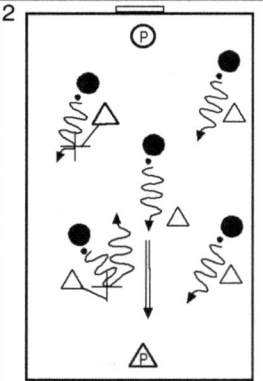

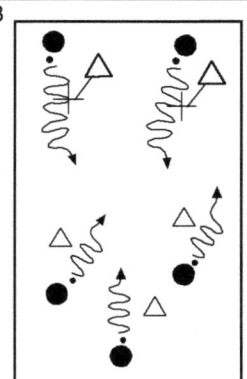

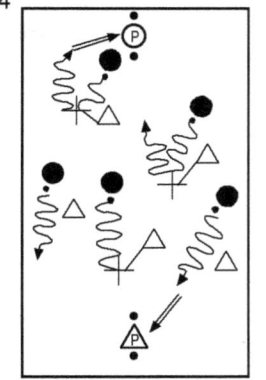

4. VUELTA A LA CALMA	4.1. CIRCUITO DE FUERZA BASE TRONCO	4.2. EJER. MOV. ARTICULAR-ESTIRAMIENTOS

PERIODO COMPETITIVO I	CATEGORÍA CADETES	MESOCICLO ESPECIAL I	MICROCICLO VI	SESIÓN 3	DURACIÓN: 100'

OBJETIVO: Ofensivo: La finalización. Defensivo: Evitar el gol.
MED. TÁCTICOS: Ofensivo: Paredes, c. orientación, vel. juego, profundidad, progresión, desmarques.
Defensivo: Entrada, marcaje, vigilancia, repliegues.
MED. TÉCNICOS: Ofensivos: Pase, control, tiro, juego de cabeza.
Defensivos: Entrada, carga, anticipación, interceptación, despeje.
MED. PSICOLÓG.: Ofensivos: Atención, concentración, confianza Defensivos: Atención, concentración.
MED. FÍSICOS: Cap. anaeróbica aláctica, resistencia intensidad II, capacidades coordinativas.

1.- Explicación de objetivos y contenidos   2.- INTRODUCCIÓN AL MEDIO   Ejercicios de Movilidad Articular y Estiramiento

2.1.- Juego 3:3+3 comodines ofensivos que apoyan desde las esquinas del cuadrado. El equipo atacante tiene que finalizar tirando antes del 6º pase en la portería neutral (6m).
Dimensión: 22m x 22m. Duración: 6´. Nº toques: 2-3

2.2.- Juego 3:3+3 comodines ofensivos que apoyan desde los lados exteriores del cuadrado. El equipo atacante tiene que finalizar tirando antes del 6º pase en la portería neutral (6m).
Dimensión: 22m x 22m. Duración: 6´. Nº toques: 2-3

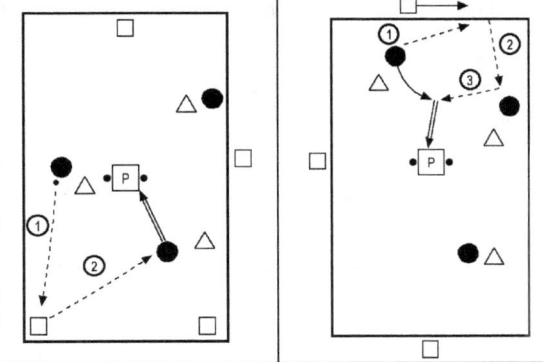

| Ejs. Movilidad Articular y Estiramientos | 3.- PARTE PRINCIPAL | 3.1. CIRCUITO DE CAPACIDAD ANAERÓBICA ALÁCTICA |

3.2.- ZONAS DE RESISTENCIA: INTENSIDAD: II
- N.º JUGADORES: 22 (4 equipos de 5 jugadores + 2 porteros).
- DIMENSIONES: 4 rectángulos de 1-3 30m x 20m, 2-4 (3m x 30m).
- DURACIÓN: 10'
- RECUPERACIÓN: 2'   - N.º DE TOQUES: 3
JUEGO Nº 1.-
Juego 5:5. Cada equipo ataca y defiende una portería triangular (5mx3 lados). El equipo atacante tiene que finalizar tirando antes del 6º pase en la portería adversaria.
JUEGO Nº 2.-
Juego 6:6. Cada equipo ataca y defiende una portería normal (7m) y sitúa a dos jugadores en las bandas del campo hacia el que atacan (cada 2 cambiarlos) desde donde apoyan. El equipo atacante tiene que finalizar tirando antes del 6º pase en la portería adversaria
JUEGO Nº 3.-
Juego 5:5. Cada equipo ataca y defiende una portería cuadrada (6mx6m). El equipo atacante tiene que finalizar tirando antes del 6º pase en la portería adversaria.
JUEGO Nº 4.-
Juego 6:6. Cada equipo ataca y defiende una portería normal (7m) y sitúa a dos jugadores por detrás de la línea de fondo adversaria (cada 2´cambiarlos) desde donde apoyan. El equipo atacante tiene que finalizar tirando antes del 6º pase en la portería adversaria.

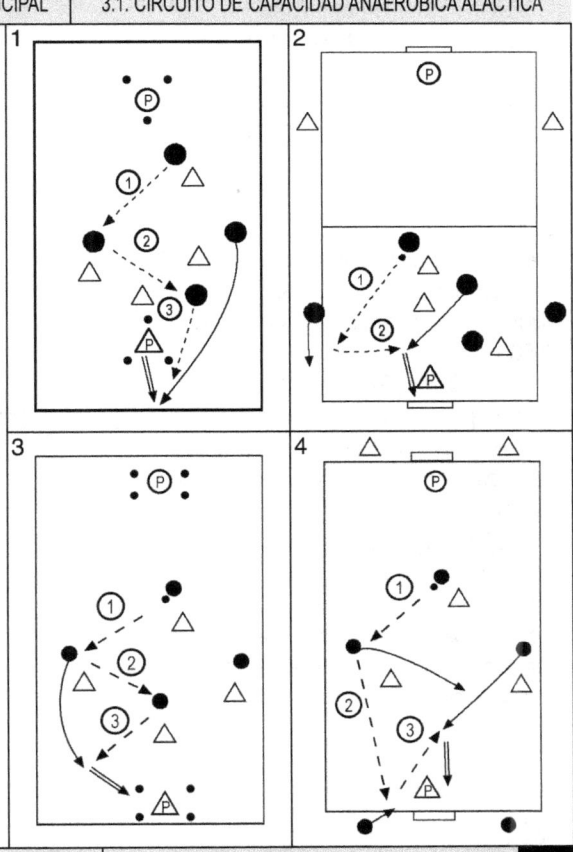

| 4. VUELTA A LA CALMA | 4.1. CIRCUITO DE FUERZA BASE TRONCO | 4.2. EJER. MOV. ARTICULAR-ESTIRAMIENTOS |

PERIODO COMPETITIVO I	CATEGORÍA CADETES	MESOCICLO ESPECIAL I	MICROCICLO VI	SESIÓN 4	DURACIÓN: 90'

OBJETIVO: Ofensivo: Superar las situaciones 1:1. Defensivo: Evitar ser superado 1:1.
MED. TÁCTICOS: Ofensivo: C. ritmo, temporizaciones. Defensivo: Entradas, temporizaciones, repliegues.
MED. TÉCNICOS: Ofensivos: Conducción, finta, regate, cobertura técnica. Defensivos: Entrada, carga.
MED. PSICOLÓG.: Ofensivos: Atención, concentración, creatividad, confianza, valentía.
Defensivos: Atención, concentración, seguridad.
MED. FÍSICOS: Vel. reacción, resistencia intensidad I, capacidades coordinativas.

1.- Explicación de objetivos y contenidos 2.- INTRODUCCIÓN AL MEDIO	Ejercicios de Movilidad Articular y Estiramiento

2.1.- Juego 6:3. Seis atacantes cada uno con un balón lo conducen en el interior del cuadrado tratando de superar 1:1 a tres defensores y atravesar conduciendo la portería neutral (2m), los defensores si logran recuperar el balón pasan a atacar.

Dimensión: 15m x 15m. Duración: 4'.

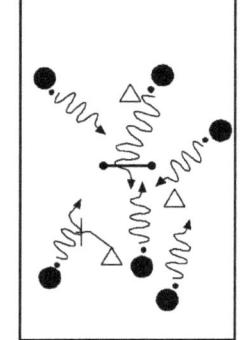

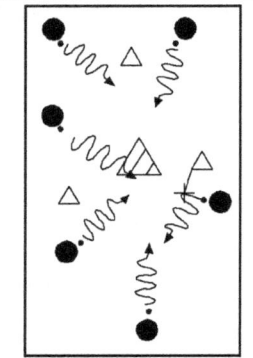

2.2.- Juego 6:3. Seis atacantes cada uno con un balón lo conducen en el interior del cuadrado tratando de superar 1:1 a tres defensores y atravesar conduciendo la portería triangular (2mx3 lados), los defensores si logran recuperar el balón pasan a atacar.

Dimensión: 15m x 15m. Duración: 4'.

Ejs. Movilidad Articular y Estiramientos	3.- PARTE PRINCIPAL	3.1. CIRCUITO DE VELOCIDAD DE REACCIÓN

3.2.- ZONAS DE RESISTENCIA: INTENSIDAD: I
- N.º JUGADORES: 20 (4 equipos de 5 jugadores).
- DIMENSIONES: 2 cuadrados 1-3 (30m x 30m), rectángulos 2-4 (30m x 20m).
- DURACIÓN: 8'
- RECUPERACIÓN: 2'   - N.º DE TOQUES: Libre

JUEGO Nº 1.-
Juego 5:5. El equipo atacante para conseguir un punto un jugador tiene que superar 1:1 a un defensor y atravesar conduciendo alguna de las cinco porterías (2m), situadas en el campo.

JUEGO Nº 2.-
Juego 5:5. Cada equipo ataca y defiende una línea de fondo defendida por un jugador. El equipo atacante para conseguir un punto tiene que superar 1:1 al jugador que defiende la línea de fondo adversaria y atravesar conduciendo la misma.

JUEGO Nº 3.-
Juego 5:5. El equipo atacante consigue un punto cada vez que un jugador logra superar 1:1 a un defensor.

JUEGO Nº 4.-
Juego 5:5. Cada equipo ataca y defiende una portería normal (7m). El equipo atacante sólo puede finalizar tirando en la portería adversaria tras superar 1:1 a un defensor.

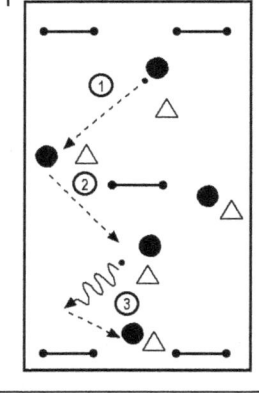

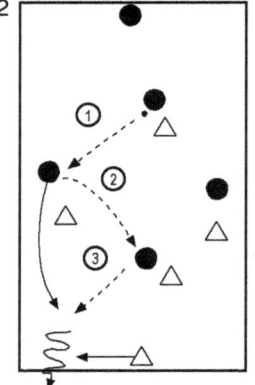

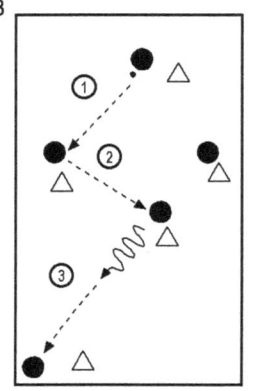

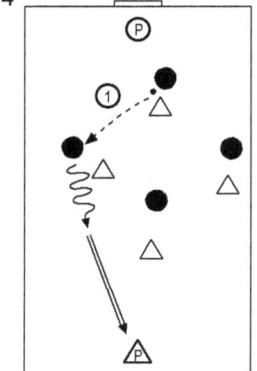

4. VUELTA A LA CALMA	4.1. CIRCUITO DE FUERZA BASE TRONCO	4.2. EJER. MOV. ARTICULAR-ESTIRAMIENTOS

| PERIODO COMPETITIVO I | CATEGORÍA CADETES | MESOCICLO ESPECIAL I | MICROCICLO VII | SESIÓN 1 | DURACIÓN: 100' |

OBJETIVO:	Ofensivo: Mantener la posesión del balón. Defensivo: Recuperar el balón.
MED. TÁCTICOS:	Ofensivo: Apoyos, desmarques, paredes, temporizaciones, c. orientación.
	Defensivo: Marcaje, vigilancia.
MED. TÉCNICOS:	Ofensivos: Control. conducción, pase. Defensivos: Entrada, anticipación, interceptación, carga.
MED. PSICOLÓG.:	Ofensivos: Atención, concentración, seguridad, cap. cognitivas.
	Defensivos: Atención, concentración, sacrificio, voluntad.
MED. FÍSICOS:	Fuerza-máxima, resistencia intensidad II, capacidades coordinativas.

1.- Explicación de objetivos y contenidos   2.- INTRODUCCIÓN AL MEDIO   Ejercicios de Movilidad Articular y Estiramiento

2.1.- Juego 3:3+3 comodines ofensivos que apoyan desde los lados exteriores del cuadrado. El equipo atacante intenta mantener la posesión del balón.

Dimensión: 15m x 15m. Duración: 6´. Nº toques: 2-3

2.2.- Juego 3:3+3 comodines ofensivos que apoyan desde el interior del cuadrado. El equipo atacante intenta mantener la posesión del balón.

Dimensión: 15m x 15m. Duración: 6´. Nº toques: 2-3

| Ejs. Movilidad Articular y Estiramientos | 3.- PARTE PRINCIPAL | 3.1. CIRCUITO DE FUERZA MAXIMA |

3.2.- ZONAS DE RESISTENCIA: INTENSIDAD: II
- N.º JUGADORES: 20 (4 equipos de 5 jugadores).
- DIMENSIONES: 4 cuadrados de 35m x 35m.
- DURACIÓN: 10'
- RECUPERACIÓN: 2'   - N.º DE TOQUES: 3

JUEGO Nº 1.-
Juego 5:5. El equipo atacante intenta mantener la posesión del balón sólo permitiéndose los pases cortos y a ras de suelo.

JUEGO Nº 2.-
Juego 5:5. El equipo atacante intenta mantener la posesión del balón consiguiendo un punto cada vez que logran realizar un pase a través de alguna de las tres porterías (2m) situadas en el campo.

JUEGO Nº 3.-
Juego 5:5. El equipo atacante intenta mantener la posesión del balón consiguiendo un pundo cada vez que logran dar diez pases seguidos.

JUEGO Nº 4.-
Juego 5:5. El equipo atacante intenta mantener la posesión del balón consiguiendo un punto cada vez que un jugador recibe el balón en el interior de uno de los cinco cuadrados (2mx2m) situados en el campo.

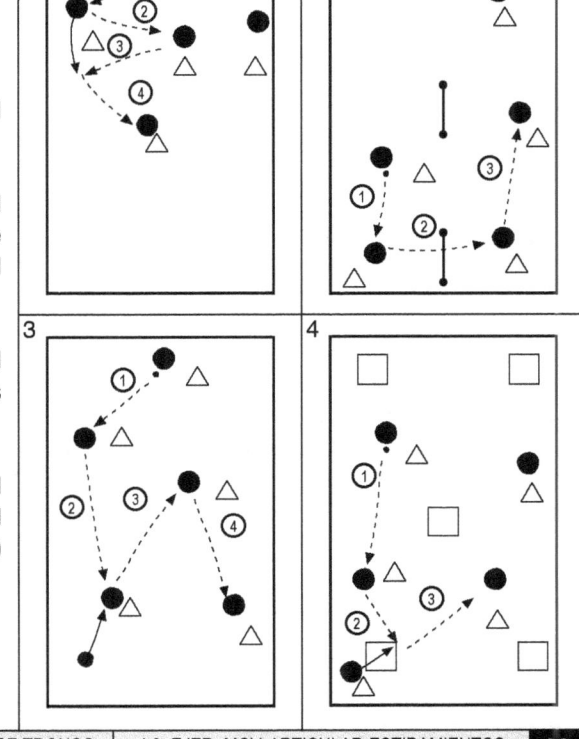

| 4. VUELTA A LA CALMA | 4.1. CIRCUITO DE FUERZA BASE TRONCO | 4.2. EJER. MOV. ARTICULAR-ESTIRAMIENTOS |

PERIODO COMPETITIVO I	CATEGORÍA CADETES	MESOCICLO ESPECIAL I	MICROCICLO VII	SESIÓN 2	DURACIÓN: 100'

OBJETIVO: Ofensivo: Mantener la posesión del balón. Defensivo: Recuperar el balón.
MED. TÁCTICOS: Ofensivo: Apoyos, desmarques, paredes, temporizaciones, c. orientación.
                    Defensivo: Marcaje, vigilancia.
MED. TÉCNICOS: Ofensivos: Control, pase. Defensivos: Entrada, anticipación, interceptación, carga.
MED. PSICOLÓG.:   Ofensivos: Atención, concentración, seguridad, cap. cognitivas.
                    Defensivos: Atención, concentración, sacrificio, voluntad.
MED. FÍSICOS: Vel. desplazamiento, resistencia intensidad III, capacidades coordinativas.

1.- Explicación de objetivos y contenidos   2.- INTRODUCCIÓN AL MEDIO   Ejercicios de Movilidad Articular y Estiramiento

2.1.- Juego 6:3. Dos equipos de 3 jugadores atacantes situados (dos en las esquinas del cuadrado y cuatro en el interior del mismo), tratan de mantener la posesión del balón contra un equipo de tres jugadores defensores que intentan recuperarlos, si lo consiguen pasa a defender el equipo que perdió el balón. Dimensión: 15m x 15m. Duración: 6´. Nº toques: 2-3

2.2.- Juego 6:3. Dos equipos de 3 jugadores atacantes situados (dos en los lados exteriores del cuadrado y cuatro en el interior del mismo) tratan de mantener la posesión del balón contra un equipo de tres jugadores defensores que intentan recuperarlo, si lo consiguen pasan a defender el equipo que perdió el balón. Dimensión: 15m x 15m. Duración: 6´. Nº toques: 2-3

Ejs. Movilidad Articular y Estiramientos   3.- PARTE PRINCIPAL   3.1. CIRCUITO DE VELOCIDAD DE DESPLAZAMIENTO

3.2.- ZONAS DE RESISTENCIA: INTENSIDAD: III
- N.º JUGADORES: 20 (4 equipos de 5 jugadores).
- DIMENSIONES: 4 cuadrados de 35m x 35m.
- DURACIÓN: 7'
- RECUPERACIÓN: 2'   - N.º DE TOQUES: 1-2

JUEGO Nº 1.-
Juego 5:5. El equipo atacante intenta mantener la posesión del balón siguiendo la secuencia de pases: 4 pases cortos, 1 pase largo.

JUEGO Nº 2.-
Juego 5:5. El equipo atacante intenta mantener la posesión del balón consiguiendo un punto cada vez que logran realizar un pase a través de alguna de las cinco porterías (2m) situadas en el campo.

JUEGO Nº 3.-
Juego 5:5. Se divide el campo en cuatro zonas. El equipo atacante intenta mantener la posesión del balón no pudiendo realizar más de dos pases en el interior de una misma zona del campo.

JUEGO Nº 4.-
Juego 5:5. El equipo atacante intenta mantener la posesión del balón consiguiendo un punto cada vez que un jugador realiza un pase desde el interior de uno de los cinco cuadrados (2mx2m) situados en el campo.

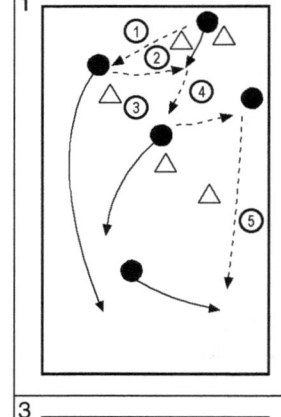
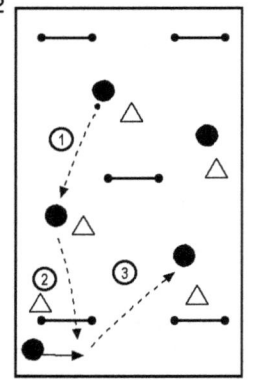
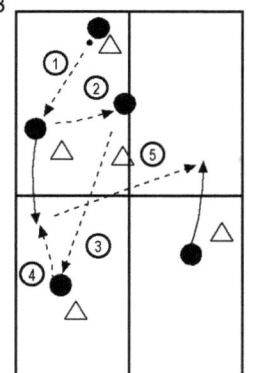
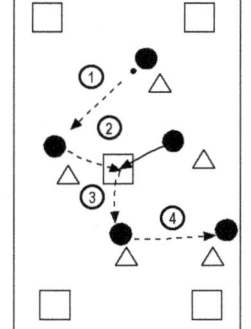

4. VUELTA A LA CALMA   4.1. CIRCUITO DE FUERZA BASE TRONCO   4.2. EJER. MOV. ARTICULAR-ESTIRAMIENTOS

| PERIODO COMPETITIVO I | CATEGORÍA CADETES | MESOCICLO ESPECIAL I | MICROCICLO VII | SESIÓN 3 | DURACIÓN: 100' |

OBJETIVO: Ofensivo: Mantener la posesión del balón. Defensivo: Recuperar el balón.
MED. TÁCTICOS: Ofensivo: Apoyos, desmarques, paredes, temporizaciones, c. orientación.
Defensivo: Marcaje, vigilancia.
MED. TÉCNICOS: Ofensivos: Control, conducción, regate, pase.
Defensivos: Entrada, anticipación, interceptación, carga.
MED. PSICOLÓG.: Ofensivos: Atención, concentración, seguridad, cap. cognitivas.
Defensivos: Atención, concentración, sacrificio, voluntad.
MED. FÍSICOS: Cap. anaeróbica láctica, resistencia especial de competición, capacidades coordinativas.

1.- Explicación de objetivos y contenidos   2.- INTRODUCCIÓN AL MEDIO   Ejercicios de Movilidad Articular y Estiramiento

2.1.- Juego 3:3+3 comodines ofensivos que apoyan desde las esquinas del cuadrado. El equipo atacante intenta mantener la posesión del balón.

Dimensión: 15m x 15m. Duración: 6´. Nº toques: 2-3

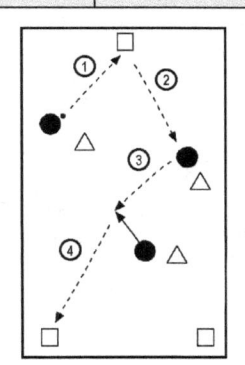

2.2.- Juego 3:3+3 comodines ofensivos que apoyan (dos desde los lados exteriores del cuadrado y uno desde el interior del mismo). El equipo atacante intenta mantener la posesión del balón.

Dimensión: 15m x 15m. Duración: 6´. Nº toques: 2-3

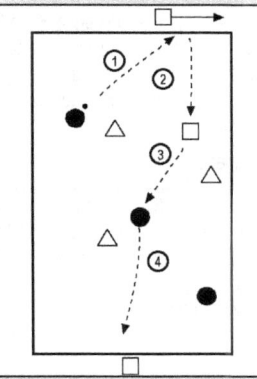

| Ejs. Movilidad Articular y Estiramientos | 3.- PARTE PRINCIPAL | 3.1. CIRCUITO DE CAPACIDAD ANAERÓBICA ALÁCTICA |

3.2.- ZONAS DE RESISTENCIA: ESPECIAL DE COMPETICIÓN
- N.º JUGADORES: 22 (2 equipos de 11 jugadores).
- DIMENSIONES: Todo el campo reglamentario.
- DURACIÓN: 20'
- RECUPERACIÓN: 1'   - N.º DE TOQUES: Libre

JUEGO Nº 1.-
Juego 11:11. El equipo atacante tiene que dar diez pases seguidos en campo propio antes de poder pasar a campo contrario y finalizar tirando en la portería adversaria.

JUEGO Nº 2.-
Juego 11:11. El equipo atacante tiene que dar diez pases seguidos en campo contrario para poder finalizar tirando en la portería adversaria.

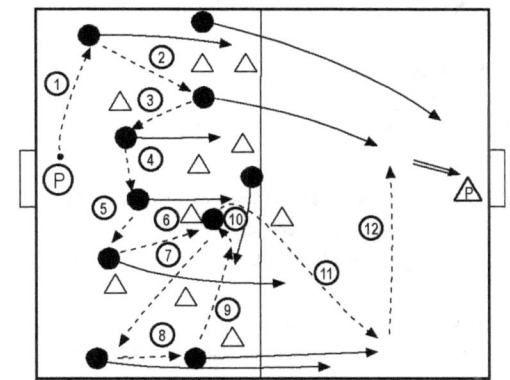

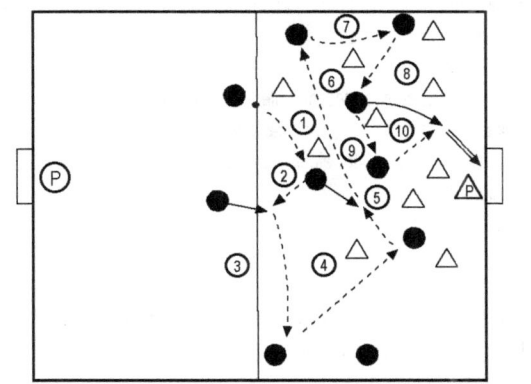

| 4. VUELTA A LA CALMA | 4.1. CIRCUITO DE FUERZA BASE TRONCO | 4.2. EJER. MOV. ARTICULAR-ESTIRAMIENTOS |

PERIODO COMPETITIVO I	CATEGORÍA CADETES	MESOCICLO ESPECIAL I	MICROCICLO VII	SESIÓN 4	DURACIÓN: 90'

OBJETIVO: Ofensivo: Mantener la posesión del balón. Defensivo: Recuperar el balón.
MED. TÁCTICOS: Ofensivo: Apoyos, desmarques, paredes, temporizaciones, c. orientación.
Defensivo: Marcaje, vigilancia.
MED. TÉCNICOS: Ofensivos: Control, conducción, regate, pase.
Defensivos: Entrada, anticipación, interceptación, carga.
MED. PSICOLÓG.: Ofensivos: Atención, concentración, seguridad, cap. cognitivas.
Defensivos: Atención, concentración, sacrificio, voluntad.
MED. FÍSICOS: Vel. reacción, resistencia intensidad I, capacidades coordinativas

1.- Explicación de objetivos y contenidos 2.- INTRODUCCIÓN AL MEDIO	Ejercicios de Movilidad Articular y Estiramiento

2.1.- Juego 6:3. Dos equipos de 3 jugadores atacantes situados en el interior del cuadrado tratan de mantener la posesión del balón contra un equipo de tres jugadores defensores que intentan recuperarlo, si lo consiguen pasa a defen-der el equipo que perdió el balón.
Dimensión: 15m x 15m. Duración: 6´. Nº toques: 2-3

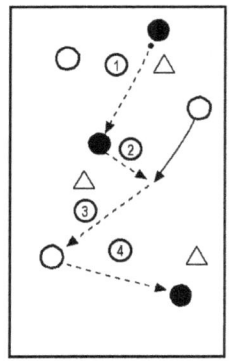

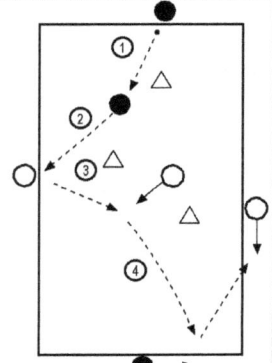

2.2.- Juego 6:3. Dos equipos de 3 jugadores atacantes situados (cuatro en los lados exteriores del cuadrado y dos en el interior del mismo) tratan de mantener la posesión del balón contra un equipo de tres jugadores defensores que intentan recuperarlo, si lo consiguen pasa a defender el equipo que perdió el balón.
Dimensión: 15m x 15m. Duración: 6´. Nº toques: 2-3

Ejs. Movilidad Articular y Estiramientos	3.- PARTE PRINCIPAL	3.1. CIRCUITO DE VELOCIDAD DE REACCIÓN

3.2.- ZONAS DE RESISTENCIA: INTENSIDAD: I
- N.º JUGADORES: 20 (4 equipos de 5 jugadores).
- DIMENSIONES: 4 cuadrados de 30m x 30m.
- DURACIÓN: 8'
- RECUPERACIÓN: 2'   - N.º DE TOQUES: Libre

JUEGO Nº 1.-
Juego 5:5. Se divide el campo en dos zonas. El equipo atacante intenta mantener la posesión del balón consiguiendo un punto cada vez que logran dar seis pases seguidos en el interior de una misma zona.

JUEGO Nº 2.-
Juego 5:5. Se divide el campo en cuatro zonas. El equipo atacante intenta mantener la posesión del balón consiguiendo un punto cada vez que logran dar cuatro pases seguidos en el interior de una misma zona.

JUEGO Nº 3.-
Juego 5:5. El equipo atacante intenta mantener la posesión del balón consiguiendo un punto cada vez que un jugador logra atravesar conduciendo alguna de las cinco porterías (2m) situadas en el campo.

JUEGO Nº 4.-
Juego 5:5. El equipo atacante intenta mantener la posesión del balón consiguiendo un punto cada vez que un jugador que recibe el balón en el interior de uno de los cinco cuadrados (2mx2m) logra salir conduciendo el balón del mismo.

1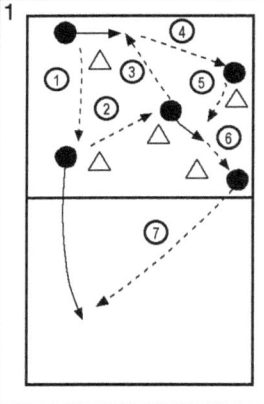

2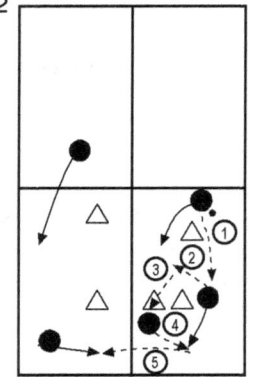

3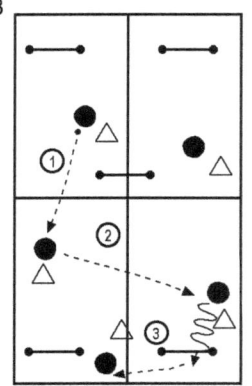

4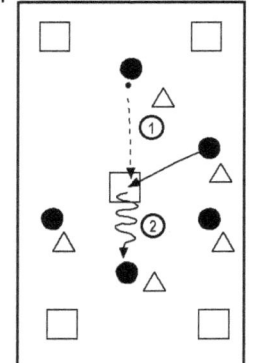

4. VUELTA A LA CALMA	4.1. CIRCUITO DE FUERZA BASE TRONCO	4.2. EJER. MOV. ARTICULAR-ESTIRAMIENTOS

| PERIODO COMPETITIVO I | CATEGORÍA CADETES | MESOCICLO ESPECIFICO I | MICROCICLO I | SESIÓN 1 | DURACIÓN: 100' |

OBJETIVO: Ofensivo: Mantener la posesión del balón. Defensivo: Recuperar el balón.
MED. TÁCTICOS: Ofensivo: Apoyos, desmarques, paredes, temporizaciones, c. orientación.
Defensivo: Marcaje, vigilancia.
MED. TÉCNICOS: Ofensivos: Control, conducción, pase. Defensivos: Entrada, anticipación, interceptación, carga.
MED. PSICOLÓG.: Ofensivos: Atención, concentración, seguridad, cap. cognitivas.
Defensivos: Atención, concentración, sacrificio, voluntad.
MED. FÍSICOS: Fuerza rápida, resistencia intensidad II, capacidades coordinativas.

| 1.- Explicación de objetivos y contenidos 2.- INTRODUCCIÓN AL MEDIO | Ejercicios de Movilidad Articular y Estiramiento |

2.1.- Juego 3:3+3 comodines ofensivos que apoyan desde el interior del cuadrado. El equipo atacante intenta mantener la posesión del balón.
Dimensión: 15m x 15m. Duración: 6´. Nº toques: 2-3

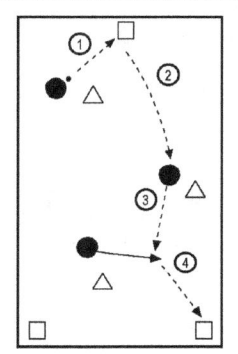
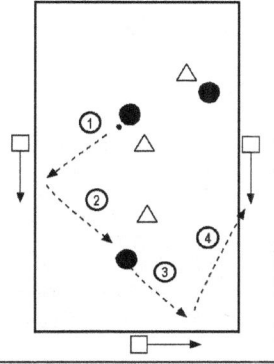

2.2.-Juego 3:3+3 comodines ofensivos que apoyan desde el lados exteriores del cuadrado. El equipo atacante intenta mantener la posesión del balón.
Dimensión: 15m x 15m. Duración: 6´. Nº toques: 2-3

| Ejs. Movilidad Articular y Estiramientos | 3.- PARTE PRINCIPAL | 3.1. CIRCUITO DE FUERZA RÁPIDA |

3.2.- ZONAS DE RESISTENCIA: INTENSIDAD: II
- N.º JUGADORES: 20 (4 equipos de 5 jugadores).
- DIMENSIONES: 4 cuadrados de 35m x 35m.
- DURACIÓN: 10'
- RECUPERACIÓN: 2'   - N.º DE TOQUES: 3

JUEGO Nº 1.-
Juego 5:5. El equipo atacante intenta mantener la posesión del balón no pudiendo jugar el mismo en el interior de la zona marcada (7´5m x 7´5m).

JUEGO Nº 2.-
Juego 5:5. El equipo atacante intenta mantener la posesión del balón consiguiendo un punto cada vez que un jugador realiza un pase desde el interior de uno de los cinco cuadrados (2mx2m) situados en el campo.

JUEGO Nº 3.-
Juego 5:5. .El equipo atacante intenta mantener la posesión del balón y cuando logra dar ocho pases seguidos pueden intentar hacer gol en cualquiera de las cinco porterías (2m) situados en el campo.

JUEGO Nº 4.-
Juego 5:5. El equipo atacante intenta mantener la posesión del balón consiguiendo un punto cada vez que logran dar diez pases seguidos.

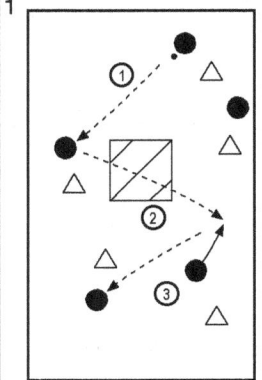
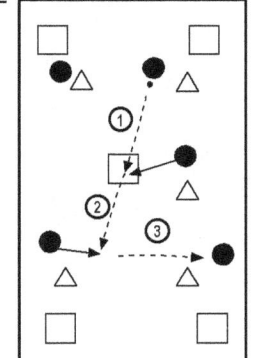
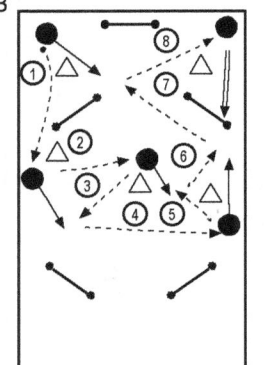
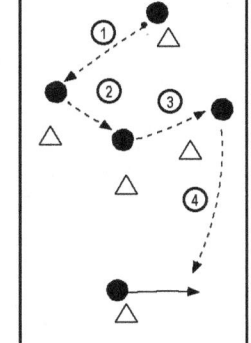

| 4. VUELTA A LA CALMA | 4.1. CIRCUITO DE FUERZA BASE TRONCO | 4.2. EJER. MOV. ARTICULAR-ESTIRAMIENTOS |

PERIODO COMPETITIVO I	CATEGORÍA CADETES	MESOCICLO ESPECIFICO I	MICROCICLO I	SESIÓN 2	DURACIÓN: 100'

OBJETIVO: Ofensivo: Mantener la posesión del balón. Defensivo: Recuperar el balón.
MED. TÁCTICOS: Ofensivo: Apoyos, desmarques, paredes, temporizaciones, c. orientación.
Defensivo: Marcaje, vigilancia.
MED. TÉCNICOS: Ofensivos: Control, pase. Defensivos: Entrada, anticipación, interceptación, carga.
MED. PSICOLÓG.: Ofensivos: Atención, concentración, seguridad, cap. cognitivas.
Defensivos: Atención, concentración, sacrificio, voluntad.
MED. FÍSICOS: Vel. reacción, resistencia intensidad III, capacidades coordinativas.

1.- Explicación de objetivos y contenidos   2.- INTRODUCCIÓN AL MEDIO   Ejercicios de Movilidad Articular y Estiramiento

2.1.- Juego 6:3. Dos equipos de 3 jugadores atacantes situados (dos en las esquinas del cuadrado y cuatro en el interior del mismo), tratan de mantener la posesión del balón contra un equipo de tres jugadores defensores, si estos recuperan el balón pasan a defender el equipo que perdió el balón.
Dimensión: 15m x 15m. Duración: 6´. Nº toques: 2-3

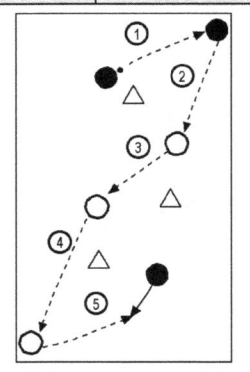

2.2.- Juego 6:3. Dos equipos de 3 jugadores atacantes situados (dos en los lados exteriores del cuadrado y cuatro en el interior del mismo) tratan de mantener la posesión del balón contra un equipo de tres jugadores defensores, si estos recuperan el balón pasa a defender el equipo que perdió el balón.
Dimensión: 15m x 15m. Duración: 6´. Nº toques: 2-3

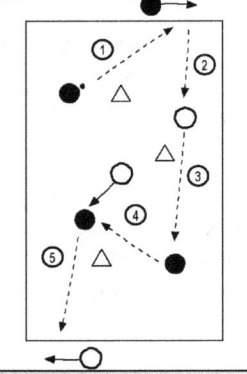

Ejs. Movilidad Articular y Estiramientos   3.- PARTE PRINCIPAL   3.1. CIRCUITO DE VELOCIDAD DE REACCIÓN

3.2.- ZONAS DE RESISTENCIA: INTENSIDAD: III
- N.º JUGADORES: 20 (4 equipos de 5 jugadores).
- DIMENSIONES: 4 cuadrados de 35m x 35m.
- DURACIÓN: 7'
- RECUPERACIÓN: 2'   - N.º DE TOQUES: 1-2

JUEGO Nº 1.-
Juego 5:5. El equipo atacante intenta mantener la posesión del balón sólo permitiéndose los pases cortos y a ras de suelo.

JUEGO Nº 2.-
Juego 5:5. El equipo atacante intenta mantener la posesión del balón y cuando logra dar ocho pases seguidos para conseguir un punto deben enviar el balón al interior de una de las zonas marcadas (5mx35m) logrando un jugador controlarlo en su interior.

JUEGO Nº 3.-
Juego 5:5. El equipo atacante intenta mantener la posesión del balón siguiendo la secuencia de pases: 3 pases cortos - 1 pase largo.

JUEGO Nº 4.-
Juego 5:5. El equipo atacante intenta mantener la posesión del balón consiguiendo un punto cada vez que logran realizar un pase a través de alguna de las cinco porterías (2m) situadas en el campo.

1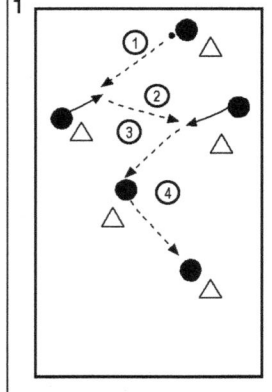

2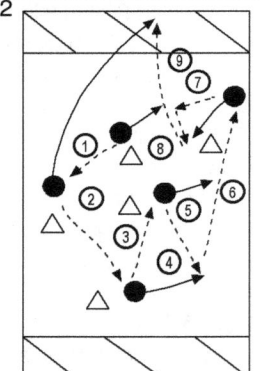

3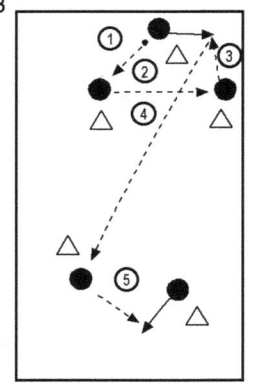

4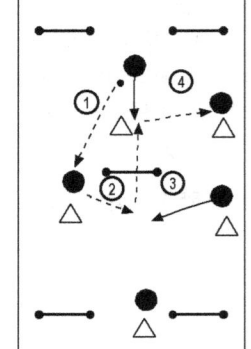

4. VUELTA A LA CALMA   4.1. CIRCUITO DE FUERZA BASE TRONCO   4.2. EJER. MOV. ARTICULAR-ESTIRAMIENTOS

PERIODO COMPETITIVO I	CATEGORÍA CADETES	MESOCICLO ESPECIFICO I	MICROCICLO I	SESIÓN 3	DURACIÓN: 100'

OBJETIVO: Ofensivo: Mantener la posesión del balón. Defensivo: Recuperar el balón.
MED. TÁCTICOS: Ofensivo: Apoyos, desmarques, paredes, temporizaciones, c. orientación.
Defensivo: Marcaje, vigilancia.
MED. TÉCNICOS: Ofensivos: Control, conducción, regate, pase. Defensivos: Entrada, anticipación, interceptación, carga.
MED. PSICOLÓG.: Ofensivos: Atención, concentración, seguridad, cap. cognitivas.
Defensivos: Atención, concentración, sacrificio, voluntad.
MED. FÍSICOS: Cap. anaeróbica láctica, resistencia especial de competición, capacidades coordinativas.

1.- Explicación de objetivos y contenidos 2.- INTRODUCCIÓN AL MEDIO	Ejercicios de Movilidad Articular y Estiramiento

2.1.- Juego 3:3+3 comodines ofensivos que apoyan (dos desde las esquinas del cuadrado y uno desde el interior del mismo). El equipo atacante intenta mantener la posesión del balón.

Dimensión: 15m x 15m. Duración: 6´. Nº toques: 2-3

2.2.- Juego 3:3+3 comodines ofensivos que apoyan (dos desde los lados exteriores del cuadrado y uno desde el interior del mismo). El equipo atacante intenta mantener la posesión del balón.

Dimensión: 15m x 15m. Duración: 6´. Nº toques: 2-3

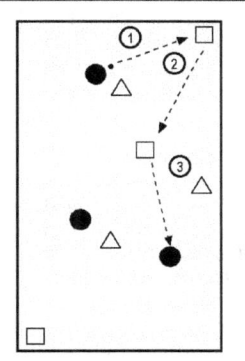
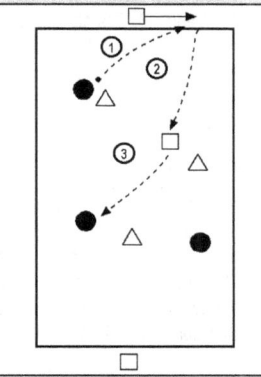

Ejs. Movilidad Articular y Estiramientos	3.- PARTE PRINCIPAL	3.1. CAPACIDAD ANAERÓBICA LÁCTICA

3.2.- ZONAS DE RESISTENCIA: ESPECIAL DE COMPETICIÓN
- N.º JUGADORES: 22 (2 equipos de 11 jugadores).
- DIMENSIONES: Todo el campo reglamentario.
- DURACIÓN: 20'
- RECUPERACIÓN: 1'   - N.º DE TOQUES: Libre

JUEGO Nº 1.-
Juego 11:11. El equipo atacante tiene que dar diez pases seguidos para poder finalizar tirando en la portería adversaria.

JUEGO Nº 2.-
Juego 11:11. El equipo atacante intenta progresar en el juego sólo permitiéndose los pases a ras de suelo y finalizar tirando en la portería adversaria.

1
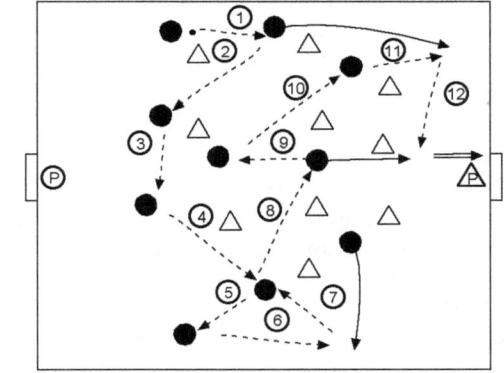

2
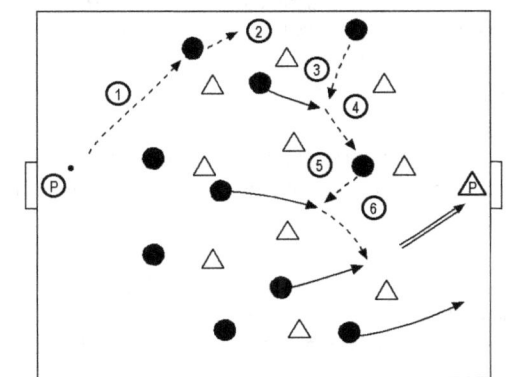

4. VUELTA A LA CALMA	4.1. CIRCUITO DE FUERZA BASE TRONCO	4.2. EJER. MOV. ARTICULAR-ESTIRAMIENTOS

PERIODO COMPETITIVO I	CATEGORÍA CADETES	MESOCICLO ESPECIFICO I	MICROCICLO I	SESIÓN 4	DURACIÓN: 90'

OBJETIVO: Ofensivo: Mantener la posesión del balón. Defensivo: Recuperar el balón.
MED. TÁCTICOS: Ofensivo: Apoyos, desmarques, paredes, temporizaciones c. orientación.
Defensivo: Marcaje, vigilancia.
MED. TÉCNICOS: Ofensivos: Control, conducción, regate, pase. Defensivos: Entrada, anticipación, interceptación, carga.
MED. PSICOLÓG.: Ofensivos: Atención, concentración, seguridad, cap. cognitivas.
Defensivos: Atención, concentración, sacrificio, voluntad.
MED. FÍSICOS: Vel. reacción, resistencia intensidad I, capacidades coordinativas.

1.- Explicación de objetivos y contenidos 2.- INTRODUCCIÓN AL MEDIO	Ejercicios de Movilidad Articular y Estiramiento

2.1.- Juego 6:3. Dos equipos de 3 jugadores atacantes situados (cuatro en el interior del cuadrado y dos en el interior del mismo) tratan de mantener la posesión del balón contra un equipo de tres jugadores defensores, si estos recuperan el balón pasa a defender el equipo que perdió el balón.
Dimensión: 15m x 15m. Duración: 6´. Nº toques: 2-3

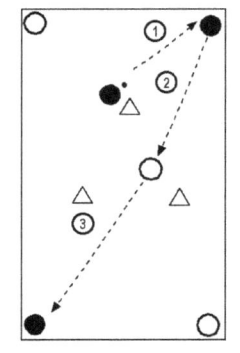
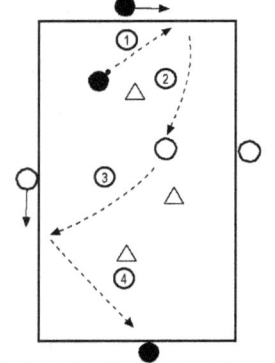

2.2.- Juego 6:3. Dos equipos de 3 jugadores atacantes situados (cuatro en los lados exteriores del cuadrado y dos en el interior del mismo) tratan de mantener la posesión del balón contra un equipo de tres jugadores defensores, si estos recuperan el balón pasa a defender el equipo que perdió el balón.
Dimensión: 15m x 15m. Duración: 6´. Nº toques: 2-3

Ejs. Movilidad Articular y Estiramientos	3.- PARTE PRINCIPAL	3.1. CIRCUITO DE VELOCIDAD DE REACCIÓN

3.2.- ZONAS DE RESISTENCIA: INTENSIDAD: I
- N.º JUGADORES: 20 (4 equipos de 5 jugadores).
- DIMENSIONES: 4 cuadrados de 30m x 30m.
- DURACIÓN: 8'
- RECUPERACIÓN: 2'   - N.º DE TOQUES: Libre

JUEGO Nº 1.-
Juego 5:5. El equipo atacante intenta mantener la posesión del balón consiguiendo un punto cada vez que un jugador recibe el balón en el interior de uno de los cinco cuadrados (2mx2m) situados en el campo.

JUEGO Nº 2.-
Juego 5:5. Se delimitan dos zonas laterales (5mx30m) en el interior de las cuales cada equipo sitúa a un jugador. El equipo atacante intenta mantener la posesión del balón consiguiendo un punto cada vez que recibe el balón el jugador situado en el interior de una de las zonas laterales.

JUEGO Nº 3.-
Juego 5:5. Se divide el campo en cuatro zonas. El equipo atacante intenta mantener la posesión del balón consiguiendo un punto cada vez que logran dar cuatro pases seguidos en el interior de una misma zona.

JUEGO Nº 4.-
Juego 5:5. El equipo atacante intenta mantener la posesión del balón consiguiendo un punto cada vez que un jugador logra atravesar conduciendo alguna de las tres porterías (2m) situadas en el campo.

1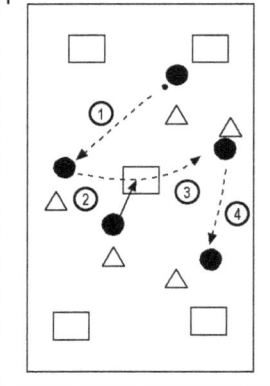
2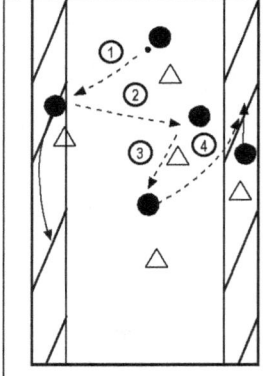
3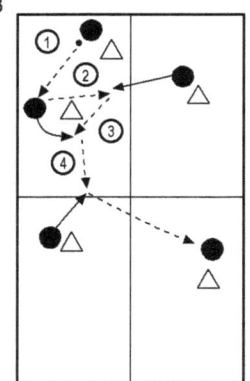
4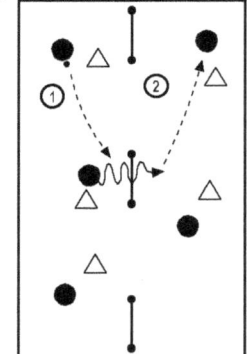

4. VUELTA A LA CALMA	4.1. CIRCUITO DE FUERZA BASE TRONCO	4.2. EJER. MOV. ARTICULAR-ESTIRAMIENTOS

PERIODO COMPETITIVO I	CATEGORÍA CADETES	MESOCICLO ESPECIFICO I	MICROCICLO II	SESIÓN 1	DURACIÓN: 100'

OBJETIVO: Ofensivo: Progresión en el juego (ataque). Defensivo: Evitar la progresión en el juego.
MED. TÁCTICOS: Ofensivo: Profundidad, paredes, c. ritmo, c. orientación, desmarques, apoyos, amplitud, progresión.
Defensivo: Entrada, temporización, marcaje, bascular, red. espacio, coberturas, permutas.
MED. TÉCNICOS: Ofensivos: Control. conducción, pase, tiro. Defensivos: Entrada, anticipación, interceptación, carga.
MED. PSICOLÓG.: Ofensivos: Atención, concentración, creatividad, cap. cognitivas.
Defensivos: Atención, concentración, sacrificio, voluntad.
MED. FÍSICOS: Fuerza rápida, resistencia intensidad II, capacidades coordinativas.

1.- Explicación de objetivos y contenidos 2.- INTRODUCCIÓN AL MEDIO	Ejercicios de Movilidad Articular y Estiramiento

2.1.- Juego 3:3+3 comodines ofensivos que apoyan desde el interior del campo. Cada equipo ataca y defiende una línea de fondo. El equipo atacante intenta progresar en el juego y finalizar atravesando conduciendo la línea de fondo adversaria tras dar seis pases seguidos.

Dimensión: 22m x 16m. Duración: 6´. Nº toques: 2-3

2.2.- Juego 4:4+3 comodines ofensivos que apoyan desde el interior del campo. Cada equipo ataca y defiende una portería normal (6m). El equipo atacante intenta progresar en el juego y finalizar tirando en la portería adversaria tras dar seis pases seguidos.

Dimensión: 22m x 16m. Duración: 6´. Nº toques: 2-3

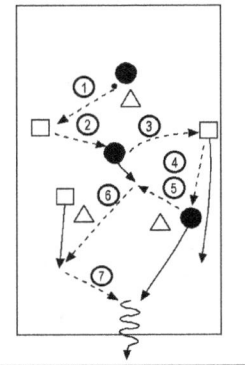
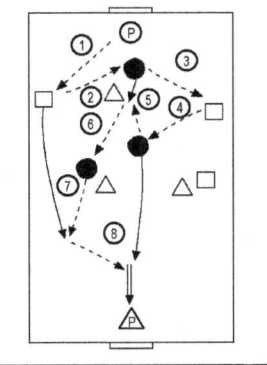

Ejs. Movilidad Articular y Estiramientos	3.- PARTE PRINCIPAL	3.1. CIRCUITO DE FUERZA RÁPIDA

3.2.- ZONAS DE RESISTENCIA: INTENSIDAD: II
- N.º JUGADORES: 22 (4 equipos de 5 jugadores + 2 porteros).
- DIMENSIONES: 4 rectángulos de 45m x 30m.
- DURACIÓN: 10'
- RECUPERACIÓN: 2'   - N.º DE TOQUES: 3

JUEGO Nº 1.-
Juego 5:5. Cada equipo ataca y defiende una portería ancha (20m). El equipo atacante intenta progresar en el juego y finalizar atravesando conduciendo la portería adversaria tras dar seis pases seguidos. Sistema: 3-2 ó 4-1.

JUEGO Nº 2.-
Juego 6:6. Cada equipo ataca y defiende una portería lateral (7m). El equipo atacante intenta progresar en el juego y finalizar tirando en la portería adversaria tras dar seis pases seguidos. Sistema: 1-3-2 ó 1-4-1.

JUEGO Nº 3.-
Juego 5:5. Cada equipo ataca y defiende una portería triangular (2mx3 lados). El equipo atacante intenta progresar en el juego y finalizar tirando en la portería adversaria tras dar seis pases seguidos. Sistema: 3-2 ó 4-1.

JUEGO Nº 4.-
Juego 6:6. Cada equipo ataca y defiende tres porterías (dos pequeñas, 2m; y una normal, 7m). El equipo atacante intenta progresar en el juego y finalizar pudiéndolo hacer o en las porterías pequeñas atravesando conduciendo o en la portería normal adversaria tras dar seis pases seguidos. Sistema: 1-3-2 ó 1-4-1

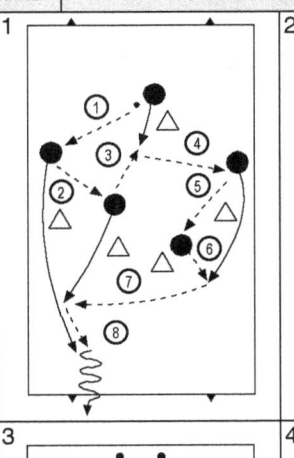
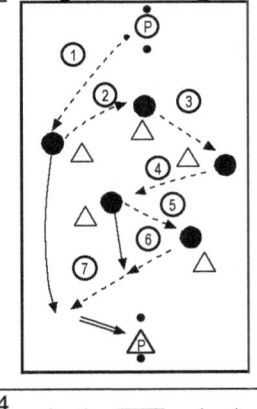
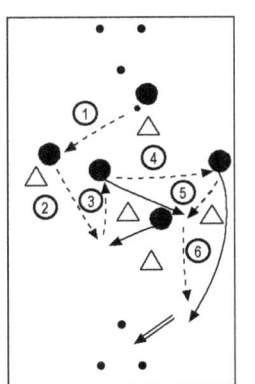
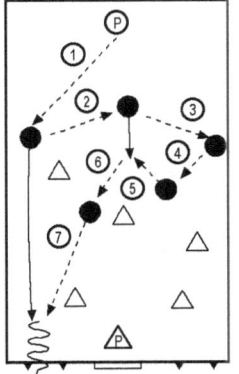

4. VUELTA A LA CALMA	4.1. CIRCUITO DE FUERZA BASE TRONCO	4.2. EJER. MOV. ARTICULAR-ESTIRAMIENTOS

PERIODO COMPETITIVO I	CATEGORÍA CADETES	MESOCICLO ESPECIFICO I	MICROCICLO II	SESIÓN 2	DURACIÓN: 100'

OBJETIVO: Ofensivo: Progresión en el juego (contraataque). Defensivo: Evitar la progresión en el juego.
MED. TÁCTICOS: Ofensivo: Profundidad, vel. juego, c. orientación, desmarques, apoyos, amplitud, progresión.
Defensivo: Entrada, temporización, marcaje, bascular, red. espacio, repliegues, coberturas, permutas.
MED. TÉCNICOS: Ofensivos: Control, pase, tiro. Defensivos: Entrada, anticipación, interceptación, carga.
MED. PSICOLÓG.: Ofensivos: Atención, concentración, creatividad, cap. cognitivas.
Defensivos: Atención, concentración, sacrificio, voluntad.
MED. FÍSICOS: Vel. reacción, resistencia intensidad III, capacidades coordinativas.

1.- Explicación de objetivos y contenidos   2.- INTRODUCCIÓN AL MEDIO   Ejercicios de Movilidad Articular y Estiramiento

2.1.- Juego 3:3+3 comodines ofensivos que apoyan desde el interior del campo. Cada equipo ataca y defiende una portería ancha (10m). El equipo atacante intenta progresar en el juego y finalizar atravesando conduciendo la portería adversaria antes del 6º pase.
Dimensión: 22m x 16m. Duración: 6´. Nº toques: 2-3

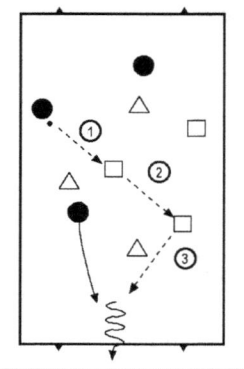 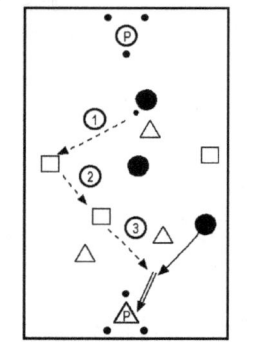

2.2.- Juego 4:4+3 comodines ofensivos que apoyan desde el interior del campo. Cada equipo ataca y defiende una portería triangular (4mx3 lados). El equipo atacante intenta progresar en el juego y finalizar tirando en la portería adversaria antes del 6º pase.
Dimensión: 22m x 16m. Duración: 6´. Nº toques: 2-3

Ejs. Movilidad Articular y Estiramientos   3.- PARTE PRINCIPAL   3.1. CIRCUITO DE VELOCIDAD DE REACCIÓN

3.2.- ZONAS DE RESISTENCIA: INTENSIDAD: III
- N.º JUGADORES: 22 (4 equipos de 5 jugadores + dos porteros).
- DIMENSIONES: 4 rectángulos de 50mx35m.
- DURACIÓN: 7'
- RECUPERACIÓN: 2'   - N.º DE TOQUES: 1-2

JUEGO Nº 1.-
Juego 5:5. Cada equipo ataca y defiende tres porterías pequeñas (2m). El equipo atacante intenta progresar en el juego y finalizar tirando en alguna de las porterías adversarias antes del 6º pase. Sistema: 3-2 ó 4-1.

JUEGO Nº 2.-
Juego 6:6. Cada equipo ataca y defiende una portería normal (7m). El equipo atacante intenta progresar en el juego y finalizar tirando en la portería adversaria antes del 6º pase. Sistema: 1-3-2 ó 1-4-1.

JUEGO Nº 3.-
Juego 5:5. Cada equipo ataca y defiende una línea de fondo. El equipo atacante intenta progresar en el juego y finalizar logrando un jugador controlar el balón por detrás de la línea de fondo adversaria antes del 6º pase. Sistema: 3-2 ó 4-1.

JUEGO Nº 4.-
Juego 6:6. Cada equipo ataca y defiende una portería cuadrada (6mx6m). El equipo atacante intenta progresar en el juego y finalizar tirando en la portería adversaria antes del 6º pase. Sistema: 1-3-2 ó 1-4-1.

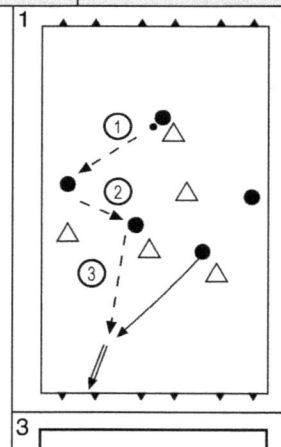 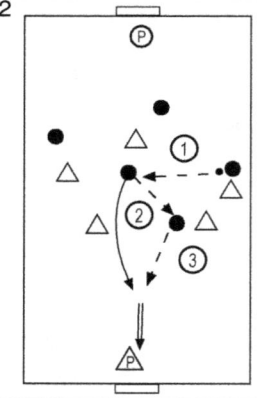

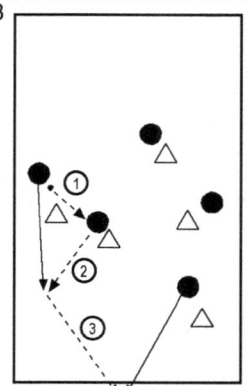 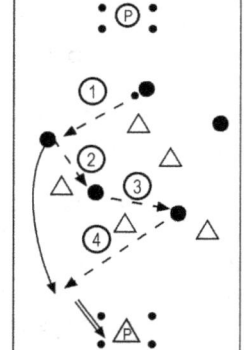

4. VUELTA A LA CALMA   4.1. CIRCUITO DE FUERZA BASE TRONCO   4.2. EJER. MOV. ARTICULAR-ESTIRAMIENTOS

PERIODO COMPETITIVO I	CATEGORÍA CADETES	MESOCICLO ESPECIFICO I	MICROCICLO II	SESIÓN 3	DURACIÓN: 100'

OBJETIVO: Ofensivo: Progresión en el juego. Defensivo: Evitar la progresión en el juego.
MED. TÁCTICOS: Ofensivo: Profundidad, paredes, c. ritmo, c. orientación, desmarques, apoyos, amplitud, progresión.
Defensivo: Entrada, temporización, marcaje, bascular, red. espacio, coberturas, permutas.
MED. TÉCNICOS: Ofensivos: Control, conducción, regate, pase, tiro.
Defensivos: Entrada, anticipación, interceptación, carga.
MED. PSICOLÓG.: Ofensivos: Atención, concentración, creatividad, cap. cognitivas.
Defensivos: Atención, concentración, sacrificio, voluntad.
MED. FÍSICOS: Cap. Anaeróbica Láctica, resistencia especial de competición, cap. coordinativas.

1.- Explicación de objetivos y contenidos 2.- INTRODUCCIÓN AL MEDIO	Ejercicios de Movilidad Articular y Estiramiento

2.1.- Juego 3:3+3 comodines ofensivos que apoyan desde el interior del campo. Cada equipo ataca y defiende una portería pequeña (2m). El equipo atacante intenta progresar en el juego y finalizar tirando en la portería adversaria.

Dimensión: 22m x 16m. Duración: 6´. Nº toques: 2-3

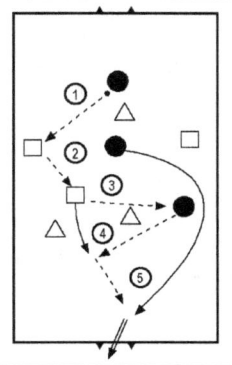 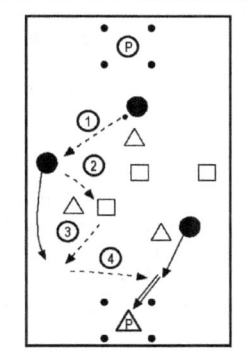

2.2.- Juego 4:4+3 comodines ofensivos que apoyan desde el interior del campo. Cada equipo ataca y defiende una portería cuadrada (5mx5m). El equipo atacante intenta progresar en el juego y finalizar tirando en la portería adversaria.

Dimensión: 22m x 16m. Duración: 6´. Nº toques: 2-3

Ejs. Movilidad Articular y Estiramientos	3.- PARTE PRINCIPAL	3.1. CAPACIDAD ANAERÓBICA LÁCTICA

3.2.- ZONAS DE RESISTENCIA: ESPECIAL DE COMPETICIÓN
- N.º JUGADORES: 22 (2 equipos de 11 jugadores).
- DIMENSIONES: Todo el campo reglamentario.
- DURACIÓN: 20'
- RECUPERACIÓN: 1'   - N.º DE TOQUES: Libre

JUEGO Nº 1.-
Juego 11:11. Se divide el campo en tres zonas iguales. El equipo atacante intenta progresar en el juego no pudiendo dar más de tres pases seguidos en el interior de unas misma zona y finalizar tirando en la portería adversaria.

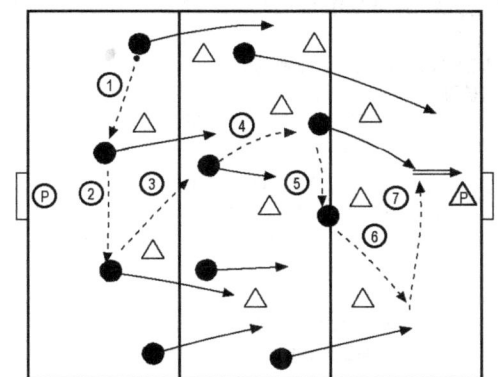

JUEGO Nº 2.-
Juego 11:11.El equipo atacante intenta progresar en el juego no pudiendo realizar pases hacia atrás y finalizar tirando en la portería adversaria.

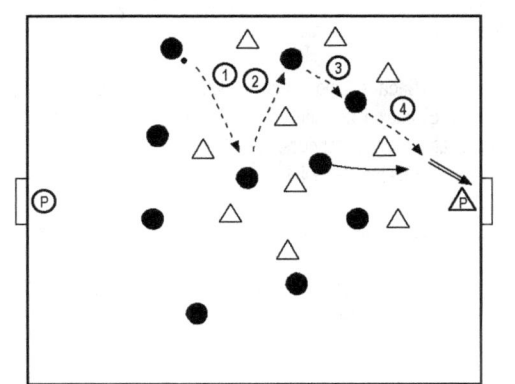

4. VUELTA A LA CALMA	4.1. CIRCUITO DE FUERZA BASE TRONCO	4.2. EJER. MOV. ARTICULAR-ESTIRAMIENTOS

PERIODO COMPETITIVO I	CATEGORÍA CADETES	MESOCICLO ESPECIFICO I	MICROCICLO II	SESIÓN 4	DURACIÓN: 90'

OBJETIVO: Ofensivo: Progresión en el juego (ataque por las bandas). Defensivo: Evitar la progresión en el juego.
MED. TÁCTICOS: Ofensivo: Profundidad, amplitud, Vel. juego, c. orientación, desmarques, apoyos, progresión.
Defensivo: Entrada, temporización, marcaje, bascular, red.espacio, repliegues, coberturas, permutas.
MED. TÉCNICOS: Ofensivos: Control, conducción, regate, pase, tiro.
Defensivos: Entrada, anticipación, interceptación, carga.
MED. PSICOLÓG.: Ofensivos: Atención, concentración, creatividad, cap. cognitivas.
Defensivos: Atención, concentración, sacrificio, voluntad.
MED. FÍSICOS: Vel. reacción, resistencia intensidad I, capacidades cognitivas.

1.- Explicación de objetivos y contenidos   2.- INTRODUCCIÓN AL MEDIO   Ejercicios de Movilidad Articular y Estiramiento

2.1.- Juego 3:3+3 comodines ofensivos que apoyan (dos desde las bandas y uno desde el interior del campo) Cada equipo ataca y defiende dos porterías pequeñas. El equipo atacante intenta progresar en el juego y finalizar tirando en alguna de las porterías adversarias.
Dimensión: 22m x 16m. Duración: 6´. Nº toques: 2-3

2.2.- Juego 4:4+3 comodines ofensivos que apoyan (dos desde las bandas y uno desde el interior del campo) Cada equipo ataca y defiende una portería lateral (5m). El equipo atacante intenta progresar en el juego y finalizar tirando en la portería adversaria.
Dimensión: 22m x 16m. Duración: 6´. Nº toques: 2-3

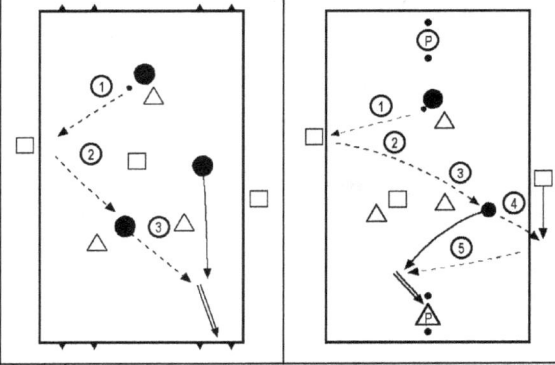

Ejs. Movilidad Articular y Estiramientos	3.- PARTE PRINCIPAL	3.1. CIRCUITO DE VELOCIDAD DE REACCIÓN

3.2.- ZONAS DE RESISTENCIA: INTENSIDAD: I
- N.º JUGADORES: 22 (4 equipos de 5 jugdores + 2 porteros)
.- DIMENSIONES: 4 rectángulos de 40mx30m.
- DURACIÓN: 8'
- RECUPERACIÓN: 2'   - N.º DE TOQUES: Libre
JUEGO Nº 1.-
Juego 5:5. Cada equipo ataca y defiende dos porterías laterales (2m). El equipo atacante intenta progresar en el juego y finalizar tirando en alguna de las porterías adversarias. Sistema: 3-2 ó 4-1.
JUEGO Nº 2.-
Juego 6:6. Se delimitan dos zonas laterales (5mx40m). Cada equipo ataca y defiende una portería normal (7m). El equipo atacante intenta progresar en el juego teniendo que hacer pasar el balón por las dos zonas laterales antes de poder finalizar tirando en la portería adversaria . Sistema: 1-3-2 ó 1-4-1.
JUEGO Nº 3.-
Juego 5:5. Cada equipo ataca y defiende dos cuadrados (5mx5m). El equipo atacante intenta progresar en el juego y finalizar atravesando conduciendo alguno de los cuadrados adversarios. Sistema: 3-2 ó 4-1.
JUEGO Nº 4.-
Juego 6:6. Cada equipo ataca y defiende una portería lateral (7m). El equipo atacante intenta progresar en el juego no pudiendo jugar el balón en el interior de la zona marcada (20mx5m) y finalizar tirando en la portería adversaria. Sistema: 1-3-2 ó 1-4-1.

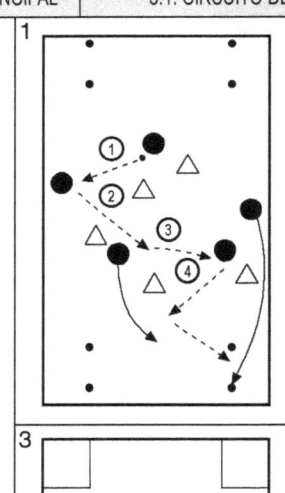
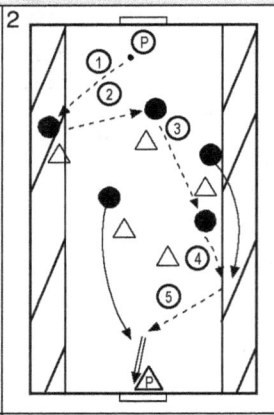
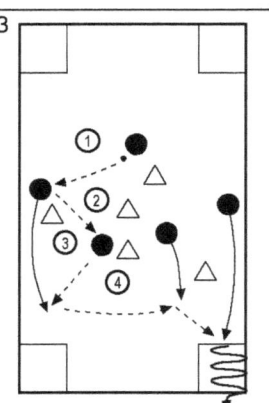
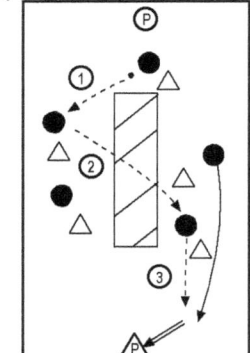

110	4. VUELTA A LA CALMA	4.1. CIRCUITO DE FUERZA BASE TRONCO	4.2. EJER. MOV. ARTICULAR-ESTIRAMIENTOS

PERIODO COMPETITIVO I	CATEGORÍA CADETES	MESOCICLO ESPECIFICO I	MICROCICLO III	SESIÓN 1	DURACIÓN: 100'

OBJETIVO: Ofensivo: La finalización. Defensivo: Evitar el gol.
MED. TÁCTICOS: Ofensivo: Paredes, c. orientación, vel. juego, profundidad, progresión, desmarques.
Defensivo: Entrada, marcaje, vigilancia, repliegues.
MED. TÉCNICOS: Ofensivos: Pase, control, tiro, juego de cabeza
Defensivos: Entrada, carga, anticipación, interceptación, despeje.
MED. PSICOLÓG.: Ofensivos: Atención, concentración, confianza. Defensivos: Atención, concentración.
MED. FÍSICOS: Fuerza rápida, resistencia intensidad II, capacidades coordinativas.

1.- Explicación de objetivos y contenidos 2.- INTRODUCCIÓN AL MEDIO	Ejercicios de Movilidad Articular y Estiramiento

2.1.- Juego 3:3+3 comodines ofensivos que apoyan desde las esquinas del cuadrado. El equipo atacante tiene que finalizar tirando antes del 6° pase en la portería neutral (5m).
Dimensión: 22m x 22m. Duración: 6´. N° toques: 2-3

2.2.-Juego 3:3+3 comodines ofensivos que apoyan desde los lados exteriores del cuadrado. El equipo atacante tiene que finalizar tirando antes del 6° pase en la portería neutral (5m).
Dimensión: 22m x 22m. Duración: 6´. N° toques: 2-3

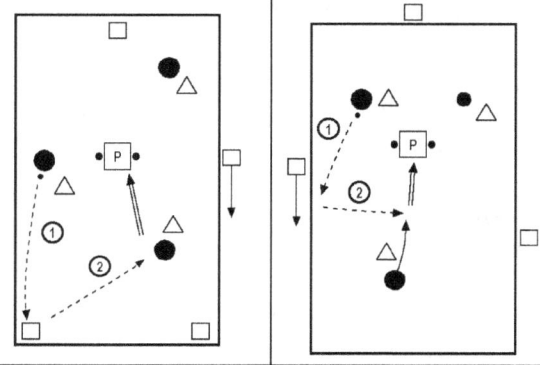

Ejs. Movilidad Articular y Estiramientos	3.- PARTE PRINCIPAL	3.1. CIRCUITO DE FUERZA RÁPIDA

3.2.- ZONAS DE RESISTENCIA: INTENSIDAD: II
- N.° JUGADORES: 20 (4 equipos de 5 jugadores).
- DIMENSIONES: 4 rectángulos de 30m x 20m.
- DURACIÓN: 10'
- RECUPERACIÓN: 2'   - N.° DE TOQUES: 3
JUEGO N° 1.-
Juego 5:5. Cada equipo ataca y defiende una portería lateral (7m). El equipo atacante tiene que finalizar tirando antes del 6° pase en la portería adversaria.
JUEGO N° 2.-
Juego 5:5. Cada equipo ataca y defiende una portería normal (7m). El equipo atacante tiene que finalizar tirando desde antes del 6° pase en la portería adversaria.
JUEGO N° 3.-
Juego 5:5. Cada equipo ataca y defiende una portería triangular (5mx3 lados). El equipo atacante tiene que finalizar tirando antes del 6° pase en la portería adversaria.
JUEGO N° 4.-
Juego 5:5. Cada equipo ataca y defiende una portería cuadrada (6mx6m). El equipo atacante tiene que finalizar tirando antes del 6° pase en la portería adversaria.

1 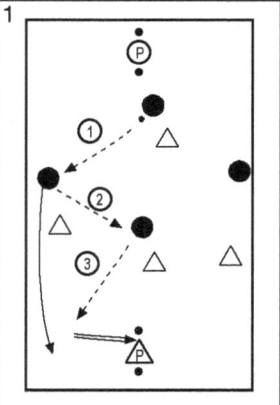 2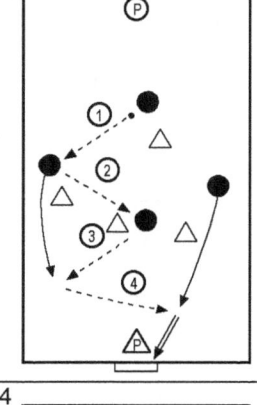

3 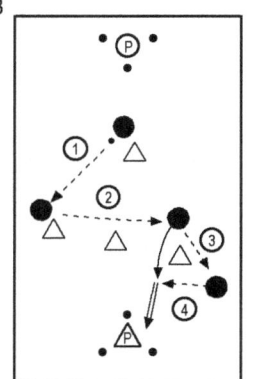 4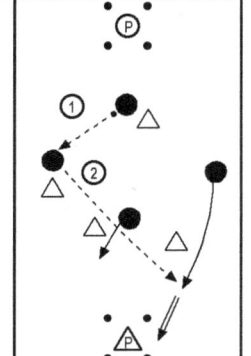

4. VUELTA A LA CALMA	4.1. CIRCUITO DE FUERZA BASE TRONCO	4.2. EJER. MOV. ARTICULAR-ESTIRAMIENTOS

| PERIODO COMPETITIVO I | CATEGORÍA CADETES | MESOCICLO ESPECIFICO I | MICROCICLO III | SESIÓN 2 | DURACIÓN: 100' |

OBJETIVO: Ofensivo: Superar las situaciones 1:1. Defensivo: Evitar ser superado 1:1.
MED. TÁCTICOS: Ofensivo: C. ritmo, temporizaciones. Defensivo: Entrada, temporizaciónes, repliegues.
MED. TÉCNICOS: Ofensivos: Conducción, finta, regate, cobertura técnica. Defensivos: Entrada, carga.
MED. PSICOLÓG.: Ofensivos: Atención, concentración, creatividad, confianza, valentía.
Defensivos: Atención, concentración, seguridad.
MED. FÍSICOS: Vel. reacción, resistencia intensidad III, capacidades coordinativas.

1.- Explicación de objetivos y contenidos   2.- INTRODUCCIÓN AL MEDIO   Ejercicios de Movilidad Articular y Estiramiento

2.1.- Juego 6:3. Seis atacantes cada uno con un balón lo conducen en el interior del cuadrado tratando de superar 1:1 a tres defensores y atravesar conduciendo la portería triangular (20mx3 lados), los defensores si logran recuperar el balón pasan a atacar.
Dimensión: 15m x 15m. Duración: 4´.

2.2.- Juego 6:3. Seis atacantes cada uno con un balón lo conducen en el interior del cuadrado tratando de superar 1:1 a tres defensores y manterner la posesión del balón, si los defensores logran recuperar el balón pasan a atacar.
Dimensión: 15m x 15m. Duración: 4´.

Ejs. Movilidad Articular y Estiramientos   3.- PARTE PRINCIPAL   3.1. CIRCUITO DE VELOCIDAD DE REACCIÓN

3.2.- ZONAS DE RESISTENCIA: INTENSIDAD: III
- N.º JUGADORES: 22 (10 parejas (1:1) + 2 porteros).
- DIMENSIONES: 2 cuadrados 1-3 (20mx20m), rectángulos 2-4 (20mx16m).
- DURACIÓN: 2x1'
- RECUPERACIÓN: 1'   - N.º DE TOQUES: Libre
JUEGO Nº 1.-
Juego 1:1 (5 parejas). El jugador atacante intenta superar 1:1 a su defensor directo y atravesar conduciendo la portería neutral (2m).
JUEGO Nº 2.-
Juego 1:1 (5 parejas). Cada jugador ataca y defiende una línea de fondo con un portero. El jugador atacante intenta superar 1:1 a su defensor y finalizar atravesando conduciendo la línea de fondo adversaria tras superar 1:1 al portero adversario.
JUEGO Nº 3.-
Juego 1:1 (5 parejas). El jugador atacante intenta superar 1:1 a su defensor y mantener la posesión del balón.
JUEGO Nº 4.-
Juego 1:1 (5 parejas). Cada jugador ataca y defiende una portería normal (5m) con un portero. El jugador atacante intenta superar 1:1 a su defensor y finalizar tirando en la portería adversaria.

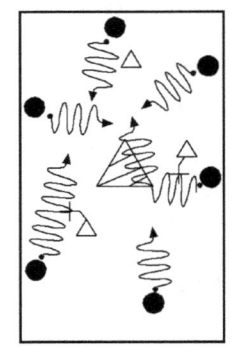
1

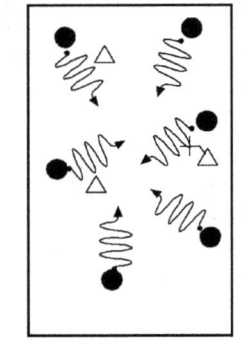
2

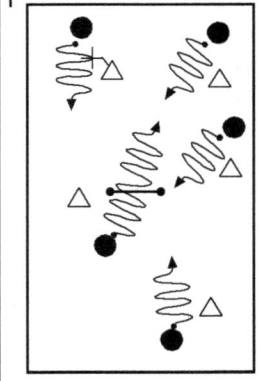
3

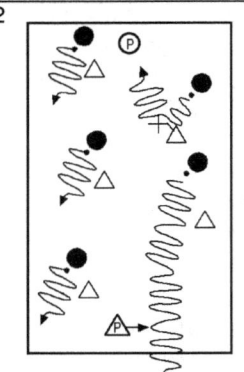
4

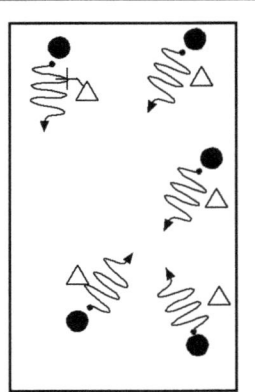

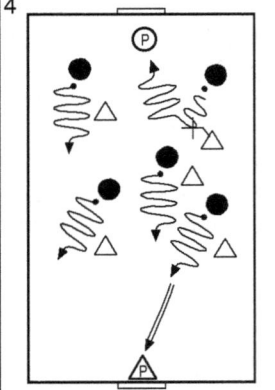

4. VUELTA A LA CALMA   4.1. CIRCUITO DE FUERZA BASE TRONCO   4.2. EJER. MOV. ARTICULAR-ESTIRAMIENTOS

PERIODO COMPETITIVO I	CATEGORÍA CADETES	MESOCICLO ESPECIFICO I	MICROCICLO III	SESIÓN 3	DURACIÓN: 100'

OBJETIVO: Ofensivo: La finalización. Defensivo: Evitar el gol.
MED. TÁCTICOS: Ofensivo: Paredes, c. orientación, vel. juego, profundidad, progresión, desmarques.
Defensivo: Entrada, marcaje, vigilancia, repliegues.
MED. TÉCNICOS: Ofensivos: Pase, control, tiro, juego de cabeza.
Defensivos: Entrada, carga, anticipación, interceptación, despeje.
MED. PSICOLÓG.: Ofensivos: Atención, concentración, confianza. Defensivos: Atención, concentración.
MED. FÍSICOS: Cap. anaeróbica láctica, resistencia intensidad II, capacidades coordinativas.

1.- Explicación de objetivos y contenidos 2.- INTRODUCCIÓN AL MEDIO	Ejercicios de Movilidad Articular y Estiramiento

2.1.- Juego 3:3+3 comodines ofensivos que apoyan desde el interior del cuadrado. El equipo atacante tiene que finalizar tirando antes del 6º pase en la portería triangular neutral (4mx 3 lados)
Dimensión: 22m x 22m. Duración: 6´. Nº toques: 2-3

2.2.- Juego 3:3+3 comodines ofensivos que apoyan desde los lados exteriores del cuadrado. El equipo atacante tiene que finalizar tirando antes del 6º pase en la portería triangular neutral (4mx3 lados).
Dimensión: 22m x 22m. Duración: 6´. Nº toques: 2-3

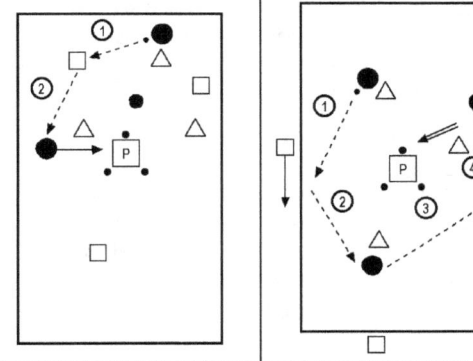

Ejs. Movilidad Articular y Estiramientos	3.- PARTE PRINCIPAL	3.1. CAPACIDAD ANAERÓBICA LÁCTICA

3.2.- ZONAS DE RESISTENCIA: INTENSIDAD: II
- N.º JUGADORES: 24 (4 equipos de 6 jugadores).
- DIMENSIONES: El doble del área de penalty (33m x 40m).
- DURACIÓN: 10'
- RECUPERACIÓN: 2'   - N.º DE TOQUES: 3
JUEGO Nº 1.-
Juego 6:6. Cada equipo ataca y defiende una portería normal (7m) y sitúa a dos jugadores en las bandas del campo hacia el que atacan desde donde apoyan (cada 3´cambiarlos). El equipo atacante tiene que finalizar tirando un pase de los jugadores situados en las bandas.
JUEGO Nº 2.-
Juego 6:6. Cada equipo ataca y defiende una portería normal (7m) y sitúa a dos jugadores en las esquinas del campo hacia el que atacan, desde donde apoyan (cada 3´cambiarlos). El equipo tiene que finalizar tirando tras un pase de los jugadores situados en las esquinas del campo.
JUEGO Nº 3.-
Juego 6:6. Cada equipo ataca y defiende una portería normal (7m) y sitúa a dos jugadores por detrás de la línea de fondo adversaria desde donde apoyan (cada 3 cambiarlos). El equipo atacante tiene que finalizar tirando tras un pase de los jugadores situados en la línea de fondo.
JUEGO Nº 4.-
Juego 6:6. Cada equipo ataca y defiende una portería normal. El equipo atacante tiene que finalizar tirando antes del 6º pase en la portería adversaria desde su propio campo.

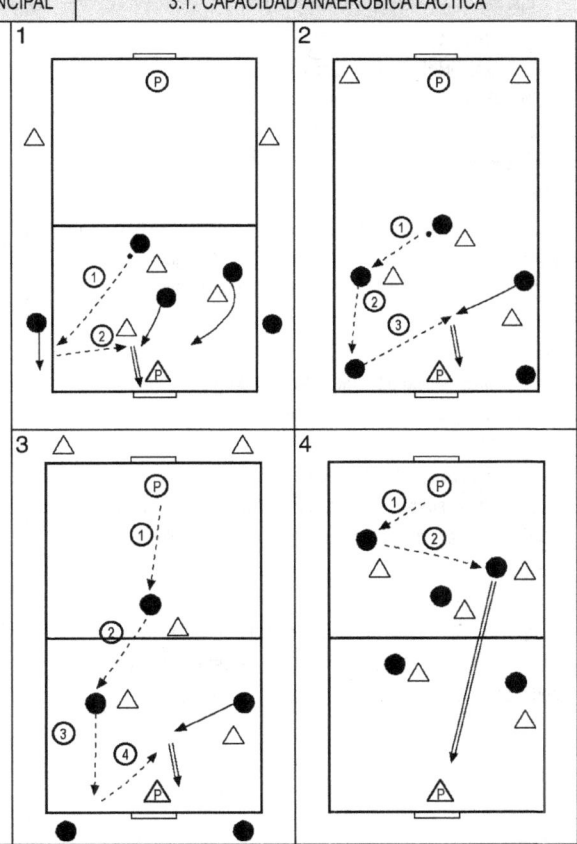

4. VUELTA A LA CALMA	4.1. CIRCUITO DE FUERZA BASE TRONCO	4.2. EJER. MOV. ARTICULAR-ESTIRAMIENTOS

PERIODO COMPETITIVO I	CATEGORÍA CADETES	MESOCICLO ESPECIFICO I	MICROCICLO III	SESIÓN 4	DURACIÓN: 90'

OBJETIVO: Ofensivo: Superar las situaciones 1:1. Defensivo: Evitar ser superado 1:1.
MED. TÁCTICOS: Ofensivo: C. ritmo, temporizaciones. Defensivo: Entradas, temporizaciones, repliegues.
MED. TÉCNICOS: Ofensivos: Conducción, finta, regate, cobertura técnica. Defensivos: Entrada, carga.
MED. PSICOLÓG.: Ofensivos: Atención, concentración, creatividad, confianza, valentía.
Defensivos: Atención, concentración, seguridad.
MED. FÍSICOS: Vel. reacción, resistencia intensidad II, capacidades coordinativas.

1.- Explicación de objetivos y contenidos 2.- INTRODUCCIÓN AL MEDIO   Ejercicios de Movilidad Articular y Estiramiento

2.1.- Juego 6:3. Seis atacantes cada uno con un balón lo conducen en el interior del cuadrado tratando de superar 1:1 a tres defensores y mantener la posesión del balón, los defensores si logran recuperar el balón pasan a atacar.

Dimensión: 15 x 15 m. Duración: 4'.

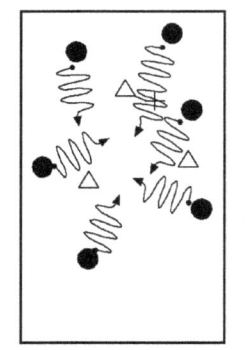

2.2.- Juego 6:3. Seis atacantes cada uno con un balón lo conducen en el interior del cuadrado tratando de superar 1:1 a tres defensores y atravesar conduciendo la portería neutral (2m), los defensores si logran recuperar el balón pasan a atacar.
Dimensión: 15 x 15 m. Duración: 4'.

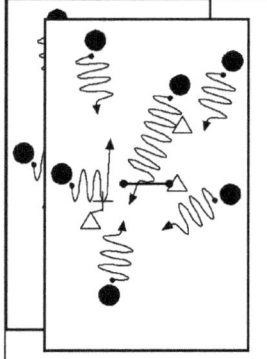

Ejs. Movilidad Articular y Estiramientos 3.- PARTE PRINCIPAL   3.1. CIRCUITO DE VELOCIDAD DE REACCIÓN

3.2.- ZONAS DE RESISTENCIA: INTENSIDAD: II
- N.º JUGADORES: 20 (4 equipos de 5 jugadores).
- DIMENSIONES: 4 cuadrados de 30m x 30m.
- DURACIÓN: 8'
- RECUPERACIÓN: 2'   - N.º DE TOQUES: Libre
JUEGO Nº 1.-
Juego 5:5. El equipo atacante consigue un punto cada vez que un jugador tras superar 1:1 a un defensor logra atravesar conduciendo alguno de los cuadrados (2mx2m) situados en el campo.
JUEGO Nº 2.-
Juego 5:5. El equipo atacante consigue un punto cada vez que un jugador logra superar 1:1 a un defensor.
JUEGO Nº 3.-
Juego 5:5. El equipo atacante consigue un punto cada vez que un jugador tras superar 1:1 a un defensor logra atravesar conduciendo alguna de las cinco porterías (2m) situadas en el campo.
JUEGO Nº 4.-
Juego 5:5. Se delimita una zona marcada (15m x 15m) en el interior de la cual el jugador atacante que recibe el balón para poder pasar el balón tiene que superar 1:1 a un defensor.

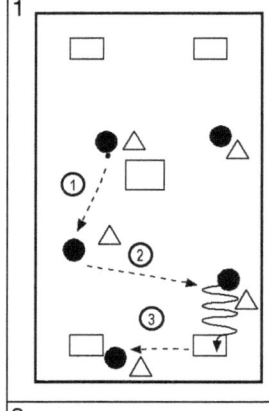
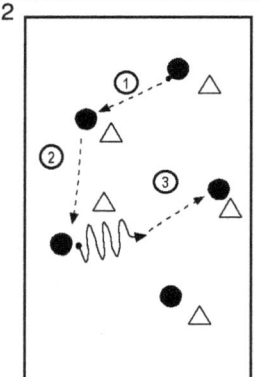
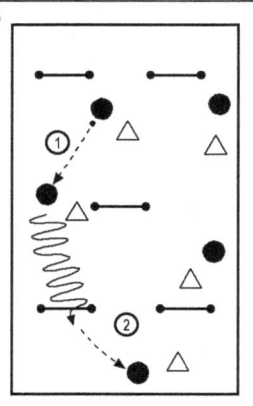
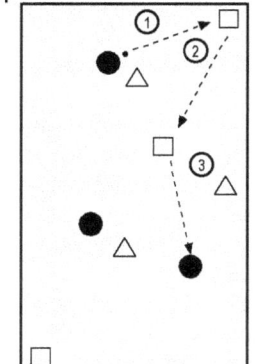

4. VUELTA A LA CALMA | 4.1. CIRCUITO DE FUERZA BASE TRONCO | 4.2. EJER. MOV. ARTICULAR-ESTIRAMIENTOS

PERIODO COMPETITIVO I	CATEGORÍA CADETES	MESOCICLO ESPECIFICO I	MICROCICLO IV	SESIÓN 1	DURACIÓN: 110'

OBJETIVO: Ofensivo: Mantener la posesión del balón. Defensivo: Recuperar el balón.
MED. TÁCTICOS: Ofensivo: Apoyos, desmarques, paredes, temporizaciones, c. orientación.
Defensivo: Marcaje, vigilancia.
MED. TÉCNICOS: Ofensivos: Control, conducción, pase. Defensivos: Entrada, anticipación, interceptación, carga.
MED. PSICOLÓG.: Ofensivos: Atención, concentración, seguridad, cap. cognitivas.
Defensivos: Atención, concentración, sacrificio, voluntad.
MED. FÍSICOS: Fuerza rápida, resistencia intensidad II, capacidades coordinativas.

1.- Explicación de objetivos y contenidos   2.- INTRODUCCIÓN AL MEDIO | Ejercicios de Movilidad Articular y Estiramiento

2.1.- Juego 3:3+3 comodines ofensivos que apoyan desde las esquinas del cuadrado. El equipo atacante intenta mantener la posesión del balón jugando a 2 toques.
Dimensión: 15m x 15m. Duración: 6´.

2.2.- Juego 3:3+3 comodines ofensivos que apoyan desde los lados exteriores del cuadrado. El equipo atacante intenta mantener la posesión del balón jugando a 2 toques.
Dimensión: 15m x 15m. Duración: 6´.

Ejs. Movilidad Articular y Estiramientos | 3.- PARTE PRINCIPAL | 3.1. CIRCUITO DE FUERZA RÁPIDA

3.2.- ZONAS DE RESISTENCIA: INTENSIDAD: II
- N.º JUGADORES: 20 (4 equipos de 5 jugadores).
- DIMENSIONES: 4 cuadrados de 50m x 30m.
- DURACIÓN: 10'
- RECUPERACIÓN: 2'   - N.º DE TOQUES: 3-2
JUEGO Nº 1.-
Juego 5:5. El equipo atacante intenta mantener la posesión del balón consiguiendo un punto cada vez que logra dar diez pases seguidos.
JUEGO Nº 2.-
Juego 5:5. El equipo atacante intenta mantener la posesión del balón consiguiendo un punto cada vez que logran realizar un pase a través de alguna de las tres porterías (2m) situadas en el campo.
JUEGO Nº 3.-
Juego 5:5. .El equipo atacante intenta mantener la posesión del balón sólo permitiéndose los pases cortos y a ras de suelo.
JUEGO Nº 4.-
Juego 5:5. El equipo atacante intenta mantener la posesión del balón consiguiendo un punto cada vez que logran realizar un pase desde el interior de uno de los cinco cuadrados (2mx2m) situados en el campo.

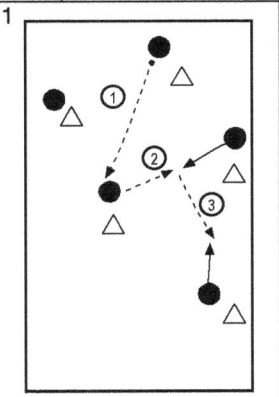
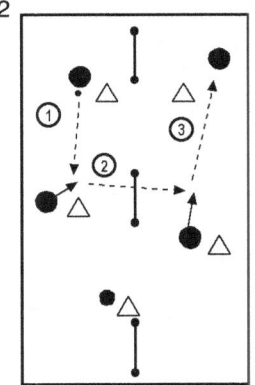
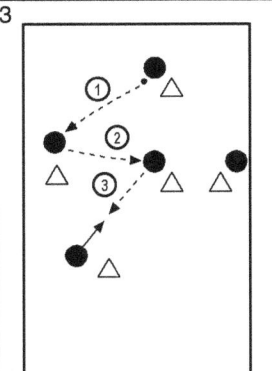
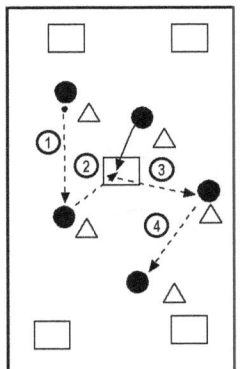

4. VUELTA A LA CALMA | 4.1. CIRCUITO DE FUERZA BASE TRONCO | 4.2. EJER. MOV. ARTICULAR-ESTIRAMIENTOS

PERIODO COMPETITIVO I	CATEGORÍA CADETES	MESOCICLO ESPECIFICO I	MICROCICLO IV	SESIÓN 2	DURACIÓN: 110'

OBJETIVO: Ofensivo: Mantener la posesión del balón. Defensivo: Recuperar el balón.
MED. TÁCTICOS: Ofensivo: Apoyos, desmarques, paredes, temporizaciones, c. orientación.
Defensivo: Marcaje, vigilancia.
MED. TÉCNICOS: Ofensivos: Control, pase. Defensivos: Entrada, anticipación, interceptación, carga.
MED. PSICOLÓG.: Ofensivos: Atención, concentración, seguridad, cap. cognitivas.
Defensivos: Atención, concentración, sacrificio, voluntad.
MED. FÍSICOS: Vel. reacción, resistencia intensidad II, capacidades coordinativas.

1.- Explicación de objetivos y contenidos 2.- INTRODUCCIÓN AL MEDIO	Ejercicios de Movilidad Articular y Estiramiento

2.1.- Juego 6:3. Dos equipos de 3 jugadores atacantes situados (dos en las esquinas del cuadrado y cuatro en el interior del mismo), tratan de mantener la posesión del balón contra un equipo de tres jugadores jugadores defensores, si estos recuperan el balón pasa a defender el equipo que perdió el mismo.
Dimensión: 15m x 15m. Duración: 6´. Nº toques: 2

2.2.- Juego 6:3. Dos equipos de 3 jugadores atacantes situados (dos en los lados exteriores del cuadrado y cuatro en el interior del mismo) tratan de mantener la posesión del balón contra un equipo de tres jugadores defensores, si estos recuperan el balón pasa a defender el equipo que perdió el mismo.
Dimensión: 15m x 15m. Duración: 6´. Nº toques: 2

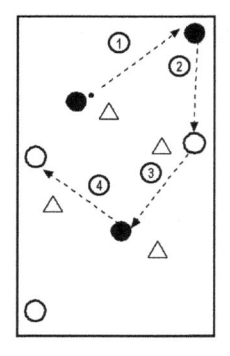
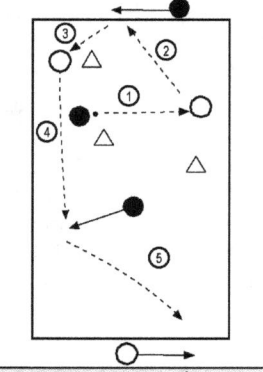

Ejs. Movilidad Articular y Estiramientos	3.- PARTE PRINCIPAL	3.1. CIRCUITO DE VELOCIDAD DE REACCIÓN

3.2.- ZONAS DE RESISTENCIA: INTENSIDAD: II
- N.º JUGADORES: 20 (4 equipos de 5 jugadores).
- DIMENSIONES: 4 cuadrados de 35m x 35m.
- DURACIÓN: 10'
- RECUPERACIÓN: 2'   - N.º DE TOQUES: 3
JUEGO Nº 1.-
Juego 5:5. El equipo atacante intenta mantener la posesión del balón consiguiendo un punto por cada pared que realizan.
JUEGO Nº 2.-
Juego 5:5. Se divide el campo en dos zonas. El equipo atacante intenta mantener la posesión teniendo que dar seis pases seguidos en el interior de una zona antes de enviar el balón a la otra.
JUEGO Nº 3.-
Juego 5:5. El equipo atacante intenta mantener la posesión del balón siguiendo la secuencia de pases: 3 pases cortos - 1 pase largo.
JUEGO Nº 4.-
Juego 5:5. Se divide el campo en cuatro zonas. El equipo atacante intenta mantener la posesión del balón teniendo que dar tres pases seguidos en el interior de una zona antes de poder enviar el balón a otra.

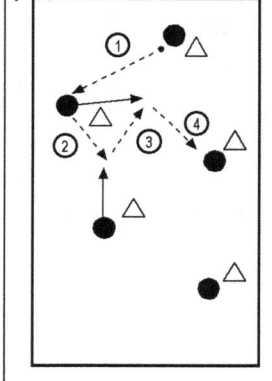
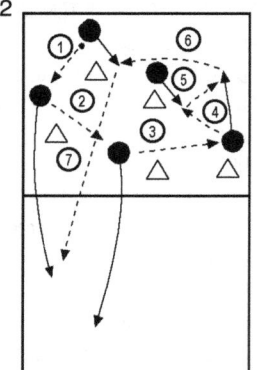
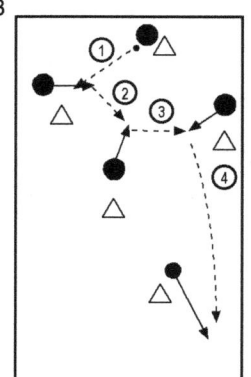
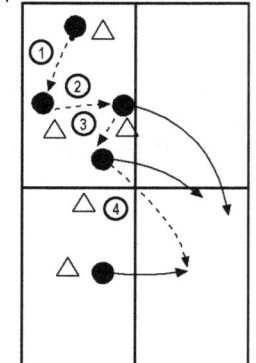

4. VUELTA A LA CALMA	4.1. CIRCUITO DE FUERZA BASE TRONCO	4.2. EJER. MOV. ARTICULAR-ESTIRAMIENTOS

PERIODO COMPETITIVO I	CATEGORÍA CADETES	MESOCICLO ESPECIFICO I	MICROCICLO IV	SESIÓN 3	DURACIÓN: 110'

OBJETIVO: Ofensivo: Mantener la posesión del balón. Defensivo: Recuperar el balón.
MED. TÁCTICOS: Ofensivo: Apoyos, desmarques, paredes, temporizaciones, c. orientación.
Defensivo: Marcaje, vigilancia.
MED. TÉCNICOS: Ofensivos: Control, conducción, regate, pase. Defensivos: Entrada, anticipación, interceptación, carga.
MED. PSICOLÓG.: Ofensivos: Atención, concentración, seguridad, cap. cognitivas.
Defensivos: Atención, concentración, sacrificio, voluntad.
MED. FÍSICOS: Cap. anaeróbica láctica, resistencia especial de competición, capacidades coordinativas.

1.- Explicación de objetivos y contenidos   2.- INTRODUCCIÓN AL MEDIO   Ejercicios de Movilidad Articular y Estiramiento

2.1.- Juego 3:3+3 comodines ofensivos que apoyan desde el interior del cuadrado. El equipo atacante intenta mantener la posesión del balón jugando a 2 toques.

Dimensión: 15m x 15m. Duración: 6´.

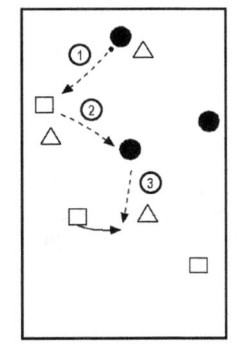 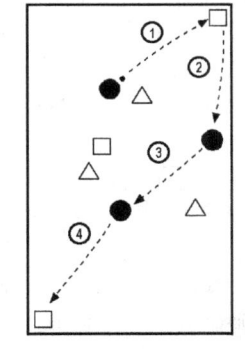

2.2.- Juego 3:3+3 comodines ofensivos que apoyan (dos desde las esquinas del cuadrado y uno desde el interior del mismo). El equipo atacante intenta mantener la posesión del balón jugando a 2 toques.

Dimensión: 15m x 15m. Duración: 6´.

Ejs. Movilidad Articular y Estiramientos	3.- PARTE PRINCIPAL	3.1. CIRCUITO DE CAPACIDAD ANAERÓBICA LÁCTICA

3.2.- ZONAS DE RESISTENCIA: ESPECIAL DE COMPETICIÓN
- N.º JUGADORES: 22 (2 equipos de 11 jugadores).
- DIMENSIONES: Todo el campo reglamentario.
- DURACIÓN: 20'
- RECUPERACIÓN: 1'   - N.º DE TOQUES: Libre

JUEGO Nº 1.-
Juego 11:11. El equipo atacante para poder finalizar tirando en la portería adversaria tiene que previamente dar diez pases seguidos.

JUEGO Nº 2.-
Juego 11:11. El equipo atacante para poder finalizar tirando en la portería adversaria tiene que previamente dar diez pases seguidos en campo contrario.

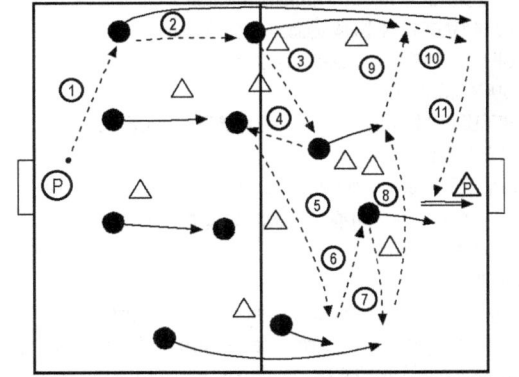

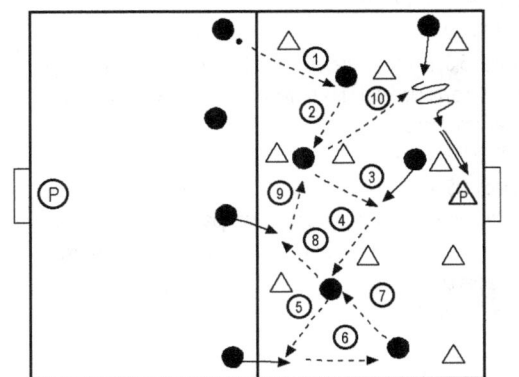

4. VUELTA A LA CALMA	4.1. CIRCUITO DE FUERZA BASE TRONCO	4.2. EJER. MOV. ARTICULAR-ESTIRAMIENTOS

PERIODO COMPETITIVO I	CATEGORÍA CADETES	MESOCICLO ESPECIFICO I	MICROCICLO IV	SESIÓN 4	DURACIÓN: 110'

OBJETIVO: Ofensivo: Mantener la posesión del balón. Defensivo: Recuperar el balón.
MED. TÁCTICOS: Ofensivo: Apoyos, desmarques, paredes, temporizaciones, c. orientación.
Defensivo: Marcaje, vigilancia.
MED. TÉCNICOS: Ofensivos: Control, conducción, regate, pase. Defensivos: Entrada, anticipación, interceptación, carga.
MED. PSICOLÓG.: Ofensivos: Atención, concentración, seguridad, cap. cognitivas.
Defensivos: Atención, concentración, sacrificio, voluntad.
MED. FÍSICOS: Vel. reacción, resistencia intensidad II, capacidades coordinativas.

1.- Explicación de objetivos y contenidos   2.- INTRODUCCIÓN AL MEDIO   Ejercicios de Movilidad Articular y Estiramiento

2.1.- Juego 6:3. Dos equipos de 3 jugadores atacantes situados (cuatro en las esquinas del cuadrado y dos en el interior del mismo) tratan de mantener la posesión del balón contra un equipo de tres jugadores defensores, si estos recuperan el balón pasa a defender el equipo que perdió el mismo.
Dimensión: 15m x 15m. Duración: 6´. Nº toques: 3

2.2.- Juego 6:3. Dos equipos de 3 jugadores atacantes situados (cuatro en los lados exteriores del cuadrado y dos en el interior del mismo) tratan de mantener la posesión del balón contra un equipo de tres jugadores defensores, si estos recuperan el balón pasa a defender el equipo que perdió el mismo.
Dimensión: 15m x 15m. Duración: 6´. Nº toques: 3

Ejs. Movilidad Articular y Estiramientos	3.- PARTE PRINCIPAL	3.1. CIRCUITO DE VELOCIDAD DE REACCIÓN

3.2.- ZONAS DE RESISTENCIA: INTENSIDAD: II
- N.º JUGADORES: 20 (4 equipos de 5 jugadores).
- DIMENSIONES: 4 cuadrados de 30m x 30m.
- DURACIÓN: 10'
- RECUPERACIÓN: 2'   - N.º DE TOQUES: 3

JUEGO Nº 1.-
Juego 5:5. El equipo atacante intenta mantener la posesión del balón consiguiendo un punto cada vez que el balón pasa por todos sus jugadores.

JUEGO Nº 2.-
Juego 5:5. El equipo atacante intenta mantener la posesión del balón consiguiendo un punto cada vez que un jugador logra atravesar conduciendo alguna de las cinco porterías (2m) situadas en el campo.

JUEGO Nº 3.-
Juego 5:5. El equipo atacante intenta mantener la posesión del balón no pudiendo jugar el mismo en el interior de la zona marcada (5mx5m).

JUEGO Nº 4.-
Juego 5:5. El equipo atacante intenta mantener la posesión del balón consiguiendo un punto cada vez que un jugador controla el balón en el interior de uno de los cinco cuadrados (2mx2m) situados en el campo.

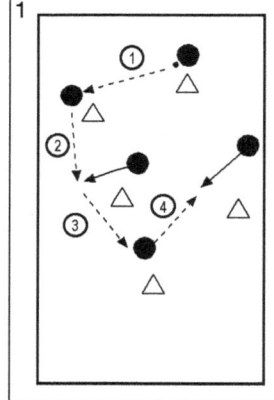
1

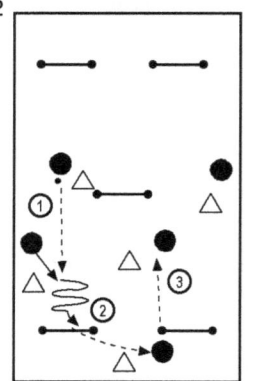
2

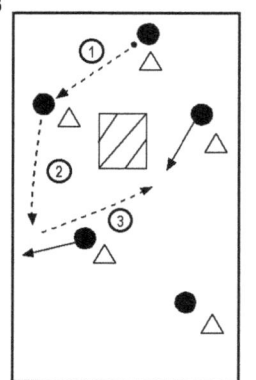
3

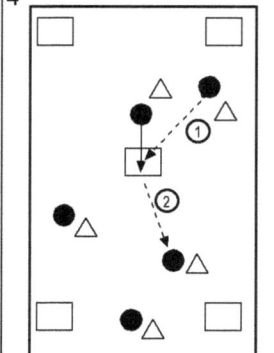
4

4. VUELTA A LA CALMA	4.1. CIRCUITO DE FUERZA BASE TRONCO	4.2. EJER. MOV. ARTICULAR-ESTIRAMIENTOS

PERIODO COMPETITIVO I	CATEGORÍA CADETES	MESOCICLO ESPECIFICO I	MICROCICLO V	SESIÓN 1	DURACIÓN: 110'

OBJETIVO: Ofensivo: Progresión en el juego (ataque). Defensivo: Evitar la progresión en el juego.
MED. TÁCTICOS: Ofensivo: Profundidad, paredes, c. ritmo, c. orientación, desmarques, apoyos, amplitud, progresión.
Defensivo: Entrada, temporización, marcaje, bascular, red. espacio, coberturas, permutas.
MED. TÉCNICOS: Ofensivos: Control, conducción, pase, tiro. Defensivos: Entrada, anticipación, interceptación, carga.
MED. PSICOLÓG.: Ofensivos: Atención, concentración, creatividad, cap. cognitivas.
Defensivos: Atención, concentración, sacrificio, voluntad.
MED. FÍSICOS: Fuerza rápida, resistencia intensidad II, capacidades coordinativas.

1.- Explicación de objetivos y contenidos 2.- INTRODUCCIÓN AL MEDIO   Ejercicios de Movilidad Articular y Estiramiento

2.1.- Juego 3:3+3 comodines ofensivos que apoyan desde el interior del campo. Cada equipo ataca y defiende una portería pequeña (2m). El equipo atacante intenta progresar en el juego y finalizar tirando en la portería adversaria tras dar diez pases seguidos.
Dimensión: 22m x 16m. Duración: 6´. Nº toques: 2-3

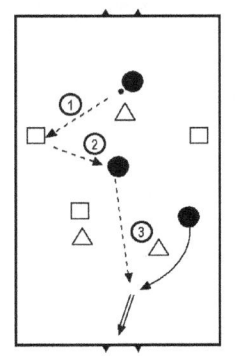

2.2.- Juego 4:4+3 comodines ofensivos que apoyan desde el interior del campo. Cada equipo ataca y defiende una portería normal (5m). El equipo atacante intenta progresar en el juego y finalizar tirando en la portería adversaria tras dar diez pases seguidos.
Dimensión: 22m x 16m. Duración: 6´. Nº toques: 2-3

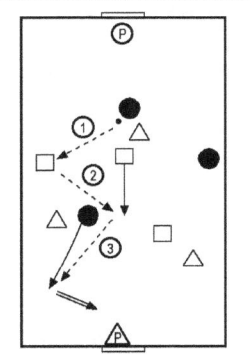

Ejs. Movilidad Articular y Estiramientos 3.- PARTE PRINCIPAL 3.1. CIRCUITO DE FUERZA RÁPIDA

3.2.- ZONAS DE RESISTENCIA: INTENSIDAD: II
- N.º JUGADORES: 22 (4 equipos de 5 jugadores + 2 porteros).
- DIMENSIONES: 4 rectángulos de 45mx30m.
- DURACIÓN: 10'
- RECUPERACIÓN: 2'   - N.º DE TOQUES: 3
JUEGO Nº 1.-
Juego 5:5. Cada equipo ataca y defiende una línea de fondo. El equipo atacante intenta progresar en el juego y finalizar atravesando conduciendo la línea de fondo adversaria tras dar diez pases seguidos. Sistema: 3-2
JUEGO Nº 2.-
Juego 6:6 Cada equipo ataca y defiende una portería normal (7m). El equipo atacante intenta progresar en el juego y finalizar tirando en la portería adversaria tras dar diez pases seguidos. Sistema: 1-3-2
JUEGO Nº 3.-
Juego 5:5. Cada equipo ataca y defiende una portería ancha (20m). El equipo atacante intenta progresar en el juego y finalizar atravesando conduciendo la portería adversaria tras dar diez pases seguidos. Sistema: 3-2
JUEGO Nº 4.-
Juego 6:6. Cada equipo ataca y defiende una portería cuadrada (7mx7m). El equipo atacante intenta progresar en el juego y finalizar tirando en la portería adversaria tras dar diez pases seguidos. Sistema: 1-3-2

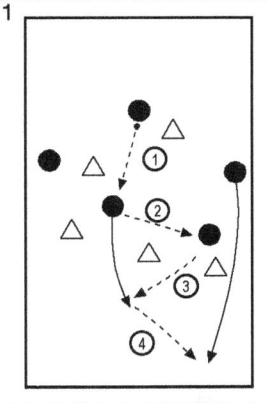
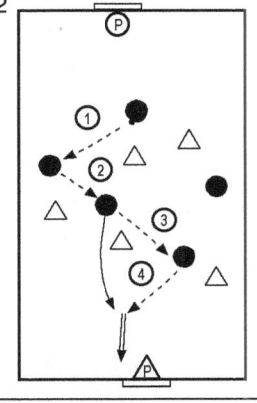
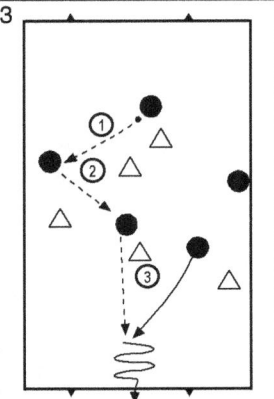
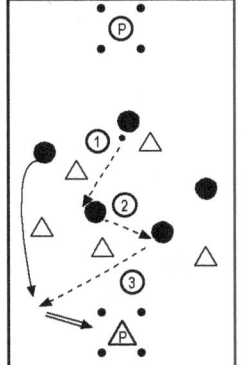

4. VUELTA A LA CALMA 4.1. CIRCUITO DE FUERZA BASE TRONCO 4.2. EJER. MOV. ARTICULAR-ESTIRAMIENTOS

PERIODO COMPETITIVO I	CATEGORÍA CADETES	MESOCICLO ESPECIFICO I	MICROCICLO V	SESIÓN 2	DURACIÓN: 110'

OBJETIVO: Ofensivo: Progresión en el juego (contraataque). Defensivo: Evitar la progresión en el juego.
MED. TÁCTICOS: Ofensivo: Profundidad, vel. juego, c. orientación, desmarques, apoyos, amplitud, progresión.
Defensivo: Entrada, temporización, marcaje, bascular, red. espacio, repliegues, coberturas, permutas.
MED. TÉCNICOS: Ofensivos: Control, pase, tiro. Defensivos: Entrada, anticipación, interceptación, carga.
MED. PSICOLÓG.: Ofensivos: Atención, concentración, creatividad, cap. cognitivas.
Defensivos: Atención, concentración, sacrificio, voluntad.
MED. FÍSICOS: Vel. reacción, resistencia intensidad II, capacidades coordinativas.

1.- Explicación de objetivos y contenidos   2.- INTRODUCCIÓN AL MEDIO   Ejercicios de Movilidad Articular y Estiramiento

2.1.- Juego 3:3+3 comodines ofensivos que apoyan desde el interior del campo. Cada equipo ataca y defiende una línea de fondo. El equipo atacante intenta progresar en el juego y finalizar atravesando conduciendo la portería antes del 6º pase.

Dimensión: 22m x 16m. Duración: 6´. Nº toques: 2-3

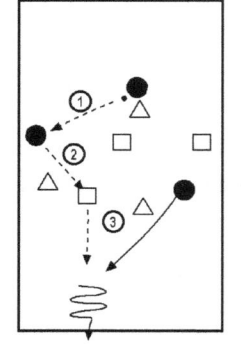 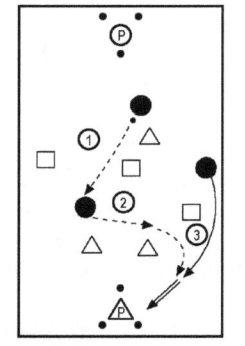

2.2.- Juego 4:4+3 comodines ofensivos que apoyan desde el interior del campo. Cada equipo ataca y defiende una portería triangular (4mx3 lados). El equipo atacante intenta progresar en el juego y finalizar tirando en la portería adversaria antes del 6º pase.

Dimensión: 22m x 16m. Duración: 6´. Nº toques: 2-3

Ejs. Movilidad Articular y Estiramientos	3.- PARTE PRINCIPAL	3.1. CIRCUITO DE VELOCIDAD DE REACCIÓN

3.2.- ZONAS DE RESISTENCIA: INTENSIDAD: II
- N.º JUGADORES: 22 (4 equipos de 5 jugadores + dos porteros).
- DIMENSIONES: 4 rectángulos de 50m x 35m.
- DURACIÓN: 10'
- RECUPERACIÓN: 2'   - N.º DE TOQUES: 3

JUEGO Nº 1.-
Juego 5:5. Cada equipo ataca y defiende una zona marcada (5m x 35m). El equipo atacante intenta progresar en el juego y finalizar enviando el balón al interior de la zona marcada adversaria logrando un jugador controlarlo en su interior antes del 6º pase. Sistema: 3-2.

JUEGO Nº 2.-
Juego 6:6. Cada equipo ataca y defiende una portería triangular (5m x 3 lados). El equipo atacante intenta progresar en el juego y finalizar tirando en la portería adversaria antes del 6º pase. Sistema: 1-3-2.

JUEGO Nº 3.-
Juego 5:5. Cada equipo ataca y defiende cuatro pitotes colocados a lo largo de la línea de fondo. El equipo atacante intenta progresar en el juego y finalizar mediante un tiro derribar los pitotes del adversario antes del 6º pase. Sistema: 3-2.

JUEGO Nº 4.-
Juego 6:6. Cada equipo ataca y defiende tres porterías pequeñas (2m). El equipo atacante intenta progresar en el juego y finalizar tirando en cualquiera de las porterías adversarias antes del 6º pase. Sistema: 1-3-2.

1 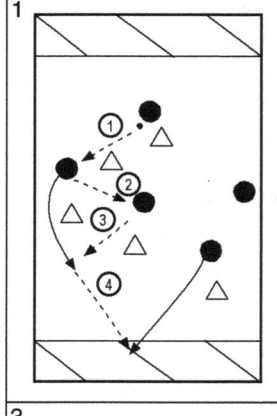 2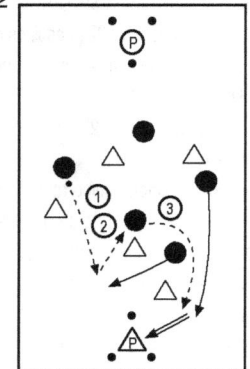

3 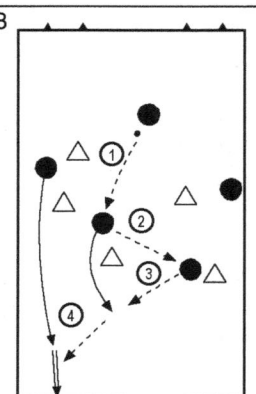 4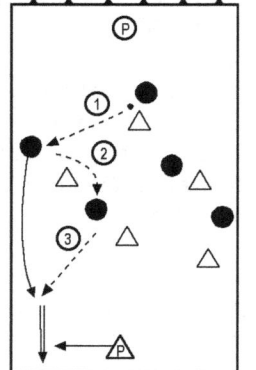

4. VUELTA A LA CALMA	4.1. CIRCUITO DE FUERZA BASE TRONCO	4.2. EJER. MOV. ARTICULAR-ESTIRAMIENTOS

PERIODO COMPETITIVO I	CATEGORÍA CADETES	MESOCICLO ESPECIFICO I	MICROCICLO V	SESIÓN 3	DURACIÓN: 110'

OBJETIVO: Ofensivo: Progresión en el juego. Defensivo: Evitar la progresión en el juego.
MED. TÁCTICOS: Ofensivo: Profundidad, paredes, c. ritmo, c. orientación, desmarques, apoyos, amplitud, progresión.
Defensivo: Entrada, temporización, marcaje, bascular, red. espacio, coberturas, permutas.
MED. TÉCNICOS: Ofensivos: Control, conducción, regate, pase, tiro.
Defensivos: Entrada, anticipación, interceptación, carga.
MED. PSICOLÓG.: Ofensivos: Atención, concentración, creatividad, cap. cognitivas.
Defensivos: Atención, concentración, sacrificio, voluntad.
MED. FÍSICOS: Cap. anaeróbica láctica, resistencia especial de competición, capacidades coordinativas.

1.- Explicación de objetivos y contenidos   2.- INTRODUCCIÓN AL MEDIO | Ejercicios de Movilidad Articular y Estiramiento

2.1.- Juego 3:3+3 comodines ofensivos que apoyan desde el interior del campo. Cada equipo ataca y defiende una portería ancha (10m). El equipo atacante intenta progresar en el juego y atravesar conduciendo la portería adversaria.

Dimensión: 22m x 16m. Duración: 6´. Nº toques: 2-3

2.2.- Juego 3:3+3 comodines ofensivos que apoyan desde el interior del campo. Cada equipo ataca y defiende una portería cuadrada (5m x 5m). El equipo atacante intenta progresar en el juego y finalizar tirando en la portería adversaria.
Dimensión: 22m x 16m. Duración: 6´. Nº toques: 2-3

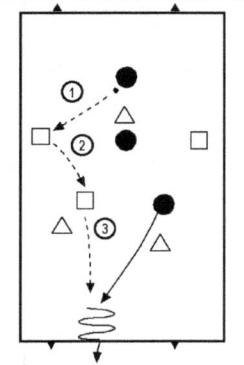
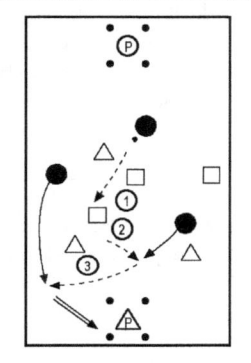

| Ejs. Movilidad Articular y Estiramientos | 3.- PARTE PRINCIPAL | 3.1. CIRCUITO DE CAPACIDAD ANAERÓBICA LÁCTICA |

3.2.- ZONAS DE RESISTENCIA: ESPECIAL DE COMPETICIÓN.
- N.º JUGADORES: 22 (2 equipos de 11 jugadores).
- DIMENSIONES: Todo el campo reglamentario.
- DURACIÓN: 20'
- RECUPERACIÓN: 1'   - N.º DE TOQUES: Libre-2

JUEGO Nº 1.-
Juego 11:11. Se obliga a los equipos a jugar a dos toques en campo propio y libre de toques en campo contrario.

JUEGO Nº 2.-
Juego 11:11. Se obliga a los equipos a jugar libre de toques en campo propio y a dos toques en campo contrario.

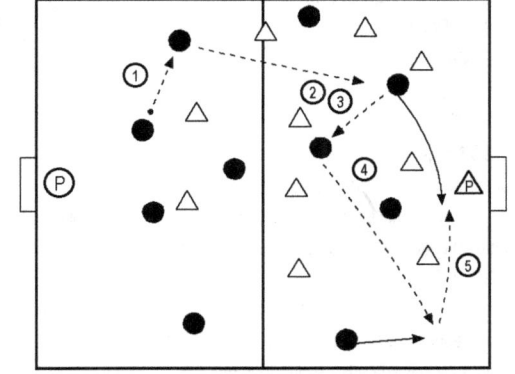
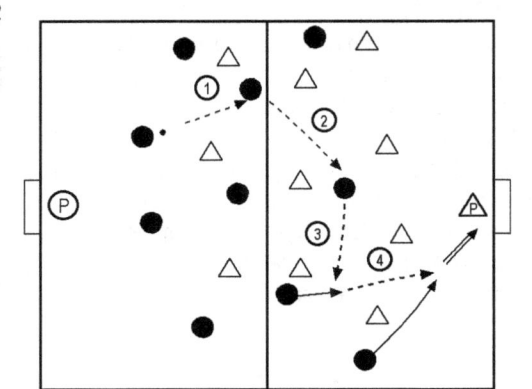

| 4. VUELTA A LA CALMA | 4.1. CIRCUITO DE FUERZA BASE TRONCO | 4.2. EJER. MOV. ARTICULAR-ESTIRAMIENTOS |

PERIODO COMPETITIVO I	CATEGORÍA CADETES	MESOCICLO ESPECIFICO I	MICROCICLO V	SESIÓN 4	DURACIÓN: 110'

OBJETIVO: Ofensivo: Progresión en el juego (ataque por las bandas).
Defensivo: Evitar la progresión en el juego.
MED. TÁCTICOS: Ofensivo: Profundidad, amplitud, Vel. juego, c. orientación, desmarques, apoyos, progresión.
Defensivo: Entrada, temporización, marcaje, bascular, red. espacio, repliegues, coberturas, permutas.
MED. TÉCNICOS: Ofensivos: Control, conducción, regate, pase, tiro.
Defensivos: Entrada, anticipación, interceptación, carga.
MED. PSICOLÓG.: Ofensivos: Atención, concentración, creatividad, cap. cognitivas.
Defensivos: Atención, concentración, sacrificio, voluntad.
MED. FÍSICOS: Vel. reacción, resistencia intensidad II, capacidades cognitivas.

1.- Explicación de objetivos y contenidos   2.- INTRODUCCIÓN AL MEDIO   Ejercicios de Movilidad Articular y Estiramiento

2.1.- Juego 3:3+3 comodines ofensivos que apoyan (dos desde las bandas y uno desde el interior del campo) Cada equipo ataca y defiende dos porterías pequeñas (2m). El equipo atacante intenta progresar en el juego y finalizar tirando en la portería adversaria.
Dimensión: 22m x 16m. Duración: 6´. Nº toques: 2-3

2.2.- Juego 3:3+3 comodines ofensivos que apoyan (dos desde las bandas y uno desde el interior del campo) Cada equipo ataca y defiende una portería lateral (5m). El equipo atacante intenta progresar en el juego y finalizar tirando en la portería adversaria.
Dimensión: 22m x 16m. Duración: 6´. Nº toques: 2-3

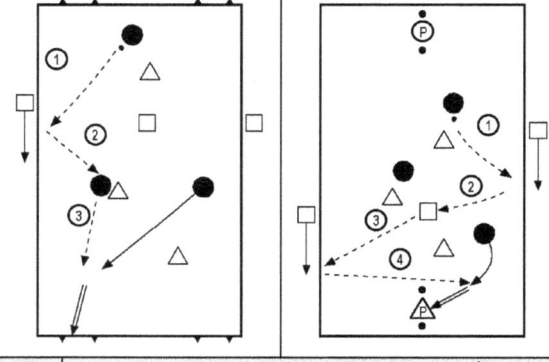

Ejs. Movilidad Articular y Estiramientos	3.- PARTE PRINCIPAL	3.1. CIRCUITO DE VELOCIDAD DE REACCIÓN

3.2.- ZONAS DE RESISTENCIA: INTENSIDAD: II
- N.º JUGADORES: 22 (4 equipos de 5 jugadores + 2 porteros).
- DIMENSIONES: 4 rectángulos de 45m x 30m.
- DURACIÓN: 10'
- RECUPERACIÓN: 2'   - N.º DE TOQUES: 3
JUEGO Nº 1.-
Juego 5:5. Cada equipo ataca y defiende dos porterías pequeñas (2m). El equipo atacante intenta progresar en el juego y finalizar tirando en cualquiera de las porterías adversarias. Sistema: 3-2
JUEGO Nº 2.-
Juego 6:6. Cada equipo ataca y defiende una portería lateral (7m). El equipo atacante intenta progresar en el juego y finalizar tirando en la portería adversaria. Sistema: 1-3-2
JUEGO Nº 3.-
Juego 5:5. Cada equipo ataca y defiende dos portería laterales (2m). El equipo atacante intenta progresar en el juego y finalizar tirando en cualquiera de las porterías adversarias. Sistema: 3-2
JUEGO Nº 4.-
Juego 6:6. Cada equipo ataca y defiende una portería normal (7m). Se delimitan en el campo dos zonas laterales (5m x 45m). El equipo atacante intenta progresar en el juego teniendo que pasar el balón por las dos zonas laterales antes de finalizar tirando en la portería adversaria. Sistema: 1-3-2

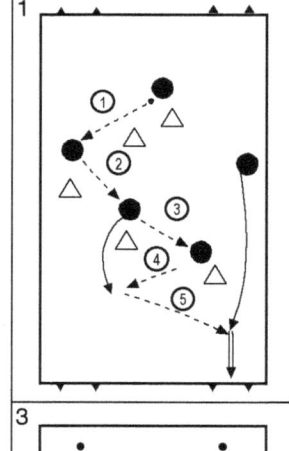
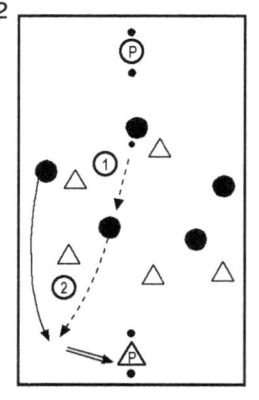
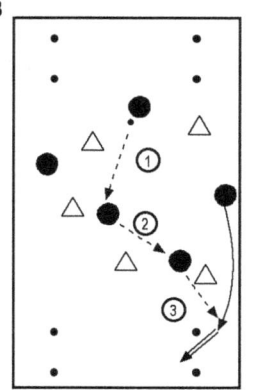
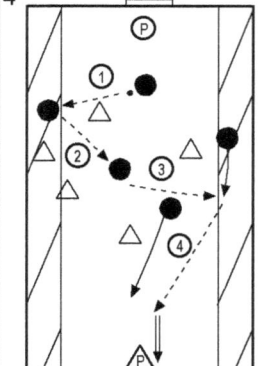

4. VUELTA A LA CALMA	4.1. CIRCUITO DE FUERZA BASE TRONCO	4.2. EJER. MOV. ARTICULAR-ESTIRAMIENTOS

PERIODO COMPETITIVO I	CATEGORÍA CADETES	MESOCICLO ESPECIFICO I	MICROCICLO VI	SESIÓN 1	DURACIÓN: 100'

OBJETIVO: Ofensivo: La finalización. Defensivo: Evitar el gol.
MED. TÁCTICOS: Ofensivo: Paredes, c. orientación, vel. juego, profundidad, progresión, desmarques.
Defensivo: Entrada, marcaje, vigilancia, repliegues.
MED. TÉCNICOS: Ofensivos: Pase, control, tiro, juego de cabeza.
Defensivos: Entrada, carga, anticipación, interceptación, despeje.
MED. PSICOLÓG.: Ofensivos: atención, concentración, confianza. Defensivos: Atención, concentración.
MED. FÍSICOS: Fuerza rápida, resistencia intensidad II, capacidades coordinativas.

1.- Explicación de objetivos y contenidos 2.- INTRODUCCIÓN AL MEDIO   Ejercicios de Movilidad Articular y Estiramiento

2.1.- Juego 3:3+3 comodines ofensivos que apoyan desde las esquinas del cuadrado. El equipo atacante tiene que finalizar tirando antes del 5º pase en la portería neutral (5m).
Dimensión: 22m x 22m. Duración: 6´. Nº toques: 2

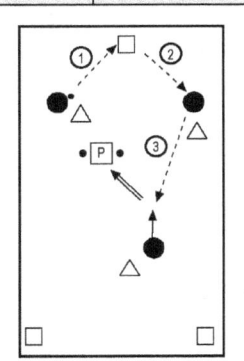

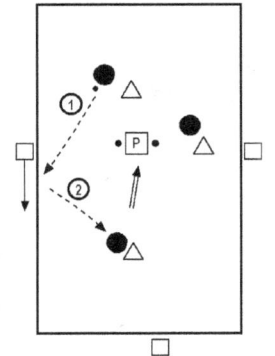

2.2.- Juego 3:3+3 comodines ofensivos que apoyan desde los lados exteriores del cuadrado. El equipo atacante tiene que finalizar tirando antes del 5º pase en la portería neutral (4m).
Dimensión: 22m x 22m. Duración: 6´. Nº toques: 2

Ejs. Movilidad Articular y Estiramientos	3.- PARTE PRINCIPAL	3.1. CIRCUITO DE FUERZA RÁPIDA

3.2.- ZONAS DE RESISTENCIA: INTENSIDAD: II
- N.º JUGADORES: 20 (4 equipos de 5 jugadores).
- DIMENSIONES: 4 rectángulos de 30m x 25m.
- DURACIÓN: 8'
- RECUPERACIÓN: 2'   - N.º DE TOQUES: 3-2
JUEGO Nº 1.-
Juego 5:5. Cada equipo ataca y defiende una portería normal (7m). El equipo atacante tiene que finalizar tirando en la portería adversaria antes del 5º pase desde el interior de la zona marcada (15mx25m).
JUEGO Nº 2.-
Juego 5:5. Cada equipo ataca y defiende una portería normal (7m). El equipo atacante tiene que finalizar tirando en la portería adversaria antes del 5º pase.
JUEGO Nº 3.-
Juego 5:5. Cada equipo ataca y defiende una portería normal (7m) y sitúa a dos jugadores en las bandas del campo hacia el que atacan (cada 4' cambiarlos). El equipo atacante sólo puede finalizar tirando en la portería adversaria tras el pase de uno de los jugadores situados en las bandas.
JUEGO Nº 4.-
Juego 5:5. Cada equipo ataca y defiende una portería normal (7m) y sitúa a dos jugadores por detrás de la línea de fondo adversaria (cada 4' cambiarlos). El equipo atacante sólo puede finalizar tirando en la portería adversaria tras el pase de uno de los jugadores situados tras la línea de fondo.

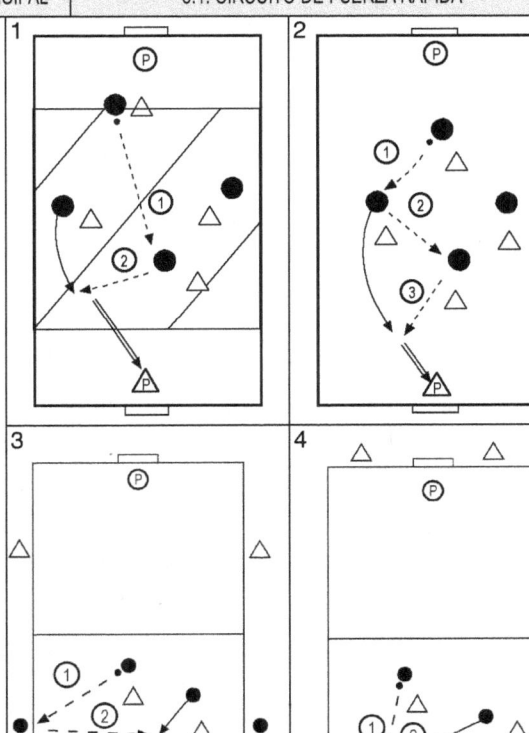

4. VUELTA A LA CALMA	4.1. CIRCUITO DE FUERZA BASE TRONCO	4.2. EJER. MOV. ARTICULAR-ESTIRAMIENTOS

PERIODO COMPETITIVO I	CATEGORÍA CADETES	MESOCICLO ESPECIFICO I	MICROCICLO VI	SESIÓN 2	DURACIÓN: 100'

OBJETIVO: Ofensivo: Superar las situaciones 1:1. Defensivo: Evitar ser superado 1:1.
MED. TÁCTICOS: Ofensivo: C. ritmo, temporizaciones. Defensivo: Entrada, temporizaciónes, repliegues.
MED. TÉCNICOS: Ofensivos: Conducción, finta, regate, cobertura técnica. Defensivos: Entrada, carga.
MED. PSICOLÓG.: Ofensivos: Atención, concentración, creatividad, confianza, valentía.
Defensivos: Atención, concentración, seguridad.
MED. FÍSICOS: Vel. reacción, resistencia intensidad III, capacidades coordinativas.

1.- Explicación de objetivos y contenidos   2.- INTRODUCCIÓN AL MEDIO   Ejercicios de Movilidad Articular y Estiramiento

2.1.- Juego 6:3. Seis atacantes cada uno con un balón lo conducen en el interior del cuadrado tratando de superar 1:1 a tres defensores y mantener la posesión del balón, los defensores si recuperan el balón pasan a atacar.
Dimensión: 15m x 15m. Duración: 4´.

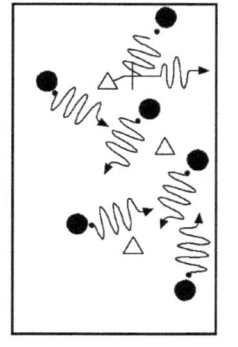

2.2.- Juego 6:3. Seis atacantes cada uno con un balón lo conducen en el interior del cuadrado tratando de superar 1:1 a tres defensores y atravesar conduciendo la portería neutral (2m), los defensores si recuperan el balón pasan a atacar.
Dimensión: 15m x 15m. Duración: 4´.

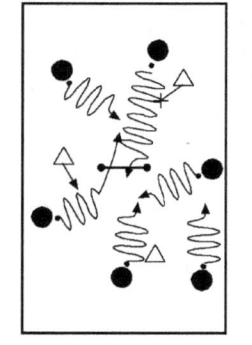

Ejs. Movilidad Articular y Estiramientos   3.- PARTE PRINCIPAL   3.1. CIRCUITO DE VELOCIDAD DE REACCIÓN

3.2.- ZONAS DE RESISTENCIA: INTENSIDAD: III
- N.º JUGADORES: 20 (8 parejas (1:1) + 4 porteros).
- DIMENSIONES: 4 rectángulos de 25m x 17m.
- DURACIÓN: 2x1'
- RECUPERACIÓN: 1'   - N.º DE TOQUES: Libre

JUEGO Nº 1.-
Juego 1:1 (4 parejas). Cada jugador ataca y defiende una portería ancha (10m) con un portero. El jugador atacante intenta superar 1:1 a su defensor directo y finalizar atravesando conduciendo la portería adversaria.

JUEGO Nº 2.-
Juego 1:1 (4 parejas). Cada jugador ataca y defiende una portería normal (7m) con un portero. El jugador atacante intenta superar 1:1 a su defensor directo y finalizar tirando en la portería adversaria.

JUEGO Nº 3.-
Juego 1:1 (4 parejas). Cada jugador ataca y defiende una zona marcada (2´5mx10m) con un portero. El jugador atacante intenta superar 1:1 a su defensor directo y finalizar atravesando conduciendo la zona marcada adversaria.

JUEGO Nº 4.-
Juego 1:1 (4 parejas). Cada jugador ataca y defiende una portería triangular (4mx3 lados). El jugador atacante intenta superar 1:1 a su defensor directo y finalizar tirando en la portería adversaria.

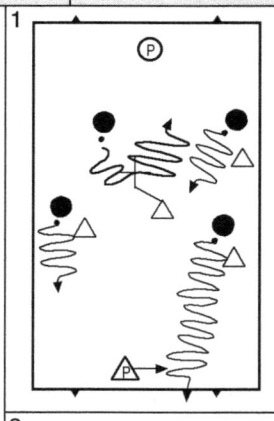
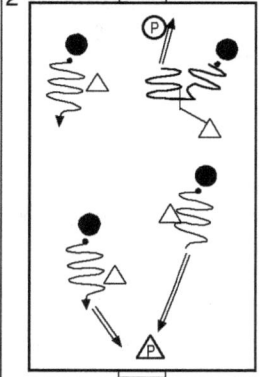
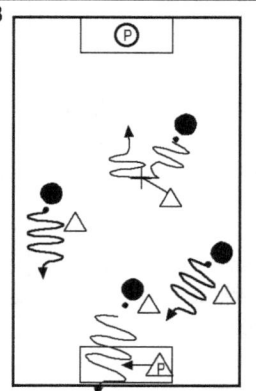
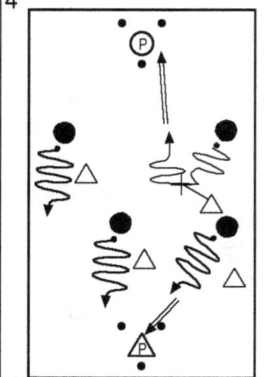

4. VUELTA A LA CALMA   4.1. CIRCUITO DE FUERZA BASE TRONCO   4.2. EJER. MOV. ARTICULAR-ESTIRAMIENTOS

PERIODO COMPETITIVO I	CATEGORÍA CADETES	MESOCICLO ESPECIFICO I	MICROCICLO VI	SESIÓN 3	DURACIÓN: 100'

OBJETIVO: Ofensivo: La finalización. Defensivo: Evitar el gol.
MED. TÁCTICOS: Ofensivo: Paredes, c. orientación, vel. juego, profundidad, progresión, desmarques.
Defensivo: Entrada, marcaje, vigilancia, repliegues.
MED. TÉCNICOS: Ofensivos: Pase, control, tiro, juego de cabeza.
Defensivos: Entrada, carga, anticipación, interceptación, despeje.
MED. PSICOLÓG.: Ofensivos: Atención, concentración, confianza. Defensivos: Atención, concentración.
MED. FÍSICOS: Cap. anaeróbica láctica, resistencia intensidad II, capacidades coordinativas.

1.- Explicación de objetivos y contenidos 2.- INTRODUCCIÓN AL MEDIO	Ejercicios de Movilidad Articular y Estiramiento

2.1.- Juego 3:3+3 comodines ofensivos que apoyan desde las esquinas del cuadrado. El equipo atacante tiene que finalizar antes del 5º pase en la portería lateral neutral (5m)
Dimensión: 22m x 22m. Duración: 6'. Nº toques: 2-3

2.2.- Juego 3:3+3 comodines ofensivos que apoyan desde los lados exteriores del cuadrado. El equipo atacante tiene que finalizar antes del 5º pase en la portería lateral neutral (5m).
Dimensión: 22m x 22m. Duración: 6'. Nº toques: 2-3

Ejs. Movilidad Articular y Estiramientos	3.- PARTE PRINCIPAL	3.1. CIRCUITO DE CAPACIDAD ANAERÓBICA LÁCTICA

3.2.- ZONAS DE RESISTENCIA: INTENSIDAD: II
- N.º JUGADORES: 20 (4 equipos de 5 jugadores).
- DIMENSIONES: 4 rectángulos de 30m x 25m.
- DURACIÓN: 8'
- RECUPERACIÓN: 2'   - N.º DE TOQUES: 3-2
JUEGO Nº 1.-
Juego 5:5. Cada equipo ataca y defiende una portería normal (7m). El equipo atacante tiene que finalizar tirando en la portería adversaria antes del 5º pase.
JUEGO Nº 2.-
Juego 5:5. Cada equipo ataca y defiende una portería normal (7m). El equipo tiene que finalizar tirando en la portería adversaria antes del 6º pase desde su propio campo.
JUEGO Nº 3.-
Juego 5:5. Cada equipo ataca y defiende una portería normal (7m) . El equipo atacante tiene que finalizar tirando en la portería adversaria antes del 5º pase desde el interior de la zona marcada (15m x 25m).
JUEGO Nº 4.-
Juego 5:5. Cada equipo ataca y defiende una portería normal (7m). El equipo atacante tiene que finalizar tirando en la portería adversaria antes del 6º pase desde el interior de una de las zonas marcadas (30m x 9m).

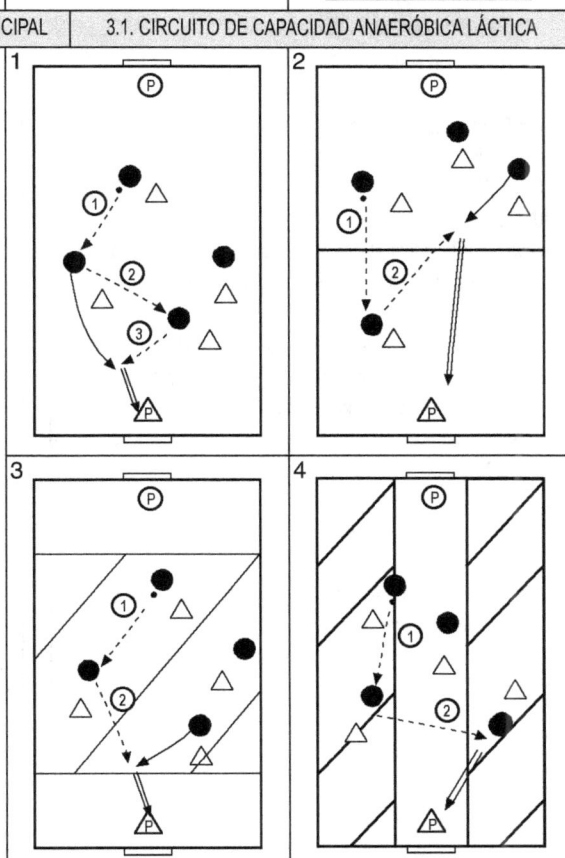

4. VUELTA A LA CALMA	4.1. CIRCUITO DE FUERZA BASE TRONCO	4.2. EJER. MOV. ARTICULAR-ESTIRAMIENTOS

| PERIODO COMPETITIVO I | CATEGORÍA CADETES | MESOCICLO ESPECIFICO I | MICROCICLO VI | SESIÓN 4 | DURACIÓN: 100' |

OBJETIVO: Ofensivo: Superar las situaciones 1:1. Defensivo: Evitar ser superado 1:1.
MED. TÁCTICOS: Ofensivo: C. ritmo, temporizaciones. Defensivo: Entradas, temporizaciones, repliegues.
MED. TÉCNICOS: Ofensivos: Conducción, finta, regate, cobertura técnica. Defensivos: Entrada, carga.
MED. PSICOLÓG.: Ofensivos: Atención, concentración, creatividad, confianza, valentía.
Defensivos: Atención, concentración, seguridad.
MED. FÍSICOS: Vel. reacción, resistencia intensidad II, capacidades coordinativas.

| 1.- Explicación de objetivos y contenidos 2.- INTRODUCCIÓN AL MEDIO | Ejercicios de Movilidad Articular y Estiramiento |

2.1.- Juego 6:3. Seis atacantes cada uno con un balón lo conducen en el interior del cuadrado tratando de superar 1:1 a tres defensores y atravesar conduciendo la zona marcada (2mx2m), los defensores si logran recuperar el balón pasan a atacar.
Dimensión: 15 x 15 m. Duración: 4'.

2.2.- Juego 6:3. Seis atacantes cada uno con un balón lo conducen en el interior del cuadrado tratando de superar 1:1 a tres defensores y atravesar conduciendo alguna de las tres porterías (1m) situados en el campo, los defensores si logran recuperar el balón pasan a atacar.
Dimensión: 15 x 15 m. Duración: 4'.

| Ejs. Movilidad Articular y Estiramientos | 3.- PARTE PRINCIPAL | 3.1. CIRCUITO DE VELOCIDAD DE REACCIÓN |

3.2.- ZONAS DE RESISTENCIA: INTENSIDAD: II
- N.º JUGADORES: 20 (4 equipos de 5 jugadores).
- DIMENSIONES: 4 cuadrados de 30m x 30m.
- DURACIÓN: 8'
- RECUPERACIÓN: 2'   - N.º DE TOQUES: Libre

JUEGO Nº 1.-
Juego 5:5. El jugador atacante en posesión del balón tiene que superar 1:1 a un defensor antes de poder pasar el balón.

JUEGO Nº 2.-
Juego 5:5. Se delimitan dos zonas laterales marcadas (30mx10m). Los jugadores del equipo atacante que reciban el balón en el interior de la zona marcada tienen que superar 1:1 a un defensor antes de poder pasar el balón.

JUEGO Nº 3.-
Juego 5:5. El equipo atacante consigue un punto cada vez que un jugador supera 1:1 a un defensor.

JUEGO Nº 4.-
Juego 5:5. El equipo atacante consigue un punto cada vez que un jugador tras superar 1:1 a un defensor logra atravesar conduciendo alguna de las tres porterías pequeñas (2m) situadas en el campo.

1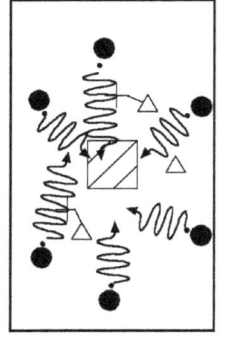
2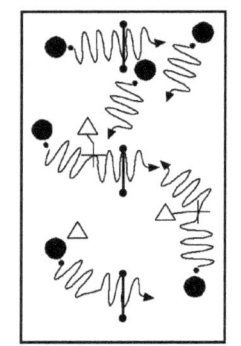
3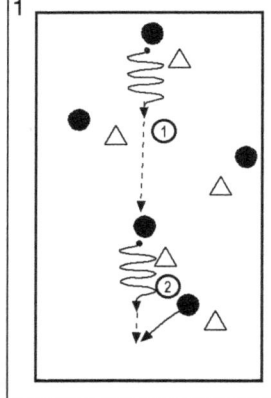
4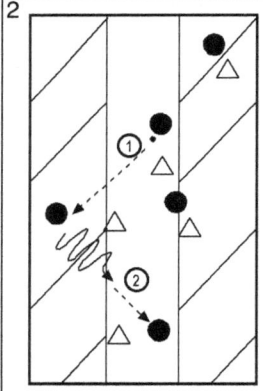
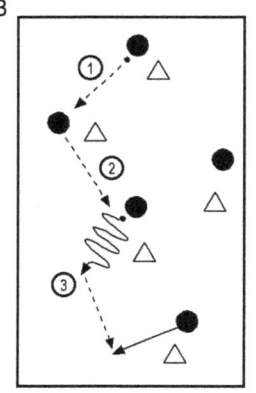
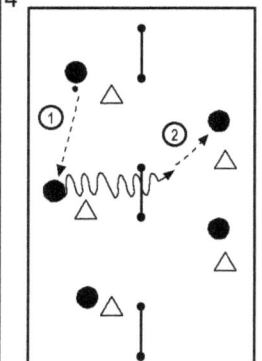

| 4. VUELTA A LA CALMA | 4.1. CIRCUITO DE FUERZA BASE TRONCO | 4.2. EJER. MOV. ARTICULAR-ESTIRAMIENTOS |

PERIODO COMPETITIVO I	CATEGORÍA CADETES	MESOCICLO ESPECIFICO I	MICROCICLO VII	SESIÓN 1	DURACIÓN: 100'

OBJETIVO: Ofensivo: Mantener la posesión del balón. Defensivo: Recuperar el balón.
MED. TÁCTICOS: Ofensivo: Apoyos, desmarques, paredes, temporizaciones, c. orientación.
Defensivo: Marcaje, vigilancia.
MED. TÉCNICOS: Ofensivos: Control. conducción, regate, pase. Defensivos: Entrada, anticipación, interceptación, carga.
MED. PSICOLÓG.: Ofensivos: Atención, concentración, seguridad, cap. cognitivas.
Defensivos: Atención, concentración, sacrificio, voluntad.
MED. FÍSICOS: Fuerza rápida, resistencia intensidad II, capacidades coordinativas.

1.- Explicación de objetivos y contenidos   2.- INTRODUCCIÓN AL MEDIO   Ejercicios de Movilidad Articular y Estiramiento

2.1.- Juego 3:3+3 comodines ofensivos que apoyan desde los lados exteriores del cuadrado. El equipo atacante intenta mantener la posesión del balón.

Dimensión: 15m x 15m. Duración: 6´. Nº toques: 2-3

2.2.- Juego 3:3+3 comodines ofensivos que apoyan desde el interior del cuadrado. El equipo atacante intenta mantener la posesión del balón.

Dimensión: 15m x 15m. Duración: 6´. Nº toques: 2-3

Ejs. Movilidad Articular y Estiramientos	3.- PARTE PRINCIPAL	3.1. CIRCUITO DE FUERZA RAPIDA

3.2.- ZONAS DE RESISTENCIA: INTENSIDAD: II
- N.º JUGADORES: 20 (4 equipos de 5 jugadores).
- DIMENSIONES: 4 cuadrados de 35m x 35m.
- DURACIÓN: 10'
- RECUPERACIÓN: 2'   - N.º DE TOQUES: 3
JUEGO Nº 1.-
Juego 5:5. El equipo atacante intenta mantener la posesión del balón consiguiendo un punto cada vez que logran realizar un pase a través de alguna de las tres porterías (2m) situadas en el campo.
JUEGO Nº 2.-
Juego 5:5. Se divide el campo en cuatro zonas. El equipo atacante intenta mantener la posesión del balón consiguiendo un punto cada vez que logran dar cuatro pases en el interior de una misma zona.
JUEGO Nº 3.-
Juego 5:5. .El equipo atacante intenta mantener la posesión del balón consiguiendo un punto cada vez que logran dar diez pases seguidos.
JUEGO Nº 4.-
Juego 5:5. El equipo atacante intenta mantener la posesión del balón sólo permitiéndose los pases cortos y a ras de suelo.

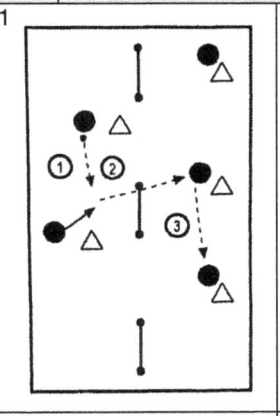
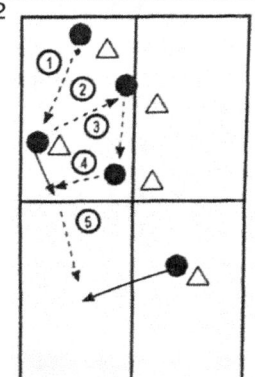
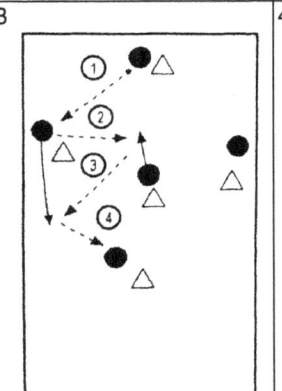
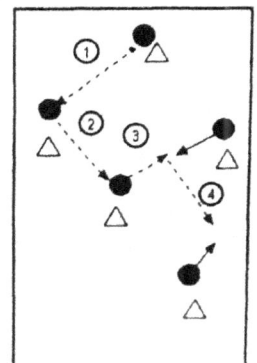

4. VUELTA A LA CALMA	4.1. CIRCUITO DE FUERZA BASE TRONCO	4.2. EJER. MOV. ARTICULAR-ESTIRAMIENTOS

PERIODO COMPETITIVO I	CATEGORÍA CADETES	MESOCICLO ESPECIFICO I	MICROCICLO VII	SESIÓN 2	DURACIÓN: 100'

OBJETIVO: Ofensivo: Mantener la posesión del balón. Defensivo: Recuperar el balón.
MED. TÁCTICOS: Ofensivo: Apoyos, desmarques, paredes, temporizaciones, c. orientación.
Defensivo: Marcaje, vigilancia.
MED. TÉCNICOS: Ofensivos: Control, conducción, regate, pase.
Defensivos: Entrada, anticipación, interceptación, carga.
MED. PSICOLÓG.: Ofensivos: Atención, concentración, seguridad, cap. cognitivas.
Defensivos: Atención, concentración, sacrificio, voluntad.
MED. FÍSICOS: Vel. reacción, resistencia intensidad III, capacidades coordinativas.

1.- Explicación de objetivos y contenidos	2.- INTRODUCCIÓN AL MEDIO	Ejercicios de Movilidad Articular y Estiramiento

2.1.- Juego 6: 3. Dos equipos de 3 jugadores atacantes situa-dos (dos en las esquinas del cuadrado y cuatro en el interior del mismo), tratan de mantener la posesión del balón contra un equipo de tres jugadores defensores, si estos recuperan el balón pasa a defender el equipo que perdió el balón.
Dimensión: 15m x 15m. Duración: 6´. Nº toques: 2-3

2.2.- Juego 6:3. Dos equipos de 3 jugadores atacantes situa-dos (dos en los lados exteriores del cuadrado y cuatro en el interior del mismo) tratan de mantener la posesión del balón contra un equipo de tres jugadores defensores, si estos recuperan el balón pasa a defender el equipo que perdió el balón.
Dimensión: 15m x 15m. Duración: 6´. Nº toques: 2-3

Ejs. Movilidad Articular y Estiramientos	3.- PARTE PRINCIPAL	3.1. CIRCUITO DE VELOCIDAD DE REACCIÓN

3.2.- ZONAS DE RESISTENCIA: INTENSIDAD: III
- N.º JUGADORES: 20 (4 equipos de 5 jugadores).
- DIMENSIONES: 4 cuadrados de 35m x 35m.
- DURACIÓN: 7'
- RECUPERACIÓN: 2'   - N.º DE TOQUES: 1-2
JUEGO Nº 1.-
Juego 5:5. El equipo atacante intenta mantener la posesión del balón consiguiendo un punto cada vez que logran realizar un pase a través de alguna de las cinco portería (2m) situadas en el campo.
JUEGO Nº 2.-
Juego 5:5. El equipo atacante intenta mantener la posesión del balón siguiendo la secuencia de pases: 3 pases cortos - 1 pase largo.
JUEGO Nº 3.-
Juego 5:5. El equipo atacante intenta mantener la posesión dle balón consiguiendo un punto cada vez que un jugador logra realizar un pase desde el interior de uno de los cinco cuadrados (2mx2m) situados en el campo.
JUEGO Nº 4.-
Juego 5:5. El equipo atacante intenta mantener la posesión del balón onsiguiendo un punto cada vez que realizan una pared.

4. VUELTA A LA CALMA	4.1. CIRCUITO DE FUERZA BASE TRONCO	4.2. EJER. MOV. ARTICULAR-ESTIRAMIENTOS

PERIODO COMPETITIVO I	CATEGORÍA CADETES	MESOCICLO ESPECIFICO I	MICROCICLO VII	SESIÓN 3	DURACIÓN: 100'

OBJETIVO: Ofensivo: Mantener la posesión del balón. Defensivo: Recuperar el balón.
MED. TÁCTICOS: Ofensivo: Apoyos, desmarques, paredes, temporizaciones, c. orientación.
Defensivo: Marcaje, vigilancia.
MED. TÉCNICOS: Ofensivos: Control, conducción, regate, pase.
Defensivos: Entrada, anticipación, interceptación, carga.
MED. PSICOLÓG.: Ofensivos: Atención, concentración, seguridad, cap. cognitivas.
Defensivos: Atención, concentración, sacrificio, voluntad.
MED. FÍSICOS: Cap. anaeróbica láctica, resistencia especial de competición, capacidades coordinativas.

1.- Explicación de objetivos y contenidos 2.- INTRODUCCIÓN AL MEDIO	Ejercicios de Movilidad Articular y Estiramiento

2.1.- Juego 3:3+3 comodines ofensivos que apoyan (dos en las esquinas del cuadrado y uno en el interior del mismo). El equipo atacante intenta mantener la posesión del balón.

Dimensión: 15m x 15m. Duración: 6´. Nº toques: 2-3

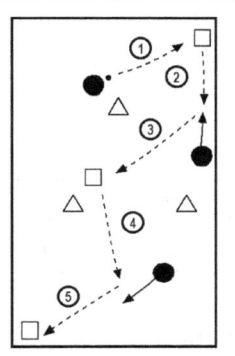

2.2.- Juego 3:3+3 comodines ofensivos que apoyan (dos desde los lados exteriores del cuadrado y uno desde el interior del mismo). El equipo atacante intenta mantener la posesión del balón.

Dimensión: 15m x 15m. Duración: 6´. Nº toques: 2-3

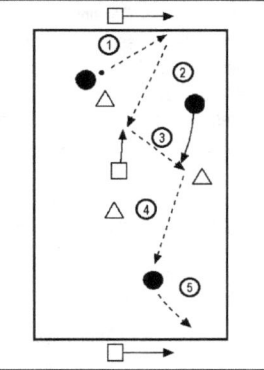

Ejs. Movilidad Articular y Estiramientos	3.- PARTE PRINCIPAL	3.1. CIRCUITO DE CAPACIDAD ANAERÓBICA LÁCTICA

3.2.- ZONAS DE RESISTENCIA: ESPECIAL DE COMPETICIÓN
- N.º JUGADORES: 22 (2 equipos de 11 jugadores).
- DIMENSIONES: Todo el campo reglamentario.
- DURACIÓN: 20'
- RECUPERACIÓN: 1'   - N.º DE TOQUES: Libre

JUEGO Nº 1.-
Juego 11:11. Se divide el campo en tres zonas. El equipo atacante tiene que dar diez pases seguidos en el interior de la zona central para poder finalizar tirando en la portería adversaria.

JUEGO Nº 2.-
Juego 11:11. El equipo atacante tiene que dar diez pases seguidos en campo contrario para poder finalizar tirando en la portería adversaria.

1
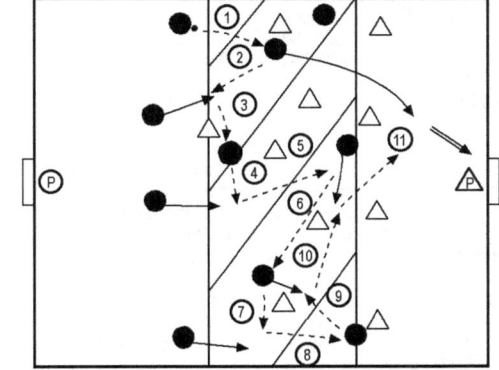

2
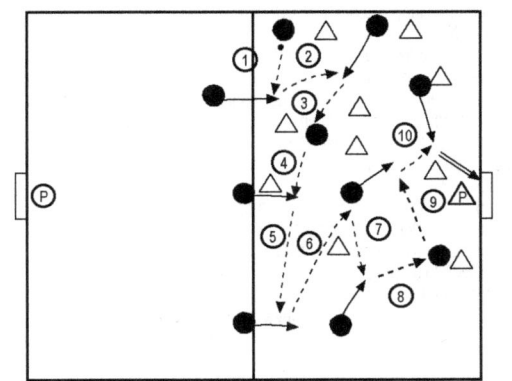

4. VUELTA A LA CALMA	4.1. CIRCUITO DE FUERZA BASE TRONCO	4.2. EJER. MOV. ARTICULAR-ESTIRAMIENTOS

| PERIODO COMPETITIVO I | CATEGORÍA CADETES | MESOCICLO ESPECIFICO I | MICROCICLO VII | SESIÓN 4 | DURACIÓN: 90' |

OBJETIVO: Ofensivo: Mantener la posesión del balón. Defensivo: Recuperar el balón.
MED. TÁCTICOS: Ofensivo: Apoyos, desmarques, paredes, temporizaciones c. orientación.
Defensivo: Marcaje, vigilancia.
MED. TÉCNICOS: Ofensivos: Control, conducción, regate, pase.
Defensivos: Entrada, anticipación, interceptación, carga.
MED. PSICOLÓG.: Ofensivos: Atención, concentración, seguridad, cap. cognitivas.
Defensivos: Atención, concentración, sacrificio, voluntad.
MED. FÍSICOS: Vel. reacción, resistencia intensidad I, capacidades coordinativas.

1.- Explicación de objetivos y contenidos   2.- INTRODUCCIÓN AL MEDIO | Ejercicios de Movilidad Articular y Estiramiento

2.1.- Juego 6:3. Dos equipos de 3 jugadores atacantes situados (cuatro en las esquinas del cuadrado y dos en el interior del mismo) tratan de mantener la posesión del balón contra un equipo de tres jugadores defensores, si estos recuperan el balón pasa a defender el equipo que perdió el balón.

Dimensión: 15m x 15m. Duración: 6´. Nº toques: 2-3

2.2.- Juego 6:3. Dos equipos de 3 jugadores atacantes situados (cuatro en los lados exteriores del cuadrado y dos en el interior del mismo) tratan de mantener la posesión del balón contra un equipo de tres jugadores defensores, si estos recuperan el balón pasa a defender el equipo que perdió el balón.

Dimensión: 15m x 15m. Duración: 6´. Nº toques: 2-3

| Ejs. Movilidad Articular y Estiramientos | 3.- PARTE PRINCIPAL | 3.1. CIRCUITO DE VELOCIDAD DE REACCIÓN |

3.2.- ZONAS DE RESISTENCIA: INTENSIDAD: I
- N.º JUGADORES: 20 (4 equipos de 5 jugadores).
- DIMENSIONES: 2 cuadrados 1-3 (20m x 20m.)
  2 cuadrados 3-4 (15m x 15m)
- DURACIÓN: 8'
- RECUPERACIÓN: 2'   - N.º DE TOQUES: Libre
JUEGO Nº 1.-
Juego 5:5. Cada equipo sitúa a un jugador en una de las esquinas del cuadrado desde donde apoyan y cuatro jugadores en el interior del mismo. El equipo atacante intenta mantener la posesión del balón consiguiendo un punto cada vez que logran dar diez pases seguidos, siempre que un jugador del interior del cuadrado le pasa el balón al situado en la esquina lo releva en esa posición.
JUEGO Nº 2.-
Juego 5:5. Cada equipo sitúa a un jugador en los lados exteriores del cuadrado desde donde apoyan y cuatro jugadores en el interior del mismo. El equipo atacante intenta mantener la posesión del balón consiguiendo un punto cada vez que logran dar diez pases seguidos, siempre que un jugador del interior del cuadrado le pasa el balón al situado en el lado exterior lo releva en esa posición.
JUEGO Nº 3.-
Juego 5:5. Cada equipo sitúa a dos jugadores en las esquinas del cuadrado desde donde apoyan y tres jugadores en el interior del mismo. El equipo atacante intenta mantener la posesión del balón consiguiendo un punto cada vez que logran dar diez pases seguidos, siempre que un jugador del interior del cuadrado le pasa el balón al situado en una esquina lo releva en esa posición.
JUEGO Nº 4.-
Juego 5:5. Cada equipo sitúa a dos jugadores en los lados exteriores del cuadrado desde donde apoyan y tres jugadores en el interior del mismo. El equipo atacante intenta mantener la posesión del balón consiguiendo un punto cada vez que logran dar diez pases seguidos, siempre que un jugador del interior del cuadrado le pasa el balón al situado en un lado exterior lo releva en esa posición.

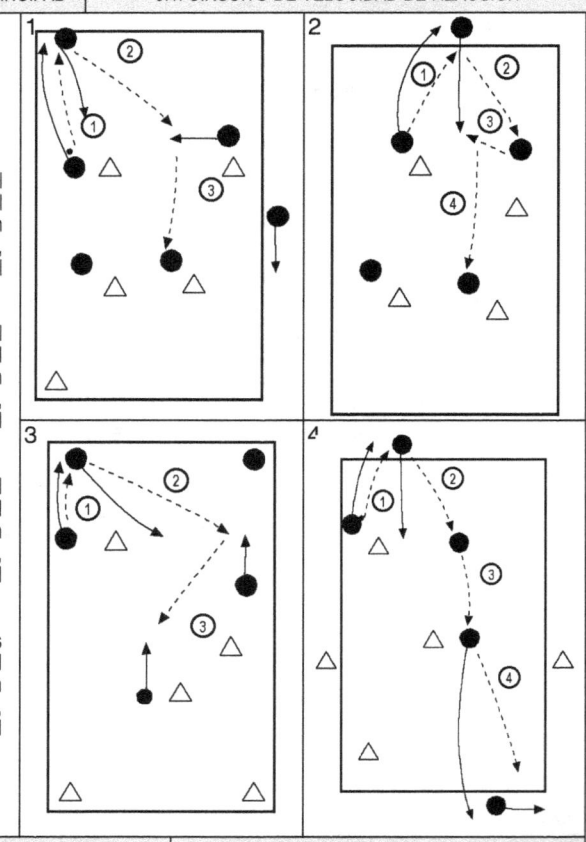

| 4. VUELTA A LA CALMA | 4.1. CIRCUITO DE FUERZA BASE TRONCO | 4.2. EJER. MOV. ARTICULAR-ESTIRAMIENTOS |

PERIODO COMPETITIVO II	CATEGORÍA CADETES	MESOCICLO PREP. GRAL.II	MICROCICLO I	SESIÓN 1	DURACIÓN: 110'

OBJETIVO: Ofensivo: Mantener la posesión del balón. Defensivo: Recuperar el balón.
MED. TÁCTICOS: Ofensivo: Apoyos, desmarques, paredes, temporizaciones, c. orientación.
Defensivo: Marcaje, vigilancia.
MED. TÉCNICOS: Ofensivos: Control. conducción, regate, pase. Defensivos: Entrada, anticipación, interceptación, carga.
MED. PSICOLÓG.: Ofensivos: Atención, concentración, seguridad, cap. cognitivas.
Defensivos: Atención, concentración, sacrificio, voluntad.
MED. FÍSICOS: Fuerza resistencia, resistencia intensidad II, capacidades coordinativas.

1.- Explicación de objetivos y contenidos   2.- INTRODUCCIÓN AL MEDIO   Ejercicios de Movilidad Articular y Estiramiento

2.1.- Juego 3:3+3 comodines ofensivos que apoyan desde las esquinas del cuadrado. El equipo atacante intenta mantener la posesión del balón.
Dimensión: 15m x 15m. Duración: 6´. Nº toques: 2-3

2.2.- Juego 3:3+3 comodines ofensivos que apoyan desde el interior del cuadrado. El equipo atacante intenta mantener la posesión del balón.
Dimensión: 15m x 15m. Duración: 6´. Nº toques: 2-3

Ejs. Movilidad Articular y Estiramientos   3.- PARTE PRINCIPAL   3.1. CIRCUITO DE FUERZA - RESISTENCIA

3.2.- ZONAS DE RESISTENCIA: INTENSIDAD: II
- N.º JUGADORES: 20 (4 equipos de 5 jugadores).
- DIMENSIONES: 4 cuadrados de 35m x 35m.
- DURACIÓN: 10'
- RECUPERACIÓN: 2'   - N.º DE TOQUES: 3

JUEGO Nº 1.-
Juego 5:5. El equipo atacante intenta mantener la posesión del balón consiguiendo un punto cada vez que logran dar diez pases seguidos.

JUEGO Nº 2.-
Juego 5:5. El equipo atacante intenta mantener la posesión del balón sólo permitiéndose los pases cortos y a ras de suelo.

JUEGO Nº 3.-
Juego 5:5. .El equipo atacante intenta mantener la posesión del balón consiguiendo un punto cada vez que logran realizar un pase a traves de alguna de las tres porterías (2m) situadas en el campo.

JUEGO Nº 4.-
Juego 5:5. El equipo atacante intenta mantener la posesión del balón consiguiendo un punto cada vez que logran realizar un pase a través de alguna de las cinco porterías (2m) situadas en el campo.

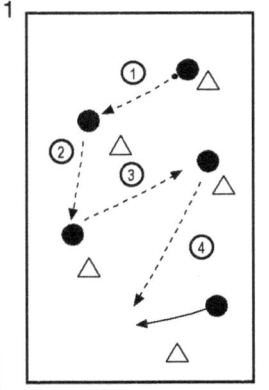
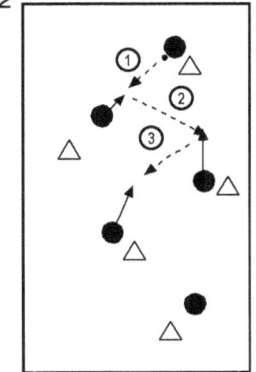
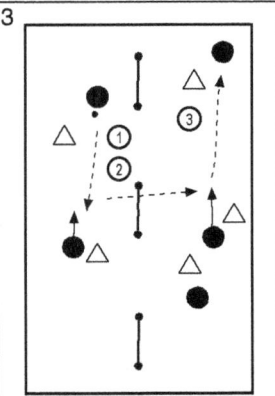
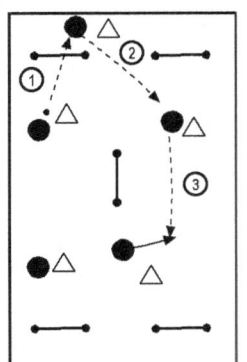

4. VUELTA A LA CALMA   4.1. CIRCUITO DE FUERZA BASE TRONCO   4.2. EJER. MOV. ARTICULAR-ESTIRAMIENTOS

PERIODO COMPETITIVO II	CATEGORÍA CADETES	MESOCICLO PREP. GRAL.II	MICROCICLO I	SESIÓN 2	DURACIÓN: 100'

OBJETIVO: Ofensivo: Mantener la posesión del balón. Defensivo: Recuperar el balón.
MED. TÁCTICOS: Ofensivo: Apoyos, desmarques, paredes, temporizaciones, c. orientación.
Defensivo: Marcaje, vigilancia.
MED. TÉCNICOS: Ofensivos: Control, conducción, regate, pase. Defensivos: Entrada, anticipación, interceptación, carga.
MED. PSICOLÓG.: Ofensivos: Atención, concentración, seguridad, cap. cognitivas.
Defensivos: Atención, concentración, sacrificio, voluntad.
MED. FÍSICOS: Vel. frecuencia, resistencia intensidad II, capacidades coordinativas.

1.- Explicación de objetivos y contenidos   2.- INTRODUCCIÓN AL MEDIO   Ejercicios de Movilidad Articular y Estiramiento

2.1.- Juego 3:3+3 comodines ofensivos que apoyan (dos desde las esquinas del cuadrado y uno desde el interior del mismo). El equipo atacante intenta mantener la posesión del balón.

Dimensión: 15m x 15m. Duración: 6´. Nº toques: 2-3

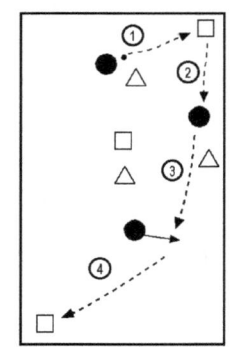 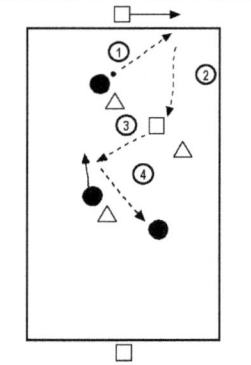

2.2.- Juego 3:3+3 comodines ofensivos que apoyan (dos desde los lados exteriores del cuadrado y uno desde el interior del mismo). El equipo atacante intenta mantener la posesión del balón.

Dimensión: 15m x 15m. Duración: 6´. Nº toques: 2-3

Ejs. Movilidad Articular y Estiramientos	3.- PARTE PRINCIPAL	3.1. CIRCUITO DE VELOCIDAD DE FRECUENCIA

3.2.- ZONAS DE RESISTENCIA: INTENSIDAD: II
- N.º JUGADORES: 20 (4 equipos de 5 jugadores).
- DIMENSIONES: 4 cuadrados de 35m x 35m.
- DURACIÓN: 10'
- RECUPERACIÓN: 2'   - N.º DE TOQUES: 3
JUEGO Nº 1.-
Juego 5:5. El equipo atacante intenta mantener la posesión del balón y cuando logra dar ocho pases seguidos puede intenta hacer gol en cualquiera de las cinco porterías (2m) situadas en el campo.
JUEGO Nº 2.-
Juego 5:5. El equipo atacante intenta mantener la posesión del balón consiguiendo un punto cada vez que un jugador controla el balón en el interior de uno de los cinco cuadrados (2mx2m) situados en el campo.
JUEGO Nº 3.-
Juego 5:5. Cada equipo sitúa a un jugador en una de las esquinas del cuadrado desde donde apoya. El equipo atacante intenta mantener la posesión del balón consiguiendo un punto cada vez que logran dar diez pases seguidos, siempre que un jugador del interior del campo le envía el balón al situado en la esquina lo releva en esa posición.
JUEGO Nº 4.-
Juego 5:5. Cada equipo sitúa a un jugador en un lado exterior del cuadrado desde donde apoya. El equipo atacante intenta mantener la posesión del balón consiguiendo un punto cada vez que logran dar diez pases seguidos, siempre que un jugador del interior del campo le envía el balón al situado en el lado exterior lo releva en esa posición.

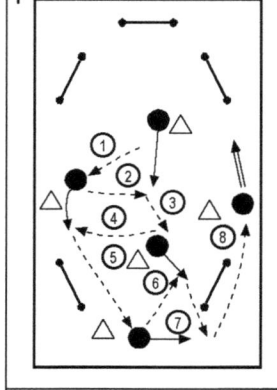 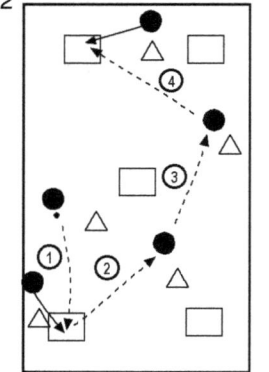

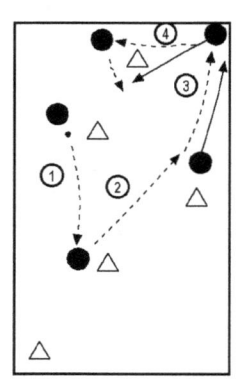 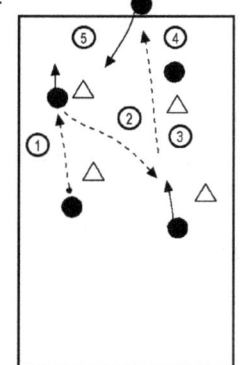

4. VUELTA A LA CALMA	4.1. CIRCUITO DE FUERZA BASE TRONCO	4.2. EJER. MOV. ARTICULAR-ESTIRAMIENTOS

PERIODO COMPETITIVO II	CATEGORÍA CADETES	MESOCICLO PREP. GRAL.II	MICROCICLO I	SESIÓN 3	DURACIÓN: 100'

OBJETIVO: Ofensivo: Mantener la posesión del balón. Defensivo: Recuperar el balón.
MED. TÁCTICOS: Ofensivo: Apoyos, desmarques, paredes, temporizaciones, c. orientación.
Defensivo: Marcaje, vigilancia.
MED. TÉCNICOS: Ofensivos: Control, conducción, regate, pase. Defensivos: Entrada, anticipación, interceptación, carga.
MED. PSICOLÓG.: Ofensivos: Atención, concentración, seguridad, cap. cognitivas.
Defensivos: Atención, concentración, sacrificio, voluntad.
MED. FÍSICOS: Fuerza resistencia, resistencia especial de competición, capacidades coordinativas.

1.- Explicación de objetivos y contenidos	2.- INTRODUCCIÓN AL MEDIO	Ejercicios de Movilidad Articular y Estiramiento

2.1.- Juego 6:3. Dos equipos de 3 jugadores atacantes situados (cuatro en las esquinas del cuadrado y dos en el interior del mismo), tratan de mantener la posesión del balón contra un equipo de tres jugadores jugadores defensores que intentan recuperarlo, si lo consiguen pasa a defender el equipo que perdió el balón.
Dimensión: 15m x 15m. Duración: 6´. Nº toques: 2-3

2.2.- Juego 6:3. Dos equipos de 3 jugadores atacantes situados (cuatro en los lados exteriores del cuadrado y dos en el interior del mismo) tratan de mantener la posesión del balón contra un equipo de tres jugadores jugadores defensores que intentan recuperarlo, si lo consiguen pasa a defender el equipo que perdió el balón.
Dimensión: 15m x 15m. Duración: 6´. Nº toques: 2-3

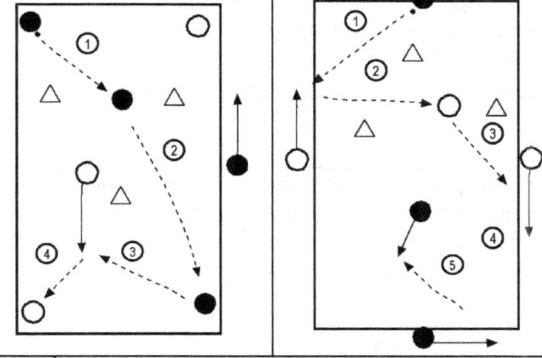

Ejs. Movilidad Articular y Estiramientos	3.- PARTE PRINCIPAL	3.1. CIRCUITO DE FUERZA - RESISTENCIA

3.2.- ZONAS DE RESISTENCIA: ESPECIAL DE COMPETICIÓN
- Nº JUGADORES: 22 (2 equipos de 11 jugadores).
- DIMENSIONES: Todo el campo reglamentario.
- DURACIÓN: 20'
- RECUPERACIÓN: 1'   - Nº DE TOQUES: Libre

JUEGO Nº 1.-
Juego 11:11. El equipo atacante intenta progresar en el juego no pudiendo jugar el balón en el interior de la zona marcada central (20mx20m) y finalizar tirando en la portería adversaria.

JUEGO Nº 2.-
Juego 11:11. Se divide el campo en tres zonas (ver gráfico). El equipo atacante tiene que dar diez pases seguidos para poder finalizar tirando en la portería adversaria sólo pudiendo jugar en la zona A y C a dos toques y en la zona B a un toque.

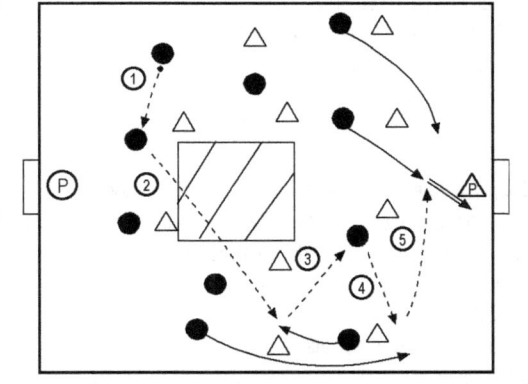

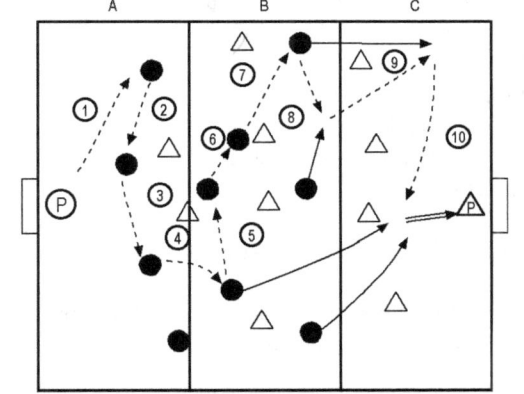

4. VUELTA A LA CALMA	4.1. CIRCUITO DE FUERZA BASE TRONCO	4.2. EJER. MOV. ARTICULAR-ESTIRAMIENTOS

| PERIODO COMPETITIVO II | CATEGORÍA CADETES | MESOCICLO PREP. GRAL.II | MICROCICLO I | SESIÓN 4 | DURACIÓN: 110' |

OBJETIVO:	Ofensivo: Mantener la posesión del balón. Defensivo: Recuperar el balón.
MED. TÁCTICOS:	Ofensivo: Apoyos, desmarques, paredes, temporizaciones c. orientación.
	Defensivo: Marcaje, vigilancia.
MED. TÉCNICOS:	Ofensivos: Control, conducción, regate, pase. Defensivos: Entrada, anticipación, interceptación, carga.
MED. PSICOLÓG.:	Ofensivos: Atención, concentración, seguridad, cap. cognitivas.
	Defensivos: Atención, concentración, sacrificio, voluntad.
MED. FÍSICOS:	Vel. reacción, resistencia intensidad II, capacidades coordinativas.

1.- Explicación de objetivos y contenidos   2.- INTRODUCCIÓN AL MEDIO   Ejercicios de Movilidad Articular y Estiramiento

2.1.- Juego 3:3+3 comodines ofensivos que apoyan desde los lados exteriores del cuadrado. El equipo atacante intenta mantener la posesión del balón.

Dimensión: 15m x 15m. Duración: 6´. Nº toques: 2-3

2.2.- Juego 3:3+3 comodines ofensivos que apoyan desde el interior del cuadrado. El equipo atacante intenta mantener la posesión del balón.

Dimensión: 15m x 15m. Duración: 6´. Nº toques: 2-3

Ejs. Movilidad Articular y Estiramientos   3.- PARTE PRINCIPAL   3.1. CIRCUITO DE VELOCIDAD DE REACCIÓN

3.2.- ZONAS DE RESISTENCIA: INTENSIDAD: II
- N.º JUGADORES: 20 (4 equipos de 5 jugadores).
- DIMENSIONES: 4 cuadrados de 35m x 35m.
- DURACIÓN: 10'
- RECUPERACIÓN: 2'   - N.º DE TOQUES: Libre

JUEGO Nº 1.-
Juego 5:5. El equipo atacante intenta mantener la posesión del balón consiguiendo un punto cada vez que un jugador realiza un pase desde el interior uno de los cinco cuadrados (2mx2m) situados en el campo.

JUEGO Nº 2.-
Juego 5:5. El equipo atacante intenta mantener la posesión del balón consiguiendo un punto cada vez que un jugador logra atravesar conduciendo alguna de las tres porterías (2m) situadas en el campo.

JUEGO Nº 3.-
Juego 5:5. El equipo atacante intenta mantener la posesión del balón consiguiendo un punto cada vez que un jugador logra atravesar conduciendo alguna de las cinco porterías (2m) situadas en el campo.

JUEGO Nº 4.-
Juego 5:5. El equipo atacante intenta mantener la posesión del balón consiguiendo un pnto cada vez que tras dar ocho pases seguidos envía el balón al exterior del campo logrando un jugador controlar el mismo antes del 2º bote.

4. VUELTA A LA CALMA   4.1. CIRCUITO DE FUERZA BASE TRONCO   4.2. EJER. MOV. ARTICULAR-ESTIRAMIENTOS

| PERIODO COMPETITIVO II | CATEGORÍA CADETES | MESOCICLO PREP. GRAL.II | MICROCICLO II | SESIÓN 1 | DURACIÓN: 100' |

OBJETIVO: Ofensivo: Progresión en el juego (ataque). Defensivo: Evitar la progresión en el juego.
MED. TÁCTICOS: Ofensivo: Profundidad, paredes, c. ritmo, c. orientación, desmarques, apoyos, amplitud, progresión.
Defensivo: Entrada, temporización, marcaje, bascular, red. espacio, coberturas, permutas.
MED. TÉCNICOS: Ofensivos: Control. conducción, pase. Defensivos: Entrada, anticipación, interceptación, carga.
MED. PSICOLÓG.: Ofensivos: Atención, concentración, creatividad, cap. cognitivas.
Defensivos: Atención, concentración, sacrificio, voluntad.
MED. FÍSICOS: Fuerza resistencia, resistencia intensidad II, capacidades coordinativas.

| 1.- Explicación de objetivos y contenidos   2.- INTRODUCCIÓN AL MEDIO | Ejercicios de Movilidad Articular y Estiramiento |

2.1.- Juego 3:3+3 comodines ofensivos que apoyan desde el interior del campo. Cada equipo ataca y defiende una portería ancha (10m). El equipo atacante intenta progresar en el juego y finalizar atravesando conduciendo la portería ancha adversaria tras dar seis pases seguidos.

Dimensión: 22m x 16m. Duración: 6´. Nº toques: 2-3

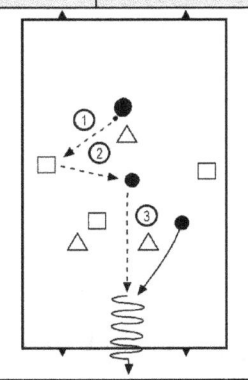
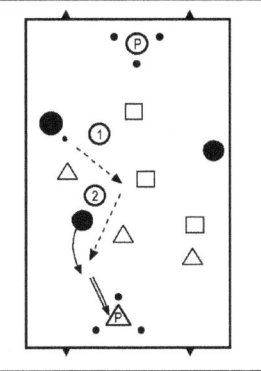

2.2.- Juego 3:3+3 comodines ofensivos que apoyan desde el interior del campo. Cada equipo ataca y defiende una portería triangular (4mx3 lados). El equipo atacante intenta progresar en el juego y finalizar tirando en la portería adversaria tras dar seis pases seguidos.

Dimensión: 22m x 16m. Duración: 6´. Nº toques: 2-3

| Ejs. Movilidad Articular y Estiramientos | 3.- PARTE PRINCIPAL | 3.1. CIRCUITO DE FUERZA - RESISTENCIA |

3.2.- ZONAS DE RESISTENCIA: INTENSIDAD: II
- N.º JUGADORES: 22 (4 equipos de 5 jugadores + 2 porteros).
- DIMENSIONES: 4 rectángulos de 45mx30m.
- DURACIÓN: 10'
- RECUPERACIÓN: 2'   - N.º DE TOQUES: 3
JUEGO Nº 1.-
Juego 5:5. Cada equipo ataca y defiende una línea de fondo. El equipo atacante intenta progresar en el juego y finalizar atravesando conduciendo la línea de fondo adversaria tras dar seis pases seguidos. Sistema 3-2 ó 4-1
JUEGO Nº 2.-
Juego 6:6 Cada equipo ataca y defiende una portería normal (7m). Se divide el campo en cuatro zonas. El equipo atacante intenta progresar en el juego no pudiendo dar más de cuatro pases en interior de una misma zona y finalizar tirando en la portería adversaria tras dar seis pases seguidos. Sistema: 1-3-2 ó 1-4-1.
JUEGO Nº 3.-
Juego 5:5. Cada equipo ataca y defiende una zona marcada (5mx30m). El equipo atacante intenta progresar en el juego y finalizar logrando un jugador controlar el balón en el interior de la zona marcada adversaria tras dar seis pases seguidos. Sistema: 3-2 ó 4-1.
JUEGO Nº 4.-
Juego 6:6. Cada equipo ataca y defiende una portería normal (7m). Se delimita en el campo una zona marcada de 7´5m x 7´5m. El equipo atacante intenta progresar en el juego no pudiendo jugar el balón en el interior de la zona marcada y finalizar tirando en la portería adversaria tras dar seis pases seguidos. Sistema: 1-3-2 ó 1-4-1

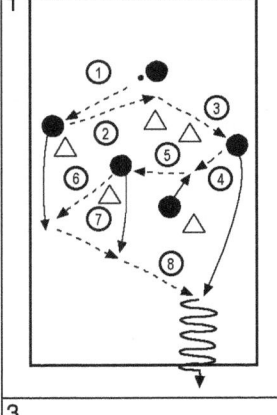
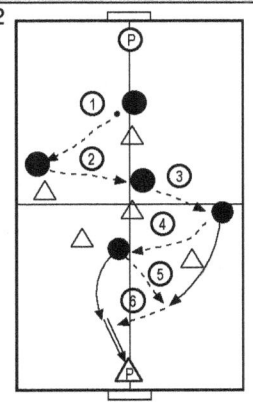
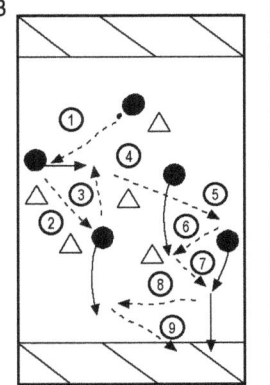
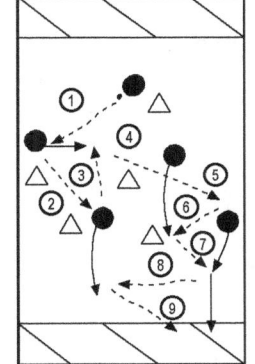

| 4. VUELTA A LA CALMA | 4.1. CIRCUITO DE FUERZA BASE TRONCO | 4.2. EJER. MOV. ARTICULAR-ESTIRAMIENTOS |

PERIODO COMPETITIVO II	CATEGORÍA CADETES	MESOCICLO PREP. GRAL.II	MICROCICLO II	SESIÓN 2	DURACIÓN: 100'

OBJETIVO: Ofensivo: Progresión en el juego (contraataque) Defensivo: Evitar la progresión en el juego.
MED. TÁCTICOS: Ofensivo: Profundidad, vel. juego, c. orientación, desmarques, apoyos, amplitud, progresión.
Defensivo: Entrada, temporización, marcaje, bascular, red. espacio, repliegues, coberturas, permutas.
MED. TÉCNICOS: Ofensivos: Control, pase. Defensivos: Entrada, anticipación, interceptación, carga.
MED. PSICOLÓG.: Ofensivos: Atención, concentración, creatividad, cap. cognitivas.
Defensivos: Atención, concentración, sacrificio, voluntad.
MED. FÍSICOS: Vel. frecuencia, resistencia intensidad III, capacidades coordinativas.

1.- Explicación de objetivos y contenidos   2.- INTRODUCCIÓN AL MEDIO | Ejercicios de Movilidad Articular y Estiramiento

2.1.- Juego 3:3+3 comodines ofensivos que apoyan desde el interior del campo. Cada equipo ataca y defiende una portería pequeña (3m). El equipo atacante intenta progresar en el juego y finalizar tirando en la portería adversaria antes del 6º pase.
Dimensión: 22m x 16m. Duración: 6´. Nº toques: 2-3

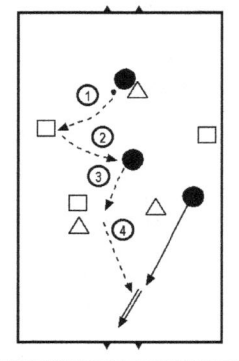 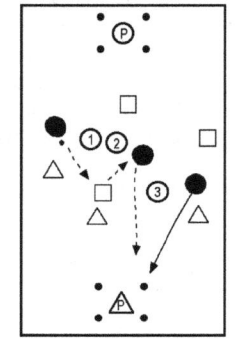

2.2.- Juego 4:4+3 comodines ofensivos que apoyan desde el interior del campo. Cada equipo ataca y defiende una portería cuadrada (5mx5m). El equipo atacante intenta progresar en el juego y finalizar tirando en la portería adversaria antes del 6º pase.
Dimensión: 22m x 16m. Duración: 6´. Nº toques: 2-3

Ejs. Movilidad Articular y Estiramientos	3.- PARTE PRINCIPAL	3.1. CIRCUITO DE VELOCIDAD DE FRECUENCIA

3.2.- ZONAS DE RESISTENCIA: INTENSIDAD: III
- N.º JUGADORES: 22 (4 equipos de 5 jugadores + dos porteros).
- DIMENSIONES: 4 rectángulos de 50m x 35m.
- DURACIÓN: 7'
- RECUPERACIÓN: 2'   - N.º DE TOQUES: 1-2

JUEGO Nº 1.-
Juego 5:5. Cada equipo ataca y defiende cuatro pitotes colocados a lo largo de la línea de fondo. El equipo atacante intenta progresar en el juego y finalizar intentando mediante un tiro derribar los pitotes del adversario. Sistema: 1-3-2 ó 1-4-1

JUEGO Nº 2.-
Juego 6:6. Cada equipo ataca y defiende una portería triangular (5mx 3 lados). El equipo atacante intenta progresar en el juego y finalizar tirando en la portería adversaria antes del 6º pase. Sistema: 1-3-2 ó 1-4-1

JUEGO Nº 3.-
Juego 5:5. Cada equipo ataca y defiende una línea de fondo. El equipo atacante intenta progresar en el juego y finalizar logrando un jugador controlar el balón por detrás de la línea de fondo adversaria antes del 6º pase. Sistema: 3-2- ó 4-1

JUEGO Nº 4.-
Juego 6:6. Cada equipo ataca y defiende una portería cuadrada (6mx6m). El equipo atacante intenta progresar en el juego y finalizar tirando en la portería adversaria antes del 6º pase. Sistema: 1-3-2 ó 1-4-1

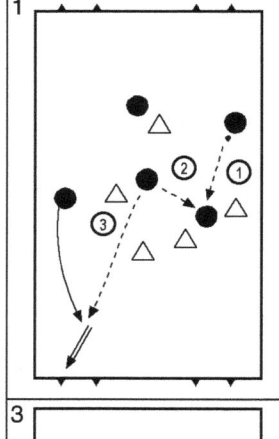 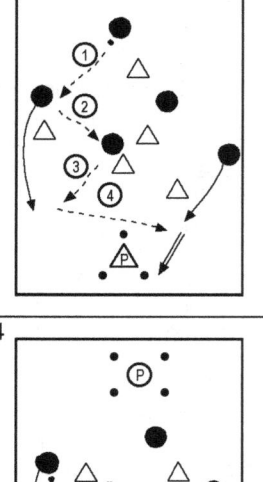
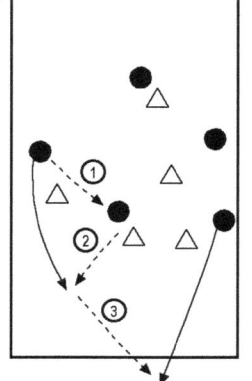 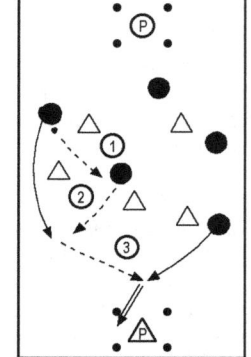

4. VUELTA A LA CALMA	4.1. CIRCUITO DE FUERZA BASE TRONCO	4.2. EJER. MOV. ARTICULAR-ESTIRAMIENTOS

| PERIODO COMPETITIVO II | CATEGORÍA CADETES | MESOCICLO PREP. GRAL.II | MICROCICLO II | SESIÓN 3 | DURACIÓN: 100' |

OBJETIVO: Ofensivo: Progresión en el juego. Defensivo: Evitar la progresión en el juego.
MED. TÁCTICOS: Ofensivo: Profundidad, paredes, c. ritmo, c. orientación, desmarques, apoyos, amplitud, progresión.
Defensivo: Entrada, temporización, marcaje, bascular, red. espacio, coberturas, permutas.
MED. TÉCNICOS: Ofensivos: Control, conducción, regate, pase, tiro.
Defensivos: Entrada, anticipación, interceptación, carga.
MED. PSICOLÓG.: Ofensivos: Atención, concentración, creatividad, cap. cognitivas.
Defensivos: Atención, concentración, sacrificio, voluntad.
MED. FÍSICOS: Fuerza resistencia, resistencia especial de competición, capacidades coordinativas.

| 1.- Explicación de objetivos y contenidos | 2.- INTRODUCCIÓN AL MEDIO | Ejercicios de Movilidad Articular y Estiramiento |

2.1.- Juego 3:3+3 comodines ofensivos que apoyan desde el interior del campo. Cada equipo ataca y defiende una línea de fondo. El equipo atacante intenta progresar en el juego y finalizar atravesando conduciendo la portería adversaria.

Dimensión: 22m x 16m. Duración: 6´. Nº toques: 2-3

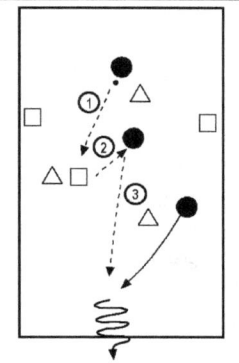

2.2.- Juego 4:4+3 comodines ofensivos que apoyan desde el interior del campo. Cada equipo ataca y defiende una portería normal (6m). El equipo atacante intenta progresar en el juego y finalizar tirando en la portería adversaria.

Dimensión: 22m x 16m. Duración: 6´. Nº toques: 2-3

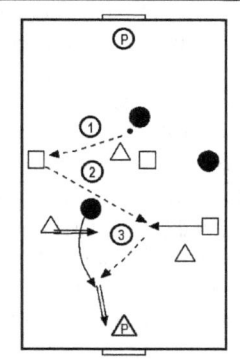

| Ejs. Movilidad Articular y Estiramientos | 3.- PARTE PRINCIPAL | 3.1. CIRCUITO DE FUERZA - RESISTENCIA |

3.2.- ZONAS DE RESISTENCIA: ESPECIAL DE COMPETICIÓN
- N.º JUGADORES: 22 (2 equipos de 11 jugadores).
- DIMENSIONES: Todo el campo reglamentario.
- DURACIÓN: 20'
- RECUPERACIÓN: 1'   - N.º DE TOQUES: Libre

JUEGO Nº 1.-
Juego 11:11. Se colocan en el campo cuatro porterías de 12 m de ancho situadas a 5m de la línea de banda y a 20 m de la línea de fondo. El equipo atacante intenta progresar en el juego teniendo que realizar una jugada a través de alguna de las porterías antes de poder finalizar tirando en la portería adversaria.

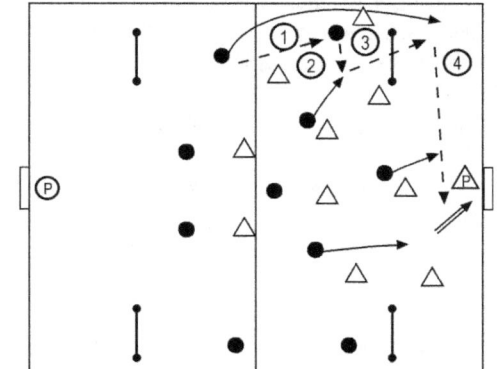

JUEGO Nº 2.-
Juego 11:11. Se delimitan dos porterías de 30m de ancho situadas a 20m de la línea de fondo. El equipo atacante intenta progresar en el juego no pudiendo realizar jugada a través de la portería ancha, lo que les obligará a jugar por las dos zonas laterales.

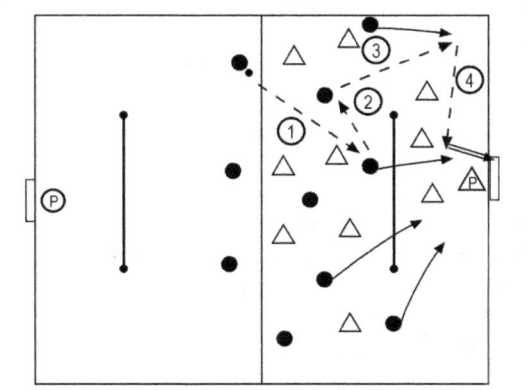

| 4. VUELTA A LA CALMA | 4.1. CIRCUITO DE FUERZA BASE TRONCO | 4.2. EJER. MOV. ARTICULAR-ESTIRAMIENTOS |

| PERIODO COMPETITIVO II | CATEGORÍA CADETES | MESOCICLO PREP. GRAL.II | MICROCICLO II | SESIÓN 4 | DURACIÓN: 90' |

OBJETIVO: Ofensivo: Progresión en el juego (ataque por las bandas).
Defensivo: Evitar la progresión en el juego.
MED. TÁCTICOS: Ofensivo: Profundidad, amplitud, vel. juego, c. orientación, desmarques, apoyos, progresión.
Defensivo: Entrada, temporización, marcaje, bascular, red. espacio, repliegues, coberturas, permutas.
MED. TÉCNICOS: Ofensivos: Control, conducción, regate, pase, tiro.
Defensivos: Entrada, anticipación, interceptación, carga.
MED. PSICOLÓG.: Ofensivos: Atención, concentración, creatividad, cap. cognitivas.
Defensivos: Atención, concentración, sacrificio, voluntad.
MED. FÍSICOS: Vel. reacción, resistencia intensidad I, capacidades cognitivas.

1.- Explicación de objetivos y contenidos   2.- INTRODUCCIÓN AL MEDIO   Ejercicios de Movilidad Articular y Estiramiento

2.1.- Juego 3:3+3 comodines ofensivos que apoyan desde el interior del campo. Cada equipo ataca y defiende dos cuadrados (2mx2m). El equipo atacante intenta progresar en el juego y finalizar atravesando conduciendo alguno de los cuadrados adversarios.
Dimensión: 22m x 16m. Duración: 6´. Nº toques: 2-3

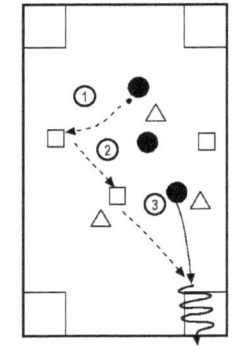

2.2.- Juego 4:4+3 comodines ofensivos que apoyan desde el interior del campo. Cada equipo ataca y defiende una portería lateral (7m). El equipo atacante intenta progresar en el juego y finalizar tirando en la portería adversaria.
Dimensión: 22m x 16m. Duración: 6´. Nº toques: 2-3

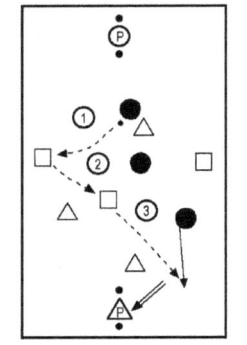

Ejs. Movilidad Articular y Estiramientos   3.- PARTE PRINCIPAL   3.1. CIRCUITO DE VELOCIDAD DE REACCIÓN

3.2.- ZONAS DE RESISTENCIA: INTENSIDAD: I
- N.º JUGADORES: 22 (4 equipos de 5 jugadores + 2 porteros).
- DIMENSIONES: 4 rectángulos de 40mx30m.
- DURACIÓN: 8'
- RECUPERACIÓN: 2'   - N.º DE TOQUES: Libre
JUEGO Nº 1.-
Juego 5:5. Cada equipo ataca y defiende dos porterías laterales pequeñas (2m). El equipo atacante intenta progresar en el juego y finalizar atravesando conduciendo alguna de las porterías adversarias. Sistema: 3-2 ó 4-1.
JUEGO Nº 2.-
Juego 6:6. Cada equipo ataca y defiende una portería lateral (7m). El equipo atacante intenta progresar en el juego y finalizar tirando en la portería adversaria. Sistema: 1-3-2 ó 1-4-1.
JUEGO Nº 3.-
Juego 5:5. Cada equipo ataca y defiende dos portería pequeñas (2m). El equipo atacante intenta progresar en el juego y finalizar tirando en alguna de las porterías adversarias. Sistema: 3-2 ó 4-1
JUEGO Nº 4.-
Juego 6:6. Cada equipo ataca y defiende una portería normal (7m). Se delimitan dos zonas laterales (50mx5m). El equipo atacante intenta progresar en el juego teniendo que pasar el balón por las dos zonas laterales antes de poder finalizar tirando en la portería adversaria. Sistema: 1-3-2 ó 1-4-1

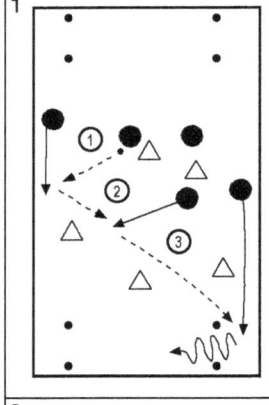
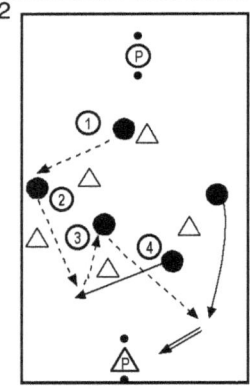
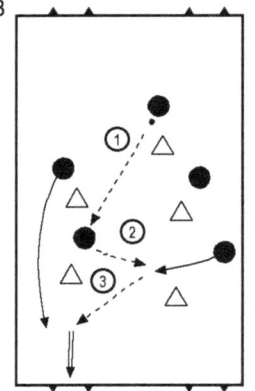
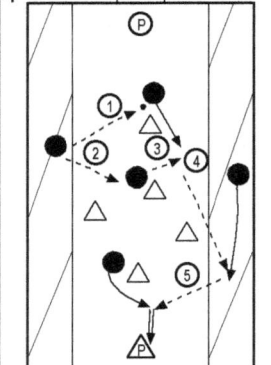

4. VUELTA A LA CALMA   4.1. CIRCUITO DE FUERZA BASE TRONCO   4.2. EJER. MOV. ARTICULAR-ESTIRAMIENTOS

PERIODO COMPETITIVO II	CATEGORÍA CADETES	MESOCICLO PREP. GRAL.II	MICROCICLO III	SESIÓN 1	DURACIÓN: 100'

OBJETIVO: Ofensivo: La finalización. Defensivo: Evitar el gol.
MED. TÁCTICOS: Ofensivo: Paredes, c. orientación, vel. juego, profundidad, progresión, desmarques.
Defensivo: Entrada, marcaje, vigilancia, repliegues.
MED. TÉCNICOS: Ofensivos: Pase, control, tiro, juego de cabeza.
Defensivos: Entrada, carga, anticipación, interceptación, despeje.
MED. PSICOLÓG.: Ofensivos: Atención, concentración, confianza. Defensivos: Atención, concentración.
MED. FÍSICOS: Fuerza resistencia, resistencia intensidad II, capacidades coordinativas.

1.- Explicación de objetivos y contenidos 2.- INTRODUCCIÓN AL MEDIO	Ejercicios de Movilidad Articular y Estiramiento

2.1.- Juego 3:3+3 comodines ofensivos que apoyan desde las esquinas del cuadrado. El equipo atacante tiene que finalizar tirando antes del 5º pase en la portería neutral (5m).
Dimensión: 22m x 22m. Duración: 6´. Nº toques: 2

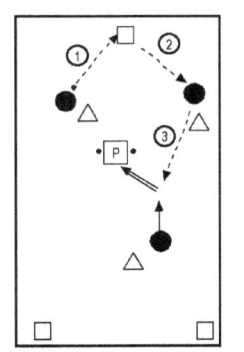

2.2.- Juego 3:3+3 comodines ofensivos que apoyan desde los lados exteriores del cuadrado. El equipo atacante tiene que finalizar tirando antes del 5º pase en la portería neutral (4m).
Dimensión: 22m x 22m. Duración: 6´. Nº toques: 2

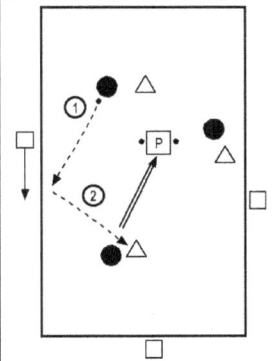

Ejs. Movilidad Articular y Estiramientos	3.- PARTE PRINCIPAL	3.1. CIRCUITO DE FUERZA - RESISTENCIA

3.2.- ZONAS DE RESISTENCIA: INTENSIDAD: II
- N.º JUGADORES: 20 (4 equipos de 5 jugadores).
- DIMENSIONES: 4 rectángulos de 30m x 25m.
- DURACIÓN: 10'
- RECUPERACIÓN: 2'   - N.º DE TOQUES: 3
JUEGO Nº 1.-
Juego 5:5. Cada equipo ataca y defiende una portería normal (7m). El equipo atacante tiene que finalizar tirando en la portería adversaria antes del 5º pase desde el interior de la zona marcada (15mx25m).
JUEGO Nº 2.-
Juego 5:5. Cada equipo ataca y defiende una portería normal (7m). El equipo atacante tiene que finalizar tirando en la portería adversaria antes del 5º pase.
JUEGO Nº 3.-
Juego 5:5. Cada equipo ataca y defiende una portería normal (7m) y sitúa dos jugadores en las bandas del campo hacia el que atacan (cada 4' cambiarlos). El equipo atacante sólo puede finalizar tirando en la portería adversaria tras el pase de uno de los jugadores situados en las bandas.
JUEGO Nº 4.-
Juego 5:5. Cada equipo ataca y defiende una portería normal (7m) y sitúa a dos jugadores por detrás de la línea de fondo adversaria (cada 4' cambiarlos). El equipo atacante solo finalizar tirando en la portería adversaria tras el pase de uno de los jugadores situados tras la línea de fondo.

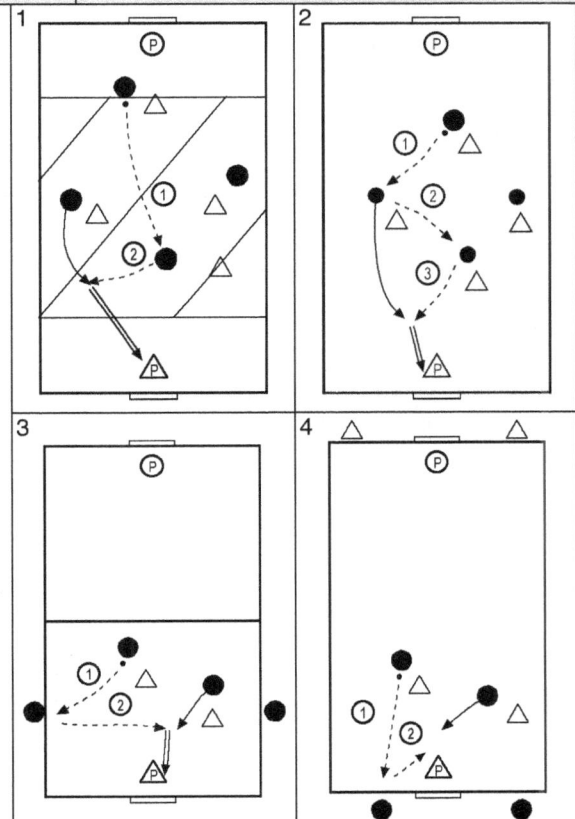

4. VUELTA A LA CALMA	4.1. CIRCUITO DE FUERZA BASE TRONCO	4.2. EJER. MOV. ARTICULAR-ESTIRAMIENTOS

PERIODO COMPETITIVO II	CATEGORÍA CADETES	MESOCICLO PREP. GRAL.II	MICROCICLO III	SESIÓN 2	DURACIÓN: 100'

OBJETIVO: Ofensivo: Superar las situaciones 1:1. Defensivo: Evitar ser superado 1:1.
MED. TÁCTICOS: Ofensivo: C. ritmo, temporizaciones. Defensivo: Entrada, temporizaciónes, repliegues.
MED. TÉCNICOS: Ofensivos: Conducción, finta, regate, cobertura técnica. Defensivos: Entrada, carga.
MED. PSICOLÓG.: Ofensivos: Atención, concentración, creatividad, confianza, valentía.
Defensivos: Atención, concentración, seguridad.
MED. FÍSICOS: Vel. frecuencia, resistencia intensidad III, capacidades coordinativas.

1.- Explicación de objetivos y contenidos 2.- INTRODUCCIÓN AL MEDIO	Ejercicios de Movilidad Articular y Estiramiento

2.1.- Juego 6:3. Seis atacantes cada uno con un balón lo conducen en el interior del cuadrado tratando de superar 1:1 a tres defensores y mantener la posesión del balón, los defensores si recuperan el balón pasan a atacar.
Dimensión: 15m x 15m. Duración: 4´.

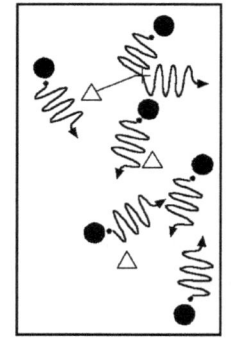
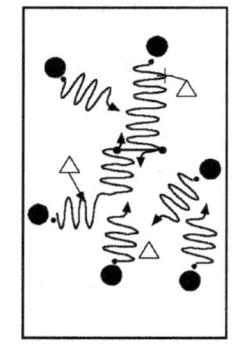

2.2.- Juego 6:3. Seis atacantes cada uno con un balón lo conducen en el interior del cuadrado tratando de superar 1:1 a tres defensores y atravesar conduciendo la portería neutral (2m), los defensores si recuperan el balón pasan a atacar.
Dimensión: 15m x 15m. Duración: 4´.

Ejs. Movilidad Articular y Estiramientos	3.- PARTE PRINCIPAL	3.1. CIRCUITO DE VELOCIDAD DE FRECUENCIA

3.2.- ZONAS DE RESISTENCIA: INTENSIDAD: III
- N.º JUGADORES: 20 (8 parejas (1:1) + 4 porteros).
- DIMENSIONES: 4 rectángulos de 25m x 17m.
- DURACIÓN: 2x1'
- RECUPERACIÓN: 1'   - N.º DE TOQUES: Libre

JUEGO Nº 1.-
Juego 1:1 (4 parejas). Cada jugador ataca y defiende una portería ancha (10m) con un portero. El jugador atacante intenta superar 1:1 a su defensor directo y finalizar atravesando conduciendo la portería adversaria.

JUEGO Nº 2.-
Juego 1:1 (4 parejas). Cada jugador ataca y defiende una portería normal (7m) con un portero. El jugador atacante intenta superar 1:1 a su defensor directo y finalizar tirando en la portería adversaria.

JUEGO Nº 3.-
Juego 1:1 (4 parejas). Cada jugador ataca y defiende una zona marcada (2´5mx10m) con un portero. El jugador atacante intenta superar 1:1 a su defensor directo y finalizar atravesando conduciendo la zona marcada adversaria.

JUEGO Nº 4.-
Juego 1:1 (4 parejas). Cada jugador ataca y defiende una portería triangular (4mx3 lados). El jugador atacante intenta superar 1:1 a su defensor directo y finalizar tirando en la portería adversaria.

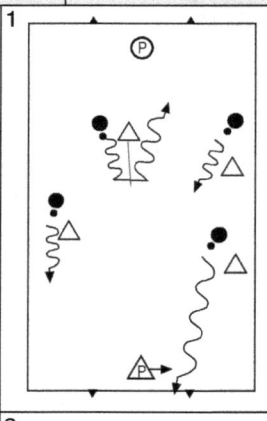
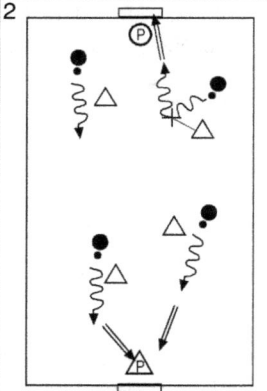
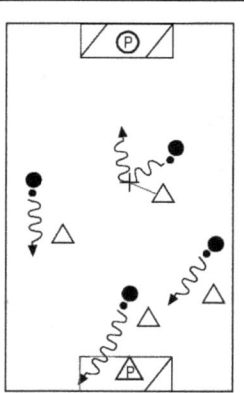
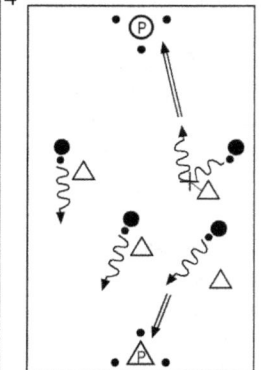

4. VUELTA A LA CALMA	4.1. CIRCUITO DE FUERZA BASE TRONCO	4.2. EJER. MOV. ARTICULAR-ESTIRAMIENTOS

| PERIODO COMPETITIVO II | CATEGORÍA CADETES | MESOCICLO PREP. GRAL.II | MICROCICLO III | SESIÓN 3 | DURACIÓN: 110' |

OBJETIVO: Ofensivo: La finalización. Defensivo: Evitar el gol.
MED. TÁCTICOS: Ofensivo: Paredes, c. orientación, vel. juego, profundidad, progresión, desmarques.
Defensivo: Entrada, marcaje, vigilancia, repliegues.
MED. TÉCNICOS: Ofensivos: Pase, control, tiro, juego de cabeza.
Defensivos: Entrada, carga, anticipación, interceptación, despeje.
MED. PSICOLÓG.: Ofensivos: Atención, concentración, confianza. Defensivos: Atención, concentración.
MED. FÍSICOS: Fuerza resistencia, resistencia intensidad II, capacidades coordinativas.

| 1.- Explicación de objetivos y contenidos | 2.- INTRODUCCIÓN AL MEDIO | Ejercicios de Movilidad Articular y Estiramiento |

2.1.- Juego 3:3+3 comodines ofensivos que apoyan desde las esquinas del cuadrado. El equipo atacante tiene que finalizar antes del 5º pase en la portería lateral neutral (5m)

Dimensión: 22m x 22m. Duración: 6´. Nº toques: 2-3

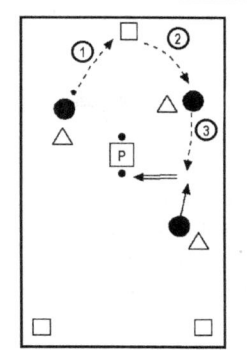 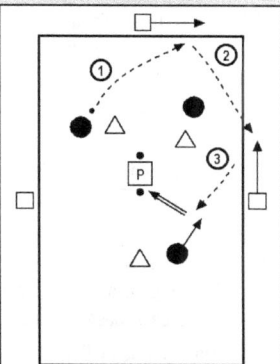

2.2.- Juego 3:3+3 comodines ofensivos que apoyan desde los lados exteriores del cuadrado. El equipo atacante tiene que finalizar antes del 5º pase en la portería lateral neutral (5m).

Dimensión: 22m x 22m. Duración: 6´. Nº toques: 2-3

| Ejs. Movilidad Articular y Estiramientos | 3.- PARTE PRINCIPAL | 3.1. CIRCUITO DE FUERZA - RESISTENCIA |

3.2.- ZONAS DE RESISTENCIA: INTENSIDAD: II
- Nº JUGADORES: 20 (4 equipos de 5 jugadores).
- DIMENSIONES: 4 rectángulos de 30mx25m.
- DURACIÓN: 8'
- RECUPERACIÓN: 2'   - Nº DE TOQUES: 3-2

JUEGO Nº 1.-
Juego 5:5. Cada equipo ataca y defiende una portería normal (7m). El equipo atacante tiene que finalizar tirando en la portería adversaria antes del 5º pase.

JUEGO Nº 2.-
Juego 5:5. Cada equipo ataca y defiende una portería normal (7m). El equipo tiene que finalizar tirando en la portería adversaria antes del 6º pase desde su propio campo.

JUEGO Nº 3.-
Juego 5:5. Cada equipo ataca y defiende una portería normal (7m). El equipo atacante tiene que finalizar tirando en la portería adversaria antes del 5º pase desde el interior de la zona marcada (15mx25m).

JUEGO Nº 4.-
Juego 5:5. Cada equipo ataca y defiende una portería normal (7m). El equipo atacante tiene que finalizar tirando en la portería adversaria antes del 6º pase desde el interior de una de las zonas marcadas (30mx9m).

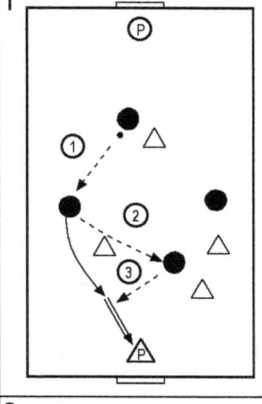 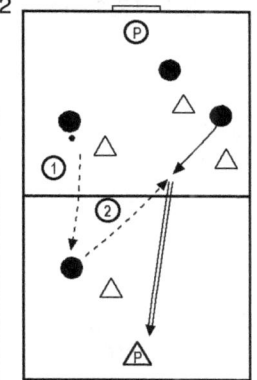

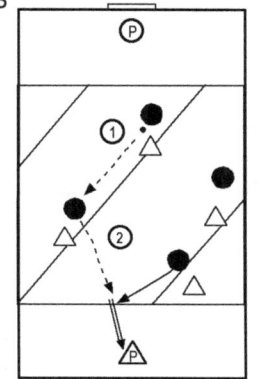 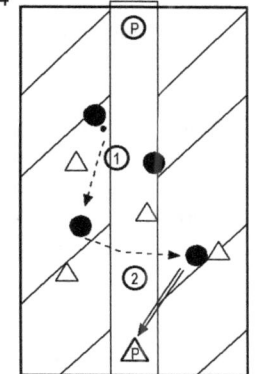

| 4. VUELTA A LA CALMA | 4.1. CIRCUITO DE FUERZA BASE TRONCO | 4.2. EJER. MOV. ARTICULAR-ESTIRAMIENTOS |

PERIODO COMPETITIVO II	CATEGORÍA CADETES	MESOCICLO PREP. GRAL.II	MICROCICLO III	SESIÓN 4	DURACIÓN: 100'

OBJETIVO: Ofensivo: Superar las situaciones 1:1. Defensivo: Evitar ser superado 1:1.
MED. TÁCTICOS: Ofensivo: C. ritmo, temporizaciones. Defensivo: Entradas, temporizaciones, repliegues.
MED. TÉCNICOS: Ofensivos: Conducción, finta, regate, cobertura técnica. Defensivos: Entrada, carga.
MED. PSICOLÓG.: Ofensivos: Atención, concentración, creatividad, confianza, valentía.
Defensivos: Atención, concentración, seguridad.
MED. FÍSICOS: Vel. reacción, resistencia intensidad II, capacidades coordinativas.

1.- Explicación de objetivos y contenidos 2.- INTRODUCCIÓN AL MEDIO   Ejercicios de Movilidad Articular y Estiramiento

2.1.- Juego 6:3. Seis atacantes cada uno con un balón lo conducen en el interior del cuadrado tratando de superar 1:1 a tres defensores y atravesar conduciendo la zona marcada (2mx2m), los defensores si logran recuperar el balón pasan a atacar.
Dimensión: 15 x 15 m. Duración: 4'.

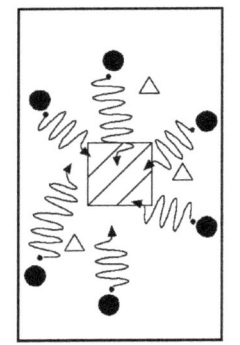

2.2.- Juego 6:3. Seis atacantes cada uno con un balón lo conducen en el interior del cuadrado tratando de superar 1:1 a tres defensores y atravesar conduciendo alguna de las tres porterías (1m), situados en el campo los defensores si logran recuperar el balón pasan a atacar.
Dimensión: 15 x 15 m. Duración: 4'.

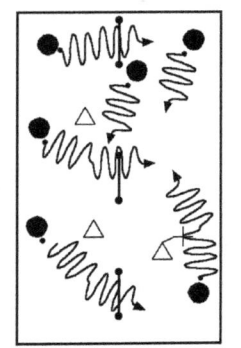

Ejs. Movilidad Articular y Estiramientos 3.- PARTE PRINCIPAL   3.1. CIRCUITO DE VELOCIDAD DE REACCIÓN

3.2.- ZONAS DE RESISTENCIA: INTENSIDAD: II
- N.º JUGADORES: 20 (4 equipos de 5 jugadores).
- DIMENSIONES: 4 cuadrados de 30m x 30m.
- DURACIÓN: 8'
- RECUPERACIÓN: 2'   - N.º DE TOQUES: Libre

JUEGO Nº 1.-
Juego 5:5. El jugador atacante en posesión del balón tiene que superar 1:1 a un defensor antes de poder pasar el balón.

JUEGO Nº 2.-
Juego 5:5. Se delimitan dos zonas laterales marcadas (30mx10m). Los jugadores del equipo atacante que reciban el balón en el interior de la zona marcada tienen que superar 1:1 a un defensor antes de poder pasar el balón.

JUEGO Nº 3.-
Juego 5:5. El equipo atacante consigue un punto cada vez que un jugador supera 1:1 a un defensor.

JUEGO Nº 4.-
Juego 5:5. El equipo atacante consigue un punto cada vez que un jugador tras superar 1:1 a un defensor logra atravesar conduciendo alguna de las tres porterías pequeñas (2m) situadas en el campo.

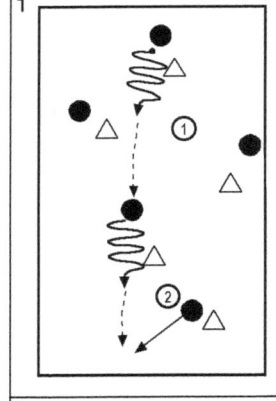
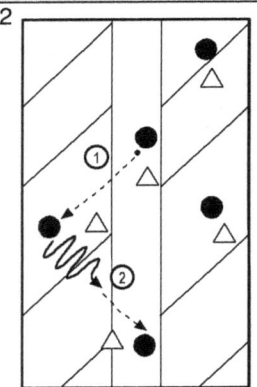
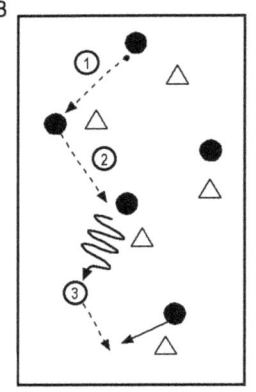
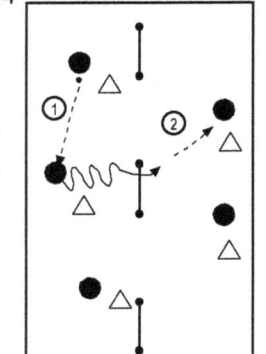

4. VUELTA A LA CALMA   4.1. CIRCUITO DE FUERZA BASE TRONCO   4.2. EJER. MOV. ARTICULAR-ESTIRAMIENTOS

| PERIODO COMPETITIVO II | CATEGORÍA CADETES | MESOCICLO PREP. GRAL.II | MICROCICLO IV | SESIÓN 1 | DURACIÓN: 100' |

OBJETIVO: Ofensivo: Mantener la posesión del balón. Defensivo: Recuperar el balón.
MED. TÁCTICOS: Ofensivo: Apoyos, desmarques, paredes, temporizaciones, c. orientación.
    Defensivo: Marcaje, vigilancia.
MED. TÉCNICOS: Ofensivos: Control. conducción, regate, pase.
    Defensivos: Entrada, anticipación, interceptación, carga.
MED. PSICOLÓG.: Ofensivos: Atención, concentración, seguridad, cap. cognitivas.
    Defensivos: Atención, concentración, sacrificio, voluntad.
MED. FÍSICOS: Fuerza resistencia, resistencia intensidad II, capacidades coordinativas.

1.- Explicación de objetivos y contenidos   2.- INTRODUCCIÓN AL MEDIO   Ejercicios de Movilidad Articular y Estiramiento

2.1.- Juego 3:3+3 comodines ofensivos que apoyan desde las esquinas del cuadrado. El equipo atacante intenta mantener la posesión del balón.

Dimensión: 15m x 15m. Duración: 6´. Nº toques: 2-3

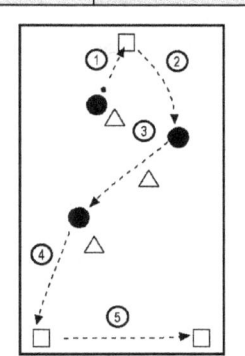

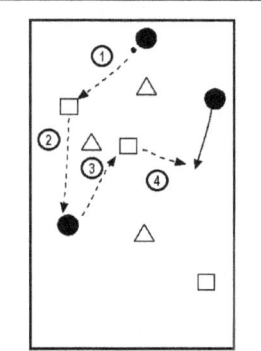

2.2.- Juego 3:3+3 comodines ofensivos que apoyan desde el interior del cuadrado. El equipo atacante intenta mantener la posesión del balón.

Dimensión: 15m x 15m. Duración: 6´. Nº toques: 2-3

Ejs. Movilidad Articular y Estiramientos   3.- PARTE PRINCIPAL   3.1. CIRCUITO DE FUERZA - RESISTENCIA

3.2.- ZONAS DE RESISTENCIA: INTENSIDAD: II
- N.º JUGADORES: 20 (4 equipos de 5 jugadores).
- DIMENSIONES: 4 cuadrados de 35m x 35m.
- DURACIÓN: 10'
- RECUPERACIÓN: 2'   - N.º DE TOQUES: 3

JUEGO Nº 1.-
Juego 5:5. El equipo atacante intenta mantener la posesión del balón sólo permitiéndose los pases cortos y a ras de suelo.

JUEGO Nº 2.-
Juego 5:5. El equipo atacante intenta mantener la posesión del balón consiguiendo un punto cada vez que logran realizar un pase desde el interior de uno de los cinco cuadrados (2mx2m) situados en el campo.

JUEGO Nº 3.-
Juego 5:5. El equipo atacante intenta mantener la posesión del balón consiguiendo un punto cada vez que logran dar diez pases seguidos.

JUEGO Nº 4.-
Juego 5:5. El equipo atacante intenta mantener la posesión del balón consiguiendo un punto cada vez que logran realizar un pase a través de alguna de las cinco porterías (2m) situadas en el campo.

1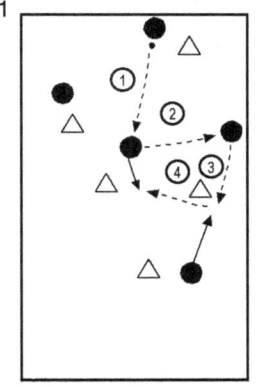

2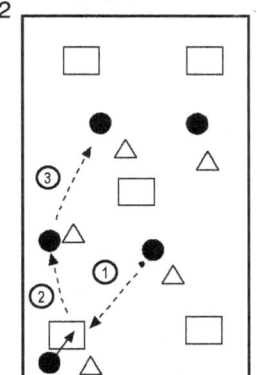

3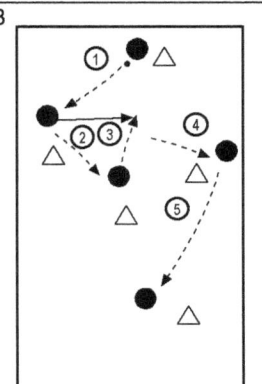

4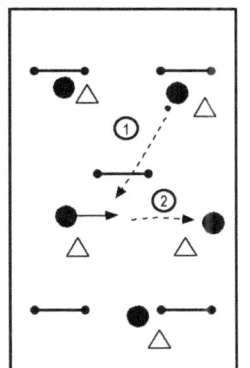

4. VUELTA A LA CALMA   4.1. CIRCUITO DE FUERZA BASE TRONCO   4.2. EJER. MOV. ARTICULAR-ESTIRAMIENTOS

| PERIODO COMPETITIVO II | CATEGORÍA CADETES | MESOCICLO PREP. GRAL.II | MICROCICLO IV | SESIÓN 2 | DURACIÓN: 100' |

OBJETIVO: Ofensivo: Mantener la posesión del balón. Defensivo: Recuperar el balón.
MED. TÁCTICOS: Ofensivo: Apoyos, desmarques, paredes, temporizaciones, c. orientación.
Defensivo: Marcaje, vigilancia.
MED. TÉCNICOS: Ofensivos: Control, conducción, regate, pase.
Defensivos: Entrada, anticipación, interceptación, carga.
MED. PSICOLÓG.: Ofensivos: Atención, concentración, seguridad, cap. cognitivas.
Defensivos: Atención, concentración, sacrificio, voluntad.
MED. FÍSICOS: Vel. frecuencia, resistencia intensidad III, capacidades coordinativas.

| 1.- Explicación de objetivos y contenidos   2.- INTRODUCCIÓN AL MEDIO | Ejercicios de Movilidad Articular y Estiramiento |

2.1.- Juego 6:3. Dos equipos de 3 jugadores atacantes situados en el interior del cuadrado tratan de mantener la   posesión del balón contra un equipo de tres jugadores   que intentan recuperarlo, si lo consiguen pasa a defender el equipo que perdió el balón.
Dimensión: 15m x 15m. Duración: 6´. Nº toques: 2-3

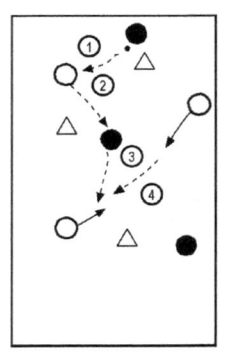
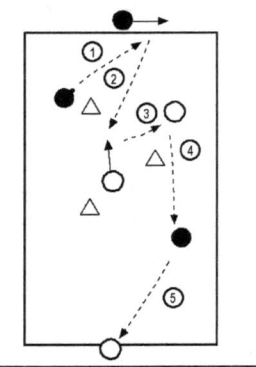

2.2.- Juego 6:3. Dos equipos de 3 jugadores atacantes situados (dos en los lados exteriores del cuadrado y cuatro en el interior del mismo) tratan de mantener la posesión del balón contra un equipo de tres jugadores jugadores defensores que intentan recuperarlo, si lo consiguen pasa a defender el equipo que perdió el balón.
Dimensión: 15m x 15m. Duración: 6´. Nº toques: 2-3

| Ejs. Movilidad Articular y Estiramientos | 3.- PARTE PRINCIPAL | 3.1. CIRCUITO DE VELOCIDAD DE FRECUENCIA |

3.2.- ZONAS DE RESISTENCIA: INTENSIDAD: III
- N.º JUGADORES: 20 (4 equipos de 5 jugadores).
- DIMENSIONES: 4 cuadrados de 35mx35m.
- DURACIÓN: 7'
- RECUPERACIÓN: 2'   - N.º DE TOQUES: 1-2

JUEGO Nº 1.-
Juego 5:5. Se divide el campo en dos zonas. El equipo atacante intenta mantener la posesión del balón consiguiendo un punto cada vez que logran dar seis pases seguidos en el interior de una misma zona.

JUEGO Nº 2.-
Juego 5:5. El equipo atacante intenta mantener la posesión del balón consiguiendo un punto cada vez que logran realizar un pase a través de alguna de las tres porterías (2m) situadas en el campo.

JUEGO Nº 3.-
Juego 5:5. Se divide el campo en cuatro zonas. El equipo atacante intenta mantener la posesión del balón no pudiendo realizar más de tres pases seguidos en el interior de una misma zona marcada.

JUEGO Nº 4.-
Juego 5:5. El equipo atacante intenta mantener la posesión del balón siguiendo la secuencia de pases: 3 pases cortos - 1 pase largo.

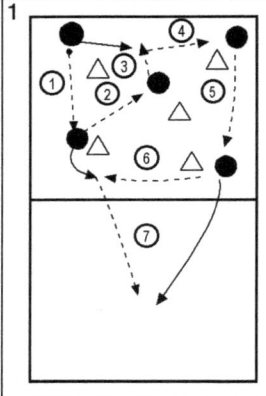
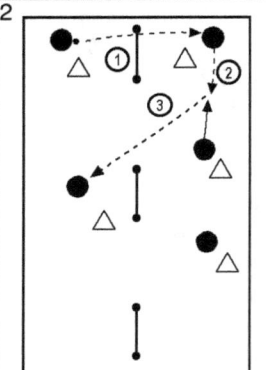
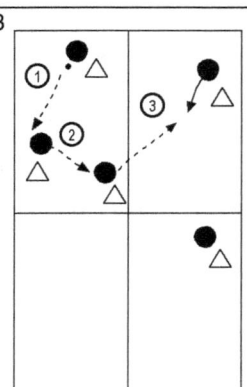
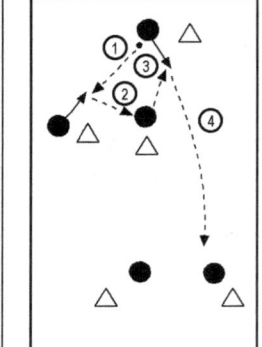

| 4. VUELTA A LA CALMA | 4.1. CIRCUITO DE FUERZA BASE TRONCO | 4.2. EJER. MOV. ARTICULAR-ESTIRAMIENTOS |

PERIODO COMPETITIVO II	CATEGORÍA CADETES	MESOCICLO PREP. GRAL.II	MICROCICLO IV	SESIÓN 3	DURACIÓN: 100'

OBJETIVO: Ofensivo: Mantener la posesión del balón. Defensivo: Recuperar el balón.
MED. TÁCTICOS: Ofensivo: Apoyos, desmarques, paredes, temporizaciones, c. orientación.
Defensivo: Marcaje, vigilancia.
MED. TÉCNICOS: Ofensivos: Control, conducción, regate, pase.
Defensivos: Entrada, anticipación, interceptación, carga.
MED. PSICOLÓG.: Ofensivos: Atención, concentración, seguridad, cap. cognitivas.
Defensivos: Atención, concentración, sacrificio, voluntad.
MED. FÍSICOS: Fuerza resistencia, resistencia especial de competición, capacidades coordinativas.

1.- Explicación de objetivos y contenidos   2.- INTRODUCCIÓN AL MEDIO   Ejercicios de Movilidad Articular y Estiramiento

2.1.- Juego 3:3+3 comodines ofensivos que apoyan (dos desde las esquinas del cuadrado y uno desde el interior del mismo). El equipo atacante intenta mantener la posesión del balón.

Dimensión: 15m x 15m. Duración: 6'. Nº toques: 2-3

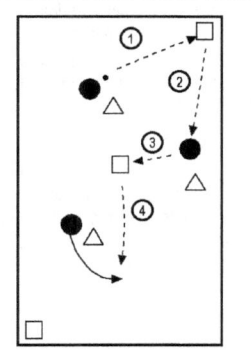

2.2.- Juego 3:3+3 comodines ofensivos que apoyan (dos desde los lados exteriores del cuadrado y uno desde el interior del mismo). El equipo atacante intenta mantener la posesión del balón.

Dimensión: 15m x 15m. Duración: 6'. Nº toques: 2-3

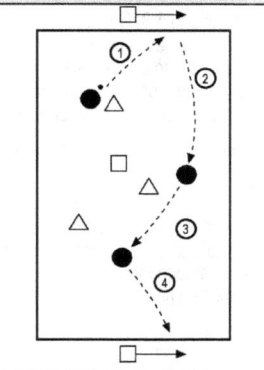

| Ejs. Movilidad Articular y Estiramientos | 3.- PARTE PRINCIPAL | 3.1. CIRCUITO DE FUERZA - RESISTENCIA |

3.2.- ZONAS DE RESISTENCIA: ESPECIAL DE COMPETICIÓN
- N.º JUGADORES: 22 (2 equipos de 11 jugadores).
- DIMENSIONES: Todo el campo reglamentario.
- DURACIÓN: 20'
- RECUPERACIÓN: 1'   - N.º DE TOQUES: Libre

JUEGO Nº 1.-
Juego 11:11. El equipo atacante intenta mantener la posesión del balón teniendo que dar diez pases seguidos en campo propio antes de pasar a campo contrario y finalizar en la portería adversaria.

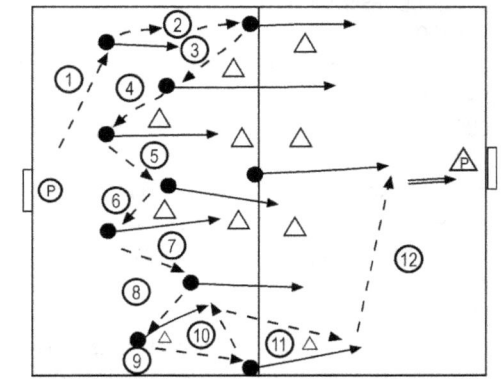

JUEGO Nº 2.-
Juego 11:11. Se delimita en el campo una zona central (40mx65m). El equipo atacante intenta mantener la posesión del balón teniendo que dar diez pases seguidos en el interior de la zona central antes de poder finalizar en la portería adversaria.

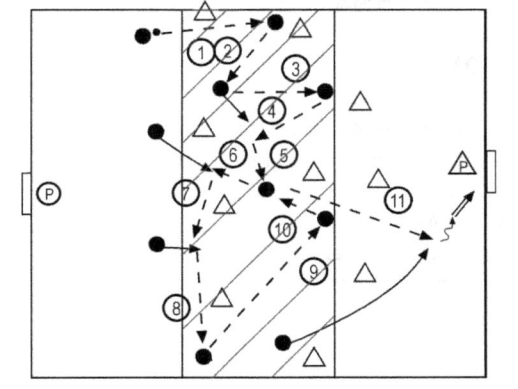

| 4. VUELTA A LA CALMA | 4.1. CIRCUITO DE FUERZA BASE TRONCO | 4.2. EJER. MOV. ARTICULAR-ESTIRAMIENTOS |

PERIODO COMPETITIVO II	CATEGORÍA CADETES	MESOCICLO PREP. GRAL.II	MICROCICLO IV	SESIÓN 4	DURACIÓN: 90'

OBJETIVO: Ofensivo: Mantener la posesión del balón. Defensivo: Recuperar el balón.
MED. TÁCTICOS: Ofensivo: Apoyos, desmarques, paredes, temporizaciones c. orientación.
Defensivo: Marcaje, vigilancia.
MED. TÉCNICOS: Ofensivos: Control, conducción, regate, pase.
Defensivos: Entrada, anticipación, interceptación, carga.
MED. PSICOLÓG.: Ofensivos: Atención, concentración, seguridad, cap. cognitivas.
Defensivos: Atención, concentración, sacrificio, voluntad.
MED. FÍSICOS: Vel. reacción, resistencia intensidad I, capacidades coordinativas.

1.- Explicación de objetivos y contenidos	2.- INTRODUCCIÓN AL MEDIO	Ejercicios de Movilidad Articular y Estiramiento

2.1.- Juego 6:3. Dos equipos de 3 jugadores atacantes situados (cuatro en las esquinas del cuadrado y dos en el interior del mismo) tratan de mantener la posesión del balón contra un equipo de tres jugadores defensores que intentan recuperarlo, si lo consiguen pasa a defender el equipo que perdió el balón.

Dimensión: 15m x 15m. Duración: 6´. Nº toques: 2-3

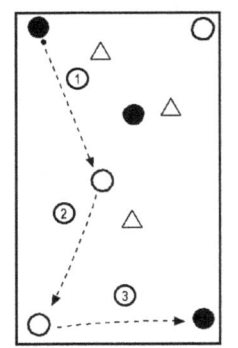
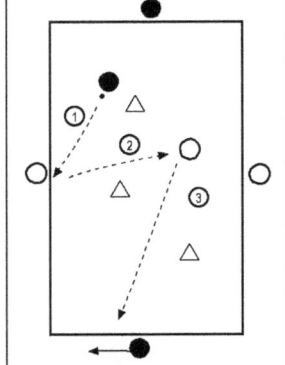

2.2.- Juego 6:3. Dos equipos de 3 jugadores atacantes situados (cuatro en los lados exteriores del cuadrado y dos en el interior del mismo) tratan de mantener la posesión del balón contra un equipo de tres jugadores defensores que intentan recuperarlo, si lo consiguen pasa a defender el equipo que perdió el balón.

Dimensión: 15m x 15m. Duración: 6´. Nº toques: 2-3

Ejs. Movilidad Articular y Estiramientos	3.- PARTE PRINCIPAL	3.1. CIRCUITO DE VELOCIDAD DE REACCIÓN

3.2.- ZONAS DE RESISTENCIA: INTENSIDAD: I
- N.º JUGADORES: 20 (4 equipos de 5 jugadores).
- DIMENSIONES: 4 cuadrados de 30mx30m.
- DURACIÓN: 8'
- RECUPERACIÓN: 2'   - N.º DE TOQUES: Libre

JUEGO Nº 1.-
Juego 5:5. El equipo atacante intenta mantener la posesión del balón consiguiendo un punto cada vez que un jugador logra atravesar conduciendo alguna de las cinco porterías (2m) situadas en el campo.

JUEGO Nº 2.-
Juego 5:5. El equipo atacante intenta mantener la posesión del balón consiguiendo un punto cada vez que un jugador logra atravesar conduciendo alguna de las tres porterías (2m) situadas en el campo.

JUEGO Nº 3.-
Juego 5:5. El equipo atacante intenta mantener la posesión del balón consiguiendo un punto cada vez que un jugador recibe el balón en el interior de uno de los cinco cuadrados (2mx2m) situados en el campo.

JUEGO Nº 4.-
Juego 5:5. El equipo atacante intenta mantener la posesión del balón consiguiendo un punto cada vez que logra dar diez pases seguidos.

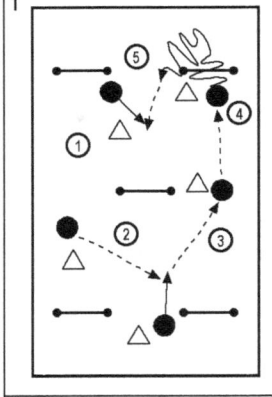
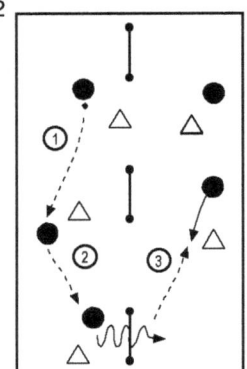
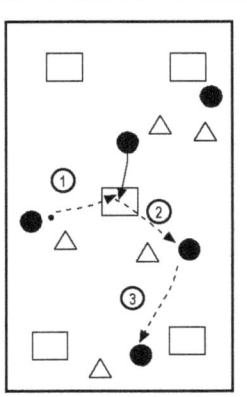
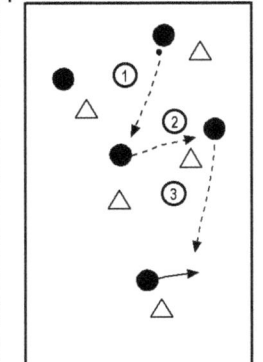

4. VUELTA A LA CALMA	4.1. CIRCUITO DE FUERZA BASE TRONCO	4.2. EJER. MOV. ARTICULAR-ESTIRAMIENTOS

PERIODO COMPETITIVO II	CATEGORÍA CADETES	MESOCICLO PREP. GRAL.II	MICROCICLO V	SESIÓN 1	DURACIÓN: 100'

OBJETIVO: Ofensivo: Progresión en el juego (ataque). Defensivo: Evitar la progresión en el juego.
MED. TÁCTICOS: Ofensivo: Profundidad, paredes, c. ritmo, c. orientación, desmarques, apoyos, amplitud, progresión.
Defensivo: Entrada, temporización, marcaje, bascular, red. espacio, coberturas, permutas.
MED. TÉCNICOS: Ofensivos: Control. conducción, regate, pase, tiro.
Defensivos: Entrada, anticipación, interceptación, carga.
MED. PSICOLÓG.: Ofensivos: Atención, concentración, creatividad, cap. cognitivas.
Defensivos: Atención, concentración, sacrificio, voluntad.
MED. FÍSICOS: Fuerza resistencia, resistencia intensidad II, capacidades coordinativas.

1.- Explicación de objetivos y contenidos 2.- INTRODUCCIÓN AL MEDIO | Ejercicios de Movilidad Articular y Estiramiento

2.1.- Juego 3:3+3 comodines ofensivos que apoyan desde el interior del campo. Cada equipo ataca y defiende una línea de fondo. El equipo atacante intenta progresar en el juego y finalizar atravesando conduciendo la línea de fondo adversaria tras dar seis pases seguidos.

Dimensión: 22m x 16m. Duración: 6´. Nº toques: 2-3

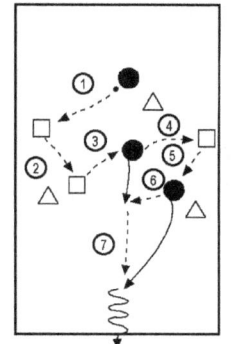

2.2.- Juego 3:3+3 comodines ofensivos que apoyan desde el interior del campo. Cada equipo ataca y defiende una portería cuadrada (5mx5m). El equipo atacante intenta progresar en el juego y finalizar tirando en la portería adversaria tras dar seis pases seguidos.

Dimensión: 22m x 16m. Duración: 6´. Nº toques: 2-3

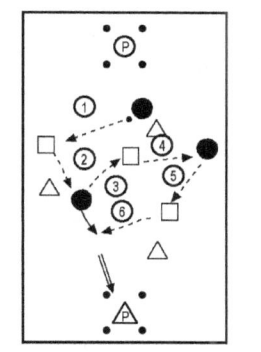

Ejs. Movilidad Articular y Estiramientos | 3.- PARTE PRINCIPAL | 3.1. CIRCUITO DE FUERZA - RESISTENCIA

3.2.- ZONAS DE RESISTENCIA: INTENSIDAD: II
- N.º JUGADORES: 22 (4 equipos de 5 jugadores + 2 porteros).
- DIMENSIONES: 4 rectángulos de 45m x 30m.
- DURACIÓN: 10'
- RECUPERACIÓN: 2'   - N.º DE TOQUES: 3

JUEGO Nº 1.-
Juego 5:5. Cada equipo ataca y defiende una zona marcada (5mx30m). El equipo atacante intenta progresar en el juego y finalizar logrando un jugador controlar el balón en el interior de la zona marcada adversaria. Sistema: 3-2 ó 4-1

JUEGO Nº 2.-
Juego. Cada equipo ataca y defiende una portería normal (7m). El equipo atacante intenta progresar en el juego y finalizar tirando en la portería adversaria tras dar seis pases seguidos. Sistema: 1-3-2 ó 1-4-1

JUEGO Nº 3.-
Juego 6:6. Cada equipo ataca y defiende una zona marcada (5mx20m). El equipo atacante intenta progresar en el juego y finalizar atravesando la zona marcada adversaria tras dar seis pases seguidos. Sistema: 3-2 ó 4-1

JUEGO Nº 4.-
Juego 6:6. Cada equipo ataca y defiende una portería cuadrada (6mx6m). El equipo atacante intenta progresar en el juego y finalizar tirando en la portería adversaria tras dar seis pases seguidos. Sistema: 1-3-2 ó 1-4-1

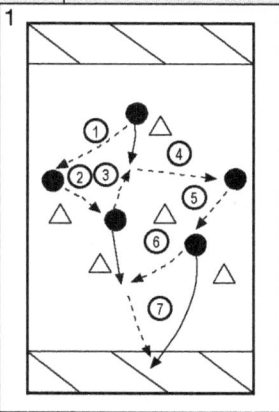
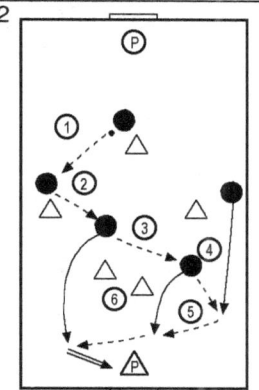
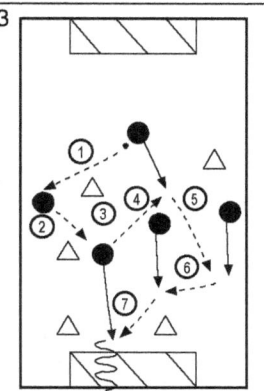
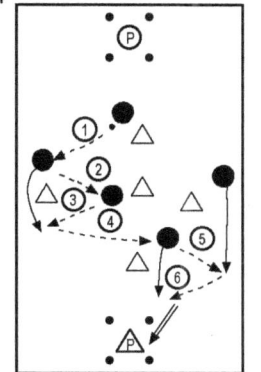

4. VUELTA A LA CALMA | 4.1. CIRCUITO DE FUERZA BASE TRONCO | 4.2. EJER. MOV. ARTICULAR-ESTIRAMIENTOS

PERIODO COMPETITIVO II	CATEGORÍA CADETES	MESOCICLO PREP. GRAL.II	MICROCICLO V	SESIÓN 2	DURACIÓN: 100'

OBJETIVO: Ofensivo: Progresión en el juego (contraataque) Defensivo: Evitar la progresión en el juego.
MED. TÁCTICOS: Ofensivo: Profundidad, vel. juego, c. orientación, desmarques, apoyos, amplitud, progresión
Defensivo: Entrada, temporización, marcaje, bascular, red. espacio, repliegues, coberturas, permutas.
MED. TÉCNICOS: Ofensivos: Control, conducción, regate, pase, tiro.
Defensivos: Entrada, anticipación, interceptación, carga.
MED. PSICOLÓG.: Ofensivos: Atención, concentración, creatividad, cap. cognitivas.
Defensivos: Atención, concentración, sacrificio, voluntad.
MED. FÍSICOS: Vel. frecuencia, resistencia intensidad III, capacidades coordinativas.

1.- Explicación de objetivos y contenidos   2.- INTRODUCCIÓN AL MEDIO   Ejercicios de Movilidad Articular y Estiramiento

2.1.- Juego 3:3+3 comodines ofensivos que apoyan desde el interior del campo. Cada equipo ataca y defiende una portería triangular pequeña (2mx3 lados). El equipo atacante intenta progresar en el juego y finalizar tirando en la portería antes del 6º pase.
Dimensión: 22m x 16m. Duración: 6´. Nº toques: 2-3

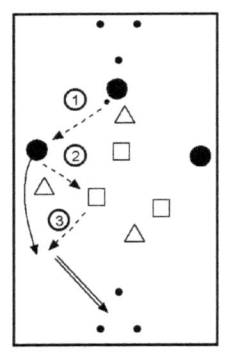

2.2.- Juego 4:4+3 comodines ofensivos que apoyan desde el interior del campo. Cada equipo ataca y defiende una portería normal (6m). El equipo atacante intenta progresar en el juego y finalizar tirando en la portería adversaria antes del 6º pase.
Dimensión: 22m x 16m. Duración: 6´. Nº toques: 2-3

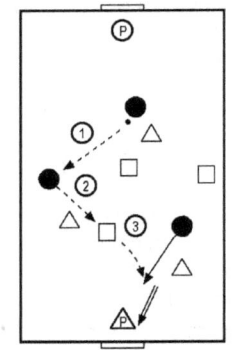

Ejs. Movilidad Articular y Estiramientos	3.- PARTE PRINCIPAL	3.1. CIRCUITO DE VELOCIDAD DE FRECUENCIA

3.2.- ZONAS DE RESISTENCIA: INTENSIDAD: III
- N.º JUGADORES: 22 (4 equipos de 5 jugadores + dos porteros).
- DIMENSIONES: 4 rectángulos de 50m x 35m.
- DURACIÓN: 7'
- RECUPERACIÓN: 2'   - N.º DE TOQUES: 1-2

JUEGO Nº 1.-
Juego 5:5. Cada equipo ataca y defiende tres porterías pequeñas (2m). El equipo atacante intenta progresar en el juego y finalizar tirando en alguna de las porterías adversarias antes del 6º pase. Sistema: 3-2 ó 4-1.

JUEGO Nº 2.-
Juego 6:6. Cada equipo ataca y defiende una portería triangular (5mx 3 lados). El equipo atacante intenta progresar en el juego y finalizar tirando en la portería adversaria antes del 6º pase. Sistema: 1-3-2 ó 1-4-1.

JUEGO Nº 3.-
Juego 5:5. Cada equipo ataca y defiende cuatro pitotes colocados a lo largo de la línea de fondo. El equipo atacante intenta progresar en el juego y finalizar intentando mediante un tiro derribar los pitotes del adversario antes del 6º pase. Sistema: 3-2- ó 4-1

JUEGO Nº 4.-
Juego 6:6. Cada equipo ataca y defiende una portería lateral (7m). El equipo atacante intenta progresar en el juego y finalizar tirando en la portería adversaria antes del 6º pase. Sistema: 1-3-2 ó 1-4-1

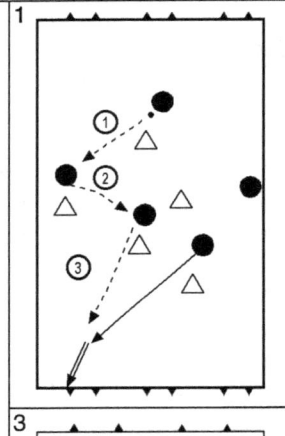
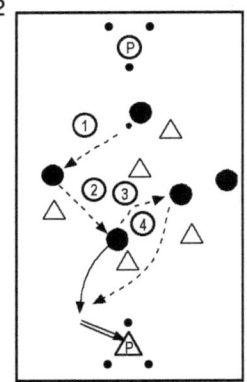
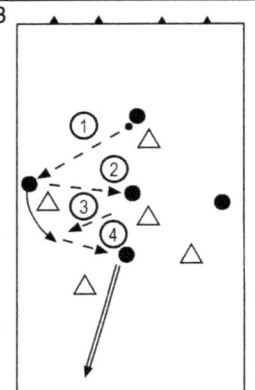
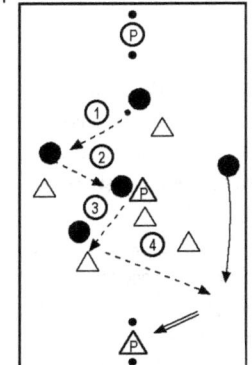

4. VUELTA A LA CALMA	4.1. CIRCUITO DE FUERZA BASE TRONCO	4.2. EJER. MOV. ARTICULAR-ESTIRAMIENTOS

| PERIODO COMPETITIVO II | CATEGORÍA CADETES | MESOCICLO PREP. GRAL.II | MICROCICLO V | SESIÓN 3 | DURACIÓN: 100' |

OBJETIVO: Ofensivo: Progresión en el juego. Defensivo: Evitar la progresión en el juego.
MED. TÁCTICOS: Ofensivo: Profundidad, paredes, c. ritmo, c. orientación, desmarques, apoyos, amplitud, progresión.
Defensivo: Entrada, temporización, marcaje, bascular, red. espacio, coberturas, permutas.
MED. TÉCNICOS: Ofensivos: Control, conducción, regate, pase, tiro.
Defensivos: Entrada, anticipación, interceptación, carga.
MED. PSICOLÓG.: Ofensivos: Atención, concentración, creatividad, cap. cognitivas.
Defensivos: Atención, concentración, sacrificio, voluntad.
MED. FÍSICOS: Fuerza resistencia, resistencia especial de competición, capacidades coordinativas.

| 1.- Explicación de objetivos y contenidos   2.- INTRODUCCIÓN AL MEDIO | Ejercicios de Movilidad Articular y Estiramiento |

2.1.- Juego 3:3+3 comodines ofensivos que apoyan desde el interior del campo. Cada equipo ataca y defiende una línea de fondo. El equipo atacante intenta progresar en el juego y finalizar atravesando conduciendo la portería adversaria.

Dimensión: 22m x 16m. Duración: 6´. Nº toques: 2-3

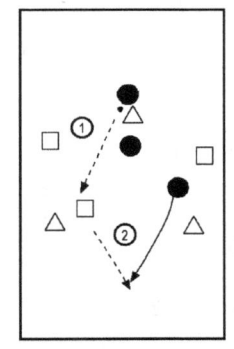

2.2.- Juego 4:4+3 comodines ofensivos que apoyan desde el interior del campo. Cada equipo ataca y defiende una portería triangular (4mx3 lados). El equipo atacante intenta progresar en el juego y finalizar tirando en la portería adversaria.

Dimensión: 22m x 16m. Duración: 6´. Nº toques: 2-3

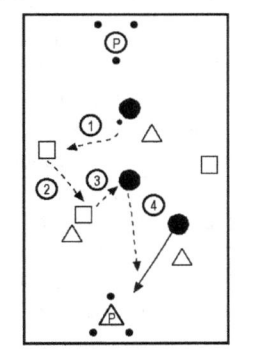

| Ejs. Movilidad Articular y Estiramientos | 3.- PARTE PRINCIPAL | 3.1. CIRCUITO DE FUERZA - RESISTENCIA |

3.2.- ZONAS DE RESISTENCIA: ESPECIAL DE COMPETICIÓN
- N.º JUGADORES: 22 (2 equipos de 11 jugadores).
- DIMENSIONES: Todo el campo reglamentario.
- DURACIÓN: 20'
- RECUPERACIÓN: 1'   - N.º DE TOQUES: Libre

JUEGO Nº 1.-
Juego 11:11. El equipo atacante intenta progresar en el juego no pudiendo jugar el balón en el interior de la zona marcada (15mx15m) y finalizar tirando en la portería adversaria.

JUEGO Nº 2.-
Juego 11:11. El equipo atacante intenta progresar en el juego sólo permitiéndose los pases cortos y a ras de suelo y finalizar tirando en la portería adversaria.

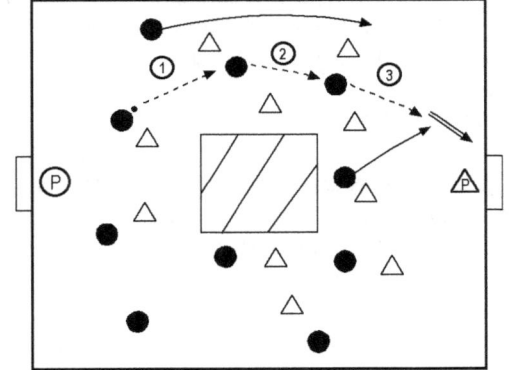

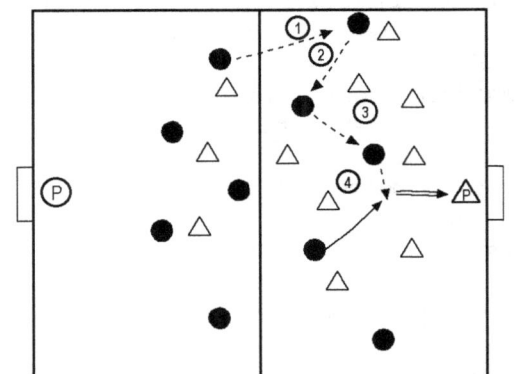

| 4. VUELTA A LA CALMA | 4.1. CIRCUITO DE FUERZA BASE TRONCO | 4.2. EJER. MOV. ARTICULAR-ESTIRAMIENTOS |

PERIODO COMPETITIVO II	CATEGORÍA CADETES	MESOCICLO PREP. GRAL.II	MICROCICLO V	SESIÓN 4	DURACIÓN: 90'

OBJETIVO: Ofensivo: Progresión en el juego (ataque por las bandas).
Defensivo: Evitar la progresión en el juego.
MED. TÁCTICOS: Ofensivo: Profundidad, amplitud, vel. juego, c. orientación, desmarques, apoyos, progresión.
Defensivo: Entrada, temporización, marcaje, bascular, red. espacio, repliegues, coberturas, permutas.
MED. TÉCNICOS: Ofensivos: Control, conducción, regate, pase, tiro.
Defensivos: Entrada, anticipación, interceptación, carga.
MED. PSICOLÓG.: Ofensivos: Atención, concentración, creatividad, cap. cognitivas.
Defensivos: Atención, concentración, sacrificio, voluntad.
MED. FÍSICOS: Vel. reacción, resistencia intensidad I, capacidades cognitivas.

1.- Explicación de objetivos y contenidos	2.- INTRODUCCIÓN AL MEDIO	Ejercicios de Movilidad Articular y Estiramiento

2.1.- Juego 3:3+3 comodines ofensivos que apoyan (dos desde las bandas y uno desde el interior del mismo). Cada equipo ataca y defiende dos porterías pequeñas laterales (2m). El equipo atacante intenta progresar en el juego y finalizar tirando en alguna de las porterías adversarias.
Dimensión: 22m x 16m. Duración: 6´. Nº toques: 2-3

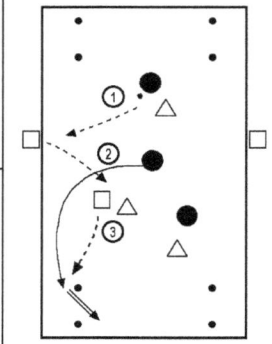 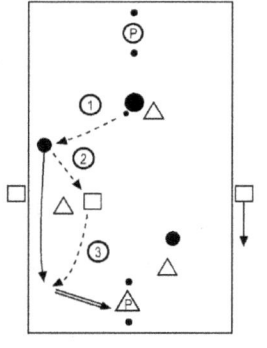

2.2.- Juego 4:4+3 comodines ofensivos que apoyan (dos desde las bandas y uno desde el interior del mismo). Cada equipo ataca y defiende una portería lateral (5m). El equipo atacante intenta progresar en el juego y finalizar tirando en la portería adversaria.
Dimensión: 22m x 16m. Duración: 6´. Nº toques: 2-3

Ejs. Movilidad Articular y Estiramientos	3.- PARTE PRINCIPAL	3.1. CIRCUITO DE VELOCIDAD DE REACCIÓN

3.2.- ZONAS DE RESISTENCIA: INTENSIDAD: I
- N.º JUGADORES: 22 (4 equipos de 5 jugadores + 2 porteros).
- DIMENSIONES: 4 rectángulos de 40m x 30m.
- DURACIÓN: 8'
- RECUPERACIÓN: 2'   - N.º DE TOQUES: Libre
JUEGO Nº 1.-
Juego 5:5. Cada equipo ataca y defiende dos porterías pequeñas (2m). El equipo atacante intenta progresar en el juego y finalizar tirando en alguna de las porterías adversarias. Sistema: 3-2 ó 4-1
JUEGO Nº 2.-
Juego 6:6. Cada equipo ataca y defiende una portería normal. El equipo atacante intenta progresar en el juego no pudiendo jugar el balón en el interior de la zona marcada (20mx7'5m) y finalizar tirando en la portería adversaria. Sistema: 1-3-2 ó 1-4-1.
JUEGO Nº 3.-
Juego 5:5. Cada equipo ataca y defiende dos cuadrados (5mx5m). El equipo atacante intenta progresar en el juego y finalizar logrando un jugador controlar el balón en el interior de alguno de los cuadrados adversarios. Sistema: 3-2 ó 4-1
JUEGO Nº 4.-
Juego 6:6. Cada equipo ataca y defiende una portería lateral (7m). El equipo atacante intenta progresar en el juego y finalizar tirando en la portería adversaria. Sistema: 1-3-2 ó 1-4-1

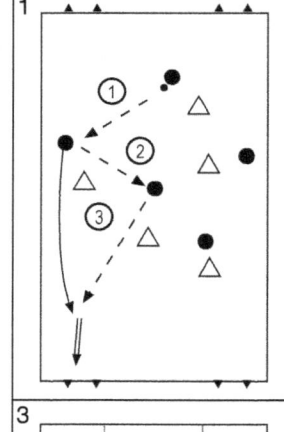 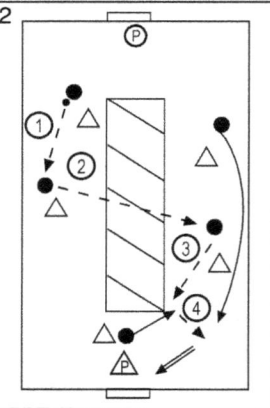

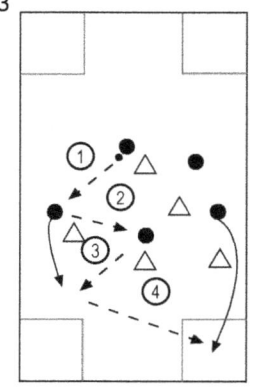 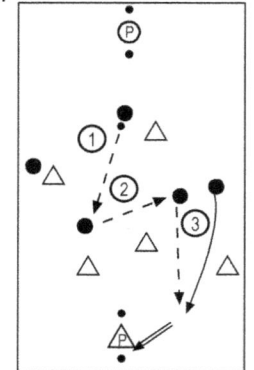

4. VUELTA A LA CALMA	4.1. CIRCUITO DE FUERZA BASE TRONCO	4.2. EJER. MOV. ARTICULAR-ESTIRAMIENTOS

PERIODO COMPETITIVO II	CATEGORÍA CADETES	MESOCICLO PREP. GRAL.II	MICROCICLO VI	SESIÓN 1	DURACIÓN: 100'

OBJETIVO: Ofensivo: La finalización. Defensivo: Evitar el gol.
MED. TÁCTICOS: Ofensivo: Paredes, c. orientación, vel. juego, profundidad, progresión, desmarques.
Defensivo: Entrada, marcaje, vigilancia, repliegues.
MED. TÉCNICOS: Ofensivos: Pase, control, tiro, juego de cabeza
Defensivos: Entrada, carga, anticipación, interceptación, despeje.
MED. PSICOLÓG.: Ofensivos: Atención, concentración, confianza. Defensivos: Atención, concentración.
MED. FÍSICOS: Fuerza resistencia, resistencia intensidad II, capacidades coordinativas.

1.- Explicación de objetivos y contenidos 2.- INTRODUCCIÓN AL MEDIO	Ejercicios de Movilidad Articular y Estiramiento

2.1.- Juego 3:3+3 comodines ofensivos que apoyan desde el interior del cuadrado. El equipo atacante tiene que finalizar tirando antes del 6º pase en la portería lateral neutral (5m).
Dimensión: 22m x 22m. Duración: 6´. Nº toques: 2-3

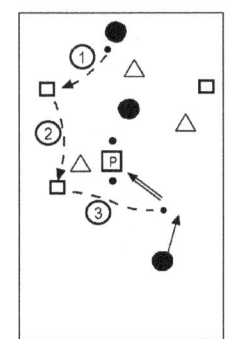 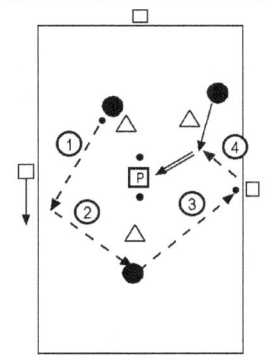

2.2.- Juego 3:3+3 comodines ofensivos que apoyan desde los lados exteriores del cuadrado. El equipo atacante tiene que finalizar tirando antes del 6º pase en la portería lateral neutral (5m).
Dimensión: 22m x 22m. Duración: 6´. Nº toques: 2-3

Ejs. Movilidad Articular y Estiramientos	3.- PARTE PRINCIPAL	3.1. CIRCUITO DE FUERZA - RESISTENCIA

3.2.- ZONAS DE RESISTENCIA: INTENSIDAD: II
- N.º JUGADORES: 20 (4 equipos de 5 jugadores).
- DIMENSIONES: 4 rectángulos de 30mx20m.
- DURACIÓN: 10'
- RECUPERACIÓN: 2'   - N.º DE TOQUES: 3
JUEGO Nº 1.-
Juego 5:5. Cada equipo ataca y defiende una portería normal (7m). El equipo atacante tiene que finalizar tirando antes del 6º pase en la portería adversaria.
JUEGO Nº 2.-
Juego 5:5. Cada equipo ataca y defiende una portería normal (7m) y sitúa a dos jugadores en campo propio y a dos jugadores en campo contrario (cada 5' cambiarlos de campo). El equipo atacante tiene que finalizar tirando antes del 6º pase en la portería adversaria desde el campo contrario.
JUEGO Nº 3.-
Juego 5:5. Cada equipo ataca y defiende una portería normal (7m). El equipo atacante tiene que finalizar tirando antes del 6º pase en la portería adversaria desde el interior de las zonas marcadas (30mx5m).
JUEGO Nº 4.-
Juego 5:5. Cada equipo ataca y defiende una portería normal (7m). El equipo atacante tiene que finalizar tirando en la portería adversaria antes del 6º pase desde el interior de la zona marcada (15mx20m).

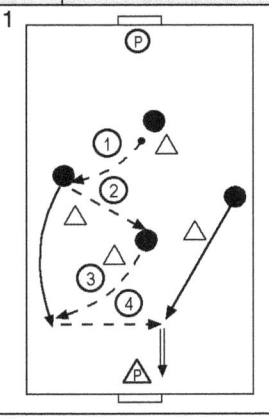 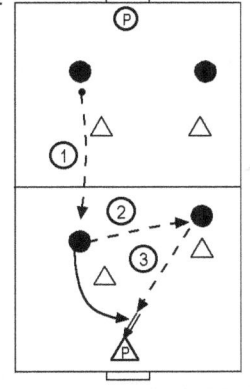

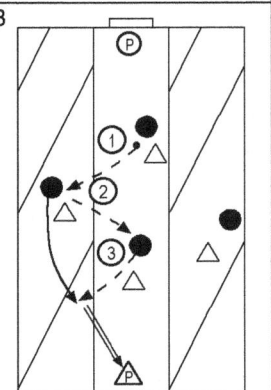 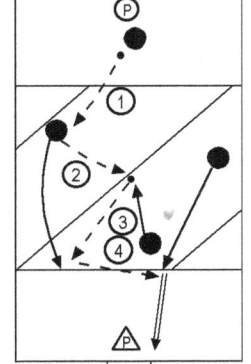

4. VUELTA A LA CALMA	4.1. CIRCUITO DE FUERZA BASE TRONCO	4.2. EJER. MOV. ARTICULAR-ESTIRAMIENTOS

PERIODO COMPETITIVO II	CATEGORÍA CADETES	MESOCICLO PREP. GRAL.II	MICROCICLO VI	SESIÓN 2	DURACIÓN: 100'

OBJETIVO: Ofensivo: Superar las situaciones 1:1. Defensivo: Evitar ser superado 1:1.
MED. TÁCTICOS: Ofensivo: C. ritmo, temporizaciones. Defensivo: Entrada, temporizaciónes, repliegues.
MED. TÉCNICOS: Ofensivos: Conducción, finta, regate, cobertura técnica. Defensivos: Entrada, carga.
MED. PSICOLÓG.: Ofensivos: Atención, concentración, creatividad, confianza, valentía.
Defensivos: Atención, concentración, seguridad.
MED. FÍSICOS: Vel. frecuencia, resistencia intensidad III, capacidades coordinativas.

1.- Explicación de objetivos y contenidos   2.- INTRODUCCIÓN AL MEDIO | Ejercicios de Movilidad Articular y Estiramiento

2.1.- Juego 6:3. Seis atacantes cada uno con un balón lo conducen en el interior del cuadrado tratando de superar 1:1 a tres defensores y mantener la posesión del balón, los defensores si logran recuperar el balón pasan a atacar.

Dimensión: 15m x 15m. Duración: 4´.

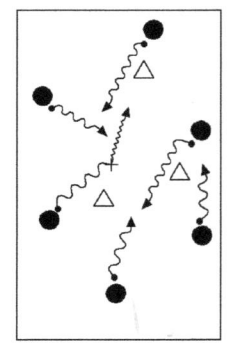

2.2.- Juego 6:3. Seis atacantes cada uno con un balón lo conducen en el interior del cuadrado tratando de superar 1:1 a tres defensores y atravesar conduciendo la zona marcada (2mx2m), los defensores si logran recuperar el balón pasan a atacar.

Dimensión: 15m x 15m. Duración: 4´.

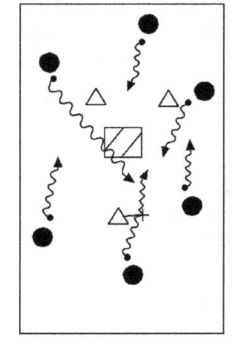

Ejs. Movilidad Articular y Estiramientos | 3.- PARTE PRINCIPAL | 3.1. CIRCUITO DE VELOCIDAD DE FRECUENCIA

3.2.- ZONAS DE RESISTENCIA: INTENSIDAD: III
- N.º JUGADORES: 22 (10 parejas (1:1) + 4 porteros).
- DIMENSIONES: 2 cuadrados 1-3 (20m x 20m), 2 rectángulos 2-4 (20m x 15m)
- DURACIÓN: 2x1'
- RECUPERACIÓN: 1'   - N.º DE TOQUES: Libre

JUEGO Nº 1.-
Juego 1:1 (5 parejas). El jugador atacante intenta superar 1:1 a su defensor y atravesar conduciendo alguna de las cuatro porterías (2m) situadas en los lados exteriores del cuadrado.

JUEGO Nº 2.-
Juego 1:1 (5 parejas). Cada jugador ataca y defiende una portería normal (5m) con un portero. El jugador atacante intenta superar 1:1 a su defensor y finalizar tirando en la portería adversaria.

JUEGO Nº 3.-
Juego 1:1 (5 parejas). El jugador atacante intenta superar 1:1 a su defensor y mantener la posesión del balón.

JUEGO Nº 4.-
Juego 1:1 (5 parejas). Cada jugador ataca y defiende una portería lateral (5m) con un portero. El jugador atacante intenta superar 1:1 a su defensor y finalizar tirando en la portería adversaria.

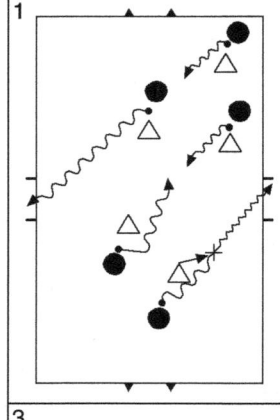
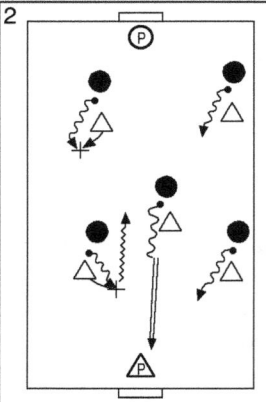
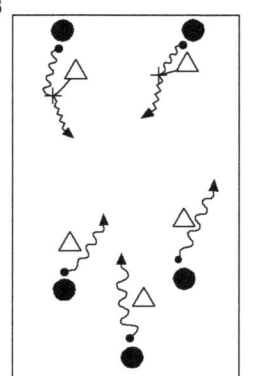
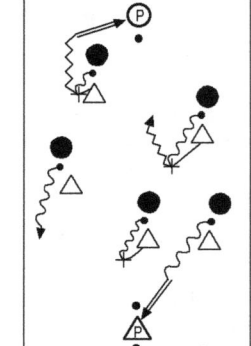

4. VUELTA A LA CALMA | 4.1. CIRCUITO DE FUERZA BASE TRONCO | 4.2. EJER. MOV. ARTICULAR-ESTIRAMIENTOS

| PERIODO COMPETITIVO II | CATEGORÍA CADETES | MESOCICLO PREP. GRAL.II | MICROCICLO VI | SESIÓN 3 | DURACIÓN: 100' |

OBJETIVO: Ofensivo: La finalización. Defensivo: Evitar el gol.
MED. TÁCTICOS: Ofensivo: Paredes, c. orientación, vel. juego, profundidad, progresión, desmarques.
Defensivo: Entrada, marcaje, vigilancia, repliegues.
MED. TÉCNICOS: Ofensivos: Pase, control, tiro, juego de cabeza.
Defensivos: Entrada, carga, anticipación, interceptación, despeje.
MED. PSICOLÓG.: Ofensivos: Atención, concentración, confianza. Defensivos: Atención, concentración.
MED. FÍSICOS: Fuerza resistencia, resistencia intensidad II, capacidades coordinativas.

1.- Explicación de objetivos y contenidos   2.- INTRODUCCIÓN AL MEDIO   Ejercicios de Movilidad Articular y Estiramiento

2.1.- Juego 3:3+3 comodines ofensivos que apoyan desde las esquinas del cuadrado. El equipo atacante tiene que finalizar antes del 6º pase en la portería neutral (5m)
Dimensión: 22m x 22m. Duración: 6´. Nº toques: 2-3

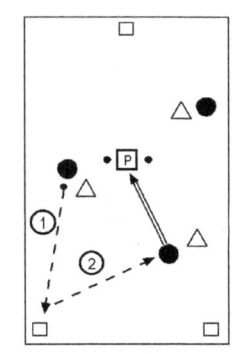

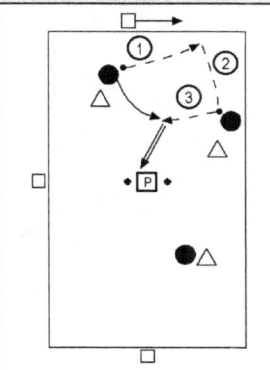

2.2.- Juego 3:3+3 comodines ofensivos que apoyan desde los lados exteriores del cuadrado. El equipo atacante tiene que finalizar antes del 6º pase en la portería lateral neutral (5m).
Dimensión: 22m x 22m. Duración: 6´. Nº toques: 2-3

| Ejs. Movilidad Articular y Estiramientos | 3.- PARTE PRINCIPAL | 3.1. CIRCUITO DE FUERZA - RESISTENCIA |

3.2.- ZONAS DE RESISTENCIA: INTENSIDAD: II
- N.º JUGADORES: 22 (4 equipos de 5 jugadores + dos porteros).
- DIMENSIONES: 4 rectángulos de 1-3 (30m x 20m),   2-4 (30m x 30m).
- DURACIÓN: 10'
- RECUPERACIÓN: 2'   - N.º DE TOQUES: 3
JUEGO Nº 1.-
Juego 5:5. Cada equipo ataca y defiende una portería triangular (5mx3 lados). El equipo atacante tiene que finalizar tirando en la portería adversaria antes del 6º pase.
JUEGO Nº 2.-
Juego 6:6. Cada equipo ataca y defiende una portería normal (7m) y sitúa a dos jugadores en las bandas del campo hacia el que atacan (cada 2' cambiarlos). El equipo atacante tiene que finalizar tirando desde donde apoyan antes del 6º pase en la portería adversaria.
JUEGO Nº 3.-
Juego 5:5. Cada equipo ataca y defiende una portería cuadrada (6mx6m). El equipo atacante tiene que finalizar tirando antes del 6º pase en la portería adversaria.
JUEGO Nº 4.-
Juego 6:6. Cada equipo ataca y defiende una portería normal (7m) y sitúa a dos jugadores por detrás de la línea de fondo adversaria (cada 2´ cambiarlos) desde donde apoyan. El equipo atacante tiene que finalizar tirando antes del 6º pase en la portería adversaria.

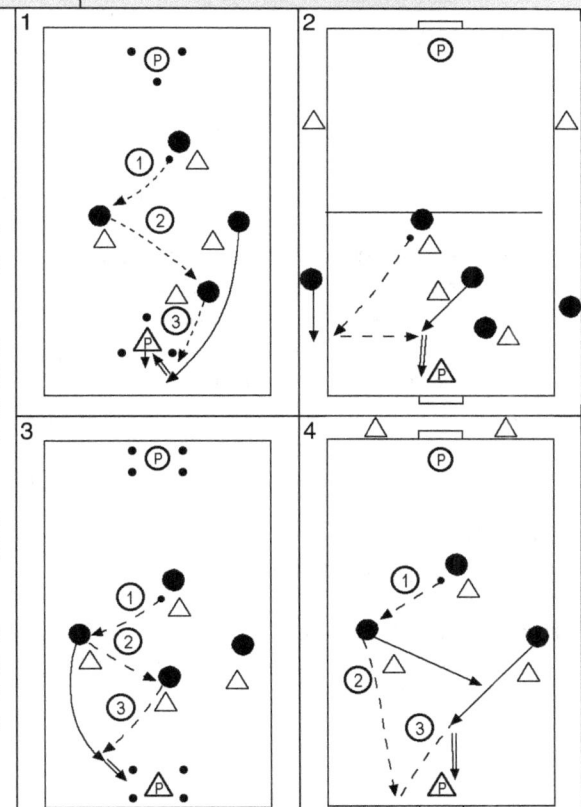

| 4. VUELTA A LA CALMA | 4.1. CIRCUITO DE FUERZA BASE TRONCO | 4.2. EJER. MOV. ARTICULAR-ESTIRAMIENTOS |

PERIODO COMPETITIVO II	CATEGORÍA CADETES	MESOCICLO PREP. GRAL.II	MICROCICLO VI	SESIÓN 4	DURACIÓN: 90'

OBJETIVO: Ofensivo: Superar las situaciones 1:1. Defensivo: Evitar ser superado 1:1.
MED. TÁCTICOS: Ofensivo: C. ritmo, temporizaciones. Defensivo: Entradas, temporizaciones, repliegues.
MED. TÉCNICOS: Ofensivos: Conducción, finta, regate, cobertura técnica. Defensivos: Entrada, carga.
MED. PSICOLÓG.: Ofensivos: Atención, concentración, creatividad, confianza, valentía.
Defensivos: Atención, concentración, seguridad.
MED. FÍSICOS: Vel. reacción, resistencia intensidad I, capacidades coordinativas.

1.- Explicación de objetivos y contenidos   2.- INTRODUCCIÓN AL MEDIO | Ejercicios de Movilidad Articular y Estiramiento

2.1.- Juego 6:3. Seis atacantes cada uno con un balón lo conducen en el interior del cuadrado tratando de superar 1:1 a tres defensores y atravesar conduciendo la portería neutral (2m), los defensores si logran recuperar el balón pasan a atacar.
Dimensión: 15 x 15 m. Duración: 4'.

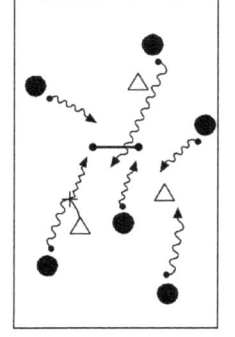
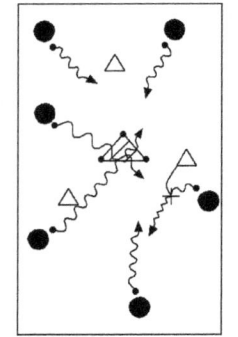

2.2.- Juego 6:3. Seis atacantes cada uno con un balón lo conducen en el interior del cuadrado tratando de superar 1:1 a tres defensores y atravesar conduciendo la portería triangular (2mx3 lados), los defensores si logran recuperar el balón pasan a atacar.
Dimensión: 15 x 15 m. Duración: 4'.

Ejs. Movilidad Articular y Estiramientos | 3.- PARTE PRINCIPAL | 3.1. CIRCUITO DE VELOCIDAD DE REACCIÓN

3.2.- ZONAS DE RESISTENCIA: INTENSIDAD: I
- N.º JUGADORES: 20 (4 equipos de 5 jugadores).
- DIMENSIONES: 2 cuadrados 1-3 (30m x 30m),
              rectángulos 2-4 (30m x 20m).
- DURACIÓN: 8'
- RECUPERACIÓN: 2'   - N.º DE TOQUES: Libre
JUEGO Nº 1.-
Juego 5:5. El equipo atacante para conseguir un punto un jugador tiene que superar 1:1 a un defensor y atravesar conduciendo alguna de las cinco porterías (2m) situadas en el campo.
JUEGO Nº 2.-
Juego 5:5. Cada equipo ataca y defiende una línea de fondo defendida por un jugador. El equipo atacante para conseguir un punto tiene que superar 1:1 al jugador que defiende la línea de fondo adversaria y atravesar conduciendo la misma.
JUEGO Nº 3.-
Juego 5:5. El equipo atacante consigue un punto cada vez que un jugador logra superar 1:1 a un defensor.
JUEGO Nº 4.-
Juego 5:5. Cada equipo ataca y defiende una portería normal. El equipo atacante sólo puede finalizar tirando en la portería adversaria tras superar 1:1 a un defensor.

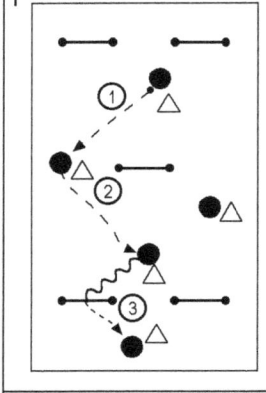
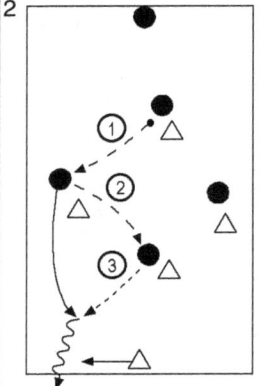
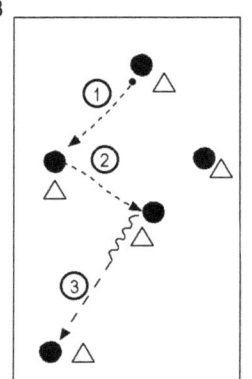
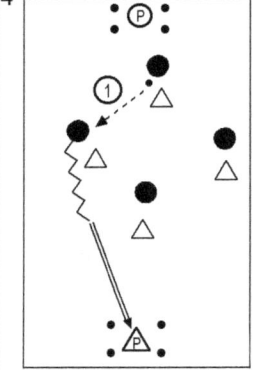

4. VUELTA A LA CALMA | 4.1. CIRCUITO DE FUERZA BASE TRONCO | 4.2. EJER. MOV. ARTICULAR-ESTIRAMIENTOS

PERIODO COMPETITIVO II	CATEGORÍA CADETES	MESOCICLO ESPECIAL II	MICROCICLO I	SESIÓN 1	DURACIÓN: 100'

OBJETIVO: Ofensivo: Mantener la posesión del balón. Defensivo: Recuperar el balón.
MED. TÁCTICOS: Ofensivo: Apoyos, desmarques, paredes, temporizaciones, c. orientación.
Defensivo: Marcaje, vigilancia.
MED. TÉCNICOS: Ofensivos: Control. conducción, regate, pase.
Defensivos: Entrada, anticipación, interceptación, carga.
MED. PSICOLÓG.: Ofensivos: Atención, concentración, seguridad, cap. cognitivas.
Defensivos: Atención, concentración, sacrificio, voluntad.
MED. FÍSICOS: Fuerza máxima, resistencia intensidad II, capacidades coordinativas.

1.- Explicación de objetivos y contenidos 2.- INTRODUCCIÓN AL MEDIO	Ejercicios de Movilidad Articular y Estiramiento

2.1.- Juego 3:3+3 comodines ofensivos que apoyan desde las esquinas del cuadrado. El equipo atacante intenta mantener la posesión del balón.

Dimensión: 15m x 15m. Duración: 6´. Nº toques: 2-3

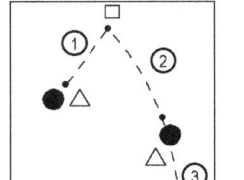

2.2.- Juego 3:3+3 comodines ofensivos que apoyan desde el interior del cuadrado. El equipo atacante intenta mantener la posesión del balón.

Dimensión: 15m x 15m. Duración: 6´. Nº toques: 2-3

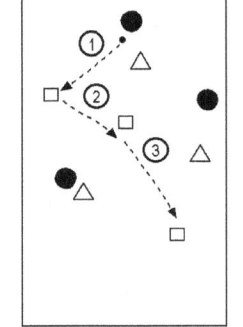

Ejs. Movilidad Articular y Estiramientos	3.- PARTE PRINCIPAL	3.1. CIRCUITO DE FUERZA MÁXIMA

3.2.- ZONAS DE RESISTENCIA: INTENSIDAD: II
- N.º JUGADORES: 20 (4 equipos de 5 jugadores).
- DIMENSIONES: 4 cuadrados de 35m x 35m.
- DURACIÓN: 10'
- RECUPERACIÓN: 2'   - N.º DE TOQUES: 3
JUEGO Nº 1.-
Juego 5:5. El equipo atacante intenta mantener la posesión del balón consiguiendo un punto cada vez que logran dar diez pases seguidos.
JUEGO Nº 2.-
Juego 5:5. El equipo atacante intenta mantener la posesión del balón sólo permitiéndose los pases cortos y a ras de suelo.
JUEGO Nº 3.-
Juego 5:5. El equipo atacante intenta mantener la posesión del balón consiguiendo un punto cada vez que logran realizar un pase a través de alguna de las tres porterías (2m) situadas en el campo.
JUEGO Nº 4.-
Juego 5:5. El equipo atacante intenta mantener la posesión del balón consiguiendo un punto cada vez que logran realizar un pase a través de alguna de las cinco porterías (2m) situadas en el campo.

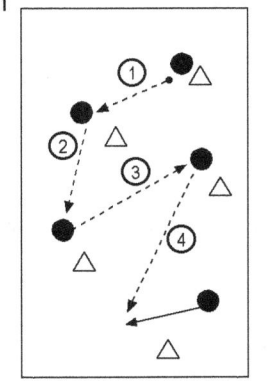

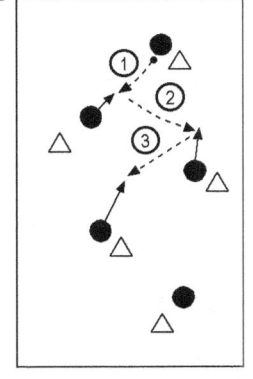

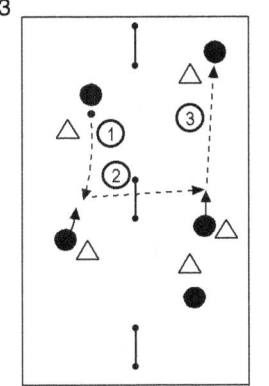

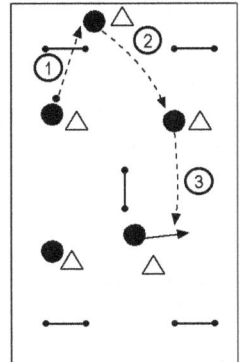

4. VUELTA A LA CALMA	4.1. CIRCUITO DE FUERZA BASE TRONCO	4.2. EJER. MOV. ARTICULAR-ESTIRAMIENTOS

PERIODO COMPETITIVO II	CATEGORÍA CADETES	MESOCICLO ESPECIAL II	MICROCICLO I	SESIÓN 2	DURACIÓN: 100'

OBJETIVO: Ofensivo: Mantener la posesión del balón. Defensivo: Recuperar el balón.
MED. TÁCTICOS: Ofensivo: Apoyos, desmarques, paredes, temporizaciones, c. orientación.
Defensivo: Marcaje, vigilancia.
MED. TÉCNICOS: Ofensivos: Control, conducción, regate, pase. Defensivos: Entrada, anticipación, interceptación, carga.
MED. PSICOLÓG.: Ofensivos: Atención, concentración, seguridad, cap. cognitivas.
Defensivos: Atención, concentración, sacrificio, voluntad.
MED. FÍSICOS: Vel. desplazamiento, resistencia intensidad III, capacidades coordinativas.

1.- Explicación de objetivos y contenidos 2.- INTRODUCCIÓN AL MEDIO	Ejercicios de Movilidad Articular y Estiramiento

2.1.- Juego 3:3+3 comodines ofensivos que apoyan (dos desde las esquinas del cuadrado y uno desde el interior del mismo). El equipo atacante intenta mantener la posesión del balón.

Dimensión: 15m x 15m. Duración: 6´. N° toques: 2-3

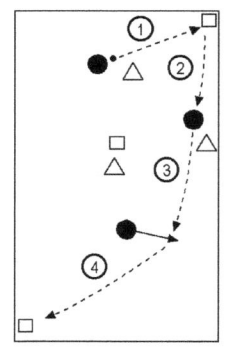

2.2.- Juego 3:3+3 comodines ofensivos que apoyan (dos desde los lados exteriores del cuadrado y uno desde el interior del mismo). El equipo atacante intenta mantener la   posesión del balón.

Dimensión: 15m x 15m. Duración: 6´. N° toques: 2-3

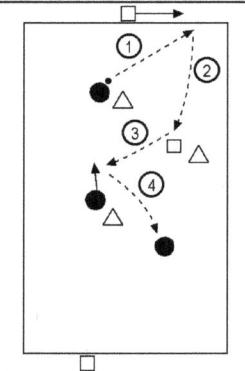

Ejs. Movilidad Articular y Estiramientos	3.- PARTE PRINCIPAL	3.1. CIRCUITO DE VELOCIDAD DE DESPLAZAMIENTO

3.2.- ZONAS DE RESISTENCIA: INTENSIDAD: III
- N.º JUGADORES: 20 (4 equipos de 5 jugadores).
- DIMENSIONES: 4 cuadrados de 35m x 35m.
- DURACIÓN: 7'
- RECUPERACIÓN: 2'   - N.º DE TOQUES: 1-2
JUEGO N° 1.-
Juego 5:5. El equipo atacante intenta mantener la posesión del balón y cuando logra dar ocho pases seguidos puede intentar hacer gol en cualquiera de las cinco porterías (2m) situadas en el campo.
JUEGO N° 2.-
Juego 5:5. El equipo atacante intenta mantener la posesión del balón consiguiendo un punto cada vez que un jugador controla el balón en el interior de uno de los cinco cuadrados (2mx2m) situados en el campo.
JUEGO N° 3.-
Juego 5:5. Cada equipo sitúa a un jugador en una de las esquinas del cuadrado desde donde apoya. El equipo atacante intenta mantener la posesión del balón consiguiendo un punto cada vez que logran dar diez pases seguidos, siempre que un jugador del interior del campo le envía el balón al situado en la esquina lo releva en esa posición.
JUEGO N° 4.-
Juego 5:5. Cada equipo sitúa a un jugador en un lado exterior del cuadrado desde donde apoya. El equipo atacante intenta mantener la posesión del balón consiguiendo un punto cada vez que logran dar diez pases seguidos, siempre que un jugador del interior del campo le envía el balón al situado en la esquina lo releva en esa posición.

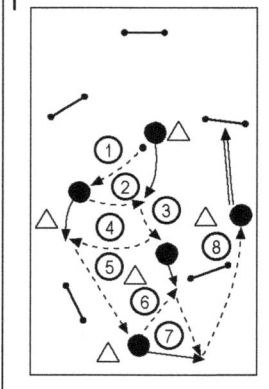

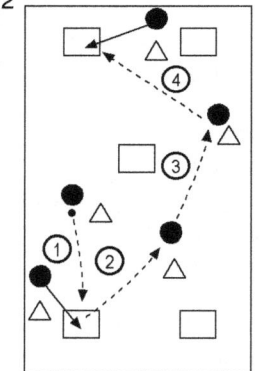

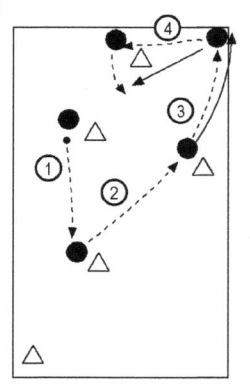

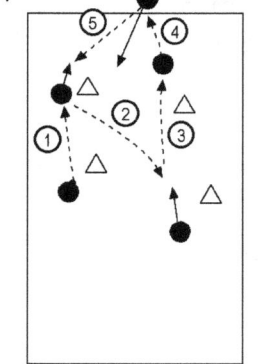

4. VUELTA A LA CALMA	4.1. CIRCUITO DE FUERZA BASE TRONCO	4.2. EJER. MOV. ARTICULAR-ESTIRAMIENTOS

PERIODO COMPETITIVO II	CATEGORÍA CADETES	MESOCICLO ESPECIAL II	MICROCICLO I	SESIÓN 3	DURACIÓN: 100'

OBJETIVO: Ofensivo: Mantener la posesión del balón. Defensivo: Recuperar el balón.
MED. TÁCTICOS: Ofensivo: Apoyos, desmarques, paredes, temporizaciones, c. orientación.
Defensivo: Marcaje, vigilancia.
MED. TÉCNICOS: Ofensivos: Control, conducción, regate, pase.
Defensivos: Entrada, anticipación, interceptación, carga.
MED. PSICOLÓG.: Ofensivos: Atención, concentración, seguridad, cap. cognitivas.
Defensivos: Atención, concentración, sacrificio, voluntad.
MED. FÍSICOS: Cap. anaeróbica aláctica, resistencia especial de competición, capacidades coordinativas.

1.- Explicación de objetivos y contenidos   2.- INTRODUCCIÓN AL MEDIO | Ejercicios de Movilidad Articular y Estiramiento

2.1.- Juego 3:3+3 comodines ofensivos que apoyan desde el interior del cuadrado. El equipo atacante intenta mantener la posesión del balón jugando a 2 toques.

Dimensión: 15m x 15m. Duración: 6´.

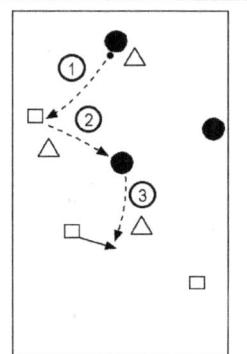

2.2.- Juego 3:3+3 comodines ofensivos que apoyan (dos desde las esquinas del cuadrado y uno desde el interior del mismo). El equipo atacante intenta mantener la posesión del balón jugando a 2 toques.

Dimensión: 15m x 15m. Duración: 6´.

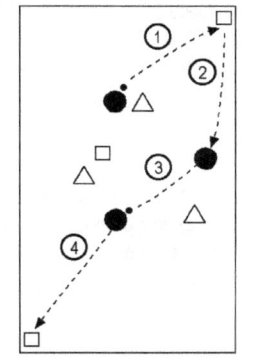

Ejs. Movilidad Articular y Estiramientos	3.- PARTE PRINCIPAL	3.1. CIRCUITO DE CAPACIDAD ANAERÓBICA ALÁCTICA

3.2.- ZONAS DE RESISTENCIA: ESPECIAL DE COMPETICIÓN
- N.º JUGADORES: 22 (2 equipos de 11 jugadores).
- DIMENSIONES: Todo el campo reglamentario.
- DURACIÓN: 20'
- RECUPERACIÓN: 1'   - N.º DE TOQUES: Libre

JUEGO Nº 1.-
Juego 11:11. El equipo atacante para poder finalizar tirando en la portería adversaria tiene que previamente dar diez pases seguidos.

JUEGO Nº 2.-
Juego 11:11. El equipo atacante para poder finalizar tirando en la portería adversaria tiene que previamente dar diez pases seguidos en campo contrario.

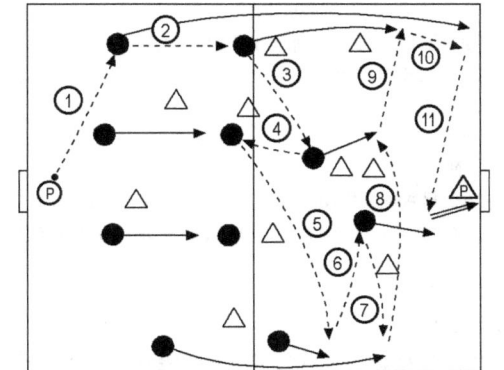

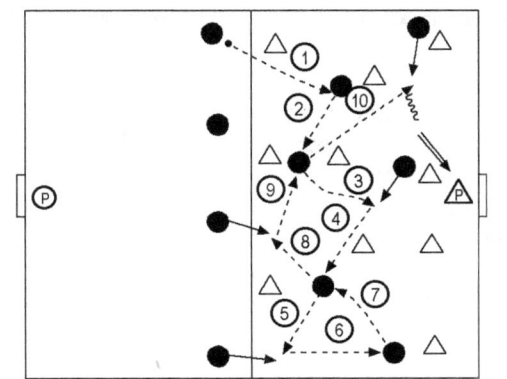

4. VUELTA A LA CALMA	4.1. CIRCUITO DE FUERZA BASE TRONCO	4.2. EJER. MOV. ARTICULAR-ESTIRAMIENTOS

PERIODO COMPETITIVO II	CATEGORÍA CADETES	MESOCICLO ESPECIAL II	MICROCICLO I	SESIÓN 4	DURACIÓN: 90'

OBJETIVO: Ofensivo: Mantener la posesión del balón. Defensivo: Recuperar el balón.
MED. TÁCTICOS: Ofensivo: Apoyos, desmarques, paredes, temporizaciones c. orientación.
Defensivo: Marcaje, vigilancia.
MED. TÉCNICOS: Ofensivos: Control, conducción, regate, pase.
Defensivos: Entrada, anticipación, interceptación, carga.
MED. PSICOLÓG.: Ofensivos: Atención, concentración, seguridad, cap. cognitivas.
Defensivos: Atención, concentración, sacrificio, voluntad.
MED. FÍSICOS: Vel. reacción, resistencia intensidad I, capacidades coordinativas.

1.- Explicación de objetivos y contenidos 2.- INTRODUCCIÓN AL MEDIO	Ejercicios de Movilidad Articular y Estiramiento

2.1.- Juego 3:3+3 comodines ofensivos que apoyan (uno desde las esquinas del cuadrado y dos desde el interior del mismo). El equipo atacante intenta mantener la posesión del balón.

Dimensión: 15m x 15m. Duración: 6´. Nº toques: 2-3

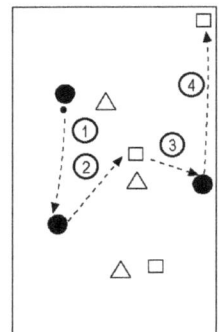 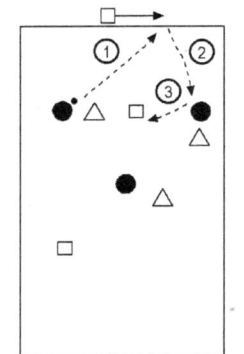

2.2.- Juego 3:3+3 comodines ofensivos que apoyan (uno desde un lado exterior del cuadrado y dos desde el interior del mismo). El equipo atacante intenta mantener la posesión del balón.

Dimensión: 15m x 15m. Duración: 6´. Nº toques: 2-3

Ejs. Movilidad Articular y Estiramientos	3.- PARTE PRINCIPAL	3.1. CIRCUITO DE VELOCIDAD DE REACCIÓN

3.2.- ZONAS DE RESISTENCIA: INTENSIDAD: I
- N.º JUGADORES: 20 (4 equipos de 5 jugadores).
- DIMENSIONES: 4 cuadrados de 30m x 30m.
- DURACIÓN: 8'
- RECUPERACIÓN: 2'   - N.º DE TOQUES: Libre

JUEGO Nº 1.-
Juego 5:5. El equipo atacante intenta mantener la posesión del balón consiguiendo un punto cada vez que el balón pasa por todos sus jugadores.

JUEGO Nº 2.-
Juego 5:5. El equipo atacante intenta mantener la posesión del balón y cuando logran dar ocho pases seguidos para conseguir un punto deben enviar el balón al interior de una de las zonas marcadas (5mx35m) logrando un jugador controlarlo en su interior.

JUEGO Nº 3.-
Juego 5:5. Cada equipo nombra a un capitán. El equipo atacante intenta mantener la posesión del balón consiguiendo un punto cada vez que su capitán recibe un pase.

JUEGO Nº 4.-
Juego 5:5. El equipo atacante intenta mantener la posesión del balón no pudiendo jugar el mismo en el interior de la zona marcada (7´5mx7´5m)

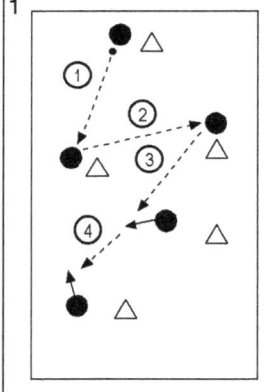 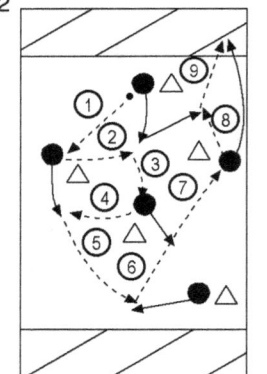

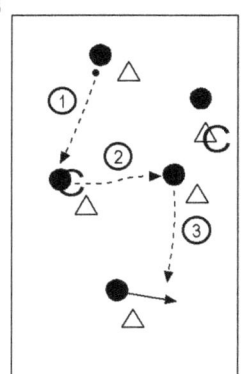 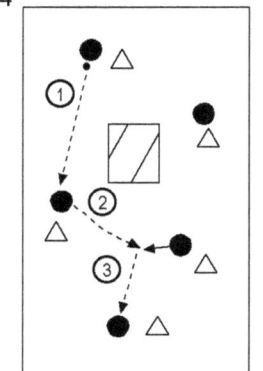

4. VUELTA A LA CALMA	4.1. CIRCUITO DE FUERZA BASE TRONCO	4.2. EJER. MOV. ARTICULAR-ESTIRAMIENTOS

PERIODO COMPETITIVO II	CATEGORÍA CADETES	MESOCICLO ESPECIAL II	MICROCICLO II	SESIÓN 1	DURACIÓN: 100'

OBJETIVO: Ofensivo: Progresión en el juego (ataque). Defensivo: Evitar la progresión en el juego.
MED. TÁCTICOS: Ofensivo: Profundidad, paredes, c. ritmo, c. orientación, desmarques, apoyos, amplitud, progresión.
Defensivo: Entrada, temporización, marcaje, bascular, red. espacio, coberturas, permutas.
MED. TÉCNICOS: Ofensivos: Control. conducción, regate, pase, tiro.
Defensivos: Entrada, anticipación, interceptación, carga.
MED. PSICOLÓG.: Ofensivos: Atención, concentración, creatividad, cap. cognitivas.
Defensivos: Atención, concentración, sacrificio, voluntad.
MED. FÍSICOS: Fuerza máxima, resistencia intensidad II, capacidades coordinativas.

1.- Explicación de objetivos y contenidos 2.- INTRODUCCIÓN AL MEDIO	Ejercicios de Movilidad Articular y Estiramiento

2.1.- Juego 3:3+3 comodines ofensivos que apoyan desde el interior del campo. Cada equipo ataca y defiende una portería triangular pequeña (2mx3 lados). El equipo atacante intenta progresar en el juego y finalizar tirando en la portería adversaria tras dar seis pases seguidos.
Dimensión: 22m x 16m. Duración: 6´. Nº toques: 2-3

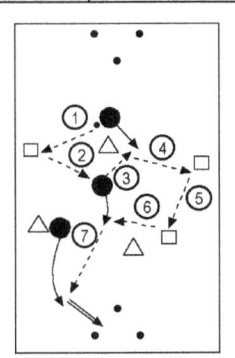
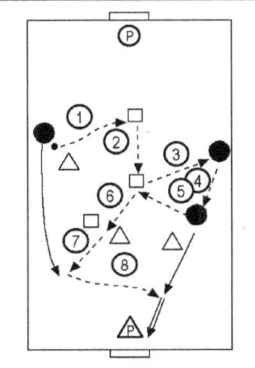

2.2.- Juego 3:3+3 comodines ofensivos que apoyan desde el interior del campo. Cada equipo ataca y defiende una portería normal (5m). El equipo atacante intenta progresar en el juego y finalizar tirando en la portería adversaria tras dar seis pases seguidos.
Dimensión: 22m x 16m. Duración: 6´. Nº toques: 2-3

Ejs. Movilidad Articular y Estiramientos	3.- PARTE PRINCIPAL	3.1. CIRCUITO DE FUERZA MÁXIMA

3.2.- ZONAS DE RESISTENCIA: INTENSIDAD: II
- N.º JUGADORES: 22 (4 equipos de 5 jugadores + 2 porteros).
- DIMENSIONES: 4 rectángulos de 45mx30m.
- DURACIÓN: 10'
- RECUPERACIÓN: 2'   - N.º DE TOQUES: 3
JUEGO Nº 1.-
Juego 5:5. Cada equipo ataca y defiende una portería pequeña (3m). El equipo atacante intenta progresar en el juego y finalizar tirando en la portería adversaria tras dar seis pases seguidos. Sistema: 3-2 ó 4-1
JUEGO Nº 2.-
Juego 6:6. Cada equipo ataca y defiende una portería triangular (5mx3 lados). El equipo atacante intenta progresar en el juego y finalizar tirando en la portería adversaria tras dar seis pases seguidos. Sistema: 1-3-2 ó 1-4-1
JUEGO Nº 3.-
Juego 5:5. Cada equipo ataca y defiende una zona marcada (5mx30m). El equipo atacante intenta progresar en el juego y finalizar atravesando conduciendo la zona marcada tras dar seis pases seguidos. Sistema: 3-2 ó 4-1
JUEGO Nº 4.-
Juego 6:6. Cada equipo ataca y defiende una portería cuadrada (6mx6m). El equipo atacante intenta progresar en el juego y finalizar tirando en la portería adversaria tras dar seis pases seguidos. Sistema: 1-3-2 ó 1-4-1

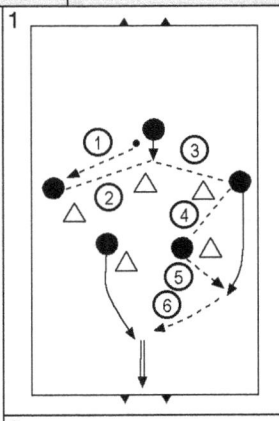
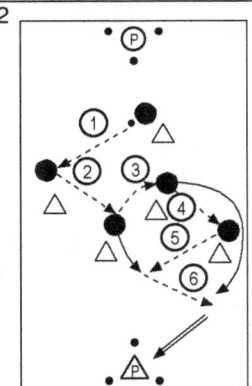
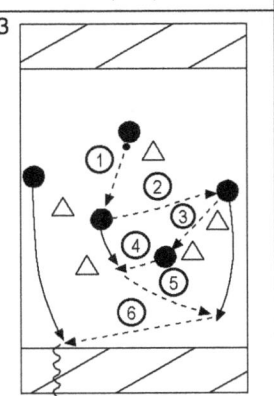
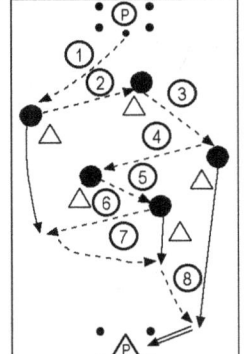

4. VUELTA A LA CALMA	4.1. CIRCUITO DE FUERZA BASE TRONCO	4.2. EJER. MOV. ARTICULAR-ESTIRAMIENTOS

PERIODO COMPETITIVO II	CATEGORÍA CADETES	MESOCICLO ESPECIAL II	MICROCICLO II	SESIÓN 2	DURACIÓN: 100'

OBJETIVO: Ofensivo: Progresión en el juego (contraataque) Defensivo: Evitar la progresión en el juego.
MED. TÁCTICOS: Ofensivo: Profundidad, vel. juego, c. orientación, desmarques, apoyos, amplitud, progresión.
Defensivo: Entrada, temporización, marcaje, bascular, red. espacio, repliegues, coberturas, permutas.
MED. TÉCNICOS: Ofensivos: Control, conducción, regate, pase, tiro.
Defensivos: Entrada, anticipación, interceptación, carga.
MED. PSICOLÓG.: Ofensivos: Atención, concentración, creatividad, cap. cognitivas.
Defensivos: Atención, concentración, sacrificio, voluntad.
MED. FÍSICOS: Vel., resistencia intensidad III, capacidades coordinativas.

1.- Explicación de objetivos y contenidos 2.- INTRODUCCIÓN AL MEDIO	Ejercicios de Movilidad Articular y Estiramiento

2.1.- Juego 3:3+3 comodines ofensivos que apoyan desde el interior del campo. Cada equipo ataca y defiende una portería pequeña (3m). El equipo atacante intenta progresar en el juego y finalizar tirando en la portería adversaria antes del 6º pase.

Dimensión: 22m x 16m. Duración: 6´. Nº toques: 2-3

2.2.- Juego 4:4+3 comodines ofensivos que apoyan desde el interior del campo. Cada equipo ataca y defiende una portería triangular (4mx3 lados). El equipo atacante intenta progresar en el juego y finalizar tirando en la portería adversaria antes del 6º pase.

Dimensión: 22m x 16m. Duración: 6´. Nº toques: 2-3

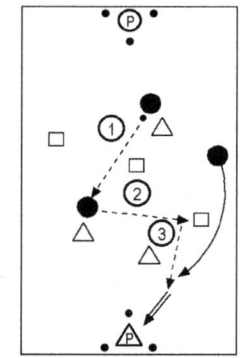

Ejs. Movilidad Articular y Estiramientos	3.- PARTE PRINCIPAL	3.1. CIRCUITO DE VELOCIDAD DE DESPLAZAMIENTO

3.2.- ZONAS DE RESISTENCIA: INTENSIDAD: III
- N.º JUGADORES: 22 (4 equipos de 5 jugadores + dos porteros).
- DIMENSIONES: 4 rectángulos de 50m x 35m.
- DURACIÓN: 7'
- RECUPERACIÓN: 2'   - N.º DE TOQUES: 1-2
JUEGO Nº 1.-
Juego 5:5. Cada equipo ataca y defiende una línea de fondo. El equipo atacante intenta progresar en el juego y finalizar logrando un jugador controlar el balón por detrás de la línea de fondo adversaria antes del 6º pase. Sistema: 3-2 ó 4-1
JUEGO Nº 2.-
Juego 6:6. Cada equipo ataca y defiende una portería normal (7m). El equipo atacante intenta progresar en el juego y finalizar tirando en la portería adversaria antes del 6º pase. Sistema: 1-3-2 ó 1-4-1
JUEGO Nº 3.-
Juego 5:5. Cada equipo ataca y defiende una zona marcada (5mx35m). El equipo atacante intenta progresar en el juego y finalizar logrando un jugador controlar el balón en el interior de la zona marcada adversaria antes del 6º pase. Sistema: 3-2- ó 4-1
JUEGO Nº 4.-
Juego 6:6. Cada equipo ataca y defiende una portería lateral (7m). El equipo atacante intenta progresar en el juego y finalizar tirando en la portería adversaria antes del 6º pase. Sistema: 1-3-2 ó 1-4-1

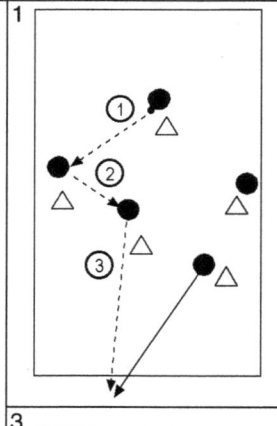

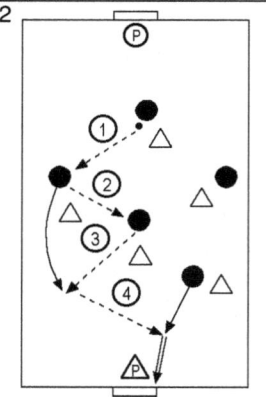

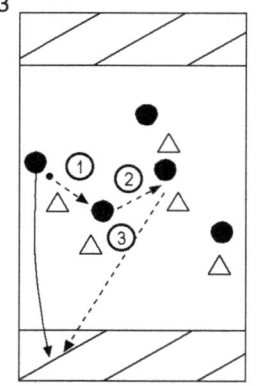

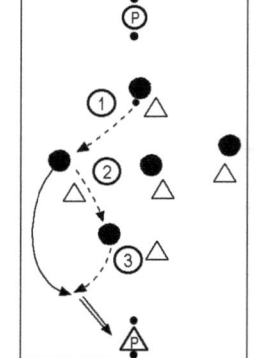

4. VUELTA A LA CALMA	4.1. CIRCUITO DE FUERZA BASE TRONCO	4.2. EJER. MOV. ARTICULAR-ESTIRAMIENTOS

PERIODO COMPETITIVO II	CATEGORÍA CADETES	MESOCICLO ESPECIAL II	MICROCICLO II	SESIÓN 3	DURACIÓN: 100'

OBJETIVO: Ofensivo: Progresión en el juego. Defensivo: Evitar la progresión en el juego.
MED. TÁCTICOS: Ofensivo: Profundidad, paredes, c. ritmo, c. orientación, desmarques, apoyos, amplitud, progresión.
Defensivo: Entrada, temporización, marcaje, bascular, red. espacio, coberturas, permutas.
MED. TÉCNICOS: Ofensivos: Control, conducción, regate, pase, tiro.
Defensivos: Entrada, anticipación, interceptación, carga.
MED. PSICOLÓG.: Ofensivos: Atención, concentración, creatividad, cap. cognitivas.
Defensivos: Atención, concentración, sacrificio, voluntad.
MED. FÍSICOS: Cap. anaeróbica aláctica, resistencia especial de competición, capacidades coordinativas.

1.- Explicación de objetivos y contenidos 2.- INTRODUCCIÓN AL MEDIO	Ejercicios de Movilidad Articular y Estiramiento

2.1.- Juego 3:3+3 comodines ofensivos que apoyan desde el interior del campo. Cada equipo ataca y defiende una línea de fondo. El equipo atacante intenta progresar en el juego y finalizar atravesando conduciendo la portería adversaria.

Dimensión: 22m x 16m. Duración: 6´. Nº toques: 2-3

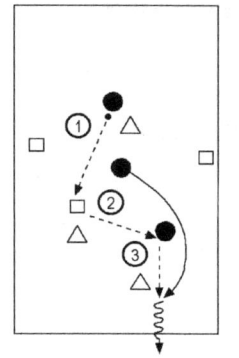

2.2.- Juego 4:4+3 comodines ofensivos que apoyan desde el interior del campo. Cada equipo ataca y defiende una portería lateral (5m). El equipo atacante intenta progresar en el juego y finalizar tirando en la portería adversaria.

Dimensión: 22m x 16m. Duración: 6´. Nº toques: 2-3

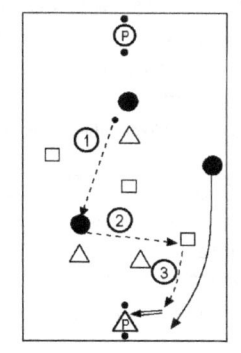

Ejs. Movilidad Articular y Estiramientos	3.- PARTE PRINCIPAL	3.1. CIRCUITO DE CAPACIDAD ANAERÓBICA ALÁCTICA

3.2.- ZONAS DE RESISTENCIA: ESPECIAL DE COMPETICIÓN
- N.º JUGADORES: 22 (2 equipos de 11 jugadores).
- DIMENSIONES: Todo el campo reglamentario.
- DURACIÓN: 20'
- RECUPERACIÓN: 1'   - N.º DE TOQUES: Libre

JUEGO Nº 1.-
Juego 11:11. Se delimitan dos líneas marcadas de 30m situadas a 20m de la línea de fondo. El equipo atacante intenta progresar en el juego no pudiendo jugar el balón a través de las líneas marcadas lo que les obligará a jugar por las zonas laterales.

JUEGO Nº 2.-
Juego 11:11. El equipo atacante intenta progresar en el juego y sólo puede finalizar si el balón procede desde una de las zonas marcadas laterales del área de penalty.

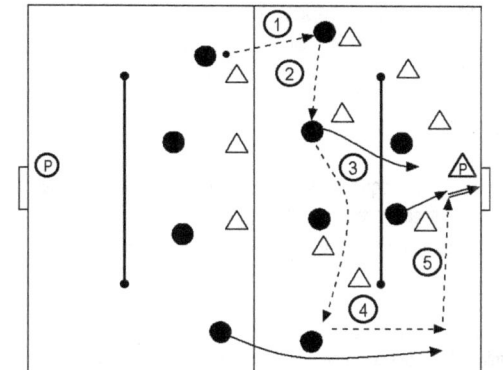

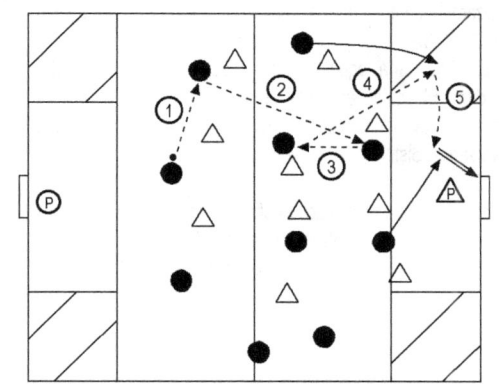

4. VUELTA A LA CALMA	4.1. CIRCUITO DE FUERZA BASE TRONCO	4.2. EJER. MOV. ARTICULAR-ESTIRAMIENTOS

| PERIODO COMPETITIVO II | CATEGORÍA CADETES | MESOCICLO ESPECIAL II | MICROCICLO II | SESIÓN 4 | DURACIÓN: 90' |

OBJETIVO: Ofensivo: Progresión en el juego (ataque por las bandas). Defensivo: Evitar la progresión en el juego.
MED. TÁCTICOS: Ofensivo: Profundidad, amplitud, vel. juego, c. orientación, desmarques, apoyos, progresión.
Defensivo: Entrada, temporización, marcaje, bascular, red. espacio, repliegues, coberturas, permutas.
MED. TÉCNICOS: Ofensivos: Control, conducción, regate, pase, tiro.
Defensivos: Entrada, anticipación, interceptación, carga.
MED. PSICOLÓG.: Ofensivos: Atención, concentración, creatividad, cap. cognitivas.
Defensivos: Atención, concentración, sacrificio, voluntad.
MED. FÍSICOS: Vel. reacción, resistencia intensidad I, capacidades cognitivas.

1.- Explicación de objetivos y contenidos   2.- INTRODUCCIÓN AL MEDIO   Ejercicios de Movilidad Articular y Estiramiento

2.1.- Juego 3:3+3 comodines ofensivos que apoyan (dos desde las bandas y uno desde el interior del campo). El equipo atacante intenta progresar en el juego y finalizar atravesando conduciendo en la portería adversaria.

Dimensión: 22m x 16m. Duración: 6´. Nº toques: 2-3

2.2.- Juego 4:4+3 comodines ofensivos que apoyan (dos desde las bandas y uno desde el interior del campo). El equipo atacante intenta progresar en el juego y finalizar tirando en la portería adversaria.

Dimensión: 22m x 16m. Duración: 6´. Nº toques: 2-3

Ejs. Movilidad Articular y Estiramientos   3.- PARTE PRINCIPAL   3.1. CIRCUITO DE VELOCIDAD DE REACCIÓN

3.2.- ZONAS DE RESISTENCIA: INTENSIDAD: I
- N.º JUGADORES: 22 (4 equipos de 5 jugdores + 2 porteros).
- DIMENSIONES: 4 rectángulos de 40m x 30m.
- DURACIÓN: 8'
- RECUPERACIÓN: 2'   - N.º DE TOQUES: Libre
JUEGO Nº 1.-
Juego 5:5. Cada equipo ataca y defiende dos porterías laterales (2m). El equipo atacante intenta progresar en el juego y finalizar tirando en alguna de las porterías adversarias. Sistema: 3-2 ó 4-1
JUEGO Nº 2.-
Juego 6:6. Cada equipo ataca y defiende una portería normal. El equipo atacante intenta progresar en el juego teniendo que hacer pasar el balón por las dos zonas laterales (5mx40m) para poder finalizar tirando en la portería adversaria. Sistema: 1-3-2 ó 1-4-1
JUEGO Nº 3.-
Juego 5:5. Cada equipo ataca y defiende dos cuadrados (5mx5m). El equipo atacante intenta progresar en el juego y finalizar atravesando conduciendo alguno de los cuadrados adversarios. Sistema: 3-2 ó 4-1
JUEGO Nº 4.-
Juego 6:6. Cada equipo ataca y defiende una portería lateral (7m). El equipo atacante intenta progresar en el juego y   finalizar tirando en la portería adversaria. Sistema: 1-3-2 ó   1-4-1

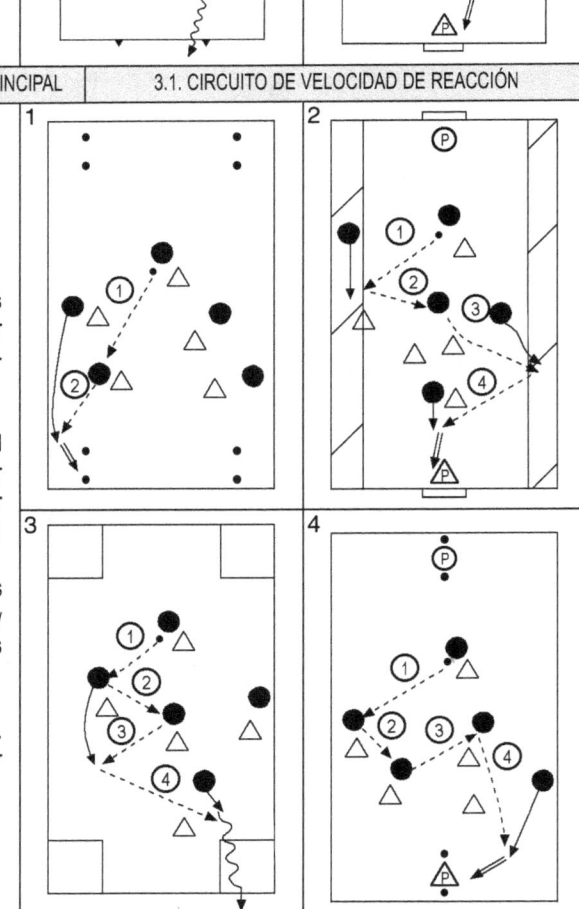

4. VUELTA A LA CALMA   4.1. CIRCUITO DE FUERZA BASE TRONCO   4.2. EJER. MOV. ARTICULAR-ESTIRAMIENTOS

PERIODO COMPETITIVO II	CATEGORÍA CADETES	MESOCICLO ESPECIAL II	MICROCICLO III	SESIÓN 1	DURACIÓN: 100'

OBJETIVO: Ofensivo: La finalización. Defensivo: Evitar el gol.
MED. TÁCTICOS: Ofensivo: Paredes, c. orientación, vel. juego, profundidad, progresión, desmarques.
Defensivo: Entrada, marcaje, vigilancia, repliegues.
MED. TÉCNICOS: Ofensivos: Pase, control, tiro.
Defensivos: Entrada, carga, anticipación, interceptación, despeje.
MED. PSICOLÓG.: Ofensivos: Atención, concentración, confianza. Defensivos: Atención, concentración.
MED. FÍSICOS: Fuerza, resistencia intensidad II, capacidades coordinativas.

1.- Explicación de objetivos y contenidos 2.- INTRODUCCIÓN AL MEDIO	Ejercicios de Movilidad Articular y Estiramiento

2.1.- Juego 3:3+3 comodines ofensivos que apoyan desde las esquinas del cuadrado. El equipo atacante tiene que finalizar tirando antes del 6º pase en la portería neutral (5m).
Dimensión: 20m x 20m. Duración: 6'. Nº toques: 2-3

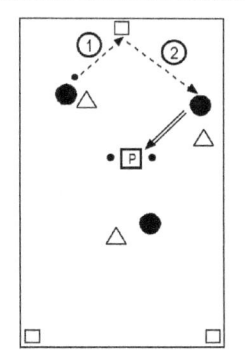

2.2.- Juego 3:3+3 comodines ofensivos que apoyan desde los lados exteriores del cuadrado. El equipo atacante tiene que finalizar tirando antes del 6º pase en la portería neutral (5m).
Dimensión: 20m x 20m. Duración: 6'. Nº toques: 2-3

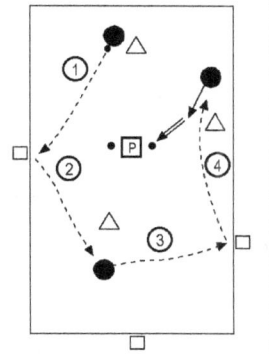

Ejs. Movilidad Articular y Estiramientos	3.- PARTE PRINCIPAL	3.1. CIRCUITO DE FUERZA MAXIMA

3.2.- ZONAS DE RESISTENCIA: INTENSIDAD: II
- N.º JUGADORES: 20 (4 equipos de 5 jugadores).
- DIMENSIONES: 4 rectángulos de 30mx20m.
- DURACIÓN: 10'
- RECUPERACIÓN: 2'   - N.º DE TOQUES: 3
JUEGO Nº 1.-
Juego 5:5. Cada equipo ataca y defiende una portería normal (7m). El equipo atacante tiene que finalizar tirando antes del 6º pase en la portería adversaria.
JUEGO Nº 2.-
Juego 5:5. Cada equipo ataca y defiende una portería normal (7m). Los jugadores del equipo atacante se pasan el balón con las manos y finalizan a través del juego de cabeza.
JUEGO Nº 3.-
Juego 5:5. Cada equipo ataca y defiende una portería triangular (5m x 3lados). El equipo atacante tiene que finalizar tirando antes del 6º pase en la portería adversaria.
JUEGO Nº 4.-
Juego 5:5. Cada equipo ataca y defiende una portería normal (7m). El equipo atacante tiene que finalizar tirando antes del 6º pase en la portería adversaria desde el interior de la zona marcada (15mx20m).

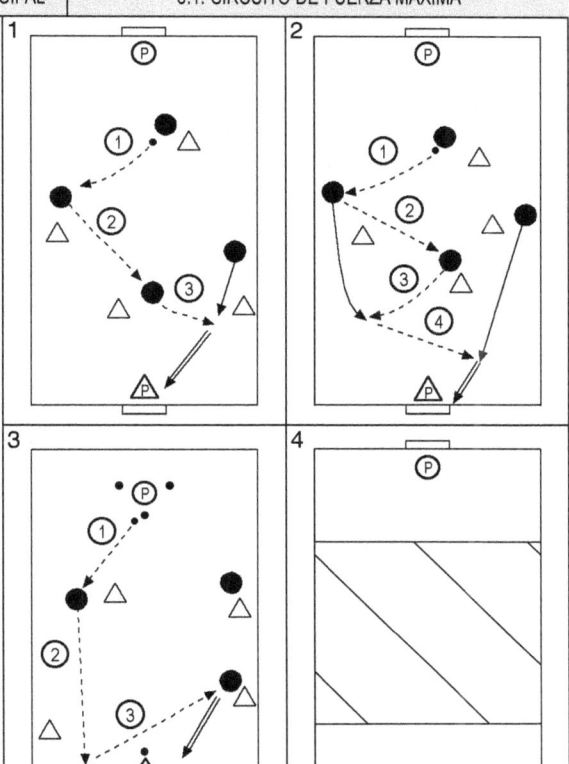

4. VUELTA A LA CALMA	4.1. CIRCUITO DE FUERZA BASE TRONCO	4.2. EJER. MOV. ARTICULAR-ESTIRAMIENTOS

| PERIODO COMPETITIVO II | CATEGORÍA CADETES | MESOCICLO ESPECIAL II | MICROCICLO III | SESIÓN 2 | DURACIÓN: 100' |

OBJETIVO: Ofensivo: Superar las situaciones 1:1. Defensivo: Evitar ser superado 1:1.
MED. TÁCTICOS: Ofensivo: C. ritmo, temporizaciones. Defensivo: Entrada, temporizaciónes, repliegues.
MED. TÉCNICOS: Ofensivos: Conducción, finta, regate, cobertura técnica. Defensivos: Entrada, carga.
MED. PSICOLÓG.: Ofensivos: Atención, concentración, creatividad, confianza, valentía.
Defensivos: Atención, concentración, seguridad.
MED. FÍSICOS: Vel. desplazamiento, resistencia intensidad III, capacidades coordinativas.

1.- Explicación de objetivos y contenidos   2.- INTRODUCCIÓN AL MEDIO   Ejercicios de Movilidad Articular y Estiramiento

2.1.- Juego 6:3. Seis atacantes cada uno con un balón lo conducen en el interior del cuadrado tratando de superar 1:1 a tres defensores y atravesar conduciendo la portería neutral (2m), los defensores si logran recuperar el balón pasan a atacar.
Dimensión: 15 x 15 m. Duración: 4'.

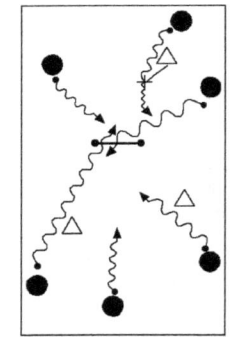

2.2.- Juego 6:3. Seis atacantes cada uno con un balón lo conducen en el interior del cuadrado tratando de superar 1:1 a tres defensores y atravesar conduciendo la zona marcada (2mx2m), los defensores si logran recuperar el balón pasan a atacar.
Dimensión: 15 x 15 m. Duración: 4'.

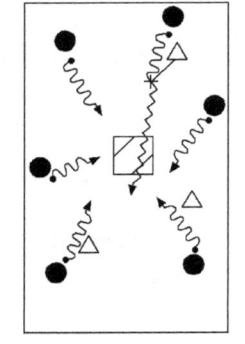

Ejs. Movilidad Articular y Estiramientos   3.- PARTE PRINCIPAL   3.1. CIRCUITO DE VELOCIDAD DE DESPLAZAMIENTO

3.2.- ZONAS DE RESISTENCIA: INTENSIDAD: III
- N.º JUGADORES: 22 (10 parejas (1:1) + 2 porteros).
- DIMENSIONES: 2 cuadrados 1-3 (20m x 20m),
           2 rectángulos 2-4 (20m x 16m)
- DURACIÓN: 2x1'
- RECUPERACIÓN: 1'   - N.º DE TOQUES: Libre
JUEGO Nº 1.-
Juego 1:1 (5 parejas). Los jugadores atacantes intentan superar 1:1 a sus defensores y mantener la posesión del balón.
JUEGO Nº 2.-
Juego 1:1 (5 parejas). Cada jugador ataca y defiende una portería normal (7m). Los jugadores atacantes intentan superar 1:1 a sus defensores y finalizar tirando en la portería adversaria.
JUEGO Nº 3.-
Juego 1:1 (5 parejas). Los jugadores atacantes intentan superar 1:1 a sus defensores y atravesar conduciendo alguna de las tres porterías (2m) situadas en el campo.
JUEGO Nº 4.-
Juego 1:1 (5 parejas). Cada jugador ataca y defiende una portería ancha (12m). Los jugadores atacantes intentan superar 1:1 a sus defensores y atravesar conduciendo la portería adversaria.

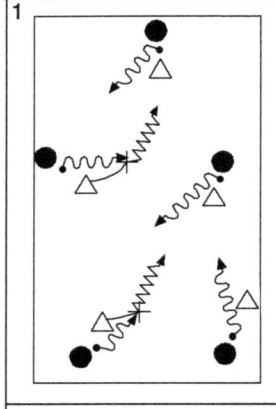
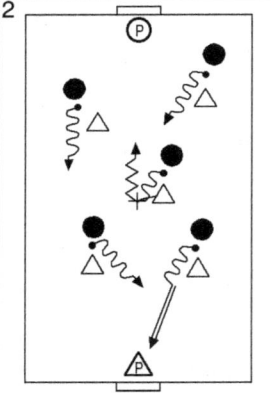
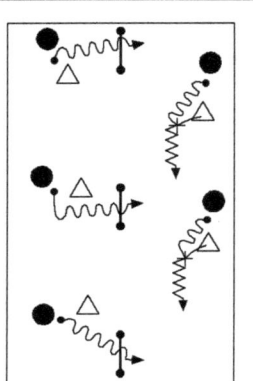
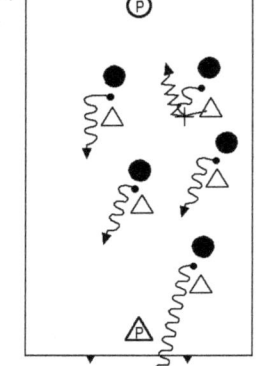

4. VUELTA A LA CALMA   4.1. CIRCUITO DE FUERZA BASE TRONCO   4.2. EJER. MOV. ARTICULAR-ESTIRAMIENTOS

| PERIODO COMPETITIVO II | CATEGORÍA CADETES | MESOCICLO ESPECIAL II | MICROCICLO III | SESIÓN 3 | DURACIÓN: 100' |

OBJETIVO: Ofensivo: La finalización. Defensivo: Evitar el gol.
MED. TÁCTICOS: Ofensivo: Paredes, c. orientación, vel. juego, profundidad, progresión, desmarques.
Defensivo: Entrada, marcaje, vigilancia, repliegues.
MED. TÉCNICOS: Ofensivos: Pase, control, tiro, juego de cabeza.
Defensivos: Entrada, carga, anticipación, interceptación, despeje.
MED. PSICOLÓG.: Ofensivos: Atención, concentración, confianza. Defensivos: Atención, concentración.
MED. FÍSICOS: Cap. anaeróbica aláctica, resistencia intensidad II, capacidades coordinativas.

1.- Explicación de objetivos y contenidos   2.- INTRODUCCIÓN AL MEDIO   Ejercicios de Movilidad Articular y Estiramiento

2.1.- Juego 3:3+3 comodines ofensivos que apoyan desde las esquinas del cuadrado. El equipo atacante tiene que finalizar tirando antes del 6º pase en la portería triangular neutral (4m x 3 lados)

Dimensión: 20m x 20m. Duración: 6´. Nº toques: 2-3

2.2.- Juego 3:3+3 comodines ofensivos que apoyan desde el interior del cuadrado. El equipo atacante tiene que finalizar tirando antes del 6º pase en la portería triangular neutral (4m x 3 lados).

Dimensión: 22m x 22m. Duración: 6´. Nº toques: 2-3

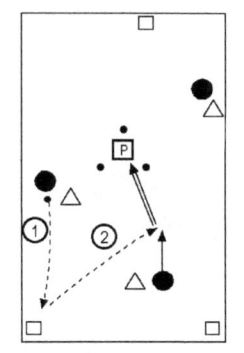
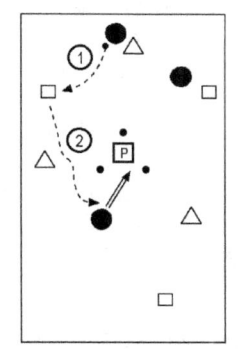

Ejs. Movilidad Articular y Estiramientos   3.- PARTE PRINCIPAL   3.1. CIRCUITO DE CAPACIDAD ANAERÓBICA ALÁCTICA

3.2.- ZONAS DE RESISTENCIA: INTENSIDAD: II
- N.º JUGADORES: 20 (4 equipos de 5 jugadores).
- DIMENSIONES: 4 rectángulos de (30m x 20m)
- DURACIÓN: 10'
- RECUPERACIÓN: 2'   - N.º DE TOQUES: 3

JUEGO Nº 1.-
Juego 5:5. Cada equipo ataca y defiende una portería lateral. El equipo atacante tiene que finalizar tirando antes del 6º pase en la portería adversaria.

JUEGO Nº 2.-
Juego 5:5. Cada equipo ataca y defiende una portería normal (7m). El equipo atacante tiene que finalizar tirando antes del 6º pase en la portería adversaria desde su propio campo.

JUEGO Nº 3.-
Juego 5:5. Cada equipo ataca y defiende una portería cuadrada (5mx5m). El equipo atacante tiene que finalizar tirando antes del 6º pase en la portería adversaria.

JUEGO Nº 4.-
Juego 5:5. Cada equipo ataca y defiende una portería normal (7m). El equipo atacante tiene que finalizar tirando antes del 6º pase en la portería adversaria desde el interior de las zonas marcadas (7´5mx20m).

1
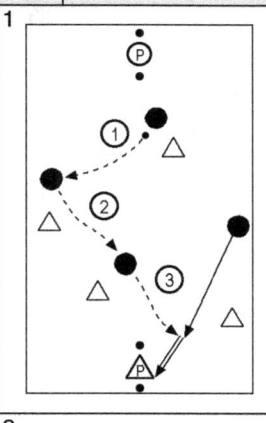

2
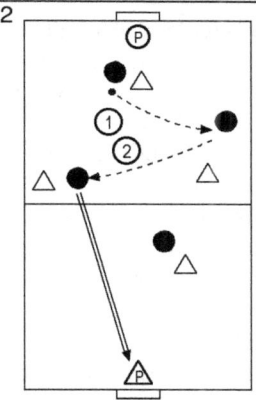

3
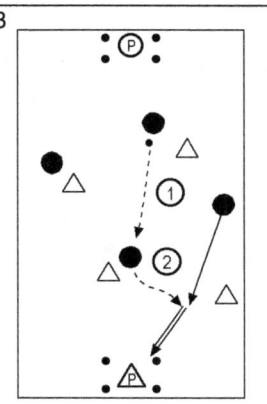

4
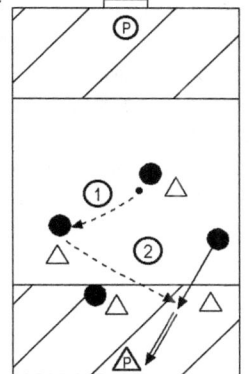

---

4. VUELTA A LA CALMA   4.1. CIRCUITO DE FUERZA BASE TRONCO   4.2. EJER. MOV. ARTICULAR-ESTIRAMIENTOS

PERIODO COMPETITIVO II	CATEGORÍA CADETES	MESOCICLO ESPECIAL II	MICROCICLO III	SESIÓN 4	DURACIÓN: 90'

OBJETIVO: Ofensivo: Superar las situaciones 1:1. Defensivo: Evitar ser superado 1:1.
MED. TÁCTICOS: Ofensivo: C. ritmo, temporizaciones. Defensivo: Entradas, temporizaciones, repliegues.
MED. TÉCNICOS: Ofensivos: Conducción, finta, regate, cobertura técnica. Defensivos: Entrada, carga.
MED. PSICOLÓG.: Ofensivos: Atención, concentración, creatividad, confianza, valentía.
Defensivos: Atención, concentración, seguridad.
MED. FÍSICOS: Vel. reacción, resistencia intensidad I, capacidades coordinativas.

1.- Explicación de objetivos y contenidos 2.- INTRODUCCIÓN AL MEDIO Ejercicios de Movilidad Articular y Estiramiento

2.1.- Juego 6:3. Seis atacantes cada uno con un balón lo conducen en el interior del cuadrado tratando de superar 1:1 a tres defensores y mantener la posesión del balón, los defensores si logran recuperar el balón pasan a atacar.

Dimensión: 15 x 15 m. Duración: 4'.

2.2.- Juego 6:3. Seis atacantes cada uno con un balón lo conducen en el interior del cuadrado tratando de superar 1:1 a tres defensores y atravesar conduciendo la portería triangular (2m x 3 lados), los defensores si logran recuperar el balón pasan a atacar.

Dimensión: 15 x 15 m. Duración: 4'.

Ejs. Movilidad Articular y Estiramientos 3.- PARTE PRINCIPAL 3.1. CIRCUITO DE VELOCIDAD REACCIÓN

3.2.- ZONAS DE RESISTENCIA: INTENSIDAD: I
- N.º JUGADORES: 20 (4 equipos de 5 jugadores).
- DIMENSIONES: 4 cuadrados de (30m x 30m).
- DURACIÓN: 8'
- RECUPERACIÓN: 2'   - N.º DE TOQUES: Libre

JUEGO Nº 1.-
Juego 5:5. El equipo atacante consigue un punto cada vez que un jugador tras superar 1:1 a un defensor logra atravesar conduciendo alguno de los cinco cuadrados (2mx2m) situados en el campo.

JUEGO Nº 2.-
Juego 5:5. El equipo atacante consigue un punto cada vez que un jugador logra superar 1:1 a un defensor.

JUEGO Nº 3.-
Juego 5:5. El equipo atacante consigue un punto cada vez que un jugador tras superar 1:1 a un defensor logra atravesar conduciendo la zona marcada (5mx5m).

JUEGO Nº 4.-
Juego 5:5. Se delimitan dos zonas laterales (10mx30m) en el interior de las cuales el jugador atacante que recibe el balón para poder pasar el mismo tiene que superar 1:1 a un defensor previamente.

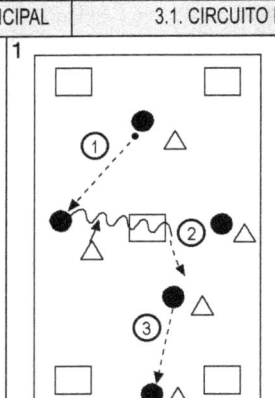
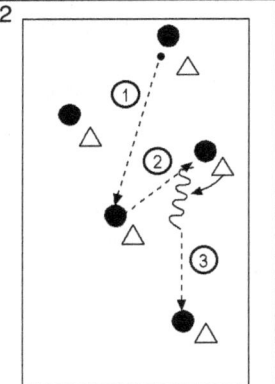
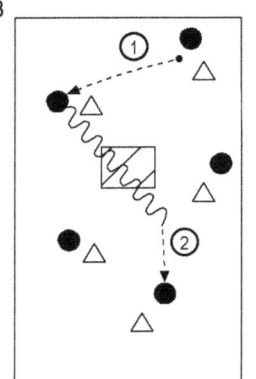
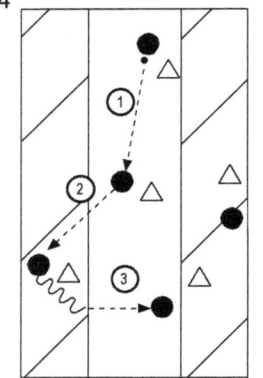

4. VUELTA A LA CALMA 4.1. CIRCUITO DE FUERZA BASE TRONCO 4.2. EJER. MOV. ARTICULAR-ESTIRAMIENTOS

PERIODO COMPETITIVO II	CATEGORÍA CADETES	MESOCICLO ESPECIAL II	MICROCICLO IV	SESIÓN 1	DURACIÓN: 100'

OBJETIVO: Ofensivo: Mantener la posesión del balón. Defensivo: Recuperar el balón.
MED. TÁCTICOS: Ofensivo: Apoyos, desmarques, paredes, temporizaciones, c. orientación.
Defensivo: Marcaje, vigilancia.
MED. TÉCNICOS: Ofensivos: Control. conducción, pase.
Defensivos: Entrada, anticipación, interceptación, carga.
MED. PSICOLÓG.: Ofensivos: Atención, concentración, seguridad, cap. cognitivas.
Defensivos: Atención, concentración, sacrificio, voluntad.
MED. FÍSICOS: Fuerza máxima, resistencia intensidad II, capacidades coordinativas.

1.- Explicación de objetivos y contenidos 2.- INTRODUCCIÓN AL MEDIO	Ejercicios de Movilidad Articular y Estiramiento

2.1.- Juego 3:3+3 comodines ofensivos que apoyan desde las esquinas del cuadrado. El equipo atacante intenta mantener la posesión del balón.

Dimensión: 15m x 15m. Duración: 6´. Nº toques: 2

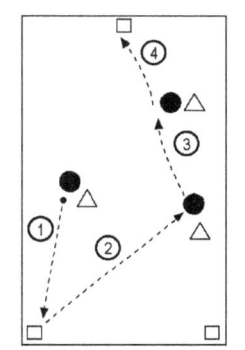
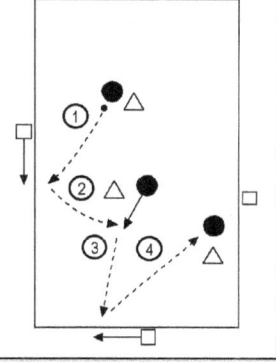

2.2.- Juego 3:3+3 comodines ofensivos que apoyan desde los lados exteriores del cuadrado. El equipo atacante intenta mantener la posesión del balón.

Dimensión: 15m x 15m. Duración: 6´. Nº toques: 2

Ejs. Movilidad Articular y Estiramientos	3.- PARTE PRINCIPAL	3.1. CIRCUITO DE FUERZA MAXIMA

3.2.- ZONAS DE RESISTENCIA: INTENSIDAD: II
- N.º JUGADORES: 20 (4 equipos de 5 jugadores).
- DIMENSIONES: 4 cuadrados de 35m x 35m.
- DURACIÓN: 10'
- RECUPERACIÓN: 2'   - N.º DE TOQUES: 2-3
JUEGO Nº 1.-
Juego 5:5. El equipo atacante intenta mantener la posesión del balón consiguiendo un punto cada vez que logran dar diez pases seguidos.
JUEGO Nº 2.-
Juego 5:5. El equipo atacante intenta mantener la posesión del balón consiguiendo un punto cada vez que un jugador recibe el balón en el interior de uno de los cinco cuadrados (2mx2m) situados en el campo.
JUEGO Nº 3.-
Juego 5:5. .El equipo atacante intenta mantener la posesión del balón no pudiendo jugar el mismo en el interior de la zona marcada (7´5mx7´5m).
JUEGO Nº 4.-
Juego 5:5. El equipo atacante intenta mantener la posesión del balón consiguiendo un punto cada vez que logran realizar un pase desde el interior de uno de los cinco cuadrados (2mx2m) situados en el campo.

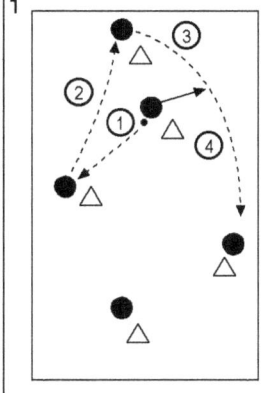
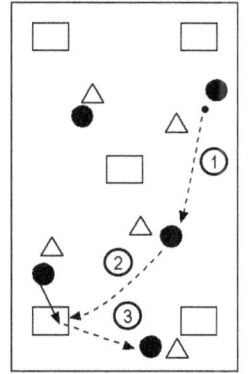
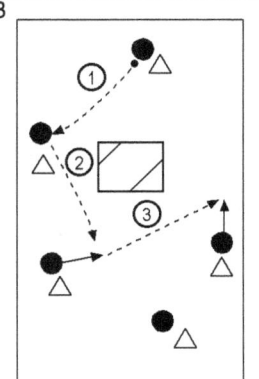
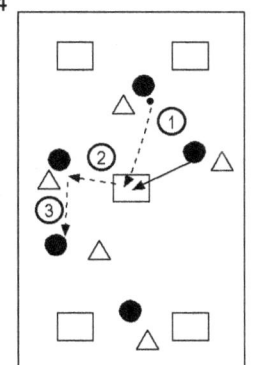

4. VUELTA A LA CALMA	4.1. CIRCUITO DE FUERZA BASE TRONCO	4.2. EJER. MOV. ARTICULAR-ESTIRAMIENTOS

PERIODO COMPETITIVO II	CATEGORÍA CADETES	MESOCICLO ESPECIAL II	MICROCICLO IV	SESIÓN 2	DURACIÓN: 100'

OBJETIVO: Ofensivo: Mantener la posesión del balón. Defensivo: Recuperar el balón.
MED. TÁCTICOS: Ofensivo: Apoyos, desmarques, paredes, temporizaciones, c. orientación.
Defensivo: Marcaje, vigilancia.
MED. TÉCNICOS: Ofensivos: Pase. Defensivos: Entrada, anticipación, interceptación, carga.
MED. PSICOLÓG.: Ofensivos: Atención, concentración, seguridad, cap. cognitivas.
Defensivos: Atención, concentración, sacrificio, voluntad.
MED. FÍSICOS: Vel. desplazamiento, resistencia intensidad III, capacidades coordinativas.

1.- Explicación de objetivos y contenidos   2.- INTRODUCCIÓN AL MEDIO   Ejercicios de Movilidad Articular y Estiramiento

2.1.- Juego 6:3, dos equipos de tres jugadores atacantes situados (dos en las esquinas del cuadrado y cuatro en el interior del mismo) tratan de mantener la posesión del balón contra un equipo de tres jugadores defensores, si estos recuperan el balón pasa a defender el equipo que perdió el balón.

Dimensión: 15m x 15m. Duración: 6´. Nº toques: 2

2.2.- Juego 6:3, dos equipos de tres jugadores atacantes situados (dos en los lados exteriores del cuadrado y cuatro en el interior del mismo) tratan de mantener la posesión del balón contra un equipo de tres jugadores defensores, si estos recuperan el balón pasa a defender el equipo que perdió el balón.

Dimensión: 15m x 15m. Duración: 6´. Nº toques: 2

Ejs. Movilidad Articular y Estiramientos   3.- PARTE PRINCIPAL   3.1. CIRCUITO DE VELOCIDAD DE DESPLAZAMIENTO

3.2.- ZONAS DE RESISTENCIA: INTENSIDAD: III
- N.º JUGADORES: 20 (4 equipos de 5 jugadores).
- DIMENSIONES: 4 cuadrados de 35m x 35m.
- DURACIÓN: 7'
- RECUPERACIÓN: 2'   - N.º DE TOQUES: 1

JUEGO Nº 1.-
Juego 5:5. El equipo atacante intenta mantener la posesión del balón sólo permitiéndose los pases cortos y a ras de suelo.

JUEGO Nº 2.-
Juego 5:5. El equipo atacante intenta mantener la posesión del balón consiguiendo un punto cada vez que un jugador logra realizar un pase a través de alguna de las cinco porterías (2m) situadas en el campo.

JUEGO Nº 3.-
Juego 5:5. Cada equipo nombra a un capitán. El equipo atacante intenta mantener la posesión del balón consiguiendo un punto cada vez que le envían un pase a su capitán.

JUEGO Nº 4.-
Juego 5:5. El equipo atacante intenta mantener la posesión del balón consiguiendo un punto cada vez que un jugador logra realizar un pase a través de alguna de las tres porterías (2m) situadas en el campo.

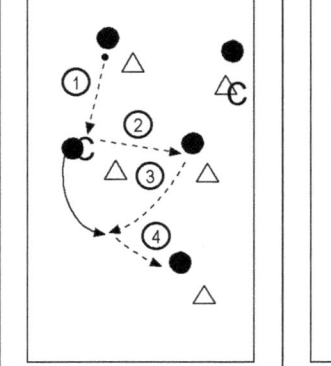
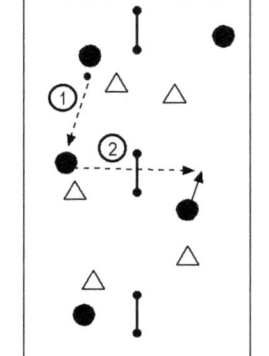

4. VUELTA A LA CALMA   4.1. CIRCUITO DE FUERZA BASE TRONCO   4.2. EJER. MOV. ARTICULAR-ESTIRAMIENTOS

PERIODO COMPETITIVO II	CATEGORÍA CADETES	MESOCICLO ESPECIAL II	MICROCICLO IV	SESIÓN 3	DURACIÓN: 100'

OBJETIVO: Ofensivo: Mantener la posesión del balón. Defensivo: Recuperar el balón.
MED. TÁCTICOS: Ofensivo: Apoyos, desmarques, paredes, temporizaciones, c. orientación.
Defensivo: Marcaje, vigilancia.
MED. TÉCNICOS: Ofensivos: Control, conducción, regate, pase.
Defensivos: Entrada, anticipación, interceptación, carga.
MED. PSICOLÓG.: Ofensivos: Atención, concentración, seguridad, cap. cognitivas.
Defensivos: Atención, concentración, sacrificio, voluntad.
MED. FÍSICOS: Cap. anaeróbica aláctica, resistencia especial de competición, capacidades coordinativas.

1.- Explicación de objetivos y contenidos   2.- INTRODUCCIÓN AL MEDIO   Ejercicios de Movilidad Articular y Estiramiento

2.1.- Juego 3:3+3 comodines ofensivos que apoyan (dos desde las esquinas del cuadrado y uno desde el interior del mismo). El equipo atacante intenta mantener la posesión del balón.

Dimensión: 15m x 15m. Duración: 6´. Nº toques: 2

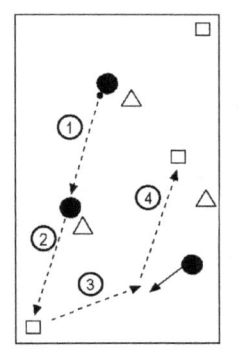
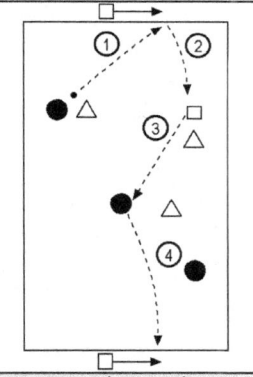

2.2.- Juego 3:3+3 comodines ofensivos que apoyan (dos desde los lados exteriores del cuadrado y uno desde el interior del mismo). El equipo atacante intenta mantener la   posesión del balón.

Dimensión: 15m x 15m. Duración: 6´. Nº toques: 2

Ejs. Movilidad Articular y Estiramientos	3.- PARTE PRINCIPAL	3.1. CIRCUITO DE CAPACIDAD ANAERÓBICA ALÁCTICA

3.2.- ZONAS DE RESISTENCIA:
- N.º JUGADORES: 22 (2 equipos de 11 jugadores).
- DIMENSIONES: Todo el campo reglamentario.
- DURACIÓN: 20'
- RECUPERACIÓN: 2'   - N.º DE TOQUES: Libre

JUEGO Nº 1.-
Juego 11:11. Se divide el campo en tres zonas. Al equipo atacante sólo se le permite los pases en la zona en la que se encuentra el balón o en la de adelante, prohibiéndose los pases hacia la zona posterior.

JUEGO Nº 2.-
Juego 11:11. El equipo atacante para poder finalizar en la portería adversaria tiene que dar diez pases seguidos en campo contrario.

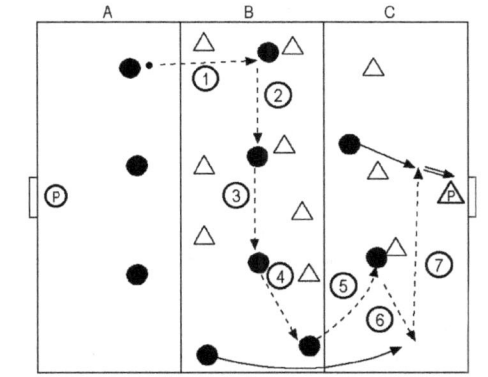

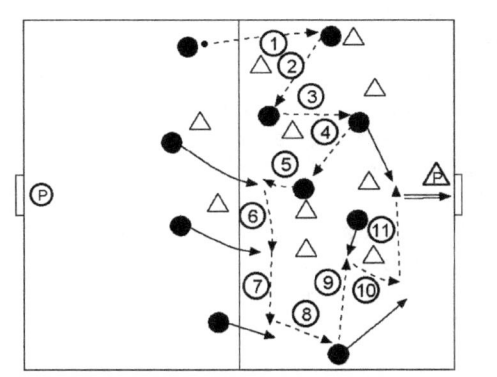

4. VUELTA A LA CALMA	4.1. CIRCUITO DE FUERZA BASE TRONCO	4.2. EJER. MOV. ARTICULAR-ESTIRAMIENTOS

PERIODO COMPETITIVO II	CATEGORÍA CADETES	MESOCICLO ESPECIAL II	MICROCICLO IV	SESIÓN 4	DURACIÓN: 90'

OBJETIVO: Ofensivo: Mantener la posesión del balón. Defensivo: Recuperar el balón.
MED. TÁCTICOS: Ofensivo: Apoyos, desmarques, paredes, temporizaciones c. orientación.
Defensivo: Marcaje, vigilancia.
MED. TÉCNICOS: Ofensivos: Control, conducción, regate, pase.
Defensivos: Entrada, anticipación, interceptación, carga.
MED. PSICOLÓG.: Ofensivos: Atención, concentración, seguridad, cap. cognitivas.
Defensivos: Atención, concentración, sacrificio, voluntad.
MED. FÍSICOS: Vel. reacción, resistencia intensidad I, capacidades coordinativas.

1.- Explicación de objetivos y contenidos   2.- INTRODUCCIÓN AL MEDIO   Ejercicios de Movilidad Articular y Estiramiento

2.1.- Juego 3:3+3 comodines ofensivos que apoyan desde el interior del cuadrado. El equipo atacante intenta mantener la posesión del balón.

Dimensión: 15m x 15m. Duración: 6´. Nº toques: 2

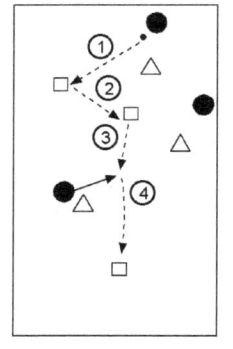

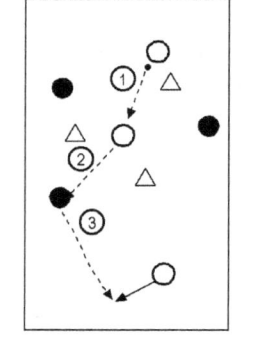

2.2.- Juego 6:3, dos equipos de tres jugadores atacantes situados en el interior del cuadrado tratan de mantener la posesión del balón contra un equipo de tres jugadores defensores que intentan recuperarlo, si lo consiguen pasa a defender el equipo que perdió el balón.

Dimensión: 15m x 15m. Duración: 6´. Nº toques: 2

Ejs. Movilidad Articular y Estiramientos   3.- PARTE PRINCIPAL   3.1. CIRCUITO DE VELOCIDAD DE REACCIÓN

3.2.- ZONAS DE RESISTENCIA: INTENSIDAD: I
- N.º JUGADORES: 20 (4 equipos de 5 jugadores).
- DIMENSIONES: 4 cuadrados de 30m x 30m.
- DURACIÓN: 8'
- RECUPERACIÓN: 2'   - N.º DE TOQUES: Libre

JUEGO Nº 1.-
Juego 5:5. El equipo atacante intenta mantener la posesión del balón consiguiendo un punto cada vez que un jugador logra atravesar conduciendo alguna de las tres porterías (2m) situadas en el campo.

JUEGO Nº 2.-
Juego 5:5. El equipo atacante intenta mantener la posesión del balón consiguiendo un punto cada vez que el balón pasa por todos sus jugadores.

JUEGO Nº 3.-
Juego 5:5. El equipo atacante intenta mantener la posesión del balón consiguiendo un punto cada vez que un jugador logra atravesar conduciendo alguna de las cinco porterías (2m) situadas en el campo.

JUEGO Nº 4.-
Juego 5:5. El equipo atacante intenta mantener la posesión del balón consiguiendo un punto cada vez que un jugador que recibe el balón en el interior de uno de los cinco cuadrados (2mx2m) logra salir conduciendo el balón del mismo.

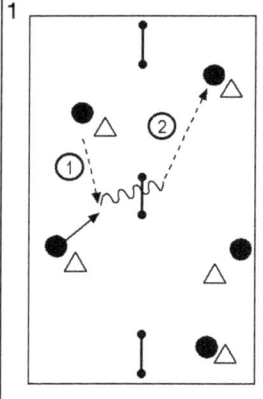

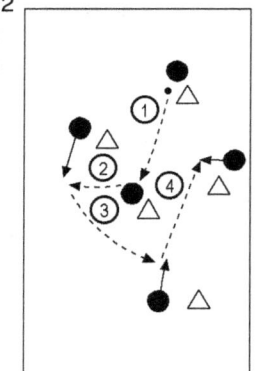

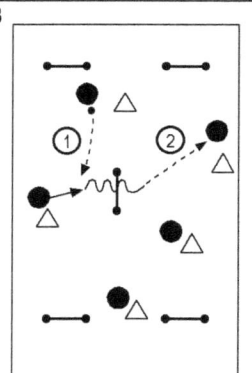

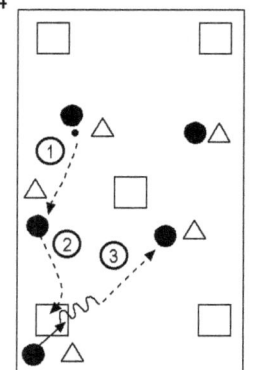

4. VUELTA A LA CALMA   4.1. CIRCUITO DE FUERZA BASE TRONCO   4.2. EJER. MOV. ARTICULAR-ESTIRAMIENTOS

PERIODO COMPETITIVO II	CATEGORÍA CADETES	MESOCICLO ESPECIAL II	MICROCICLO V	SESIÓN 1	DURACIÓN: 100'

OBJETIVO: Ofensivo: Progresión en el juego (ataque). Defensivo: Evitar la progresión en el juego.
MED. TÁCTICOS: Ofensivo: Profundidad, paredes, c. ritmo, c. orientación, desmarques, apoyos, amplitud, progresión.
Defensivo: Entrada, temporización, marcaje, bascular, red. espacio, coberturas, permutas.
MED. TÉCNICOS: Ofensivos: Control. conducción, pase, tiro.
Defensivos: Entrada, anticipación, interceptación, carga.
MED. PSICOLÓG.: Ofensivos: Atención, concentración, creatividad, cap. cognitivas.
Defensivos: Atención, concentración, sacrificio, voluntad.
MED. FÍSICOS: Fuerza máxima, resistencia intensidad II, capacidades coordinativas.

1.- Explicación de objetivos y contenidos   2.- INTRODUCCIÓN AL MEDIO   Ejercicios de Movilidad Articular y Estiramiento

2.1.- Juego 3:3+3 comodines ofensivos que apoyan desde el interior del campo. Cada equipo ataca y defiende una línea de fondo. El equipo atacante intenta progresar en el juego y finalizar atravesando conduciendo la línea de fondo adversaria tras dar seis pases seguidos.
Dimensión: 22m x 16m. Duración: 6´. Nº toques: 2-3

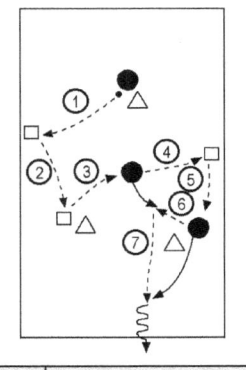

2.2.- Juego 4:4+3 comodines ofensivos que apoyan desde el interior del campo. Cada equipo ataca y defiende una portería normal (6m). El equipo atacante intenta progresar en el juego y finalizar tirando en la portería adversaria tras dar seis pases seguidos.
Dimensión: 22m x 16m. Duración: 6´. Nº toques: 2

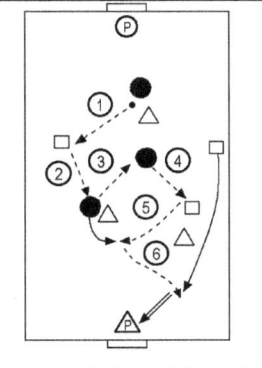

Ejs. Movilidad Articular y Estiramientos   3.- PARTE PRINCIPAL   3.1. CIRCUITO DE FUERZA MAXIMA

3.2.- ZONAS DE RESISTENCIA: INTENSIDAD: II
- N.º JUGADORES: 22 (4 equipos de 5 jugadores + 2 porteros).
- DIMENSIONES: 4 rectángulos de 45m x 30m.
- DURACIÓN: 10'
- RECUPERACIÓN: 2'   - N.º DE TOQUES: 3
JUEGO Nº 1.-
Juego 5:5. Cada equipo ataca y defiende una línea de fondo. El equipo atacante intenta progresar en el juego y finalizar atravesando conduciendo la línea de fondo adversaria tras dar seis pases seguidos. Sistema: 3-2 ó 4-1
JUEGO Nº 2.-
Juego 6:6 Cada equipo ataca y defiende una portería normal (7m). El equipo atacante intenta progresar en el juego y finalizar tirando en la portería adversaria tras dar seis pases seguidos. Sistema: 1-3-2
JUEGO Nº 3.-
Juego 5:5. Cada equipo ataca y defiende una portería ancha (15m). El equipo atacante intenta progresar en el juego y finalizar atravesando conduciendo la portería adversaria tras dar seis pases seguidos. Sistema: 3-2 ó 4-1
JUEGO Nº 4.-
Juego 6:6. Cada equipo ataca y defiende una portería triangular (5m x 3 lados). El equipo atacante intenta progresar en el juego y finalizar tirando en la portería adversaria tras dar seis pases seguidos. Sistema: 1-3-2.

1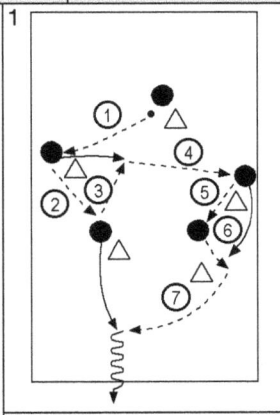

2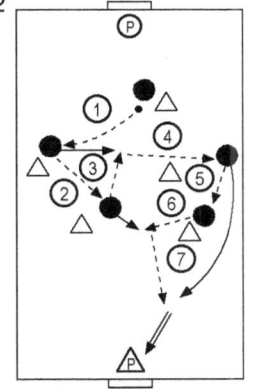

3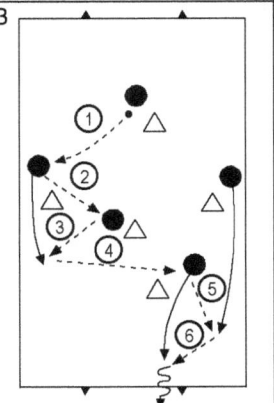

4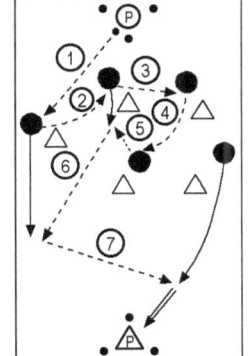

4. VUELTA A LA CALMA   4.1. CIRCUITO DE FUERZA BASE TRONCO   4.2. EJER. MOV. ARTICULAR-ESTIRAMIENTOS

PERIODO COMPETITIVO II	CATEGORÍA CADETES	MESOCICLO ESPECIAL II	MICROCICLO V	SESIÓN 2	DURACIÓN: 100'

OBJETIVO: Ofensivo: Progresión en el juego (contraataque) Defensivo: Evitar la progresión en el juego.
MED. TÁCTICOS: Ofensivo: Profundidad, vel. juego, c. orientación, desmarques, apoyos, amplitud, progresión.
Defensivo: Entrada, temporización, marcaje, bascular, red. espacio, repliegues, coberturas, permutas.
MED. TÉCNICOS: Ofensivos: Control, pase, tiro.
Defensivos: Entrada, anticipación, interceptación, carga.
MED. PSICOLÓG.: Ofensivos: Atención, concentración, creatividad, cap. cognitivas.
Defensivos: Atención, concentración, sacrificio, voluntad.
MED. FÍSICOS: Vel. desplazamiento, resistencia intensidad III, capacidades coordinativas.

1.- Explicación de objetivos y contenidos	2.- INTRODUCCIÓN AL MEDIO	Ejercicios de Movilidad Articular y Estiramiento

2.1.- Juego 3:3+3 comodines ofensivos que apoyan desde el interior del campo. Cada equipo ataca y defiende una portería ancha (10m). El equipo atacante intenta progresar en el juego y finalizar atravesando conduciendo la portería adversaria antes del 6º pase.
Dimensión: 22m x 16m. Duración: 6´. Nº toques: 2-3

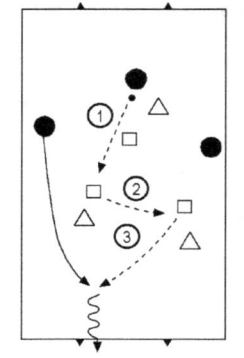 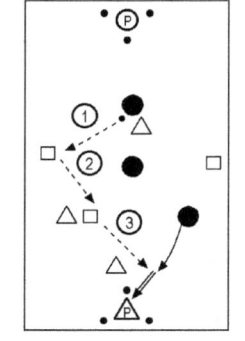

2.2.- Juego 4:4+3 comodines ofensivos que apoyan desde el interior del campo. Cada equipo ataca y defiende una portería triangular (4mx3 lados). El equipo atacante intenta progresar en el juego y finalizar tirando en la portería adversaria antes del 6º pase.
Dimensión: 22m x 16m. Duración: 6´. Nº toques: 2-3

Ejs. Movilidad Articular y Estiramientos	3.- PARTE PRINCIPAL	3.1. CIRCUITO DE VELOCIDAD DE DESPLAZAMIENTO

3.2.- ZONAS DE RESISTENCIA: INTENSIDAD: III
- N.º JUGADORES: 22 (4 equipos de 5 jugadores + dos porteros).
- DIMENSIONES: 4 rectángulos de 50m x 35m.
- DURACIÓN: 7'
- RECUPERACIÓN: 2'   - N.º DE TOQUES: 1-2

JUEGO Nº 1.-
Juego 5:5. Cada equipo ataca y defiende tres porterías pequeñas (2m). El equipo atacante intenta progresar en el juego y finalizar tirando en alguna de las porterías adversarias antes del 6º pase. Sistema: 3-2 ó 4-1

JUEGO Nº 2.-
Juego 6:6. Cada equipo ataca y defiende una portería lateral (7m). El equipo atacante intenta progresar en el juego y finalizar tirando en la portería adversaria antes del 6º pase. Sistema: 1-3-2 ó 4-1

JUEGO Nº 3.-
Juego 5:5. Cada equipo ataca y defiende cuatro pitotes colocados a lo largo de la línea de fondo. El equipo atacante intenta progresar en el juego y finalizar intentando mediante un tiro derribar los pitotes del adversario antes del 6º pase. Sistema: 3-2- ó 4-1

JUEGO Nº 4.-
Juego 6:6. Cada equipo ataca y defiende una portería cuadrada (6mx6m). El equipo atacante intenta progresar en el juego y finalizar tirando en la portería adversaria antes del 6º pase. Sistema: 1-3-2 ó 4-1

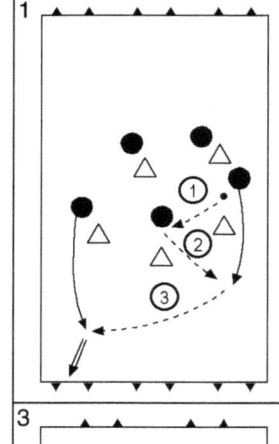 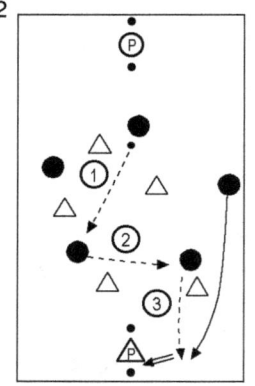

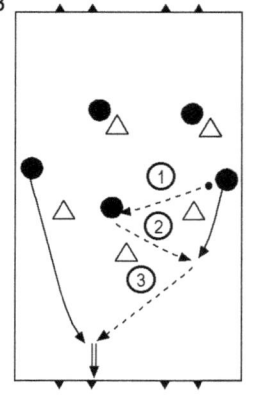 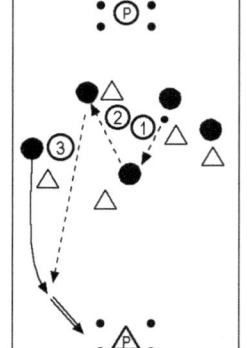

4. VUELTA A LA CALMA	4.1. CIRCUITO DE FUERZA BASE TRONCO	4.2. EJER. MOV. ARTICULAR-ESTIRAMIENTOS

PERIODO COMPETITIVO II	CATEGORÍA CADETES	MESOCICLO ESPECIAL II	MICROCICLO V	SESIÓN 3	DURACIÓN: 100'

OBJETIVO:	Ofensivo: Progresión en el juego. Defensivo: Evitar la progresión en el juego.
MED. TÁCTICOS:	Ofensivo: Profundidad, paredes, c. ritmo, c. orientación, desmarques, apoyos, amplitud, progresión.
	Defensivo: Entrada, temporización, marcaje, bascular, red. espacio, coberturas, permutas.
MED. TÉCNICOS:	Ofensivos: Control, conducción, regate, pase, tiro.
	Defensivos: Entrada, anticipación, interceptación, carga.
MED. PSICOLÓG.:	Ofensivos: Atención, concentración, creatividad, cap. cognitivas.
	Defensivos: Atención, concentración, sacrificio, voluntad.
MED. FÍSICOS:	Cap. anaeróbica aláctica, resistencia especial de competición, capacidades coordinativas.

1.- Explicación de objetivos y contenidos   2.- INTRODUCCIÓN AL MEDIO   Ejercicios de Movilidad Articular y Estiramiento

2.1.- Juego 3:3+3 comodines ofensivos que apoyan desde el interior del campo. Cada equipo ataca y defiende una portería pequeña (2m). El equipo atacante intenta progresar en el juego y finalizar tirando en la portería adversaria.

Dimensión: 22m x 16m. Duración: 6´. Nº toques: 2-3

2.2.- Juego 4:4+3 comodines ofensivos que apoyan desde el interior del campo. Cada equipo ataca y defiende una portería cuadrada (5mx5m). El equipo atacante intenta progresar en el juego y finalizar tirando en la portería adversaria.

Dimensión: 22m x 16m. Duración: 6´. Nº toques: 2-3

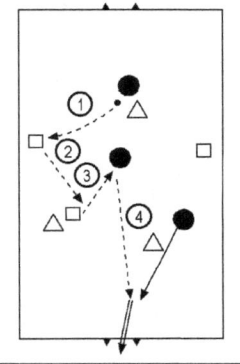 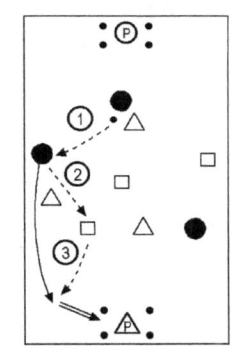

Ejs. Movilidad Articular y Estiramientos	3.- PARTE PRINCIPAL	3.1. CIRCUITO DE CAPACIDAD ANAERÓBICA ALÁCTICA

3.2.- ZONAS DE RESISTENCIA: ESPECIAL DE COMPETICIÓN
- N.º JUGADORES: 22 (2 equipos de 11 jugadores).
- DIMENSIONES: Todo el campo reglamentario.
- DURACIÓN: 20'
- RECUPERACIÓN: 1'   - N.º DE TOQUES: Libre

JUEGO Nº 1.-
Juego 11:11. Se delimitan dos zonas laterales de 12m x largo del campo. El equipo atacante intenta progresar en el juego teniendo que hacer pasar el balón por las dos zonas laterales antes de poder finalizar tirando en la portería adversaria.

JUEGO Nº 2.-
Juego 11:11. El equipo atacante intenta progresar en el juego no permitiéndose los pases hacia atrás y finalizar tirando en la portería adversaria.

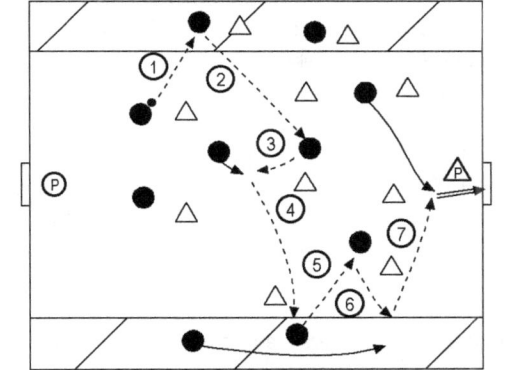

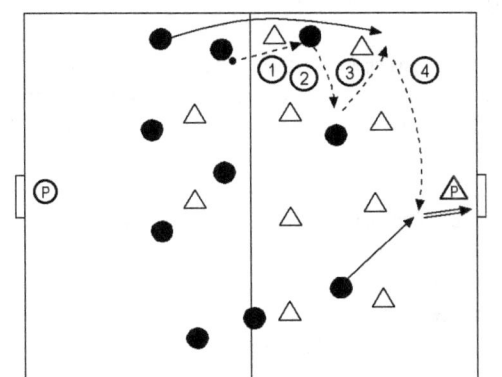

4. VUELTA A LA CALMA	4.1. CIRCUITO DE FUERZA BASE TRONCO	4.2. EJER. MOV. ARTICULAR-ESTIRAMIENTOS

PERIODO COMPETITIVO II	CATEGORÍA CADETES	MESOCICLO ESPECIAL II	MICROCICLO V	SESIÓN 4	DURACIÓN: 90'

OBJETIVO: Ofensivo: Progresión en el juego (ataque por las bandas). Defensivo: Evitar la progresión en el juego.
MED. TÁCTICOS: Ofensivo: Profundidad, amplitud, vel. juego, c. orientación, desmarques, apoyos, progresión.
Defensivo: Entrada, temporización, marcaje, bascular, red. espacio, repliegues, coberturas, permutas.
MED. TÉCNICOS: Ofensivos: Control, conducción, regate, pase, tiro.
Defensivos: Entrada, anticipación, interceptación, carga.
MED. PSICOLÓG.: Ofensivos: Atención, concentración, creatividad, cap. cognitivas.
Defensivos: Atención, concentración, sacrificio, voluntad.
MED. FÍSICOS: Vel. reacción, resistencia intensidad I, capacidades cognitivas.

1.- Explicación de objetivos y contenidos   2.- INTRODUCCIÓN AL MEDIO   Ejercicios de Movilidad Articular y Estiramiento

2.1.- Juego 3:3+3 comodines ofensivos que apoyan (dos desde las bandas y uno desde el interior del campo). Cada equipo ataca y defiende dos porterías pequeñas (2m). El equipo atacante intenta progresar en el juego y finalizar tirando en la portería adversaria.
Dimensión: 22m x 16m. Duración: 6´. Nº toques: 2-3

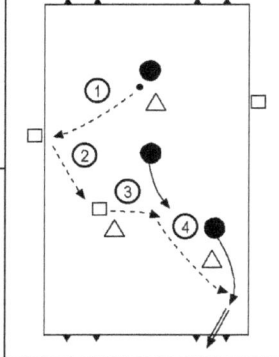
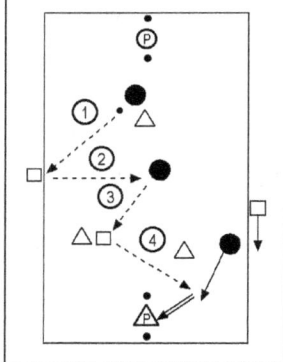

2.2.- Juego 4:4+3 comodines ofensivos que apoyan (dos desde las bandas y uno desde el interior del campo. Cada equipo ataca y defiende una portería lateral (5m). El equipo atacante intenta progresar en el juego y finalizar tirando en la portería adversaria.
Dimensión: 22m x 16m. Duración: 6´. Nº toques: 2-3

Ejs. Movilidad Articular y Estiramientos   3.- PARTE PRINCIPAL   3.1. CIRCUITO DE VELOCIDAD DE REACCIÓN

3.2.- ZONAS DE RESISTENCIA: INTENSIDAD: I
- N.º JUGADORES: 22 (2 equipos de 11 jugdores + 2 comodines).
- DIMENSIONES: 4 rectángulos de 40m x 30m.
- DURACIÓN: 8'
- RECUPERACIÓN: 2'   - N.º DE TOQUES: Libre
JUEGO Nº 1.-
Juego 5:5. Cada equipo ataca y defiende dos porterías pequeñas (2m). El equipo atacante intenta progresar en el juego y finalizar tirando en alguna de las porterías adversarias. Sistema: 3-2 ó 4-1
JUEGO Nº 2.-
Juego 6:6. Cada equipo ataca y defiende una portería lateral (7m). El equipo atacante intenta progresar en el juego y finalizar tirando en la portería adversaria. Sistema: 1-3-2 ó 1-4-1
JUEGO Nº 3.-
Juego 5:5. Cada equipo ataca y defiende dos porterías laterales (2m). El equipo atacante intenta progresar en el juego y finalizar tirando en alguna de las porterías adversarias. Sistema: 3-2 ó 1-4-1
JUEGO Nº 4.-
Juego 6:6. Cada equipo ataca y defiende dos porterías (una normal de 7m y una pequeña de 1m). El equipo atacante intenta progresar en el juego y finalizar pudiéndolo hacer en la portería normal adversaria tirando o en la portería pequeña atravesándola conduciendo. Sistema: 1-3-2 ó 1-4-1

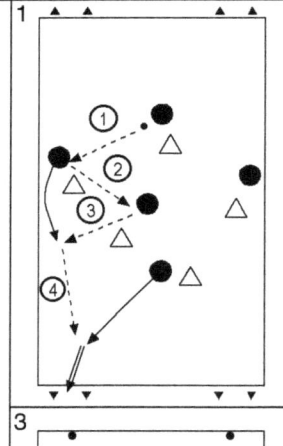
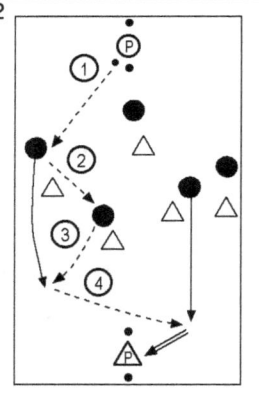
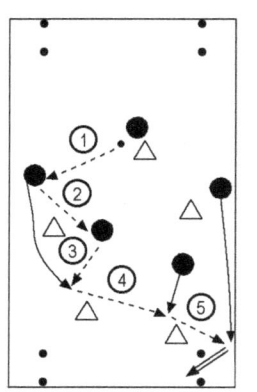
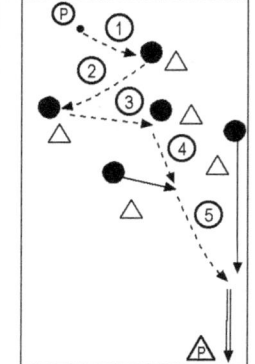

4. VUELTA A LA CALMA   4.1. CIRCUITO DE FUERZA BASE TRONCO   4.2. EJER. MOV. ARTICULAR-ESTIRAMIENTOS

PERIODO COMPETITIVO II	CATEGORÍA CADETES	MESOCICLO ESPECIAL II	MICROCICLO VI	SESIÓN 1	DURACIÓN: 100'

OBJETIVO: Ofensivo: La finalización. Defensivo: Evitar el gol.
MED. TÁCTICOS: Ofensivo: Paredes, c. orientación, vel. juego, profundidad, progresión, desmarques.
Defensivo: Entrada, marcaje, vigilancia, repliegues.
MED. TÉCNICOS: Ofensivos: Pase, control, tiro, juego de cabeza.
Defensivos: Entrada, carga, anticipación, interceptación, despeje.
MED. PSICOLÓG.: Ofensivos: Atención, concentración, confianza. Defensivos: Atención, concentración.
MED. FÍSICOS: Fuerza máxima, resistencia intensidad II, capacidades coordinativas.

1.- Explicación de objetivos y contenidos 2.- INTRODUCCIÓN AL MEDIO	Ejercicios de Movilidad Articular y Estiramiento

2.1.- Juego 3:3+3 comodines ofensivos que apoyan desde el interior del cuadrado. El equipo atacante tiene que finalizar tirando antes del 6º pase en la portería lateral neutral (5m).
Dimensión: 20m x 20m. Duración: 6´. Nº toques: 2

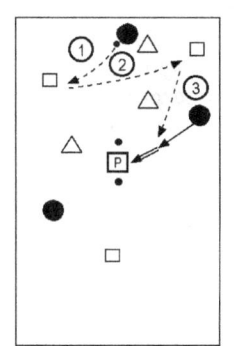 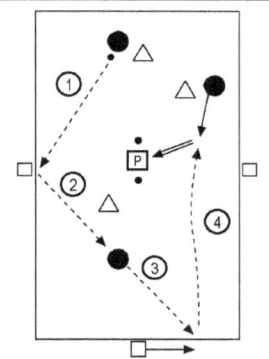

2.2.- Juego 3:3+3 comodines ofensivos que apoyan desde los lados exteriores del cuadrado. El equipo atacante tiene que finalizar tirando antes del 6º pase en la portería lateral neutral (5m).
Dimensión: 20m x 20m. Duración: 6´. Nº toques: 2

Ejs. Movilidad Articular y Estiramientos	3.- PARTE PRINCIPAL	3.1. CIRCUITO DE FUERZA MÁXIMA

3.2.- ZONAS DE RESISTENCIA: INTENSIDAD: II
- N.º JUGADORES: 20 (4 equipos de 5 jugadores).
- DIMENSIONES: 4 rectángulos de 30m x 20m.
- DURACIÓN: 10'
- RECUPERACIÓN: 2'   - N.º DE TOQUES: 3
JUEGO Nº 1.-
Juego 5:5. Cada equipo ataca y defiende una portería cuadrada (5mx5m). El equipo atacante tiene que finalizar antes del 6º pase tirando en la portería adversaria.
JUEGO Nº 2.-
Juego 5:5. Cada equipo ataca y defiende una portería lateral (7m). El equipo atacante tiene que finalizar tirando antes del 6º pase en la portería adversaria.
JUEGO Nº 3.-
Juego 5:5. Cada equipo ataca y defiende dos porterías pequeñas (4m). El equipo atacante tiene que finalizar tirando antes del 6º pase en alguna de las porterías adversarias.
JUEGO Nº 4.-
Juego 5:5. Cada equipo ataca y defiende una portería normal (7m). El equipo atacante tiene que finalizar tirando antes del 6º pase en la portería adversaria desde fuera del área marcada (7´5mx20m).

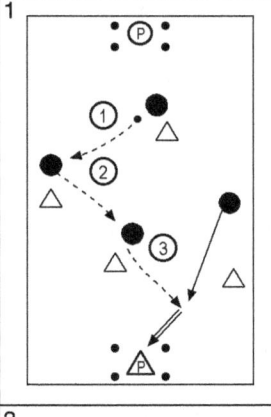 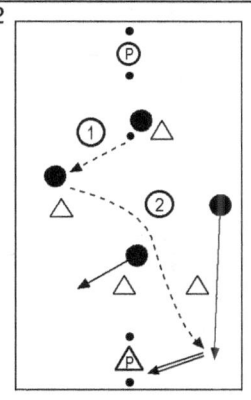

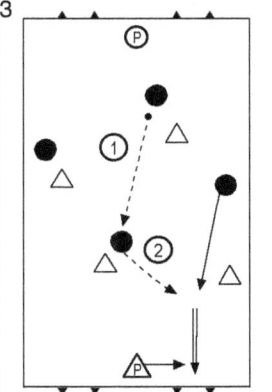 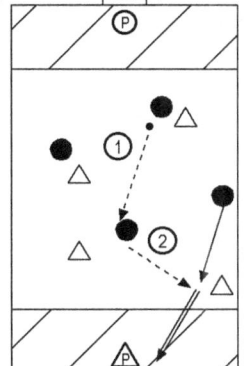

4. VUELTA A LA CALMA	4.1. CIRCUITO DE FUERZA BASE TRONCO	4.2. EJER. MOV. ARTICULAR-ESTIRAMIENTOS

PERIODO COMPETITIVO II	CATEGORÍA CADETES	MESOCICLO ESPECIAL II	MICROCICLO VI	SESIÓN 2	DURACIÓN: 100'

OBJETIVO: Ofensivo: Superar las situaciones 1:1. Defensivo: Evitar ser superado 1:1.
MED. TÁCTICOS: Ofensivo: C. ritmo, temporizaciones. Defensivo: Entrada, temporizaciones, repliegues.
MED. TÉCNICOS: Ofensivos: Conducción, finta, regate, cobertura técnica. Defensivos: Entrada, carga.
MED. PSICOLÓG.: Ofensivos: Atención, concentración, creatividad, confianza, valentía.
Defensivos: Atención, concentración, seguridad.
MED. FÍSICOS: Vel. desplazamiento, resistencia intensidad III, capacidades coordinativas.

1.- Explicación de objetivos y contenidos   2.- INTRODUCCIÓN AL MEDIO   Ejercicios de Movilidad Articular y Estiramiento

2.1.- Juego 6:3. Seis atacantes cada uno con un balón lo conducen en el interior del cuadrado tratando de superar 1:1 a tres defensores y atravesar conduciendo alguna de las dos porterías neutrales (2m) situadas en el campo, los defensores si logran recuperar el balón pasan a atacar.
Dimensión: 15m x 15m. Duración: 4´.

2.2.- Juego 6:3. Seis atacantes cada uno con un balón lo conducen en el interior del cuadrado tratando de superar 1:1 a tres defensores y atravesar conduciendo alguno de los dos cuadrados (1mx1m) situados en el campo, los defensores si logran recuperar el balón pasan a atacar.
Dimensión: 15m x 15m. Duración: 4´.

Ejs. Movilidad Articular y Estiramientos	3.- PARTE PRINCIPAL	3.1. CIRCUITO DE VELOCIDAD DE DESPLAZAMIENTO

3.2.- ZONAS DE RESISTENCIA: INTENSIDAD: III
- N.º JUGADORES: 20 (10 parejas (1:1)).
- DIMENSIONES: 2 cuadrados 1-3 (20m x 20m),
                rectángulos 2-4 (20m x 16m)
- DURACIÓN: 2x1'
- RECUPERACIÓN: 1'   - N.º DE TOQUES: Libre

JUEGO Nº 1.-
Juego 1:1 (5 parejas). El jugador atacante intenta superar 1:1 a su defensor y atravesar conduciendo la portería triangular 12mx3 lados.

JUEGO Nº 2.-
Juego 1:1 (5 parejas). Cada jugador ataca y defiende dos porterías pequeñas (2m). El jugador atacante intenta superar 1:1 a su defensor y atravesar conduciendo alguna de las porterías adversarias.

JUEGO Nº 3.-
Juego 1:1 (5 parejas). El jugador atacante intenta superar 1:1 a su defensor y mantener la posesión del balón.

JUEGO Nº 4.-
Juego 1:1 (5 parejas). Cada jugador ataca y defiende dos cuadrados (2mx2m). El jugador atacante intenta superar 1:1 a su defensor y atravesar conduciendo alguno de los cuadrados adversarios.

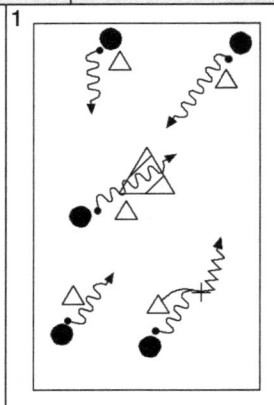
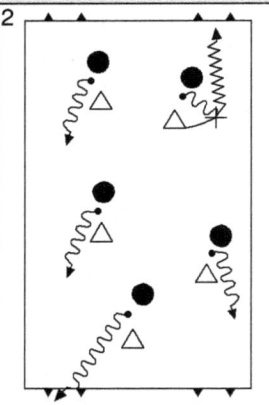
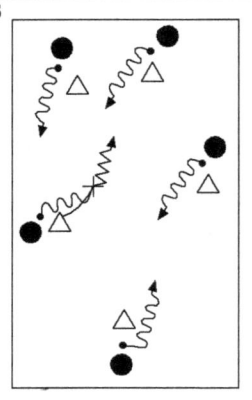
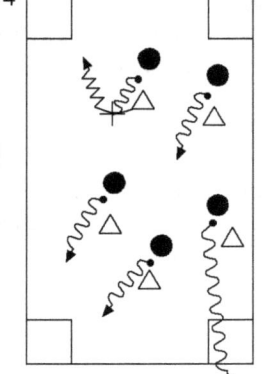

4. VUELTA A LA CALMA	4.1. CIRCUITO DE FUERZA BASE TRONCO	4.2. EJER. MOV. ARTICULAR-ESTIRAMIENTOS

PERIODO COMPETITIVO II	CATEGORÍA CADETES	MESOCICLO ESPECIAL II	MICROCICLO VI	SESIÓN 3	DURACIÓN: 100'

OBJETIVO: Ofensivo: La finalización. Defensivo: Evitar el gol.
MED. TÁCTICOS: Ofensivo: Paredes, c. orientación, vel. juego, profundidad, progresión, desmarques.
Defensivo: Entrada, marcaje, vigilancia, repliegues.
MED. TÉCNICOS: Ofensivos: Pase, control, tiro, juego de cabeza.
Defensivos: Entrada, carga, anticipación, interceptación, despeje.
MED. PSICOLÓG.: Ofensivos: Atención, concentración, confianza. Defensivos: Atención, concentración.
MED. FÍSICOS: Cap. anaeróbica aláctica, resistencia intensidad II, capacidades coordinativas.

1.- Explicación de objetivos y contenidos   2.- INTRODUCCIÓN AL MEDIO   Ejercicios de Movilidad Articular y Estiramiento

2.1.- Juego 3:3+3 comodines ofensivos que apoyan desde las esquinas del cuadrado. El equipo atacante tiene que finalizar tirando antes del 6º pase en la portería neutral (5m)
Dimensión: 20m x 20m. Duración: 6´. Nº toques: 2

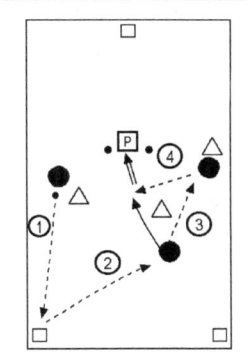

2.2.- Juego 3:3+3 comodines ofensivos que apoyan desde los lados exteriores del cuadrado. El equipo atacante tiene que finalizar tirando antes del 6º pase en la portería neutral (5m).
Dimensión: 20m x 20m. Duración: 6´. Nº toques: 2

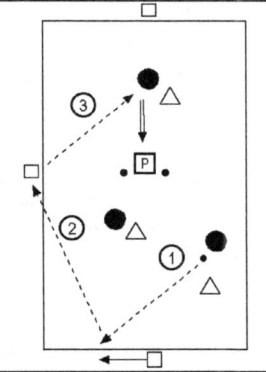

Ejs. Movilidad Articular y Estiramientos	3.- PARTE PRINCIPAL	3.1. CIRCUITO DE CAPACIDAD ANAERÓBICA ALÁCTICA

3.2.- ZONAS DE RESISTENCIA: INTENSIDAD: II
- N.º JUGADORES: 24 (4 equipos de 6 jugadores).
- DIMENSIONES: 4 rectángulos de (30m x 20m)
- DURACIÓN: 10'
- RECUPERACIÓN: 2'   - N.º DE TOQUES: 3
JUEGO Nº 1.-
Juego 6:6. Cada equipo ataca y defiende una portería normal (7m) y sitúa a dos jugadores en las esquinas del campo que atacan (cada 3' cambiarlos) desde donde apoyan. El equipo atacante tiene que finalizar tirando antes del 6º pase en la portería adversaria.
JUEGO Nº 2.-
Juego 6:6. Cada equipo ataca y defiende una portería normal (7m) y sitúa a dos jugadores en las bandas del campo que defienden (cada 3' cambiarlos) desde donde apoyan. El equipo atacante tiene que finalizar tirando antes del 6º pase en la portería adversaria.
JUEGO Nº 3.-
Juego 6:6. Cada equipo ataca y defiende una portería normal (7m) y sitúa a dos jugadores por detrás de la línea de fondo adversaria (cada 3' cambiarlos) desde donde apoyan. El equipo atacante tiene que finalizar tirando antes del 6º pase en la portería adversaria.
JUEGO Nº 4.-
Juego 6:6. Cada equipo ataca y defiende una portería normal (7m) y sitúa a dos jugadores en las bandas del campo hacia el que atacan (cada 3' cambiarlos) desde donde apoyan. El equipo atacante tiene que finalizar tirando antes del 6º pase en la portería adversaria.

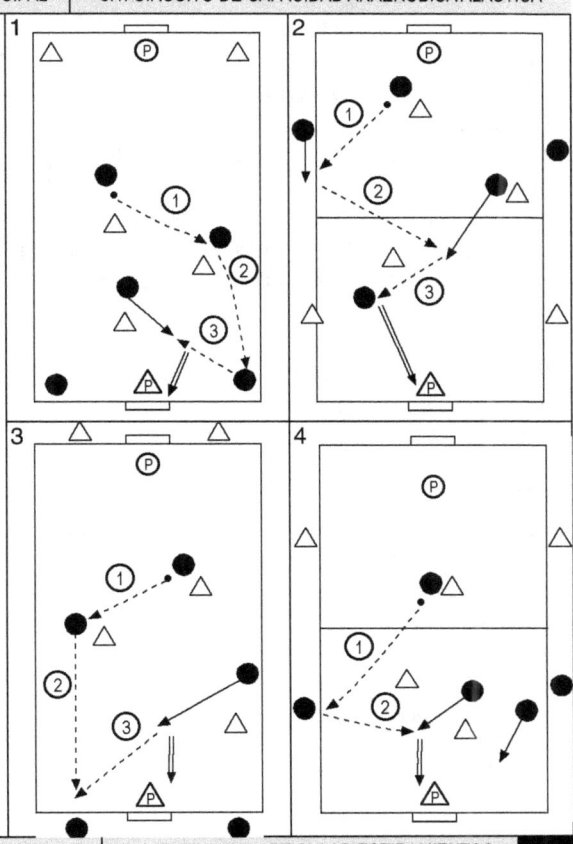

4. VUELTA A LA CALMA	4.1. CIRCUITO DE FUERZA BASE TRONCO	4.2. EJER. MOV. ARTICULAR-ESTIRAMIENTOS

PERIODO COMPETITIVO II	CATEGORÍA CADETES	MESOCICLO ESPECIAL II	MICROCICLO VI	SESIÓN 4	DURACIÓN: 100'

OBJETIVO: Ofensivo: Superar las situaciones 1:1. Defensivo: Evitar ser superado 1:1.
MED. TÁCTICOS: Ofensivo: C. ritmo, temporizaciones. Defensivo: Entradas, temporizaciones, repliegues.
MED. TÉCNICOS: Ofensivos: Conducción, finta, regate, cobertura técnica. Defensivos: Entrada, carga.
MED. PSICOLÓG.: Ofensivos: Atención, concentración, creatividad, confianza, valentía.
Defensivos: Atención, concentración, seguridad.
MED. FÍSICOS: Vel. reacción, resistencia intensidad II, capacidades coordinativas.

1.- Explicación de objetivos y contenidos 2.- INTRODUCCIÓN AL MEDIO	Ejercicios de Movilidad Articular y Estiramiento

2.1.- Juego 6:3. Seis atacantes cada uno con un balón lo conducen en el interior del cuadrado tratando de superar 1:1 a tres defensores y mantener la posesión del balón, los defensores si logran recuperar el balón pasan a atacar.
Dimensión: 15m x 15m. Duración: 4´.

2.2.- Juego 6:3. Seis atacantes cada uno con un balón lo conducen en el interior del cuadrado tratando de superar 1:1 a tres defensores y atravesar conduciendo alguna de las tres porterías neutrales (1m), los defensores si logran recuperar el balón pasan a atacar.
Dimensión: 15m x 15m. Duración: 4´.

Ejs. Movilidad Articular y Estiramientos	3.- PARTE PRINCIPAL	3.1. CIRCUITO DE VELOCIDAD DE REACCIÓN

3.2.- ZONAS DE RESISTENCIA: INTENSIDAD: II
- N.º JUGADORES: 20 (4 equipos de 5 jugadores).
- DIMENSIONES: 4 cuadrados de (30m x 30m).
- DURACIÓN: 8'
- RECUPERACIÓN: 2'   - N.º DE TOQUES: Libre
JUEGO Nº 1.-
Juego 5:5. El equipo atacante consigue un punto cada vez que un jugador tras superar 1:1 a un defensor logra atravesar conduciendo alguno de las cuatro porterías (2m) situadas en el campo.
JUEGO Nº 2.-
Juego 5:5. El equipo atacante consigue un punto cada vez que un jugador tras superar 1:1 a un defensor logra atravesar conduciendo alguna de las cuatro porterías (2m) situadas en los lados exteriores del cuadrado.
JUEGO Nº 3.-
Juego 5:5. El equipo atacante consigue un punto cada vez que un jugador tras superar 1:1 a un defensor logra atravesar conduciendo alguno de los cuatro cuadrados (2mx2m) situados en el campo.
JUEGO Nº 4.-
Juego 5:5. El equipo atacante consigue un punto cada vez que un jugador logra superar 1:1 a un defensor.

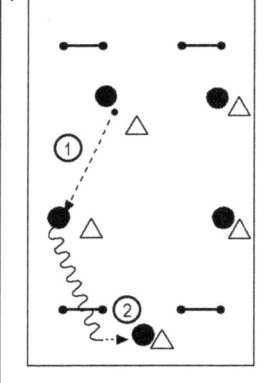
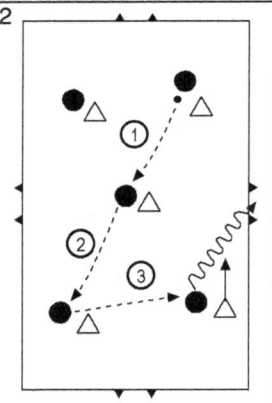
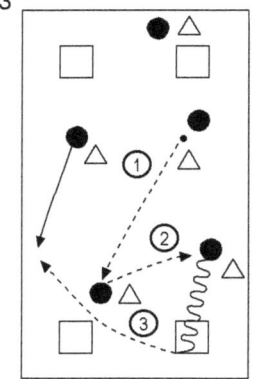
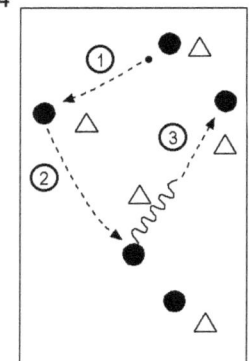

4. VUELTA A LA CALMA	4.1. CIRCUITO DE FUERZA BASE TRONCO	4.2. EJER. MOV. ARTICULAR-ESTIRAMIENTOS

PERIODO COMPETITIVO II	CATEGORÍA CADETES	MESOCICLO ESPECIFICO II	MICROCICLO I	SESIÓN 1	DURACIÓN: 100'

OBJETIVO: Ofensivo: Mantener la posesión del balón. Defensivo: Recuperar el balón.
MED. TÁCTICOS: Ofensivo: Apoyos, desmarques, paredes, temporizaciones, c. orientación.
Defensivo: Marcaje, vigilancia.
MED. TÉCNICOS: Ofensivos: Control. conducción, pase. Defensivos: Entrada, anticipación, interceptación, carga.
MED. PSICOLÓG.: Ofensivos: Atención, concentración, seguridad, cap. cognitivas.
Defensivos: Atención, concentración, sacrificio, voluntad.
MED. FÍSICOS: Fuerza rápida, resistencia intensidad II, capacidades coordinativas.

1.- Explicación de objetivos y contenidos   2.- INTRODUCCIÓN AL MEDIO   Ejercicios de Movilidad Articular y Estiramiento

2.1.- Juego 3:3+3 comodines ofensivos que apoyan desde el interior del cuadrado. El equipo atacante intenta mantener la posesión del balón.
Dimensión: 15m x 15m. Duración: 6´. Nº toques: 2-3

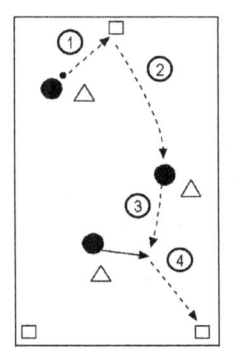 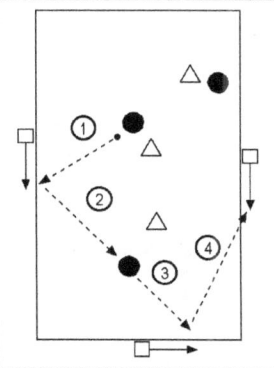

2.2.- Juego 3:3+3 comodines ofensivos que apoyan desde los lados exteriores del cuadrado. El equipo atacante intenta mantener la posesión del balón.
Dimensión: 15m x 15m. Duración: 6´. Nº toques: 2-3

Ejs. Movilidad Articular y Estiramientos	3.- PARTE PRINCIPAL	3.1. CIRCUITO DE FUERZA RAPIDA

3.2.- ZONAS DE RESISTENCIA: INTENSIDAD: II
- N.º JUGADORES: 20 (4 equipos de 5 jugadores).
- DIMENSIONES: 4 cuadrados de 35m x 35m.
- DURACIÓN: 10'
- RECUPERACIÓN: 2'   - N.º DE TOQUES: 3

JUEGO Nº 1.-
Juego 5:5. El equipo atacante intenta mantener la posesión del balón no pudiendo jugar el mismo en el interior de la zona marcada (7´5mx7´5m).

JUEGO Nº 2.-
Juego 5:5. El equipo atacante intenta mantener la posesión del balón consiguiendo un punto cada vez que un jugador realiza un pase desde el interior de uno de los cinco cuadrados (2mx2m) situados en el campo.

JUEGO Nº 3.-
Juego 5:5. .El equipo atacante intenta mantener la posesión del balón y cuando logra dar ocho pases seguidos pueden intentar hacer gol en cualquiera de las cinco porterías (2m) situadas en el campo.

JUEGO Nº 4.-
Juego 5:5. El equipo atacante intenta mantener la posesión del balón consiguiendo un punto cada vez que logran dar diez pases seguidos.

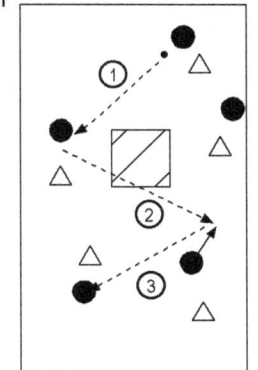 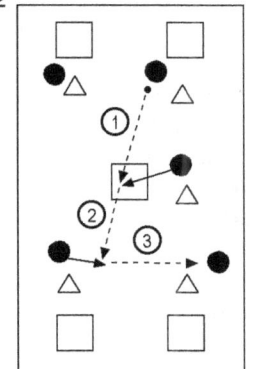

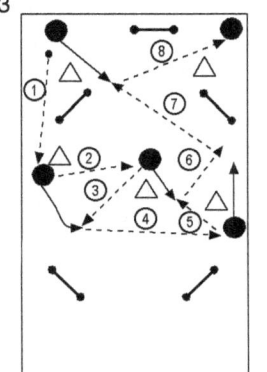 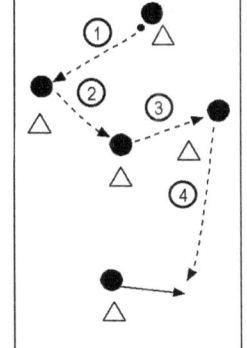

4. VUELTA A LA CALMA	4.1. CIRCUITO DE FUERZA BASE TRONCO	4.2. EJER. MOV. ARTICULAR-ESTIRAMIENTOS

PERIODO COMPETITIVO II	CATEGORÍA CADETES	MESOCICLO ESPECIFICO II	MICROCICLO I	SESIÓN 2	DURACIÓN: 100'

OBJETIVO:	Ofensivo: Mantener la posesión del balón. Defensivo: Recuperar el balón.
MED. TÁCTICOS:	Ofensivo: Apoyos, desmarques, paredes, temporizaciones, c. orientación.
	Defensivo: Marcaje, vigilancia.
MED. TÉCNICOS:	Ofensivos: Control, pase. Defensivos: Entrada, anticipación, interceptación, carga.
MED. PSICOLÓG.:	Ofensivos: Atención, concentración, seguridad, cap. cognitivas.
	Defensivos: Atención, concentración, sacrificio, voluntad.
MED. FÍSICOS:	Vel. reacción, resistencia intensidad III, capacidades coordinativas.

1.- Explicación de objetivos y contenidos 2.- INTRODUCCIÓN AL MEDIO	Ejercicios de Movilidad Articular y Estiramiento

2.1.- Juego 6:3, dos equipos de tres jugadores atacantes situados (dos en las esquinas del cuadrado y cuatro en el interior del mismo) tratan de mantener la posesión del balón contra un equipo de tres jugadores defensores, si estos recuperan el balón pasa a defender el equipo que perdió el balón.

Dimensión: 15m x 15m. Duración: 6´. Nº toques: 2-3

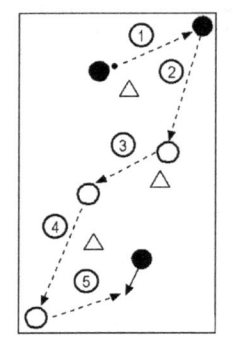

2.2.- Juego 6:3, dos equipos de tres jugadores atacantes situados (dos en los lados exteriores del cuadrado y cuatro en el interior del mismo) tratan de mantener la posesión del balón contra un equipo de tres jugadores defensores, si estos recuperan el balón pasa a defender el equipo que perdió el balón.
Dimensión: 15m x 15m. Duración: 6´. Nº toques: 2-3

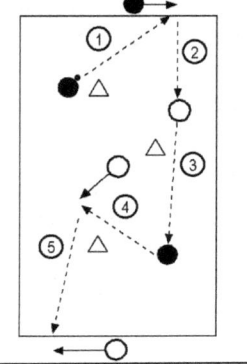

Ejs. Movilidad Articular y Estiramientos	3.- PARTE PRINCIPAL	3.1. CIRCUITO DE VELOCIDAD DE REACCIÓN

3.2.- ZONAS DE RESISTENCIA: INTENSIDAD: III
- N.º JUGADORES: 20 (4 equipos de 5 jugadores).
- DIMENSIONES: 4 cuadrados de 35m x 35m.
- DURACIÓN: 7'
- RECUPERACIÓN: 2'   - N.º DE TOQUES: 1-2

JUEGO Nº 1.-
Juego 5:5. El equipo atacante intenta mantener la posesión del balón sólo permitiéndose los pases cortos y a ras de suelo.

JUEGO Nº 2.-
Juego 5:5. El equipo atacante intenta mantener la posesión del balón y cuando logra dar ocho pases seguidos para conseguir un punto deben enviar el balón al interior de una de las zonas marcadas (5mx35m) logrando un jugador controlarlo en su interior.

JUEGO Nº 3.-
Juego 5:5. El equipo atacante intenta mantener la posesión del balón siguiendo la secuencia de pases: 3 pases cortos -1 pase largo.

JUEGO Nº 4.-
Juego 5:5. El equipo atacante intenta mantener la posesión del balón consiguiendo un punto cada vez que logran realizar un pase a través de alguna de las cinco porterías (2m) situadas en el campo.

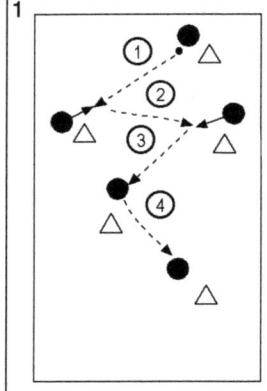

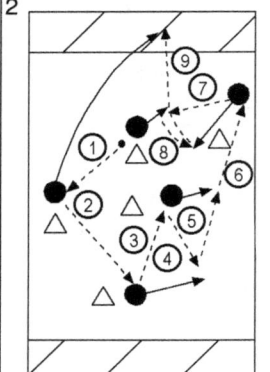

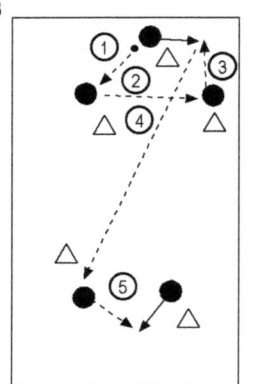

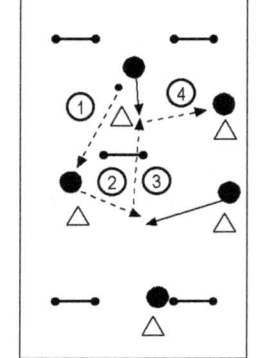

4. VUELTA A LA CALMA	4.1. CIRCUITO DE FUERZA BASE TRONCO	4.2. EJER. MOV. ARTICULAR-ESTIRAMIENTOS

PERIODO COMPETITIVO II	CATEGORÍA CADETES	MESOCICLO ESPECIFICO II	MICROCICLO I	SESIÓN 3	DURACIÓN: 100'

OBJETIVO: Ofensivo: Mantener la posesión del balón. Defensivo: Recuperar el balón.
MED. TÁCTICOS: Ofensivo: Apoyos, desmarques, paredes, temporizaciones, c. orientación.
Defensivo: Marcaje, vigilancia.
MED. TÉCNICOS: Ofensivos: control, conducción, regate, pase. Defensivos: Entrada, anticipación, interceptación, carga.
MED. PSICOLÓG.: Ofensivos: Atención, concentración, seguridad, cap. cognitivas.
Defensivos: Atención, concentración, sacrificio, voluntad.
MED. FÍSICOS: Cap. anaeróbica láctica, resistencia especial de competición, capacidades coordinativas.

1.- Explicación de objetivos y contenidos	2.- INTRODUCCIÓN AL MEDIO	Ejercicios de Movilidad Articular y Estiramiento

2.1.- Juego 3:3+3 comodines ofensivos que apoyan (dos desde las esquinas del cuadrado y uno desde el interior del mismo). El equipo atacante intenta mantener la posesión del balón.
Dimensión: 15m x 15m. Duración: 6´. Nº toques: 2-3

2.2.- Juego 3:3+3 comodines ofensivos que apoyan (dos desde los lados exteriores del cuadrado y uno desde el interior del mismo). El equipo atacante intenta mantener la posesión del balón.
Dimensión: 15m x 15m. Duración: 6´. Nº toques: 2-3

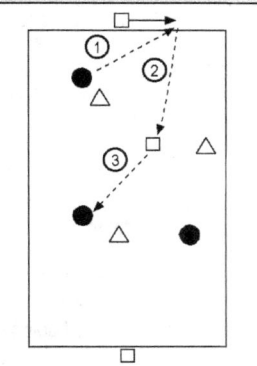

Ejs. Movilidad Articular y Estiramientos	3.- PARTE PRINCIPAL	3.1. CIRCUITO DE CAPACIDAD ANAERÓBICA LÁCTICA

3.2.- ZONAS DE RESISTENCIA:
- N.º JUGADORES: 22 (2 equipos de 11 jugadores).
- DIMENSIONES: Todo el campo reglamentario.
- DURACIÓN: 20'
- RECUPERACIÓN: 1'   - N.º DE TOQUES: Libre

JUEGO Nº 1.-
Juego 11:11. El equipo atacante tiene que dar diez pases seguidos para poder finalizar tirando en la portería adversaria.

JUEGO Nº 2.-
Juego 11:11. El equipo atacante intenta progresar en el juego sólo permitiéndose los pases a ras de suelo y finalizar tirando en la portería adversaria.

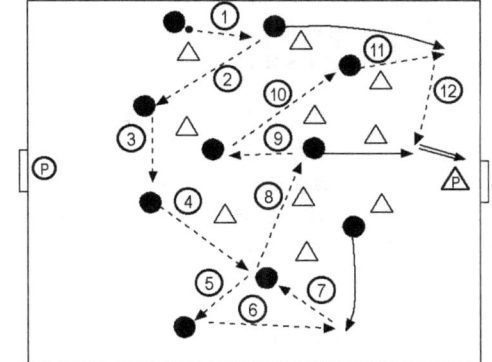

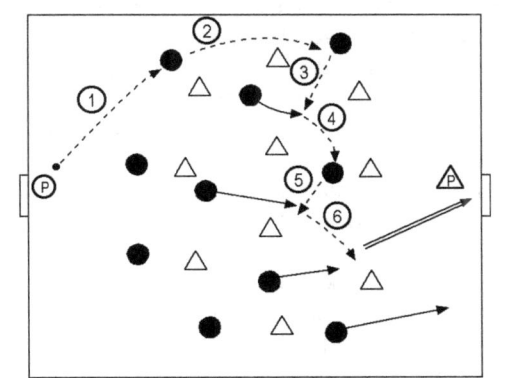

4. VUELTA A LA CALMA	4.1. CIRCUITO DE FUERZA BASE TRONCO	4.2. EJER. MOV. ARTICULAR-ESTIRAMIENTOS

PERIODO COMPETITIVO II	CATEGORÍA CADETES	MESOCICLO ESPECIFICO II	MICROCICLO I	SESIÓN 4	DURACIÓN: 90'

OBJETIVO: Ofensivo: Mantener la posesión del balón. Defensivo: Recuperar el balón.
MED. TÁCTICOS: Ofensivo: Apoyos, desmarques, paredes, temporizaciones c. orientación.
Defensivo: Marcaje, vigilancia.
MED. TÉCNICOS: Ofensivos: Control, conducción, regate, pase.
Defensivos: Entrada, anticipación, interceptación, carga.
MED. PSICOLÓG.: Ofensivos: Atención, concentración, seguridad, cap. cognitivas.
Defensivos: Atención, concentración, sacrificio, voluntad.
MED. FÍSICOS: Vel. reacción, resistencia intensidad I, capacidades coordinativas.

1.- Explicación de objetivos y contenidos   2.- INTRODUCCIÓN AL MEDIO   Ejercicios de Movilidad Articular y Estiramiento

2.1.- Juego 6:3, dos equipos de tres jugadores atacantes situados (cuatro en las esquinas del cuadrado y dos en el interior del mismo) tratan de mantener la posesión del balón contra un equipo de tres jugadores defensores, si estos recuperan el balón pasa a defender el equipo que perdió el balón.
Dimensión: 15m x 15m. Duración: 6´. Nº toques: 2-3

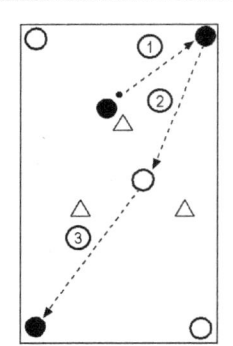
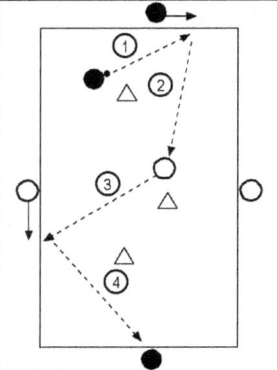

2.2.- Juego 6:3, dos equipos de tres jugadores atacantes situados (cuatro en los lados exteriores del cuadrado y dos en el interior del mismo) tratan de mantener la posesión del balón contra un equipo de tres jugadores defensores, si estos recuperan el balón pasa a defender el equipo que perdió el balón.
Dimensión: 15m x 15m. Duración: 6´. Nº toques: 2-3

Ejs. Movilidad Articular y Estiramientos   3.- PARTE PRINCIPAL   3.1. CIRCUITO DE VELOCIDAD DE REACCIÓN

3.2.- ZONAS DE RESISTENCIA: INTENSIDAD: I
- N.º JUGADORES: 20 (4 equipos de 5 jugadores).
- DIMENSIONES: 4 cuadrados de 30m x 30m.
- DURACIÓN: 8'
- RECUPERACIÓN: 2'   - N.º DE TOQUES: Libre
JUEGO Nº 1.-
Juego 5:5. El equipo atacante intenta mantener la posesión del balón consiguiendo un punto cada vez que un jugador recibe el balón en el interior de uno de los cinco cuadrados (2mx2m) situados en el campo.
JUEGO Nº 2.-
Juego 5:5. Se delimitan dos zonas laterales (5mx30m) en el interior de las cuales cada equipo sitúa a un jugador. El equipo atacante intenta mantener la posesión del balón consiguiendo un punto cada vez que recibe el balón el jugador situado en el interior de una de las zonas laterales.
JUEGO Nº 3.-
Juego 5:5. Se divide el campo en cuatro zonas. El equipo atacante intenta mantener la posesión del balón consiguiendo un punto cada vez que logran dar cuatro pases seguidos en el interior de una misma zona.
JUEGO Nº 4.-
Juego 5:5. El equipo atacante intenta mantener la posesión del balón consiguiendo un punto cada vez que un jugador logra atravesar conduciendo alguna de las tres porterías (2m) situadas en el campo.

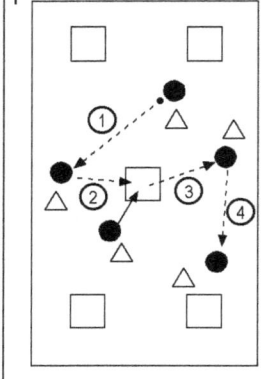
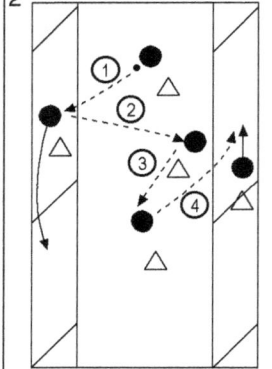
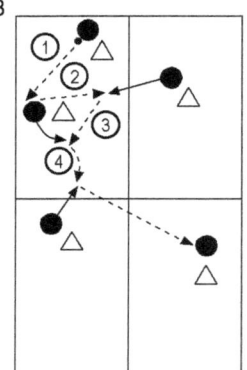
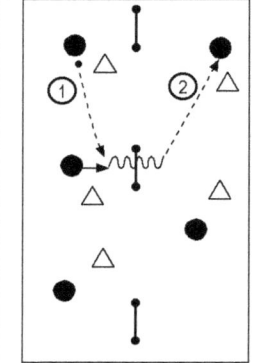

4. VUELTA A LA CALMA   4.1. CIRCUITO DE FUERZA BASE TRONCO   4.2. EJER. MOV. ARTICULAR-ESTIRAMIENTOS

PERIODO COMPETITIVO II	CATEGORÍA CADETES	MESOCICLO ESPECIFICO II	MICROCICLO II	SESIÓN 1	DURACIÓN: 100'

OBJETIVO: Ofensivo: Progresión en el juego (ataque). Defensivo: Evitar la progresión en el juego.
MED. TÁCTICOS: Ofensivo: Profundidad, paredes, c. ritmo, c. orientación, desmarques, apoyos, amplitud, progresión.
Defensivo: Entrada, temporización, marcaje, bascular, red. espacio, coberturas, permutas.
MED. TÉCNICOS: Ofensivos: Control. conducción, pase, tiro. Defensivos: Entrada, anticipación, interceptación, carga.
MED. PSICOLÓG.: Ofensivos: Atención, concentración, creatividad, cap. cognitivas.
Defensivos: Atención, concentración, sacrificio, voluntad.
MED. FÍSICOS: Fuerza rápida, resistencia intensidad II, capacidades coordinativas.

1.- Explicación de objetivos y contenidos   2.- INTRODUCCIÓN AL MEDIO | Ejercicios de Movilidad Articular y Estiramiento

2.1.- Juego 3:3+3 comodines ofensivos que apoyan desde el interior del campo. Cada equipo ataca y defiende una línea de fondo. El equipo atacante intenta progresar en el juego y finalizar atravesando conduciendo la línea de fondo adversaria tras dar seis pases seguidos.
Dimensión: 22m x 16m. Duración: 6´. Nº toques: 2-3

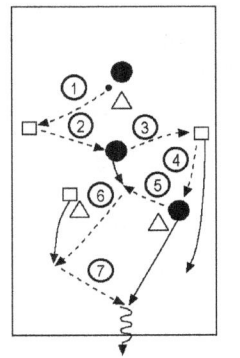
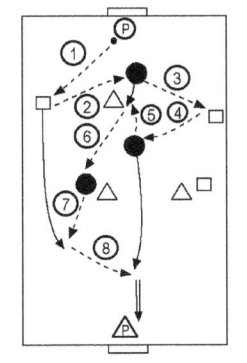

2.2.- Juego 4:4+3 comodines ofensivos que apoyan desde el interior del campo. Cada equipo ataca y defiende una portería normal (6m). El equipo atacante intenta progresar en el juego y finalizar tirando en la portería adversaria tras dar seis pases seguidos.
Dimensión: 22m x 16m. Duración: 6´. Nº toques: 2-3

| Ejs. Movilidad Articular y Estiramientos | 3.- PARTE PRINCIPAL | 3.1. CIRCUITO DE FUERZA RAPIDA |

3.2.- ZONAS DE RESISTENCIA: INTENSIDAD: II
- N.º JUGADORES: 22 (4 equipos de 5 jugadores + 2 porteros).
- DIMENSIONES: 4 rectángulos de 45m x 30m.
- DURACIÓN: 10'
- RECUPERACIÓN: 2'   - N.º DE TOQUES: 3

JUEGO Nº 1.-
Juego 5:5. Cada equipo ataca y defiende una portería ancha (20m). El equipo atacante intenta progresar en el juego y finalizar atravesando conduciendo la portería adversaria tras dar seis pases seguidos. Sistema: 3-2 ó 4-1

JUEGO Nº 2.-
Juego 6:6 Cada equipo ataca y defiende una portería lateral (7m). El equipo atacante intenta progresar en el juego y finalizar tirando en la portería adversaria tras dar seis pases seguidos. Sistema: 1-3-2 ó 1-4-1

JUEGO Nº 3.-
Juego 5:5. Cada equipo ataca y defiende una portería triangular (2mx 3 lados). El equipo atacante intenta progresar en el juego y finalizar tirando en la portería adversaria tras dar seis pases seguidos. Sistema: 3-2 ó 4-1

JUEGO Nº 4.-
Juego 6:6. Cada equipo ataca y defiende tres porterías (2 pequeñas, 2m y una normal, 7m.) El equipo atacante intenta progresar en el juego y finalizar pudiéndolo hacer o en las porterías pequeñas atravesando conduciendo o en la portería normal adversaria tras dar seis pases seguidos. Sistema: 1-3-2 ó 1-4-1.

1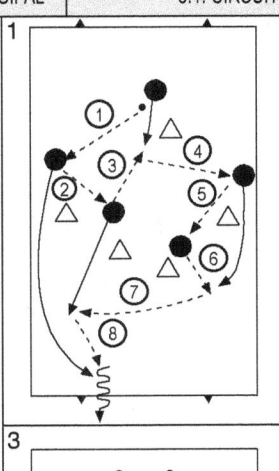

2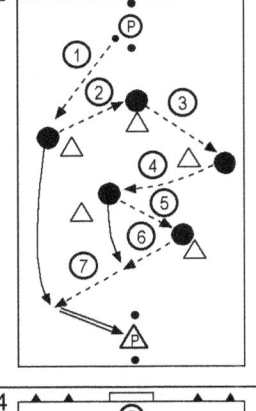

3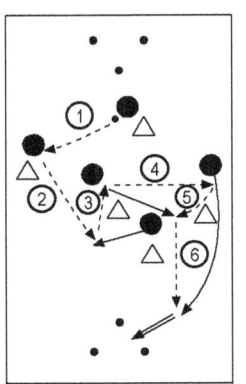

4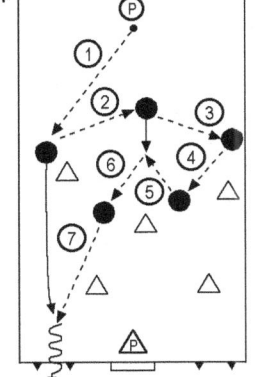

| 4. VUELTA A LA CALMA | 4.1. CIRCUITO DE FUERZA BASE TRONCO | 4.2. EJER. MOV. ARTICULAR-ESTIRAMIENTOS |

PERIODO COMPETITIVO II	CATEGORÍA CADETES	MESOCICLO ESPECIFICO II	MICROCICLO II	SESIÓN 2	DURACIÓN: 100'

OBJETIVO: Ofensivo: Progresión en el juego (contraataque) Defensivo: Evitar la progresión en el juego.
MED. TÁCTICOS: Ofensivo: Profundidad, vel. juego, c. orientación, desmarques, apoyos, amplitud, progresión.
Defensivo: Entrada, temporización, marcaje, bascular, red. espacio, repliegues, coberturas, permutas.
MED. TÉCNICOS: Ofensivos: Control, pase, tiro. Defensivos: Entrada, anticipación, interceptación, carga.
MED. PSICOLÓG.: Ofensivos: Atención, concentración, creatividad, cap. cognitivas.
Defensivos: Atención, concentración, sacrificio, voluntad.
MED. FÍSICOS: Vel. reacción, resistencia intensidad III, capacidades coordinativas.

1.- Explicación de objetivos y contenidos   2.- INTRODUCCIÓN AL MEDIO   Ejercicios de Movilidad Articular y Estiramiento

2.1.- Juego 3:3+3 comodines ofensivos que apoyan desde el interior del campo. Cada equipo ataca y defiende una portería ancha (10m). El equipo atacante intenta progresar en el juego y finalizar atravesando conduciendo la portería adversaria antes del 6º pase.
Dimensión: 22m x 16m. Duración: 6´. Nº toques: 2-3

2.2.- Juego 4:4+3 comodines ofensivos que apoyan desde el interior del campo. Cada equipo ataca y defiende una portería triangular (4mx3 lados). El equipo atacante intenta progresar en el juego y finalizar tirando en la portería adversaria antes del 6º pase.
Dimensión: 22m x 16m. Duración: 6´. Nº toques: 2-3

Ejs. Movilidad Articular y Estiramientos	3.- PARTE PRINCIPAL	3.1. CIRCUITO DE VELOCIDAD DE REACCIÓN

3.2.- ZONAS DE RESISTENCIA: INTENSIDAD: III
- Nº JUGADORES: 22 (4 equipos de 5 jugadores + dos porteros).
- DIMENSIONES: 4 rectángulos de 50m x 35m.
- DURACIÓN: 7'
- RECUPERACIÓN: 2'   - N.º DE TOQUES: 1-2
JUEGO Nº 1.-
Juego 5:5. Cada equipo ataca y defiende tres porterías pequeñas (2m). El equipo atacante intenta progresar en el juego y finalizar tirando en alguna de las porterías adversarias antes del 6º pase. Sistema: 3-2 ó 4-1
JUEGO Nº 2.-
Juego 6:6. Cada equipo ataca y defiende una portería normal (7m). El equipo atacante intenta progresar en el juego y finalizar tirando en la portería adversaria antes del 6º pase. Sistema: 1-3-2 ó 1-4-1
JUEGO Nº 3.-
Juego 5:5. Cada equipo ataca y defiende una línea de fondo. El equipo atacante intenta progresar en el juego y finalizar logrando un jugador controlar el balón por detrás de la línea de fondo adversaria antes del 6º pase. Sistema: 3-2 ó 4-1.
JUEGO Nº 4.-
Juego 6:6. Cada equipo ataca y defiende una portería cuadrada (6mx6m). El equipo atacante intenta progresar en el juego y finalizar tirando en la portería adversaria antes del 6º pase. Sistema: 1-3-2 ó 1-4-1

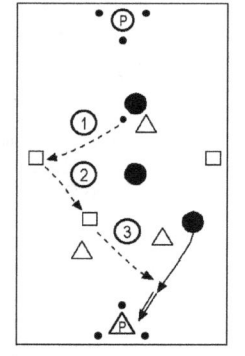
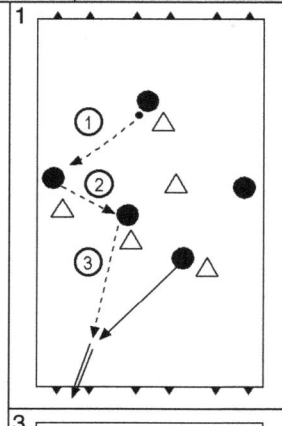
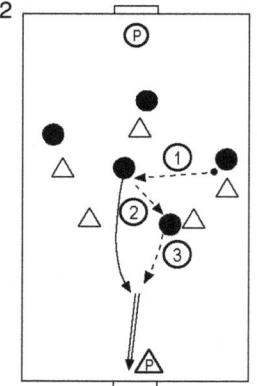
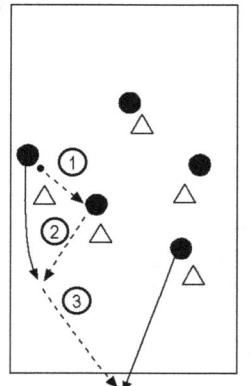
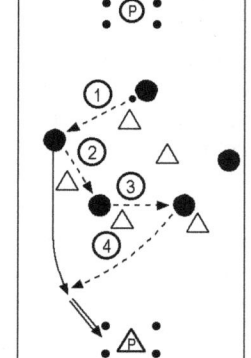

4. VUELTA A LA CALMA	4.1. CIRCUITO DE FUERZA BASE TRONCO	4.2. EJER. MOV. ARTICULAR-ESTIRAMIENTOS

PERIODO COMPETITIVO II	CATEGORÍA CADETES	MESOCICLO ESPECIFICO II	MICROCICLO II	SESIÓN 3	DURACIÓN: 100'

OBJETIVO: Ofensivo: Progresión en el juego. Defensivo: Evitar la progresión en el juego.
MED. TÁCTICOS: Ofensivo: Profundidad, paredes, c. ritmo, c. orientación, desmarques, apoyos, amplitud, progresión.
Defensivo: Entrada, temporización, marcaje, bascular, red. espacio, coberturas, permutas.
MED. TÉCNICOS: Ofensivos: Control, conducción, regate, pase, tiro.
Defensivos: Entrada, anticipación, interceptación, carga.
MED. PSICOLÓG.: Ofensivos: Atención, concentración, creatividad, cap. cognitivas.
Defensivos: Atención, concentración, sacrificio, voluntad.
MED. FÍSICOS: Cap. anaeróbica láctica, resistencia especial de competición, capacidades coordinativas.

1.- Explicación de objetivos y contenidos   2.- INTRODUCCIÓN AL MEDIO   Ejercicios de Movilidad Articular y Estiramiento

2.1.- Juego 3:3+3 comodines ofensivos que apoyan desde el interior del campo. Cada equipo ataca y defiende una portería pequeña (2m). El equipo atacante intenta progresar en el juego y finalizar tirando en la portería adversaria.

Dimensión: 22m x 16m. Duración: 6´. Nº toques: 2-3

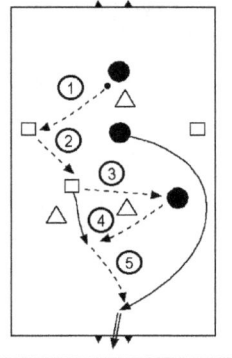

2.2.- Juego 4:4+3 comodines ofensivos que apoyan desde el interior del campo. Cada equipo ataca y defiende una portería cuadrada (5mx5m). El equipo atacante intenta progresar en el juego y finalizar tirando en la portería adversaria.

Dimensión: 22m x 16m. Duración: 6´. Nº toques: 2-3

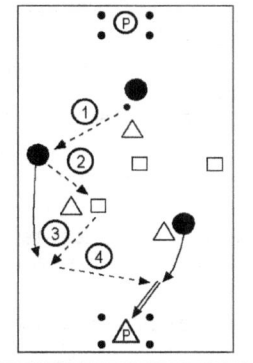

Ejs. Movilidad Articular y Estiramientos	3.- PARTE PRINCIPAL	3.1. CIRCUITO DE CAPACIDAD ANAERÓBICA LÁCTICA

3.2.- ZONAS DE RESISTENCIA: ESPECIAL DE COMPETICIÓN
- N.º JUGADORES: 22 (2 equipos de 11 jugadores).
- DIMENSIONES: Todo el campo reglamentario.
- DURACIÓN: 20'
- RECUPERACIÓN: 1'   - N.º DE TOQUES: Libre

JUEGO Nº 1.-
Juego 11:11. Se divide el campo en tres zonas iguales. El equipo atacante intenta progresar en el juego no pudiendo dar más de tres pases seguidos en el interior de una misma zona y finalizar tirando en la portería adversaria.

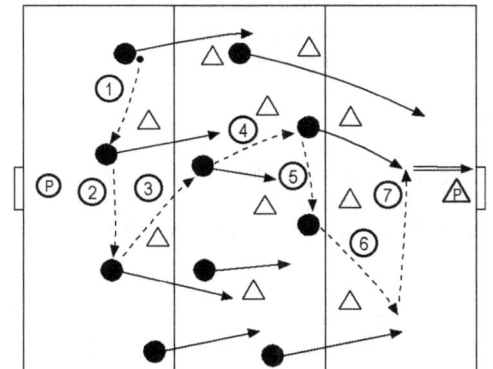

JUEGO Nº 2.-
Juego 11:11. El equipo atacante intenta progresar en el juego no pudiendo realizar pases hacia atrás y finalizar tirando en la portería adversaria.

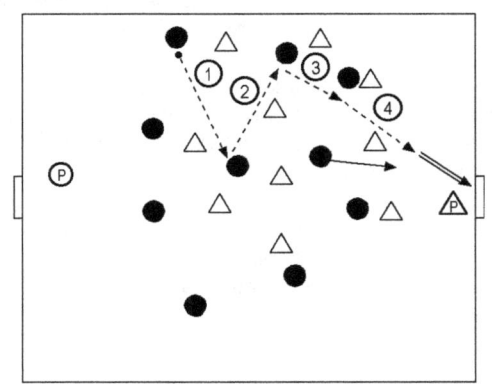

4. VUELTA A LA CALMA	4.1. CIRCUITO DE FUERZA BASE TRONCO	4.2. EJER. MOV. ARTICULAR-ESTIRAMIENTOS

PERIODO COMPETITIVO II	CATEGORÍA CADETES	MESOCICLO ESPECIFICO II	MICROCICLO II	SESIÓN 4	DURACIÓN: 90'

OBJETIVO: Ofensivo: Progresión en el juego (ataque por las bandas). Defensivo: Evitar la progresión en el juego.
MED. TÁCTICOS: Ofensivo: Profundidad, amplitud, vel. juego, c. orientación, desmarques, apoyos, progresión.
Defensivo: Entrada, temporización, marcaje, bascular, red. espacio, repliegues, coberturas, permutas.
MED. TÉCNICOS: Ofensivos: Control, conducción, regate, pase, tiro.
Defensivos: Entrada, anticipación, interceptación, carga.
MED. PSICOLÓG.: Ofensivos: Atención, concentración, creatividad, cap. cognitivas.
Defensivos: Atención, concentración, sacrificio, voluntad.
MED. FÍSICOS: Vel. reacción, resistencia intensidad I, capacidades cognitivas.

1.- Explicación de objetivos y contenidos 2.- INTRODUCCIÓN AL MEDIO	Ejercicios de Movilidad Articular y Estiramiento

2.1.- Juego 3:3+3 comodines ofensivos que apoyan (dos desde las bandas y uno desde el interior del campo). Cada equipo ataca y defiende dos porterías pequeñas (2m). El equipo atacante intenta progresar en el juego y finalizar tirando en alguna de las porterías adversarias.

Dimensión: 22m x 16m. Duración: 6´. Nº toques: 2-3

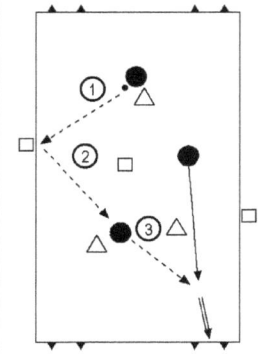 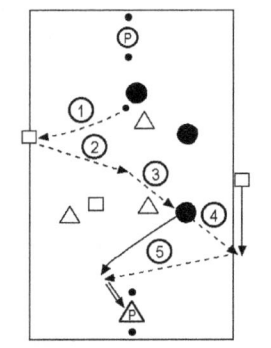

2.2.- Juego 4:4+3 comodines ofensivos que apoyan (dos desde las bandas y uno desde el interior del campo). Cada equipo ataca y defiende una portería lateral (5m). El equipo atacante intenta progresar en el juego y finalizar tirando en la portería adversaria.

Dimensión: 22m x 16m. Duración: 6´. Nº toques: 2-3

Ejs. Movilidad Articular y Estiramientos	3.- PARTE PRINCIPAL	3.1. CIRCUITO DE VELOCIDAD DE REACCIÓN

3.2.- ZONAS DE RESISTENCIA: INTENSIDAD: I
- N.º JUGADORES: 22 (4 equipos de 5 jugdores + 2 porteros).
- DIMENSIONES: 4 rectángulos de 40m x 30m.
- DURACIÓN: 8'
- RECUPERACIÓN: 2'   - N.º DE TOQUES: Libre
JUEGO Nº 1.-
Juego 5:5. Cada equipo ataca y defiende dos porterías laterales (2m). El equipo atacante intenta progresar en el juego y finalizar tirando en alguna de las porterías adversarias. Sistema: 3-2 ó 4-1
JUEGO Nº 2.-
Juego 6:6. Se delimitan dos zonas laterales (5mx40m). Cada equipo ataca y defiende una portería normal (7m). El equipo atacante intenta progresar en el juego teniendo que hacer pasar el balón por las dos zonas laterales antes de poder finalizar tirando en la portería adversaria. Sistema: 1-3-2 ó 1-4-1
JUEGO Nº 3.-
Juego 5:5. Cada equipo ataca y defiende dos cuadrados (5mx5m). El equipo atacante intenta progresar en el juego y finalizar atravesando conduciendo alguno de los cuadrados adversarios. Sistema: 3-2 ó 4-1
JUEGO Nº 4.-
Juego 6:6. Cada equipo ataca y defiende una portería normal (7m). El equipo atacante intenta progresar en el juego no pudiendo jugar el balón en el interior de la zona marcada (20mx5m) y finalizar tirando en la portería adversaria. Sistema: 1-3-2 ó 1-4-1

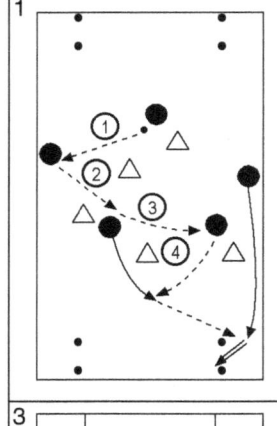 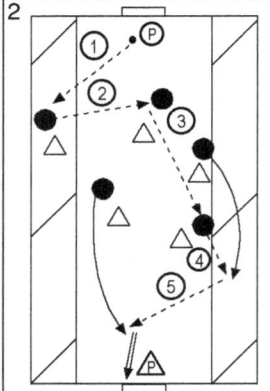

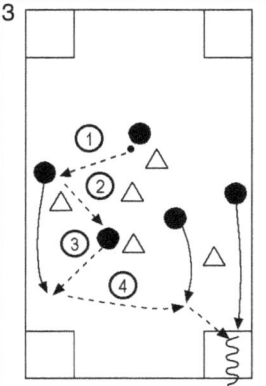 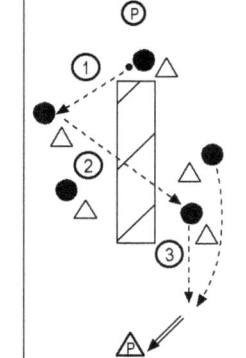

4. VUELTA A LA CALMA	4.1. CIRCUITO DE FUERZA BASE TRONCO	4.2. EJER. MOV. ARTICULAR-ESTIRAMIENTOS

PERIODO COMPETITIVO II	CATEGORÍA CADETES	MESOCICLO ESPECIFICO II	MICROCICLO III	SESIÓN 1	DURACIÓN: 100'

OBJETIVO: Ofensivo: La finalización. Defensivo: Evitar el gol.
MED. TÁCTICOS: Ofensivo: Paredes, c. orientación, vel. juego, profundidad, progresión, desmarques.
Defensivo: Entrada, marcaje, vigilancia, repliegues.
MED. TÉCNICOS: Ofensivos: Pase, control, tiro, juego de cabeza.
Defensivos: Entrada, carga, anticipación, interceptación, despeje.
MED. PSICOLÓG.: Ofensivos: Atención, concentración, confianza. Defensivos: Atención, concentración.
MED. FÍSICOS: Fuerza rápida, resistencia intensidad II, capacidades coordinativas.

1.- Explicación de objetivos y contenidos   2.- INTRODUCCIÓN AL MEDIO   Ejercicios de Movilidad Articular y Estiramiento

2.1.- Juego 3:3+3 comodines ofensivos que apoyan desde las esquinas del cuadrado. El equipo atacante tiene que finalizar tirando antes del 6º pase en la portería neutral (5m).
Dimensión: 22m x 22m. Duración: 6´. Nº toques: 2-3

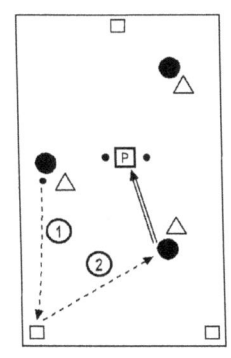

2.2.- Juego 3:3+3 comodines ofensivos que apoyan desde los lados exteriores del cuadrado. El equipo atacante tiene que finalizar tirando antes del 6º pase en la portería neutral (5m).
Dimensión: 22m x 22m. Duración: 6´. Nº toques: 2-3

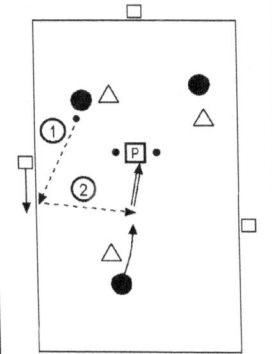

Ejs. Movilidad Articular y Estiramientos   3.- PARTE PRINCIPAL   3.1. CIRCUITO DE FUERZA RAPIDA

3.2.- ZONAS DE RESISTENCIA: INTENSIDAD: II
- N.º JUGADORES: 20 (4 equipos de 5 jugadores).
- DIMENSIONES: 4 rectángulos de 30mx20m.
- DURACIÓN: 10'
- RECUPERACIÓN: 2'   - N.º DE TOQUES: 3

JUEGO Nº 1.-
Juego 5:5. Cada equipo ataca y defiende una portería lateral (7m). El equipo atacante tiene que finalizar tirando antes del 6º pase en la portería adversaria.

JUEGO Nº 2.-
Juego 5:5. Cada equipo ataca y defiende una portería normal (7m). El equipo atacante tiene que finalizar tirando antes del 6º pase en la portería adversaria.

JUEGO Nº 3.-
Juego 5:5. Cada equipo ataca y defiende una portería triangular (5mx3 lados) El equipo atacante tiene que finalizar tirando antes del 6º pase en la portería adversaria.

JUEGO Nº 4.-
Juego 5:5. Cada equipo ataca y defiende una portería cuadrada (6mx6m). El equipo atacante tiene que finalizar tirando en la portería adversaria antes del 6º pase.

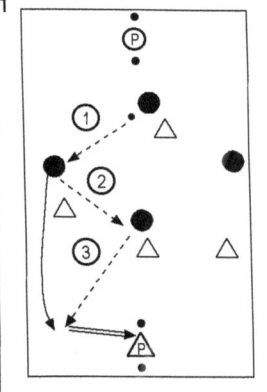
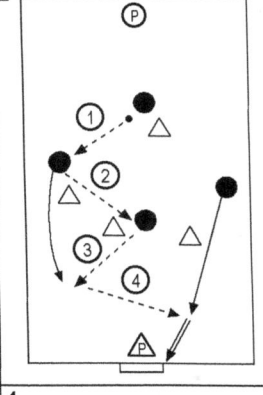
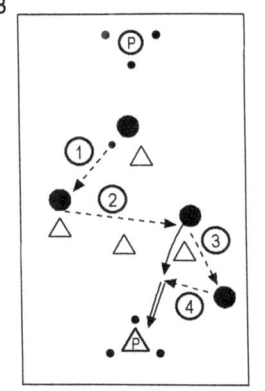
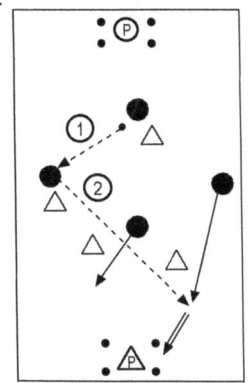

4. VUELTA A LA CALMA   4.1. CIRCUITO DE FUERZA BASE TRONCO   4.2. EJER. MOV. ARTICULAR-ESTIRAMIENTOS

PERIODO COMPETITIVO II	CATEGORÍA CADETES	MESOCICLO ESPECIFICO II	MICROCICLO III	SESIÓN 2	DURACIÓN: 100'

OBJETIVO: Ofensivo: Superar las situaciones 1:1. Defensivo: Evitar ser superado 1:1.
MED. TÁCTICOS: Ofensivo: C. ritmo, temporizaciones. Defensivo: Entrada, temporizaciones, repliegues.
MED. TÉCNICOS: Ofensivos: Conducción, finta, regate, cobertura técnica. Defensivos: Entrada, carga.
MED. PSICOLÓG.: Ofensivos: Atención, concentración, creatividad, confianza, valentía.
Defensivos: Atención, concentración, seguridad.
MED. FÍSICOS: Vel. reacción, resistencia intensidad III, capacidades coordinativas.

1.- Explicación de objetivos y contenidos   2.- INTRODUCCIÓN AL MEDIO   Ejercicios de Movilidad Articular y Estiramiento

2.1.- Juego 6:3. Seis atacantes cada uno con un balón lo conducen en el interior del cuadrado tratando de superar 1:1 a tres defensores y atravesar conduciendo la portería triangular (2mx3 lados), los defensores si logran recuperar el balón pasan a atacar.
Dimensión: 15m x 15m. Duración: 4´.

2.2.- Juego 6:3. Seis atacantes cada uno con un balón lo conducen en el interior del cuadrado tratando de superar 1:1 a tres defensores y mantener la posesión del balón, los defensores si logran recuperar el balón pasan a atacar.
Dimensión: 15m x 15m. Duración: 4´.

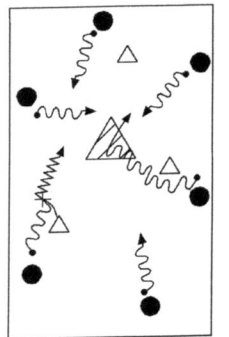 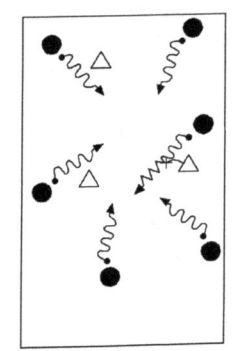

Ejs. Movilidad Articular y Estiramientos   3.- PARTE PRINCIPAL   3.1. CIRCUITO DE VELOCIDAD DE REACCIÓN

3.2.- ZONAS DE RESISTENCIA: INTENSIDAD: III
- N.º JUGADORES: 22 (10 parejas (1:1) + 2 porteros.
- DIMENSIONES: 2 cuadrados 1-3 (20m x 20m), rectángulos 2-4 (20m x 16m)
- DURACIÓN: 2x1'
- RECUPERACIÓN: 1'   - N.º DE TOQUES: Libre

JUEGO Nº 1.-
Juego 1:1 (5 parejas). El jugador atacante intenta superar 1:1 a su defensor directo y atravesar conduciendo la portería neutral (2m).

JUEGO Nº 2.-
Juego 1:1 (5 parejas). Cada jugador ataca y defiende una línea de fondo con un portero. El jugador atacante intenta superar 1:1 a su defensor y finalizar atravesando conduciendo la línea de fondo adversaria tras superar 1:1 al portero adversario.

JUEGO Nº 3.-
Juego 1:1 (5 parejas). El jugador atacante intenta superar 1:1 a su defensor directo y mantener la posesión del balón.

JUEGO Nº 4.-
Juego 1:1 (5 parejas). Cada jugador ataca y defiende una portería normal (5m) con un portero. El jugador atacante intenta superar 1:1 a su defensor y finalizar tirando en la portería adversaria.

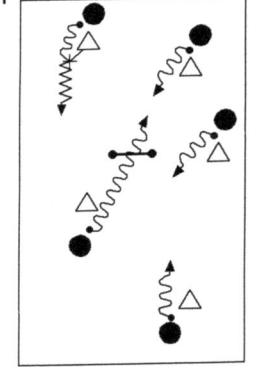 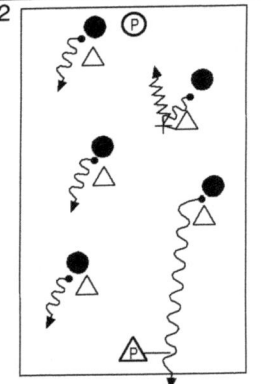

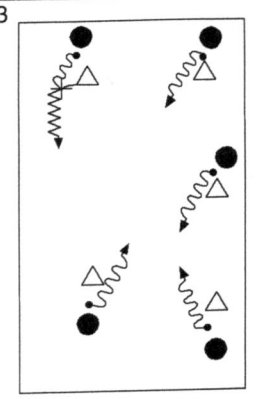 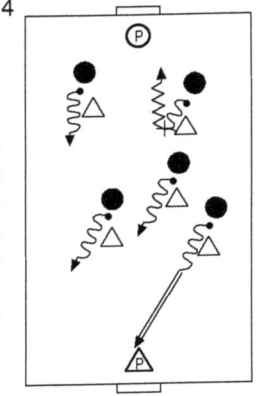

4. VUELTA A LA CALMA   4.1. CIRCUITO DE FUERZA BASE TRONCO   4.2. EJER. MOV. ARTICULAR-ESTIRAMIENTOS

PERIODO COMPETITIVO II	CATEGORÍA CADETES	MESOCICLO ESPECIFICO II	MICROCICLO III	SESIÓN 3	DURACIÓN: 100'

OBJETIVO: Ofensivo: La finalización. Defensivo: Evitar el gol.
MED. TÁCTICOS: Ofensivo: Paredes, c. orientación, vel. juego, profundidad, progresión, desmarques.
Defensivo: Entrada, marcaje, vigilancia, repliegues.
MED. TÉCNICOS: Ofensivos: Pase, control, tiro, juego de cabeza.
Defensivos: Entrada, carga, anticipación, interceptación, despeje.
MED. PSICOLÓG.: Ofensivos: Atención, concentración, confianza. Defensivos: Atención, concentración.
MED. FÍSICOS: Cap. anaeróbica láctica, resistencia intensidad II, capacidades coordinativas.

1.- Explicación de objetivos y contenidos   2.- INTRODUCCIÓN AL MEDIO   Ejercicios de Movilidad Articular y Estiramiento

2.1.- Juego 3:3+3 comodines ofensivos que apoyan desde el interior del cuadrado. El equipo atacante tiene que finalizar tirando antes del 6º pase en la portería triangular neutral (4mx3 lados).
Dimensión: 22m x 22m. Duración: 6´. Nº toques: 2-3

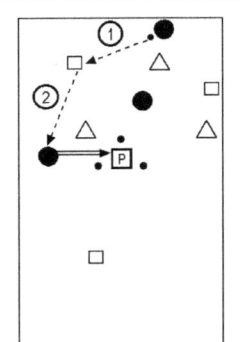

2.2.- Juego 3:3+3 comodines ofensivos que apoyan desde los lados exteriores del cuadrado. El equipo atacante tiene que finalizar tirando antes del 6º pase en la portería triangular neutral (4mx3 lados).
Dimensión: 22m x 22m. Duración: 6´. Nº toques: 2-3

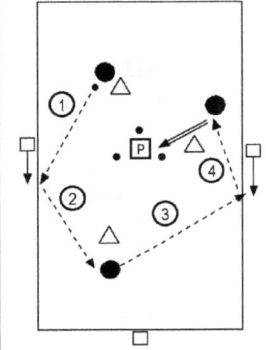

Ejs. Movilidad Articular y Estiramientos	3.- PARTE PRINCIPAL	3.1. CIRCUITO DE CAPACIDAD ANAERÓBICA LÁCTICA

3.2.- ZONAS DE RESISTENCIA: INTENSIDAD: II
- N.º JUGADORES: 20 (4 equipos de 6 jugadores).
- DIMENSIONES: El doble del área de penalty (33m x 40m).
- DURACIÓN: 10'
- RECUPERACIÓN: 2'   - N.º DE TOQUES: 3
JUEGO Nº 1.-
Juego 6:6. Cada equipo ataca y defiende una portería normal (7m) y sitúa a dos jugadores en las bandas del campo hacia el que atacan desde donde apoyan (cada 3' cambiarlos). El equipo atacante tiene que finalizar tirando tras un pase de los jugadores situados en las bandas.
JUEGO Nº 2.-
Juego 6:6. Cada equipo ataca y defiende una portería normal (7m) y sitúa a dos jugadores en las esquinas del campo hacia el que atacan desde donde apoyan (cada 3' cambiarlos). El equipo atacante tiene que finalizar tirando tras un pase de los jugadores situados en las esquinas del campo.
JUEGO Nº 3.-
Juego 6:6. Cada equipo ataca y defiende una portería normal (7m) y sitúa a dos jugadores por detrás de la línea de fondo adversaria desde donde apoyan (cada 3' cambiarlos). El equipo atacante tiene que finalizar tirando tras un pase de los jugadores situados en la línea de fondo.
JUEGO Nº 4.-
Juego 6:6. Cada equipo ataca y defiende una portería normal. El equipo atacante tiene que finalizar tirando antes del 6º pase en la portería adversaria desde su propio campo.

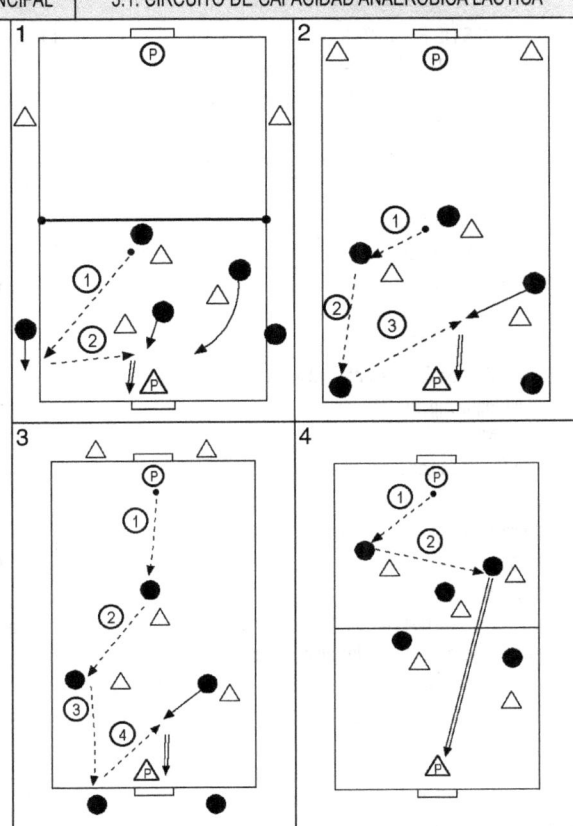

4. VUELTA A LA CALMA	4.1. CIRCUITO DE FUERZA BASE TRONCO	4.2. EJER. MOV. ARTICULAR-ESTIRAMIENTOS

PERIODO COMPETITIVO II	CATEGORÍA CADETES	MESOCICLO ESPECIFICO II	MICROCICLO III	SESIÓN 4	DURACIÓN: 90'

OBJETIVO: Ofensivo: Superar las situaciones 1:1. Defensivo: Evitar ser superado 1:1.
MED. TÁCTICOS: Ofensivo: C. ritmo, temporizaciones. Defensivo: Entradas, temporizaciones, repliegues.
MED. TÉCNICOS: Ofensivos: Conducción, finta, regate, cobertura técnica. Defensivos: Entrada, carga.
MED. PSICOLÓG.: Ofensivos: Atención, concentración, creatividad, confianza, valentía.
Defensivos: Atención, concentración, seguridad.
MED. FÍSICOS: Vel. reacción, resistencia intensidad II, capacidades coordinativas.

1.- Explicación de objetivos y contenidos 2.- INTRODUCCIÓN AL MEDIO | Ejercicios de Movilidad Articular y Estiramiento

2.1.- Juego 6:3. Seis atacantes cada uno con un balón lo conducen en el interior del cuadrado tratando de superar 1:1 a tres defensores y mantener la posesión del balón, los defensores si logran recuperar el balón pasan a atacar.

Dimensión: 15 x 15 m. Duración: 4'.

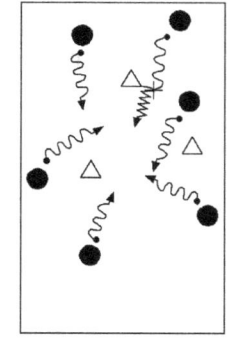

2.2.- Juego 6:3. Seis atacantes cada uno con un balón lo conducen en el interior del cuadrado tratando de superar 1:1 a tres defensores y atravesar conduciendo la portería neutral (2m), los defensores si logran recuperar el balón pasan a atacar.
Dimensión: 15 x 15 m. Duración: 4'.

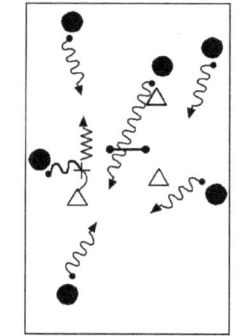

Ejs. Movilidad Articular y Estiramientos | 3.- PARTE PRINCIPAL | 3.1. CIRCUITO DE VELOCIDAD DE REACCIÓN

3.2.- ZONAS DE RESISTENCIA: INTENSIDAD: II
- N.º JUGADORES: 20 (4 equipos de 5 jugadores).
- DIMENSIONES: 4 cuadrados de (30m x 30m).
- DURACIÓN: 8'
- RECUPERACIÓN: 2'   - N.º DE TOQUES: Libre
JUEGO Nº 1.-
Juego 5:5. El equipo atacante consigue un punto cada vez que un jugador tras superar 1:1 a un defensor logra atravesar conduciendo alguno dos los cuadrados (2mx2m) situados en el campo.
JUEGO Nº 2.-
Juego 5:5. El equipo atacante consigue un punto cada vez que un jugador logra superar 1:1 a un defensor.
JUEGO Nº 3.-
Juego 5:5. El equipo atacante consigue un punto cada vez que un jugador tras superar 1:1 a un defensor logra atravesar conduciendo alguna de las cinco porterías (2m) situadas en el campo.
JUEGO Nº 4.-
Juego 5:5. Se delimita una zona marcada (15mx15m) en el interior de la cual el jugador atacante que recibe el balón para poder pasar el balón tiene que superar 1:1 a un defensor.

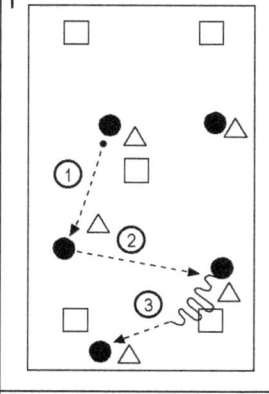

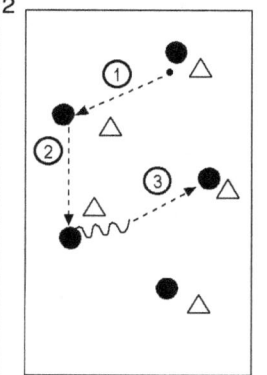

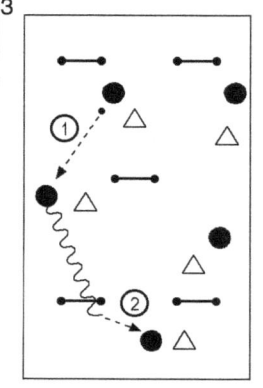

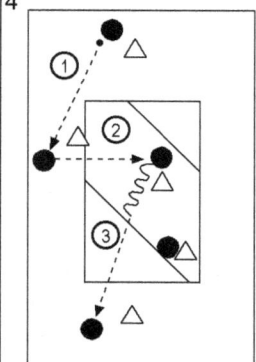

4. VUELTA A LA CALMA | 4.1. CIRCUITO DE FUERZA BASE TRONCO | 4.2. EJER. MOV. ARTICULAR-ESTIRAMIENTOS

PERIODO COMPETITIVO II	CATEGORÍA CADETES	MESOCICLO ESPECIFICO II	MICROCICLO IV	SESIÓN 1	DURACIÓN: 100'

OBJETIVO: Ofensivo: Mantener la posesión del balón. Defensivo: Recuperar el balón.
MED. TÁCTICOS: Ofensivo: Apoyos, desmarques, paredes, temporizaciones, c. orientación. Defensivo: Marcaje, vigilancia.
MED. TÉCNICOS: Ofensivos: Control, conducción, pase. Defensivos: Entrada, anticipación, interceptación, carga.
MED. PSICOLÓG.: Ofensivos: Atención, concentración, seguridad, cap. cognitivas.
Defensivos: Atención, concentración, sacrificio, voluntad.
MED. FÍSICOS: Fuerza rápida, resistencia intensidad II, capacidades coordinativas.

1.- Explicación de objetivos y contenidos 2.- INTRODUCCIÓN AL MEDIO	Ejercicios de Movilidad Articular y Estiramiento

2.1.- Juego 3:3+3 comodines ofensivos que apoyan desde los lados exteriores del cuadrado. El equipo atacante intenta mantener la posesión del balón.

Dimensión: 15m x 15m. Duración: 6´. Nº toques: 2-3

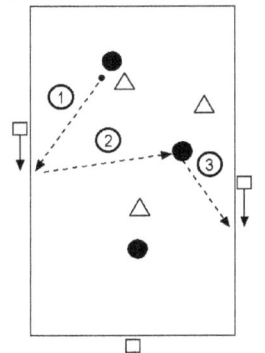
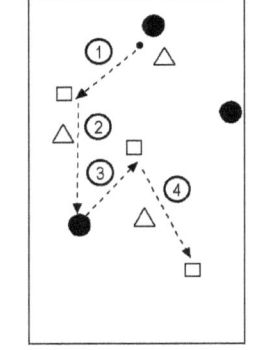

2.2.- Juego 3:3+3 comodines ofensivos que apoyan desde el interior del cuadrado. El equipo atacante intenta mantener la posesión del balón.

Dimensión: 15m x 15m. Duración: 6´. Nº toques: 2-3

Ejs. Movilidad Articular y Estiramientos	3.- PARTE PRINCIPAL	3.1. CIRCUITO DE FUERZA RÁPIDA

3.2.- ZONAS DE RESISTENCIA: INTENSIDAD: II
- N.º JUGADORES: 20 (4 equipos de 5 jugadores).
- DIMENSIONES: 4 cuadrados de 35m x 35m.
- DURACIÓN: 10'
- RECUPERACIÓN: 2'   - N.º DE TOQUES: 3

JUEGO Nº 1.-
Juego 5:5. El equipo atacante intenta mantener la posesión del balón sólo permitiéndose los pases cortos y a ras de suelo.

JUEGO Nº 2.-
Juego 5:5. El equipo atacante intenta mantener la posesión del balón consiguiendo un punto cada vez que logran realizar un pase a través de alguna de las tres porterías (2m) situadas en el campo.

JUEGO Nº 3.-
Juego 5:5. El equipo atacante intenta mantener la posesión del balón consiguiendo un punto cada vez que logran dar diez pases seguidos.

JUEGO Nº 4.-
Juego 5:5. El equipo atacante intenta mantener la posesión del balón consiguiendo un punto cada vez que un jugador recibe el balón en el interior de uno de los cinco cuadrados (2mx2m) situados en el campo.

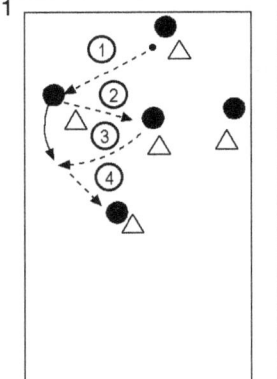
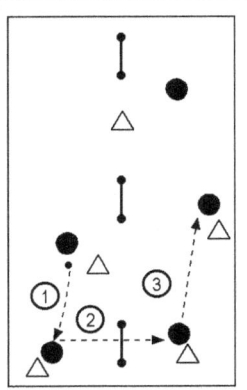
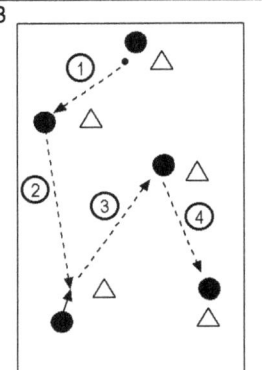
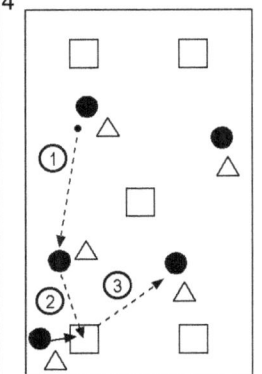

4. VUELTA A LA CALMA	4.1. CIRCUITO DE FUERZA BASE TRONCO	4.2. EJER. MOV. ARTICULAR-ESTIRAMIENTOS

PERIODO COMPETITIVO II	CATEGORÍA CADETES	MESOCICLO ESPECIFICO II	MICROCICLO IV	SESIÓN 2	DURACIÓN: 100'

OBJETIVO: Ofensivo: Mantener la posesión del balón. Defensivo: Recuperar el balón.
MED. TÁCTICOS: Ofensivo: Apoyos, desmarques, paredes, temporizaciones, c. orientación.
Defensivo: Marcaje, vigilancia.
MED. TÉCNICOS: Ofensivos: Control, pase. Defensivos: Entrada, anticipación, interceptación, carga.
MED. PSICOLÓG.: Ofensivos: Atención, concentración, seguridad, cap. cognitivas.
Defensivos: Atención, concentración, sacrificio, voluntad.
MED. FÍSICOS: Vel. reacción, resistencia intensidad III, capacidades coordinativas.

1.- Explicación de objetivos y contenidos   2.- INTRODUCCIÓN AL MEDIO   Ejercicios de Movilidad Articular y Estiramiento

2.1.- Juego 6:3, dos equipos de tres jugadores atacantes situados (dos en las esquinas del cuadrado y cuatro en el interior del mismo) tratan de mantener la posesión del balón contra un equipo de tres jugadores defensores que intentan recuperarlo, si lo consiguen pasa a defender el equipo que perdió el balón.
Dimensión: 15m x 15m. Duración: 6´. Nº toques: 2-3

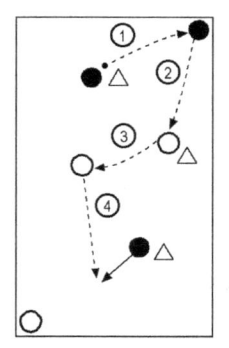

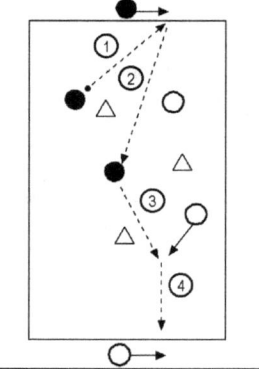

2.2.- Juego 6:3, dos equipos de tres jugadores atacantes situados (dos en los lados exteriores del cuadrado y cuatro en el interior del mismo) tratan de mantener la posesión del balón contra un equipo de tres jugadores defensores que intentan recuperarlo, si lo consiguen pasa a defender el equipo que perdió el balón.
Dimensión: 15m x 15m. Duración: 6´. Nº toques: 2-3

Ejs. Movilidad Articular y Estiramientos	3.- PARTE PRINCIPAL	3.1. CIRCUITO DE VELOCIDAD DE REACCIÓN

3.2.- ZONAS DE RESISTENCIA: INTENSIDAD: III
- N.º JUGADORES: 20 (4 equipos de 5 jugadores).
- DIMENSIONES: 4 cuadrados de 35m x 35m.
- DURACIÓN: 7'
- RECUPERACIÓN: 2'   - N.º DE TOQUES: 1-2

JUEGO Nº 1.-
Juego 5:5. El equipo atacante intenta mantener la posesión del balón siguiendo la secuencia de pases: 4 pases cortos-1 pase largo.

JUEGO Nº 2.-
Juego 5:5. El equipo atacante intenta mantener la posesión del balón consiguiendo un punto cada vez que logran realizar un pase a través de alguna de las cinco porterías (2m) situadas en el campo.

JUEGO Nº 3.-
Juego 5:5. El equipo atacante intenta mantener la posesión del balón no pudiendo realizar más de dos pases en el interior de una misma zona del campo.

JUEGO Nº 4.-
Juego 5:5. El equipo atacante intenta mantener la posesión del balón consiguiendo un punto cada vez que un jugaor realiza un pase desde el interior de uno de los cinco cuadrados (2mx2m) situados en el campo.

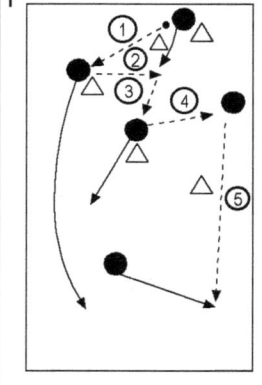

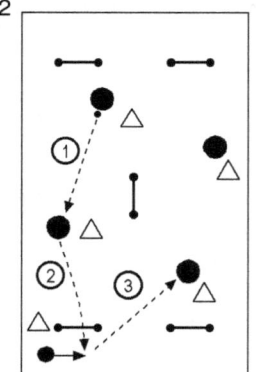

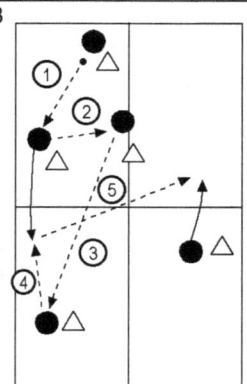

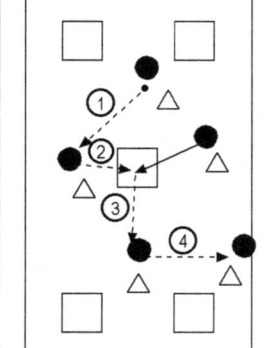

4. VUELTA A LA CALMA	4.1. CIRCUITO DE FUERZA BASE TRONCO	4.2. EJER. MOV. ARTICULAR-ESTIRAMIENTOS

PERIODO COMPETITIVO II	CATEGORÍA CADETES	MESOCICLO ESPECIFICO II	MICROCICLO IV	SESIÓN 3	DURACIÓN: 100'

OBJETIVO: Ofensivo: Mantener la posesión del balón. Defensivo: Recuperar el balón.
MED. TÁCTICOS: Ofensivo: Apoyos, desmarques, paredes, temporizaciones, c. orientación.
Defensivo: Marcaje, vigilancia.
MED. TÉCNICOS: Ofensivos: Control, conducción, regate, pase.
Defensivos: Entrada, anticipación, interceptación, carga.
MED. PSICOLÓG.: Ofensivos: Atención, concentración, seguridad, cap. cognitivas.
Defensivos: Atención, concentración, sacrificio, voluntad.
MED. FÍSICOS: Cap. anaeróbica láctica, resistencia especial de competición, capacidades coordinativas.

1.- Explicación de objetivos y contenidos   2.- INTRODUCCIÓN AL MEDIO   Ejercicios de Movilidad Articular y Estiramiento

2.1.- Juego 3:3+3 comodines ofensivos que apoyan desde las esquinas del cuadrado. El equipo atacante intenta mantener la posesión del balón.

Dimensión: 15m x 15m. Duración: 6´. Nº toques: 2-3

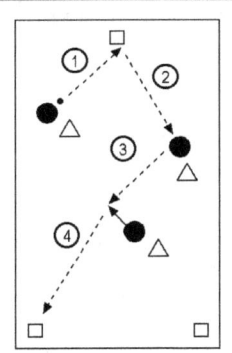

2.2.- Juego 3:3+3 comodines ofensivos que apoyan (dos desde los lados exteriores del cuadrado y uno desde el interior del mismo). El equipo atacante intenta mantener la posesión del balón.

Dimensión: 15m x 15m. Duración: 6´. Nº toques: 2-3

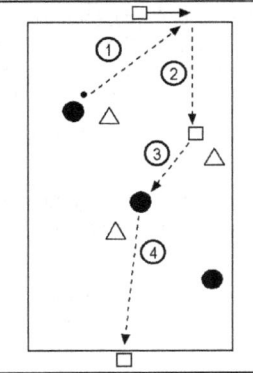

| Ejs. Movilidad Articular y Estiramientos | 3.- PARTE PRINCIPAL | 3.1. CIRCUITO DE CAPACIDAD ANAERÓBICA LÁCTICA |

3.2.- ZONAS DE RESISTENCIA: ESPECIAL DE COMPETICIÓN
- N.º JUGADORES: 22 (2 equipos de 11 jugadores).
- DIMENSIONES: Todo el campo reglamentario.
- DURACIÓN: 20'
- RECUPERACIÓN: 1'   - N.º DE TOQUES: Libre

JUEGO Nº 1.-
Juego 11:11. El equipo atacante tiene que dar diez pases seguidos en campo propio antes de poder pasar a campo contrario y finalizar tirando en la portería adversaria.

JUEGO Nº 2.-
Juego 11:11. El equipo atacante tiene que dar diez pases seguidos en campo contrario para poder finalizar tirando en la portería adversaria.

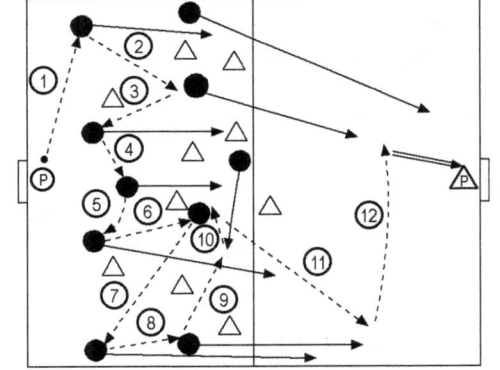

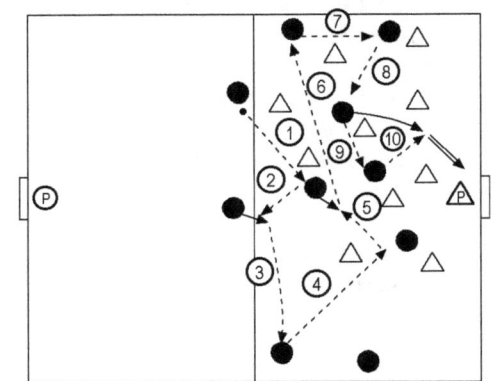

| 4. VUELTA A LA CALMA | 4.1. CIRCUITO DE FUERZA BASE TRONCO | 4.2. EJER. MOV. ARTICULAR-ESTIRAMIENTOS |

PERIODO COMPETITIVO II	CATEGORÍA CADETES	MESOCICLO ESPECIFICO II	MICROCICLO IV	SESIÓN 4	DURACIÓN: 90'

OBJETIVO: Ofensivo: Mantener la posesión del balón. Defensivo: Recuperar el balón..
MED. TÁCTICOS: Ofensivo: Apoyos, desmarques, paredes, temporizaciones c. orientación.
Defensivo: Marcaje, vigilancia.
MED. TÉCNICOS: Ofensivos: Control, conducción, regate, pase.
Defensivos: Entrada, anticipación, interceptación, carga.
MED. PSICOLÓG.: Ofensivos: Atención, concentración, seguridad, cap. cognitivas.
Defensivos: Atención, concentración, sacrificio, voluntad.
MED. FÍSICOS: Vel. reacción, resistencia intensidad I, capacidades coordinativas.

1.- Explicación de objetivos y contenidos   2.- INTRODUCCIÓN AL MEDIO   Ejercicios de Movilidad Articular y Estiramiento

2.1.- Juego 6:3, dos equipos de tres jugadores atacantes situados en el interior del cuadrado tratan de mantener la posesión del balón contra un equipo de tres jugadores defensores, si lo consiguen pasa a defender el equipo que perdió el balón.

Dimensión: 15m x 15m. Duración: 6´. Nº toques: 2-3

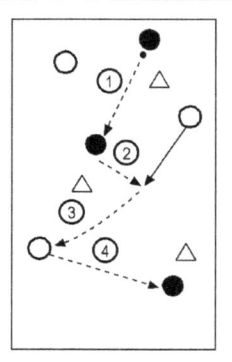

2.2.- Juego 6:3, dos equipos de tres jugadores atacantes situados (cuatro en los lados exteriores del cuadrado y dos en el interior del mismo) tratan de mantener la posesión del balón contra un equipo de tres jugadores defensores que intentan recuperarlo, si lo consiguen pasa a defender el equipo que perdió el balón.

Dimensión: 15m x 15m. Duración: 6´. Nº toques: 2-3

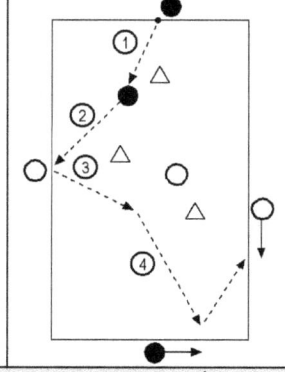

Ejs. Movilidad Articular y Estiramientos   3.- PARTE PRINCIPAL   3.1. CIRCUITO DE VELOCIDAD DE REACCIÓN

3.2.- ZONAS DE RESISTENCIA: INTENSIDAD: I
- N.º JUGADORES: 20 (4 equipos de 5 jugadores).
- DIMENSIONES: 4 cuadrados de 30m x 30m.
- DURACIÓN: 8'
- RECUPERACIÓN: 2'   - N.º DE TOQUES: Libre

JUEGO Nº 1.-
Juego 5:5. Se divide el campo en dos zonas. El equipo atacante intenta mantener la posesión del balón consiguiendo un punto cada vez que logran dar seis pases seguidos en el interior de una misma zona.

JUEGO Nº 2.-
Juego 5:5. Se divide el campo en cuatro zonas. El equipo atacante intenta mantener la posesión del balón consiguiendo un punto cada vez que logran dar cuatro pases seguidos en el interior de una misma zona.

JUEGO Nº 3.-
Juego 5:5. El equipo atacante intenta mantener la posesión del balón consiguiendo un punto cada vez que un jugador logra atravesar conduciendo alguna de las cinco porterías (2m) situadas en el campo.

JUEGO Nº 4.-
Juego 5:5. El equipo atacante intenta mantener la posesión del balón consiguiendo un punto cada vez que un jugador que recibe el balón en el interior de uno de los cinco cuadrados (2mx2m) logra salir conduciendo el balón del mismo.

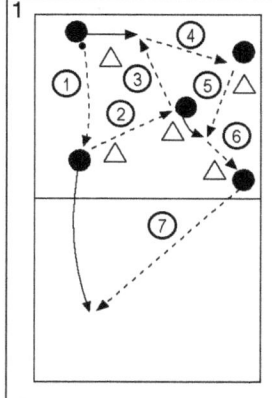
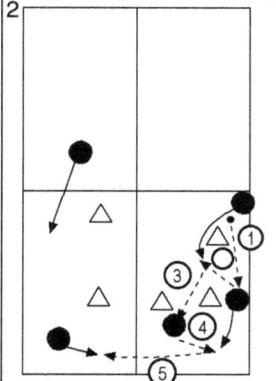
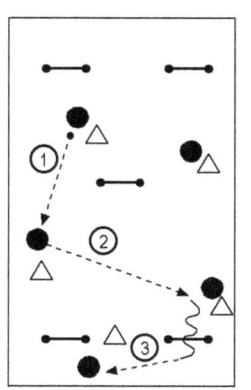
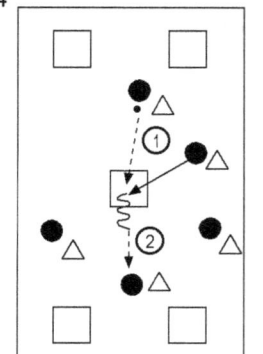

4. VUELTA A LA CALMA   4.1. CIRCUITO DE FUERZA BASE TRONCO   4.2. EJER. MOV. ARTICULAR-ESTIRAMIENTOS

PERIODO COMPETITIVO II	CATEGORÍA CADETES	MESOCICLO ESPECIFICO II	MICROCICLO V	SESIÓN 1	DURACIÓN: 100'

OBJETIVO: Ofensivo: Progresión en el juego (ataque). Defensivo: Evitar la progresión en el juego.
MED. TÁCTICOS: Ofensivo: Profundidad, paredes, c. ritmo, c. orientación, desmarques, apoyos, amplitud, progresión.
Defensivo: Entrada, temporización, marcaje, bascular, red. espacio, coberturas, permutas.
MED. TÉCNICOS: Ofensivos: Control. conducción, pase, tiro. Defensivos: Entrada, anticipación, interceptación, carga.
MED. PSICOLÓG.: Ofensivos: Atención, concentración, creatividad, cap. cognitivas.
Defensivos: Atención, concentración, sacrificio, voluntad.
MED. FÍSICOS: Fuerza rápida, resistencia intensidad II, capacidades coordinativas.

1.- Explicación de objetivos y contenidos   2.- INTRODUCCIÓN AL MEDIO   Ejercicios de Movilidad Articular y Estiramiento

2.1.- Juego 3:3+3 comodines ofensivos que apoyan desde el interior del campo. Cada equipo ataca y defiende una portería pequeña (3m). El equipo atacante intenta progresar en el juego y finalizar tirando en la portería adversaria tras dar seis pases seguidos.
Dimensión: 22m x 16m. Duración: 6´. Nº toques: 2-3

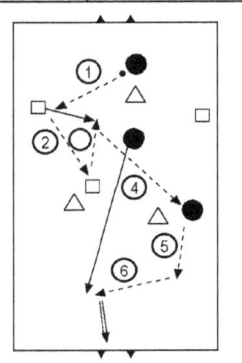

2.2.- Juego 4:4+3 comodines ofensivos que apoyan desde el interior del campo. Cada equipo ataca y defiende una portería triangular (4mx3 lados). El equipo atacante intenta progresar en el juego y finalizar tirando en la portería adversaria tras dar seis pases seguidos.
Dimensión: 22m x 16m. Duración: 6´. Nº toques: 2-3

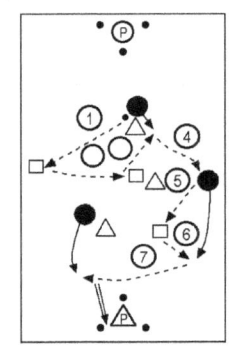

Ejs. Movilidad Articular y Estiramientos   3.- PARTE PRINCIPAL   3.1. CIRCUITO DE FUERZA RAPIDA

3.2.- ZONAS DE RESISTENCIA: INTENSIDAD: II
- N.º JUGADORES: 22 (4 equipos de 5 jugadores + 2 porteros).
- DIMENSIONES: 4 rectángulos de 45m x 30m.
- DURACIÓN: 10'
- RECUPERACIÓN: 2'   - N.º DE TOQUES: Libre
JUEGO Nº 1.-
Juego 5:5. Cada equipo ataca y defiende una zona marcada (10mx30m). El equipo atacante intenta progresar en el juego y finalizar logrando dar cinco pases seguidos en el interior de la zona marcada adversaria. Sistema: 3-2 ó 4-1
JUEGO Nº 2.-
Juego 6:6 Cada equipo ataca y defiende una portería lateral (7m). El equipo atacante intenta progresar en el juego y finalizar tirando en la portería adversaria tras dar seis pases seguidos. Sistema: 1-3-2 ó 1-4-1
JUEGO Nº 3.-
Juego 5:5. Cada equipo ataca y defiende cuatro pitotes colocados a lo largo de la línea de fondo. El equipo atacante intenta progresar en el juego y finalizar intentando mediante un tiro derribar los pitotes del adversario tras dar seis pases seguidos. Sistema: 3-2 ó 4-1
JUEGO Nº 4.-
Juego 6:6. Cada equipo ataca y defiende una portería triangular (5mx3 lados). El equipo atacante intenta progresar en el juego y finalizar tirando en la portería adversaria. Sistema: 1-3-2 ó 1-4-1.

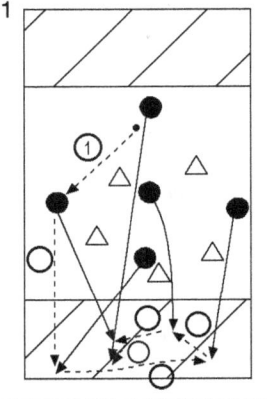

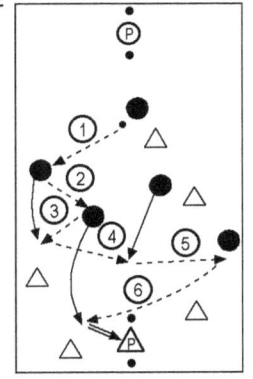

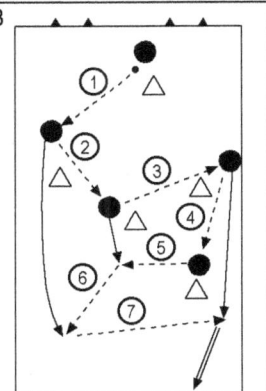

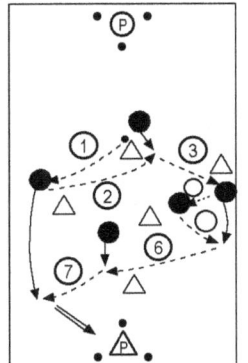

4. VUELTA A LA CALMA	4.1. CIRCUITO DE FUERZA BASE TRONCO	4.2. EJER. MOV. ARTICULAR-ESTIRAMIENTOS

PERIODO COMPETITIVO II	CATEGORÍA CADETES	MESOCICLO ESPECIFICO II	MICROCICLO V	SESIÓN 2	DURACIÓN: 100'

OBJETIVO: Ofensivo: Progresión en el juego (contraataque) Defensivo: Evitar la progresión en el juego.
MED. TÁCTICOS: Ofensivo: Profundidad, vel. juego, c. orientación, desmarques, apoyos, amplitud, progresión.
Defensivo: Entrada, temporización, marcaje, bascular, red. espacio, repliegues, coberturas, permutas.
MED. TÉCNICOS: Ofensivos: Control, pase, tiro. Defensivos: Entrada, anticipación, interceptación, carga.
MED. PSICOLÓG.: Ofensivos: Atención, concentración, creatividad, cap. cognitivas.
Defensivos: Atención, concentración, sacrificio, voluntad.
MED. FÍSICOS: Vel. reacción, resistencia intensidad III, capacidades coordinativas.

1.- Explicación de objetivos y contenidos   2.- INTRODUCCIÓN AL MEDIO   Ejercicios de Movilidad Articular y Estiramiento

2.1.- Juego 3:3+3 comodines ofensivos que apoyan desde el interior del campo. Cada equipo ataca y defiende una línea de fondo. El equipo atacante intenta progresar en el juego y finalizar atravesando conduciendo la línea de fondo adversaria antes del 6º pase.

Dimensión: 22m x 16m. Duración: 6´. Nº toques: 2-3

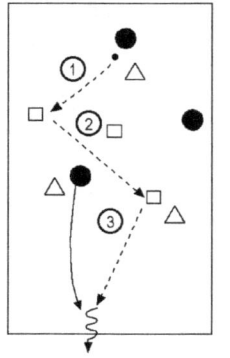 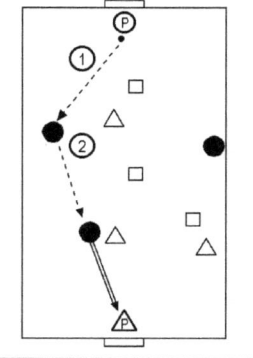

2.2.- Juego 4:4+3 comodines ofensivos que apoyan desde el interior del campo. Cada equipo ataca y defiende una portería normal (5m). El equipo atacante intenta progresar en el juego y finalizar tirando en la portería adversaria antes del 6º pase.

Dimensión: 22m x 16m. Duración: 6´. Nº toques: 2-3

Ejs. Movilidad Articular y Estiramientos	3.- PARTE PRINCIPAL	3.1. CIRCUITO DE VELOCIDAD DE REACCIÓN

3.2.- ZONAS DE RESISTENCIA: INTENSIDAD: III
- Nº JUGADORES: 22 (4 equipos de 5 jugadores + dos porteros).
- DIMENSIONES: 4 rectángulos de 50m x 35m.
- DURACIÓN: 7'
- RECUPERACIÓN: 2'   - Nº DE TOQUES: 1-2

JUEGO Nº 1.-
Juego 5:5. Cada equipo ataca y defiende tres porterías pequeñas (2m). El equipo atacante intenta progresar en el juego y finalizar tirando en alguna de las porterías adversarias antes del 6º pase. Sistema: 3-2

JUEGO Nº 2.-
Juego 6:6. Cada equipo ataca y defiende una portería normal (7m). El equipo atacante intenta progresar en el juego y finalizar tirando en la portería adversaria antes del 6º pase. Sistema: 1-3-2 ó 1-4-1

JUEGO Nº 3.-
Juego 5:5. Cada equipo ataca y defiende una zona marcada (5mx20m). El equipo atacante intenta progresar en el juego y finalizar logrando un jugador controlar el balón en el interior de la zona marcada adversaria antes del 6º pase. Sistema: 3-2- ó 4-1

JUEGO Nº 4.-
Juego 6:6. Cada equipo ataca y defiende una portería cuadrada (6mx6m). El equipo atacante intenta progresar en el juego y finalizar tirando en la portería adversaria antes del 6º pase. Sistema: 1-3-2 ó 1-4-1

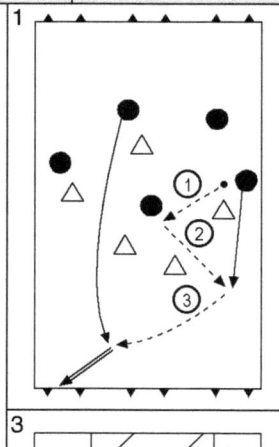 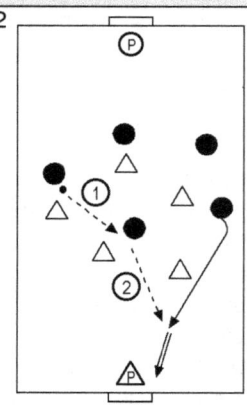

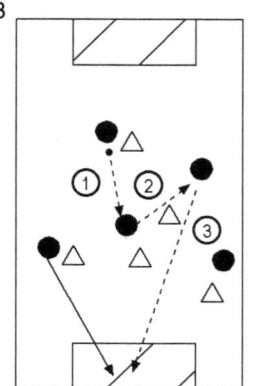 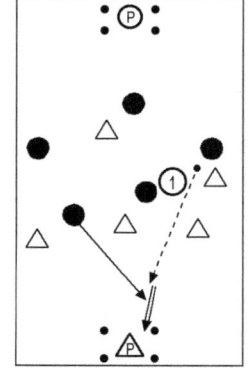

4. VUELTA A LA CALMA	4.1. CIRCUITO DE FUERZA BASE TRONCO	4.2. EJER. MOV. ARTICULAR-ESTIRAMIENTOS

PERIODO COMPETITIVO II	CATEGORÍA CADETES	MESOCICLO ESPECIFICO II	MICROCICLO V	SESIÓN 3	DURACIÓN: 100'

OBJETIVO: Ofensivo: Progresión en el juego. Defensivo: Evitar la progresión en el juego.
MED. TÁCTICOS: Ofensivo: Profundidad, paredes, c. ritmo, c. orientación, desmarques, apoyos, amplitud, progresión.
Defensivo: Entrada, temporización, marcaje, bascular, red. espacio, coberturas, permutas.
MED. TÉCNICOS: Ofensivos: Control, conducción, regate, pase, tiro.
Defensivos: Entrada, anticipación, interceptación, carga.
MED. PSICOLÓG.: Ofensivos: Atención, concentración, creatividad, cap. cognitivas.
Defensivos: Atención, concentración, sacrificio, voluntad.
MED. FÍSICOS: Cap. anaeróbica láctica, resistencia especial de competición, capacidades coordinativas.

1.- Explicación de objetivos y contenidos 2.- INTRODUCCIÓN AL MEDIO	Ejercicios de Movilidad Articular y Estiramiento

2.1.- Juego 3:3+3 comodines ofensivos que apoyan desde el interior del campo. Cada equipo ataca y defiende una portería ancha (10m). El equipo atacante intenta progresar en el juego y finalizar atravesando conduciendo la portería adversaria.
Dimensión: 22m x 16m. Duración: 6´. Nº toques: 2-3

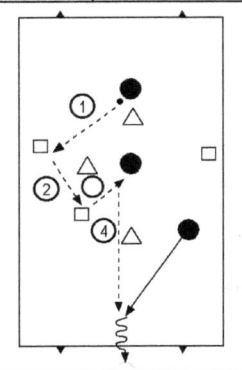 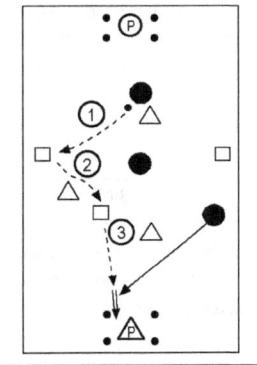

2.2.- Juego 4:4+3 comodines ofensivos que apoyan desde el interior del campo. Cada equipo ataca y defiende una portería cuadrada (5mx5m). El equipo atacante intenta progresar en el juego y finalizar tirando en la portería adversaria.
Dimensión: 22m x 16m. Duración: 6´. Nº toques: 2-3

Ejs. Movilidad Articular y Estiramientos	3.- PARTE PRINCIPAL	3.1. CIRCUITO DE CAPACIDAD ANAERÓBICA LÁCTICA

3.2.- ZONAS DE RESISTENCIA: ESPECIAL DE COMPETICIÓN
- N.º JUGADORES: 22 (2 equipos de 11 jugadores).
- DIMENSIONES: Todo el campo reglamentario.
- DURACIÓN: 20'
- RECUPERACIÓN: 1'   - N.º DE TOQUES: Libre

JUEGO Nº 1.-
Juego 11:11. El equipo atacante para poder finalizar tirando en la portería adversaria tiene que tener a todos sus jugadores (excepto el portero) en campo contrario.

JUEGO Nº 2.-
Juego 11:11. El equipo atacante tiene que finalizar tirando en la portería adversaria antes del 6º pase.

1
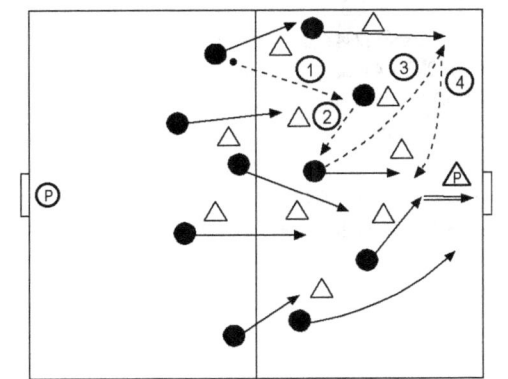

2
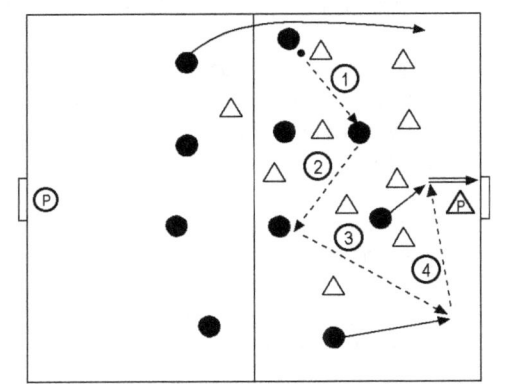

4. VUELTA A LA CALMA	4.1. CIRCUITO DE FUERZA BASE TRONCO	4.2. EJER. MOV. ARTICULAR-ESTIRAMIENTOS

PERIODO COMPETITIVO II	CATEGORÍA CADETES	MESOCICLO ESPECIFICO II	MICROCICLO V	SESIÓN 4	DURACIÓN: 90'

OBJETIVO: Ofensivo: Progresión en el juego (ataque por las bandas). Defensivo: Evitar la progresión en el juego.
MED. TÁCTICOS: Ofensivo: Profundidad, amplitud, vel. juego, c. orientación, desmarques, apoyos, progresión.
Defensivo: Entrada, temporización, marcaje, bascular, red. espacio, repliegues, coberturas, permutas.
MED. TÉCNICOS: Ofensivos: Control, conducción, regate, pase, tiro.
Defensivos: Entrada, anticipación, interceptación, carga.
MED. PSICOLÓG.: Ofensivos: Atención, concentración, creatividad, cap. cognitivas.
Defensivos: Atención, concentración, sacrificio, voluntad.
MED. FÍSICOS: Vel. reacción, resistencia intensidad I, capacidades cognitivas.

1.- Explicación de objetivos y contenidos   2.- INTRODUCCIÓN AL MEDIO   Ejercicios de Movilidad Articular y Estiramiento

2.1.- Juego 3:3+3 comodines ofensivos que apoyan (dos desde las bandas y uno desde el interior del campo). Cada equipo ataca y defiende dos porterías pequeñas (2m). El equipo atacante intenta progresar en el juego y finalizar tirando en alguna de las porterías adversarias.
Dimensión: 22m x 16m. Duración: 6´. Nº toques: 2-3

2.2.- Juego 4:4+3 comodines ofensivos que apoyan (dos desde las bandas y uno desde el interior del campo). Cada equipo ataca y defiende una portería normal (5m). El equipo atacante intenta progresar en el juego y finalizar tirando en la portería adversaria.
Dimensión: 22m x 16m. Duración: 6´. Nº toques: 2-3

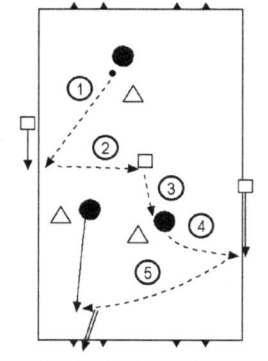
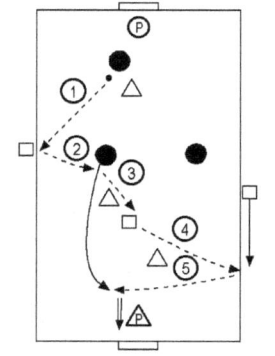

Ejs. Movilidad Articular y Estiramientos	3.- PARTE PRINCIPAL	3.1. CIRCUITO DE VELOCIDAD DE REACCIÓN

3.2.- ZONAS DE RESISTENCIA: INTENSIDAD: I
- N.º JUGADORES: 22 (4 equipos de 5 jugadores + 2 porteros).
- DIMENSIONES: 4 rectángulos de 40m x 30m.
- DURACIÓN: 8'
- RECUPERACIÓN: 2'   - N.º DE TOQUES: Libre

JUEGO Nº 1.-
Juego 5:5. Cada equipo ataca y defiende dos porterías laterales pequeñas (2m). El equipo atacante intenta progresar en el juego y finalizar tirando en alguna de las porterías adversarias. Sistema: 3-2 ó 4-1

JUEGO Nº 2.-
Juego 6:6. Cada equipo ataca y defiende una portería lateral (7m). El equipo atacante intenta progresar en el juego y finalizar tirando en la portería adversaria. Sistema: 1-3-2 ó 1-4-1

JUEGO Nº 3.-
Juego 5:5. Cada equipo ataca y defiende dos cuadrados (5mx5m). El equipo atacante intenta progresar en el juego y finalizar logrando un jugador controlar el balón en el interior de alguno de los cuadrados adversarios. Sistema: 3-2 ó 4-1

JUEGO Nº 4.-
Juego 6:6. Cada equipo ataca y defiende una porterías normal (7m). El equipo atacante intenta progresar en el juego y sólo puede finalizar tirando en la portería adversaria tras un centro desde uno de los cuatro cuadrados (5mx5m) situados en las esquinas del campo. Sistema: 1-3-2 ó 1-4-1

1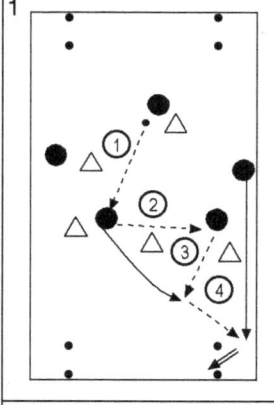
2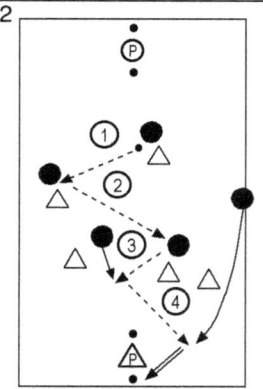
3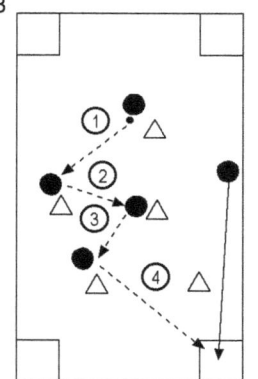
4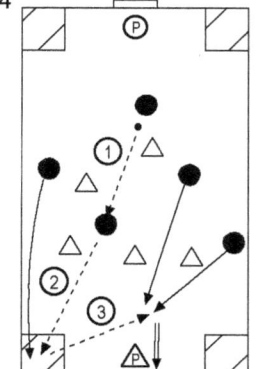

4. VUELTA A LA CALMA	4.1. CIRCUITO DE FUERZA BASE TRONCO	4.2. EJER. MOV. ARTICULAR-ESTIRAMIENTOS

PERIODO COMPETITIVO II	CATEGORÍA CADETES	MESOCICLO ESPECIFICO II	MICROCICLO VI	SESIÓN 1	DURACIÓN: 100'

OBJETIVO: Ofensivo: La finalización. Defensivo: Evitar el gol.
MED. TÁCTICOS: Ofensivo: Paredes, c. orientación, vel. juego, profundidad, progresión, desmarques.
Defensivo: Entrada, marcaje, vigilancia, repliegues.
MED. TÉCNICOS: Ofensivos: Pase, control, tiro, juego de cabeza.
Defensivos: Entrada, carga, anticipación, interceptación, despeje.
MED. PSICOLÓG.: Ofensivos: Atención, concentración, confianza. Defensivos: Atención, concentración.
MED. FÍSICOS: Fuerza rápida, resistencia intensidad II, capacidades coordinativas.

1.- Explicación de objetivos y contenidos   2.- INTRODUCCIÓN AL MEDIO   Ejercicios de Movilidad Articular y Estiramiento

2.1.- Juego 3:3+3 comodines ofensivos que apoyan desde las esquinas del cuadrado. El equipo atacante tiene que finalizar tirando antes del 6º pase en la portería neutral (5m).
Dimensión: 22m x 22m. Duración: 6´. Nº toques: 2-3

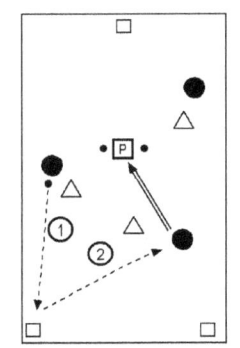

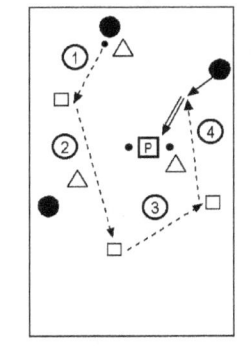

2.2.- Juego 3:3+3 comodines ofensivos que apoyan desde el interior del cuadrado. El equipo atacante tiene que finalizar tirando antes del 6º pase en la portería neutral (5m).
Dimensión: 22m x 22m. Duración: 6´. Nº toques: 2-3

Ejs. Movilidad Articular y Estiramientos	3.- PARTE PRINCIPAL	3.1. CIRCUITO DE FUERZA RAPIDA

3.2.- ZONAS DE RESISTENCIA: INTENSIDAD: II
- N.º JUGADORES: 20 (4 equipos de 5 jugadores).
- DIMENSIONES: 4 rectángulos de 30m x 20m.
- DURACIÓN: 10'
- RECUPERACIÓN: 2'   - N.º DE TOQUES: 3
JUEGO Nº 1.-
Juego 5:5. Cada equipo ataca y defiende una portería normal (7m). El equipo atacante tiene que finalizar tirando antes del 6º pase en la portería adversaria.
JUEGO Nº 2.-
Juego 5:5. Cada equipo ataca y defiende una portería normal (7m). El equipo atacante tiene que finalizar tirando desde campo propio antes del 6º pase en la portería adversaria.
JUEGO Nº 3.-
Juego 5:5. Cada equipo ataca y defiende una portería normal (7m). El equipo atacante tiene que finalizar tirando desde el interior de la zona marcada (15mx20m) antes del 6º pase en la portería adversaria.
JUEGO Nº 4.-
Juego 5:5. Cada equipo ataca y defiende una portería normal (7m). El equipo atacante tiene que finalizar tirando desde el interior de la zona marcada (7´5mx20m) en la portería adversaria antes del 6º pase.

1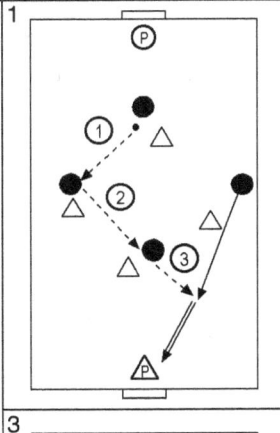

2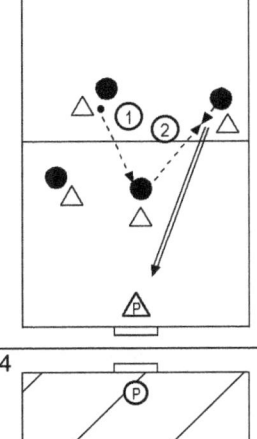

3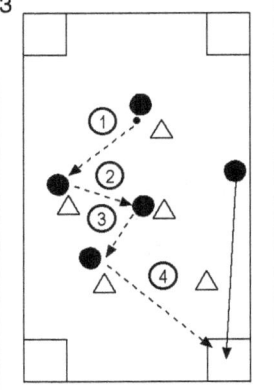

4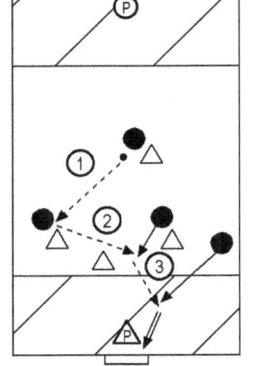

4. VUELTA A LA CALMA	4.1. CIRCUITO DE FUERZA BASE TRONCO	4.2. EJER. MOV. ARTICULAR-ESTIRAMIENTOS

PERIODO COMPETITIVO II	CATEGORÍA CADETES	MESOCICLO ESPECIFICO II	MICROCICLO VI	SESIÓN 2	DURACIÓN: 100'

OBJETIVO: Ofensivo: Superar las situaciones 1:1. Defensivo: Evitar ser superado 1:1.
MED. TÁCTICOS: Ofensivo: C. ritmo, temporizaciones. Defensivo: Entrada, temporizaciónes, repliegues.
MED. TÉCNICOS: Ofensivos: Conducción, finta, regate, cobertura técnica. Defensivos: Entrada, carga.
MED. PSICOLÓG.: Ofensivos: Atención, concentración, creatividad, confianza, valentía.
Defensivos: Atención, concentración, seguridad.
MED. FÍSICOS: Vel. reacción, resistencia intensidad III, capacidades coordinativas.

1.- Explicación de objetivos y contenidos   2.- INTRODUCCIÓN AL MEDIO   Ejercicios de Movilidad Articular y Estiramiento

2.1.- Juego 6:3. Seis atacantes cada uno con un balón lo conducen en el interior del cuadrado tratando de superar 1:1 a tres defensores y atravesar conduciendo la portería neutral (2m), los defensores si logran recuperar el balón pasan a atacar.

Dimensión: 15m x 15m. Duración: 4´.

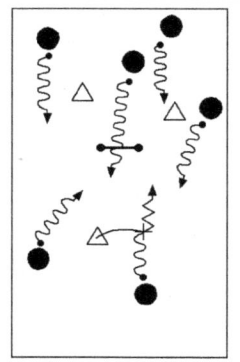

2.2.- Juego 6:3. Seis atacantes cada uno con un balón lo conducen en el interior del cuadrado tratando de superar 1:1 a tres defensores y atravesar conduciendo la zona marcada (2mx2m), los defensores si logran recuperar el balón pasan a atacar.

Dimensión: 15m x 15m. Duración: 4´.

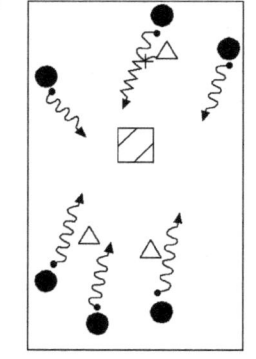

Ejs. Movilidad Articular y Estiramientos	3.- PARTE PRINCIPAL	3.1. CIRCUITO DE VELOCIDAD DE REACCIÓN

3.2.- ZONAS DE RESISTENCIA: INTENSIDAD: III
- N.º JUGADORES: 22 (10 parejas (1:1) + 2 porteros.
- DIMENSIONES: 2 cuadrados 1-3 (20m x 20m), 2 rectángulos 2-4 (20m x 15m)
- DURACIÓN: 2x1'
- RECUPERACIÓN:1'   - N.º DE TOQUES: Libre

JUEGO Nº 1.-
Juego 1:1 (5 parejas). El jugador atacante intenta superar 1:1 a su defensor y atravesar conduciendo alguna de las tres porterías pequeñas (2m) situadas en el campo.

JUEGO Nº 2.-
Juego 1:1 (5 parejas). Cada jugador ataca y defiende una portería ancha (10m) defendida por un portero. El jugador atacante intenta superar 1:1 a su defensor y atravesar conduciendo la portería adversaria tras superar 1:1 al portero adversario.

JUEGO Nº 3.-
Juego 1:1 (5 parejas). El jugador atacante intenta superar 1:1 a su defensor y mantener la posesión del balón.

JUEGO Nº 4.-
Juego 1:1 (5 parejas). Cada jugador ataca y defiende una línea de fondo defendida por un portero. El jugador atacante intenta superar 1:1 a su defensor y atravesar conduciendo la línea de fondo adversaria tras superar 1:1 al portero adversario.

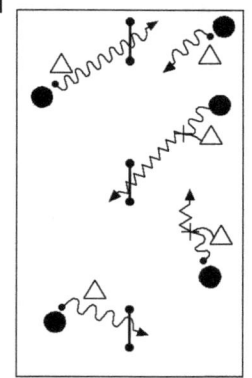
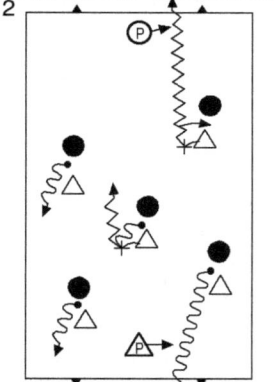
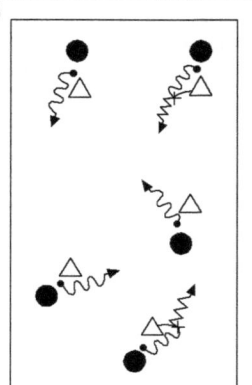
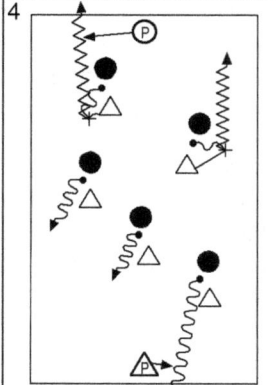

4. VUELTA A LA CALMA	4.1. CIRCUITO DE FUERZA BASE TRONCO	4.2. EJER. MOV. ARTICULAR-ESTIRAMIENTOS

PERIODO COMPETITIVO II	CATEGORÍA CADETES	MESOCICLO ESPECIFICO II	MICROCICLO VI	SESIÓN 3	DURACIÓN: 100'

OBJETIVO: Ofensivo: La finalización. Defensivo: Evitar el gol.
MED. TÁCTICOS: Ofensivo: Paredes, c. orientación, vel. juego, profundidad, progresión, desmarques.
Defensivo: Entrada, marcaje, vigilancia, repliegues.
MED. TÉCNICOS: Ofensivos: Pase, control, tiro, juego de cabeza.
Defensivos: Entrada, carga, anticipación, interceptación, despeje.
MED. PSICOLÓG.: Ofensivos: Atención, concentración, confianza. Defensivos: Atención, concentración.
MED. FÍSICOS: Cap. anaeróbica láctica, resistencia intensidad II, capacidades coordinativas.

1.- Explicación de objetivos y contenidos   2.- INTRODUCCIÓN AL MEDIO   Ejercicios de Movilidad Articular y Estiramiento

2.1.- Juego 3:3+3 comodines ofensivos que apoyan desde las esquinas del cuadrado. El equipo atacante tiene que finalizar antes del 6º pase en la portería triangular neutral (4m x 3 lados)
Dimensión: 22m x 22m. Duración: 6´. Nº toques: 2-3

2.2.- Juego 3:3+3 comodines ofensivos que apoyan desde los lados exteriores del cuadrado. El equipo atacante tiene que finalizar antes del 6º pase en la portería triangular neutral (4m x 3 lados).
Dimensión: 22m x 22m. Duración: 6´. Nº toques: 2-3

Ejs. Movilidad Articular y Estiramientos	3.- PARTE PRINCIPAL	3.1. CIRCUITO DE CAPACIDAD ANAERÓBICA LÁCTICA

3.2.- ZONAS DE RESISTENCIA: INTENSIDAD: II
- N.º JUGADORES: 20 (4 equipos de 5 jugadores).
- DIMENSIONES: 4 rectángulos de 30m x 20m.
- DURACIÓN: 10'
- RECUPERACIÓN: 2'   - N.º DE TOQUES: 3
JUEGO Nº 1.-
Juego 5:5. Cada equipo ataca y defiende una portería normal (7m). El equipo atacante tiene que finalizar tirando antes del 6º pase en la portería adversaria.
JUEGO Nº 2.-
Juego 5:5. Cada equipo ataca y defiende una portería triangular (5mx3 lados). El equipo atacante tiene que finalizar tirando antes del 6º pase en la portería adversaria.
JUEGO Nº 3.-
Juego 5:5. Cada equipo ataca y defiende una portería lateral (7m). El equipo atacante tiene que finalizar tirando antes del 6º pase en la portería adversaria.
JUEGO Nº 4.-
Juego 5:5. Cada equipo ataca y defiende una portería cuadrada (6mx6m). El equipo atacante tiene que finalizar tirando antes del 6º pase en la portería adversaria.

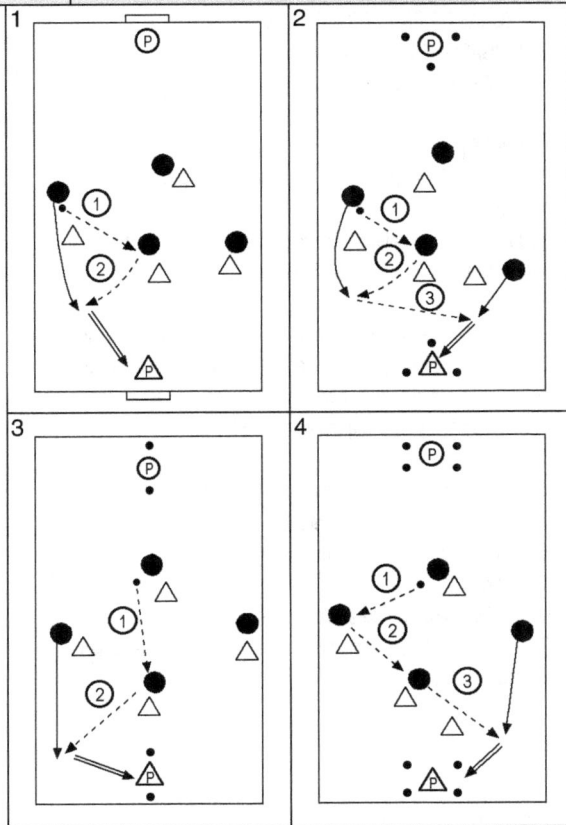

4. VUELTA A LA CALMA	4.1. CIRCUITO DE FUERZA BASE TRONCO	4.2. EJER. MOV. ARTICULAR-ESTIRAMIENTOS

PERIODO COMPETITIVO II	CATEGORÍA CADETES	MESOCICLO ESPECIFICO II	MICROCICLO VI	SESIÓN 4	DURACIÓN: 90'

OBJETIVO: Ofensivo: Superar las situaciones 1:1. Defensivo: Evitar ser superado 1:1.
MED. TÁCTICOS: Ofensivo: C. ritmo, temporizaciones. Defensivo: Entradas, temporizaciones, repliegues.
MED. TÉCNICOS: Ofensivos: Conducción, finta, regate, cobertura técnica. Defensivos: Entrada, carga.
MED. PSICOLÓG.: Ofensivos: Atención, concentración, creatividad, confianza, valentía.
Defensivos: Atención, concentración, seguridad.
MED. FÍSICOS: Vel. reacción, resistencia intensidad I, capacidades coordinativas.

1.- Explicación de objetivos y contenidos   2.- INTRODUCCIÓN AL MEDIO   Ejercicios de Movilidad Articular y Estiramiento

2.1.- Juego 6:3. Seis atacantes cada uno con un balón lo conducen en el interior del cuadrado tratando de superar 1:1 a tres defensores y mantener la posesión del balón, los defensores si logran recuperar el balón pasan a atacar.
Dimensión: 15m x 15m. Duración: 4´.

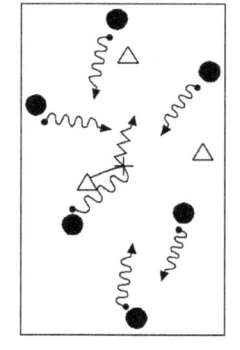

2.2.- Juego 6:3. Seis atacantes cada uno con un balón lo conducen en el interior del cuadrado tratando de superar 1:1 a tres defensores y atravesar conduciendo la portería neutral (2m), los defensores si logran recuperar el balón pasan a atacar.
Dimensión: 15m x 15m. Duración: 4´.

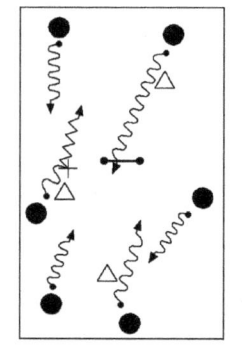

Ejs. Movilidad Articular y Estiramientos   3.- PARTE PRINCIPAL   3.1. CIRCUITO DE VELOCIDAD DE REACCIÓN

3.2.- ZONAS DE RESISTENCIA: INTENSIDAD: I
- N.º JUGADORES: 20 (4 equipos de 5 jugadores).
- DIMENSIONES: 2 cuadrados 1-3 (30mx30m); rectángulos 2-4 (35mx25m).
- DURACIÓN: 8'
- RECUPERACIÓN: 2'   - N.º DE TOQUES: Libre

JUEGO Nº 1.-
Juego 5:5. El equipo atacante consigue un punto cada vez que un jugador logra superar 1:1 a un defensor.

JUEGO Nº 2.-
Juego 5:5. Cada equipo ataca y defiende una zona marcada (5mx25m) defendida por un jugador. El equipo atacante para conseguir un punto tiene que superar 1:1 al jugador que defiende la zona marcada y atravesar conduciendo la misma.

JUEGO Nº 3.-
Juego 5:5. El equipo atacante para conseguir un punto un jugador tiene que superar 1:1 a un defensor y atravesar conduciendo alguna de las tres porterías (2m) situadas en el campo.

JUEGO Nº 4.-
Juego 5:5. Cada equipo ataca y defiende una portería normal (7m). El equipo atacante sólo puede finalizar tirando en la portería adversaria tras superar 1:1 a un defensor.

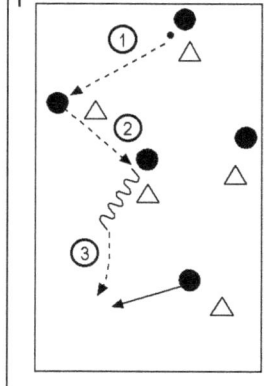
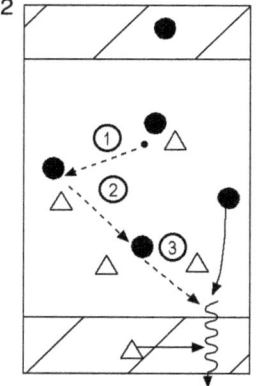
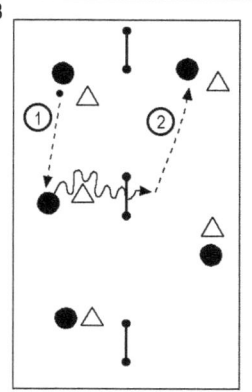
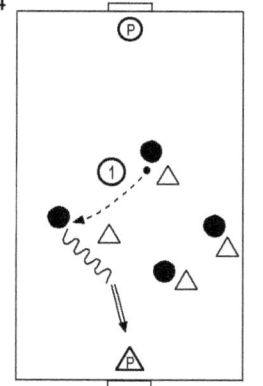

4. VUELTA A LA CALMA   4.1. CIRCUITO DE FUERZA BASE TRONCO   4.2. EJER. MOV. ARTICULAR-ESTIRAMIENTOS

PERIODO TRANSITORIO	CATEGORÍA CADETES	MESOCICLO REGENERATIVO	MICROCICLO I	SESIONES 1 Y 3	DURACIÓN: 90'

OBJETIVO: Ofensivo: Mantener la posesión del balón. Defensivo: Recuperar el balón.
MED. TÁCTICOS: Ofensivo: Apoyos, desmarques, paredes, temporizaciones, c. orientación.
Defensivo: Marcaje, vigilancia.
MED. TÉCNICOS: Ofensivos: Control, pase. Defensivos: Entrada, anticipación, interceptación, carga.
MED. PSICOLÓG.: Ofensivos: Atención, concentración, seguridad, cap. cognitivas.
Defensivos: Atención, concentración, sacrificio, voluntad.
MED. FÍSICOS: Cap. aeróbica, resistencia intensidad II, capacidades coordinativas.

1.- Explicación de objetivos y contenidos 2.- INTRODUCCIÓN AL MEDIO	Ejercicios de Movilidad Articular y Estiramiento

2.1.- Juego 4:2, cuatro atacantes situados en las esquinas del cuadrado tratan de mantener la posesión del balón contra dos defensores que intentan recuperarlo, si recuperan el balón pasa a defender el jugador que perdió el balón.
Dimensión: 10m x 10m. Duración: 5´. Nº toques: 2-1

2.2.- Juego 4:2, cuatro atacantes situados en los lados exteriores del cuadrado tratan de mantener la posesión del balón contra dos defensores que intentan recuperarlo, si recuperan el balón pasa a defender el jugador que perdió el balón.
Dimensión: 10m x 10m. Duración: 5´. Nº toques: 2-1

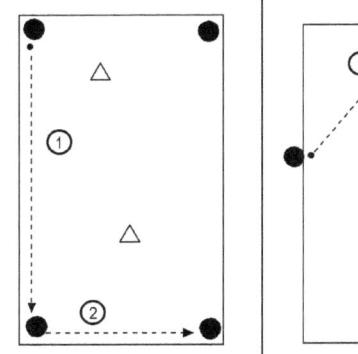
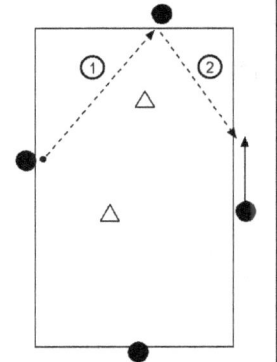

Ejs. Movilidad Articular y Estiramientos	3.- PARTE PRINCIPAL	3.1. CIRCUITO DE CAPACIDAD AERÓBICA

3.2.- ZONAS DE RESISTENCIA: INTENSIDAD: II
- N.º JUGADORES: 18 (4 equipos de 3 jugadores + 6 comodines).
- DIMENSIONES: 4 cuadrados de 20x20 m.
- DURACIÓN: 3x3'
- RECUPERACIÓN: 2'   - N.º DE TOQUES: 2
JUEGO Nº 1.-
Juego 3:3+3 comodines ofensivos que apoyan desde las esquinas del cuadrado. El equipo atacante intenta mantener la posesión del balón.
JUEGO Nº 2.-
Juego 3:3+3 comodines ofensivos que apoyan desde el interior del cuadrado. El equipo atacante intenta mantener la posesión del balón.
JUEGO Nº 3.-
Juego 3:3+3 comodines ofensivos que apoyan desde los lados exteriores del cuadrado. El equipo atacante intenta mantener la posesión del balón.
JUEGO Nº 4.-
Juego 3:3+3 comodines ofensivos que apoyan desde el interior de tres cuadrados (2mx2m) situados en el campo. El equipo atacante intenta mantener la posesión del balón.

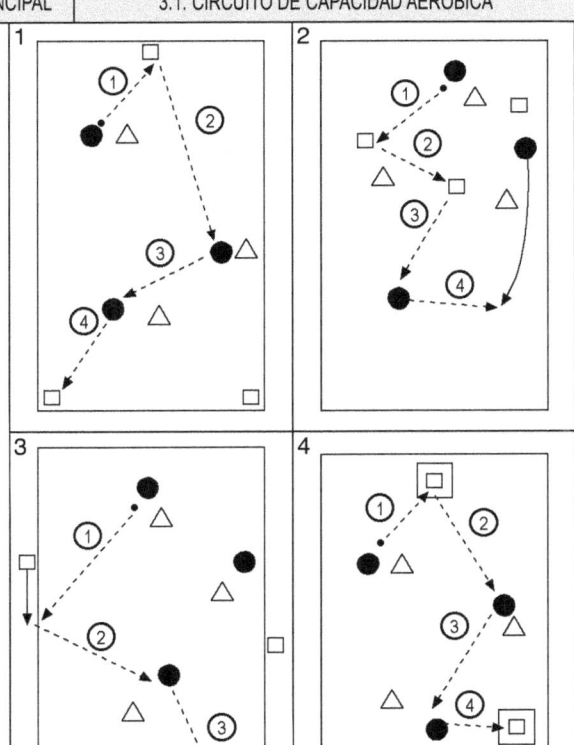

4. VUELTA A LA CALMA	4.1. CIRCUITO DE FUERZA BASE TRONCO	4.2. EJER. MOV. ARTICULAR-ESTIRAMIENTOS

PERIODO TRANSITORIO	CATEGORÍA CADETES	MESOCICLO REGENERATIVO	MICROCICLO I	SESIONES 2 Y 4	DURACIÓN: 90'

OBJETIVO: Ofensivo: Mantener la posesión del balón. Defensivo: Recuperar el balón.
MED. TÁCTICOS: Ofensivo: Apoyos, desmarques, paredes, temporizaciones, c. orientación.
Defensivo: Marcaje, vigilancia.
MED. TÉCNICOS: Ofensivos: Control, pase. Defensivos: Entrada, anticipación, interceptación, carga.
MED. PSICOLÓG.: Ofensivos: Atención, concentración, seguridad, cap. cognitivas.
Defensivos: Atención, concentración, sacrificio, voluntad.
MED. FÍSICOS: Cap. aeróbica, resistencia intensidad II, capacidades coordinativas.

1.- Explicación de objetivos y contenidos   2.- INTRODUCCIÓN AL MEDIO   Ejercicios de Movilidad Articular y Estiramiento

2.1.- Juego 4:2, cuatro atacantes situados (dos en las esquinas del cuadrado y dos en el interior del mismo) tratan de mantener la posesión del balón contra dos defensores que intentan recuperarlo, si recuperan el balón pasa a defender el jugador que perdió el balón.
Dimensión: 10m x 10m. Duración: 5´. Nº toques: 2-3

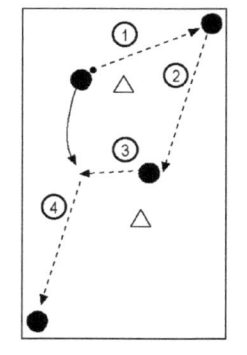 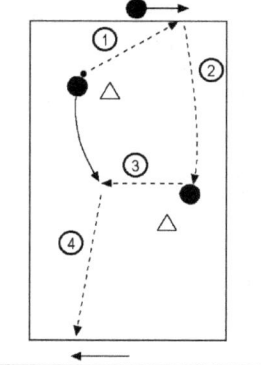

2.2.- Juego 4:2, cuatro atacantes situados (dos en los lados exteriores del cuadrado y dos en el interior del mismo) tratan de mantener la posesión del balón contra dos defensores que intentan recuperarlo, si recuperan el balón pasa a defender el jugador que perdió el balón.
Dimensión: 10m x 10m. Duración: 5´. Nº toques: 2-3

Ejs. Movilidad Articular y Estiramientos	3.- PARTE PRINCIPAL	3.1. CIRCUITO DE CAPACIDAD AERÓBICA

3.2.- ZONAS DE RESISTENCIA: INTENSIDAD: II
- N.º JUGADORES: 18 (4 equipos de 3 jugadores + 6 comodines).
- DIMENSIONES: 4 cuadrados de 20m x 20m.
- DURACIÓN: 3x3'
- RECUPERACIÓN: 2'   - N.º DE TOQUES: 2

JUEGO Nº 1.-
Juego 3:3+3 comodines ofensivos que apoyan (dos desde las esquinas del cuadrado y uno desde el interior del mismo). El equipo atacante intenta mantener la posesión del balón.

JUEGO Nº 2.-
Juego 3:3+3 comodines ofensivos que apoyan (dos desde los lados exteriores del cuadrado y uno desde el interior del mismo). El equipo atacante intenta mantener la posesión del balón.

JUEGO Nº 3.-
Juego 3:3+3 comodines ofensivos que apoyan (uno desde las esquinas del cuadrado y dos en el interior del mismo). El equipo atacante intenta mantener la posesión del balón.

JUEGO Nº 4.-
Juego 3:3+3 comodines ofensivos que apoyan (uno desde el lado exterior del cuadrado y dos desde el interior del mismo). El equipo atacante intenta mantener la posesión del balón.

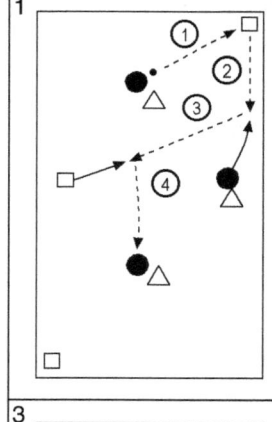 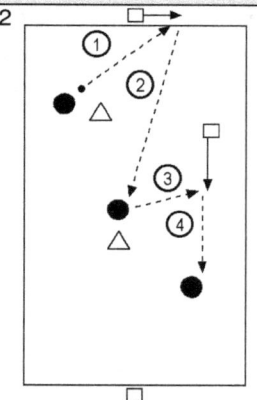

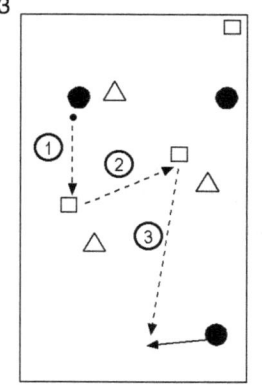 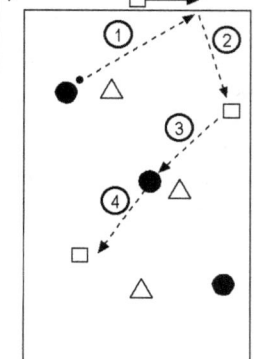

4. VUELTA A LA CALMA	4.1. CIRCUITO DE FUERZA BASE TRONCO	4.2. EJER. MOV. ARTICULAR-ESTIRAMIENTOS

PERIODO TRANSITORIO	CATEGORÍA CADETES	MESOCICLO REGENERATIVO	MICROCICLO II	SESIONES 1 Y 3	DURACIÓN: 90'

OBJETIVO: Ofensivo: Progresión en el juego. Defensivo: Evitar la progresión en el juego.
MED. TÁCTICOS: Ofensivo: Profundidad, paredes, c. ritmo, c. orientación, desmarques, apoyos, amplitud, progresión.
Defensivo: Entrada, temporización, marcaje, bascular, red. espacio, coberturas, permutas.
MED. TÉCNICOS: Ofensivos: Control, conducción, regate, pase, tiro.
Defensivos: Entrada, anticipación, interceptación, carga.
MED. PSICOLÓG.: Ofensivos: Atención, concentración, creatividad, cap. cognitivas.
Defensivos: Atención, concentración, sacrificio, voluntad.
MED. FÍSICOS: Cap. aeróbica, resistencia intensidad II, capacidades coordinativas.

1.- Explicación de objetivos y contenidos   2.- INTRODUCCIÓN AL MEDIO   Ejercicios de Movilidad Articular y Estiramiento

2.1.- Juego 3:3+3 comodines ofensivos que apoyan desde el interior del campo. Cada equipo ataca y defiende una línea de fondo. El equipo atacante intenta progresar en el juego y finalizar atravesando conduciendo la línea de fondo adversaria.

Dimensión: 22m x 16m. Duración: 6´. Nº toques: 2

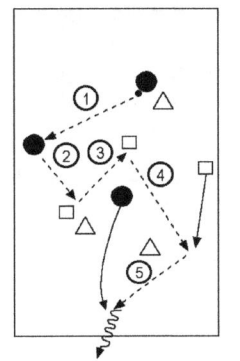

2.2.- Juego 4:4+3 comodines ofensivos que apoyan desde el interior del campo. Cada equipo ataca y defiende una portería lateral (5m). El equipo atacante intenta progresar en el juego y finalizar tirando en la portería adversaria.

Dimensión: 22m x 16m. Duración: 6´. Nº toques: 2

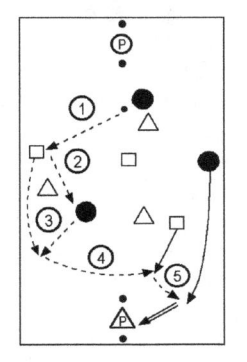

Ejs. Movilidad Articular y Estiramientos	3.- PARTE PRINCIPAL	3.1. CIRCUITO DE CAPACIDAD AERÓBICA

3.2.- ZONAS DE RESISTENCIA: INTENSIDAD: II
- N.º JUGADORES: 22 (4 equipos de 5 jugadores + 2 porteros).
- DIMENSIONES: 4 rectángulos de 45m x 30m.
- DURACIÓN: 8'
- RECUPERACIÓN: 2'   - N.º DE TOQUES: 3-libre

JUEGO Nº 1.-
Juego 5:5. Cada equipo ataca y defiende cuatro pitotes colocados a lo largo de la línea de fondo. El equipo atacante intenta progresar en el juego y finalizar intentando mediante un tiro derribar los pitotes del adversario.

JUEGO Nº 2.-
Juego 6:6. Cada equipo ataca y defiende una portería triangular (5mx3 lados). El equipo atacante intenta progresar en el juego y finalizar tirando en la portería adversaria.

JUEGO Nº 3.-
Juego 5:5. Cada equipo ataca y defiende una portería ancha (20m). El equipo atacante intenta progresar en el juego y finalizar atravesando conduciendo la portería adversaria.

JUEGO Nº 4.-
Juego 6:6. Cada equipo ataca y defiende una portería normal (7m). El equipo atacante intenta progresar en el juego y finalizar tirando en la portería adversaria.

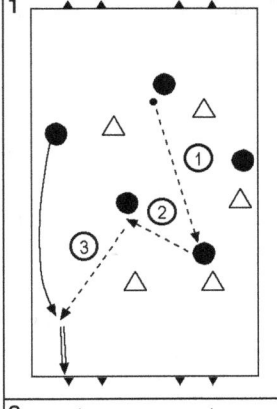
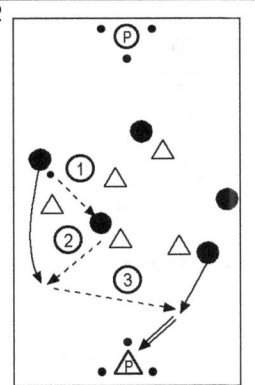
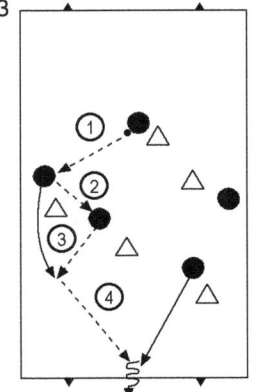
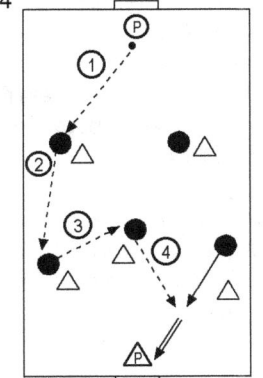

4. VUELTA A LA CALMA	4.1. CIRCUITO DE FUERZA BASE TRONCO	4.2. EJER. MOV. ARTICULAR-ESTIRAMIENTOS

PERIODO TRANSITORIO	CATEGORÍA CADETES	MESOCICLO REGENERATIVO	MICROCICLO II	SESIONES 2 Y 4	DURACIÓN: 90'

OBJETIVO: Ofensivo: Progresión en el juego. Defensivo: Evitar la progresión en el juego.
MED. TÁCTICOS: Ofensivo: Profundidad, paredes, c. ritmo, c. orientación, desmarques, apoyos, amplitud, progresión.
Defensivo: Entrada, temporización, marcaje, bascular, red. espacio, coberturas, permutas.
MED. TÉCNICOS: Ofensivos: Control, conducción, regate, pase, tiro.
Defensivos: Entrada, anticipación, interceptación, carga.
MED. PSICOLÓG.: Ofensivos: Atención, concentración, creatividad, cap. cognitivas.
Defensivos: Atención, concentración, sacrificio, voluntad.
MED. FÍSICOS: Cap. aeróbica, resistencia intensidad II, capacidades coordinativas.

1.- Explicación de objetivos y contenidos 2.- INTRODUCCIÓN AL MEDIO   Ejercicios de Movilidad Articular y Estiramiento

2.1.- Juego 3:3+3 comodines ofensivos que apoyan desde el interior del campo. Cada equipo ataca y defiende dos cuadrados (2mx2m). El equipo atacante intenta progresar en el juego y finalizar atravesando conduciendo de los cuadrados adversarios.

Dimensión: 22m x 16m. Duración: 6´. Nº toques: 2

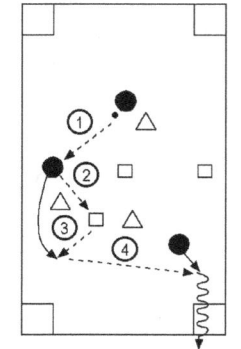

2.2.- Juego 4:4+3 comodines ofensivos que apoyan desde el interior del campo. Cada equipo ataca y defiende una portería normal (6m). El equipo atacante intenta progresar en el juego y finalizar tirando en la portería adversaria.

Dimensión: 22m x 16m. Duración: 6´. Nº toques: 2

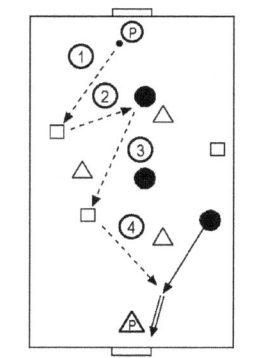

Ejs. Movilidad Articular y Estiramientos   3.- PARTE PRINCIPAL   3.1. CIRCUITO DE CAPACIDAD AERÓBICA

3.2.- ZONAS DE RESISTENCIA: INTENSIDAD: II
- N.º JUGADORES: 22 (4 equipos de 5 jugadores + 2 porteros).
- DIMENSIONES: 4 rectángulos de 45m x 30m.
- DURACIÓN: 8'
- RECUPERACIÓN: 2'   - N.º DE TOQUES:3- Libre
JUEGO Nº 1.-
Juego 5:5. Cada equipo ataca y defiende una zona marcada (5mx30m). El equipo atacante intenta progresar en el juego y finalizar logrando un jugador controlar el balón en el interior de la zona marcada.
JUEGO Nº 2.-
Juego 6:6. Cada equipo ataca y defiende una portería lateral (7m). El equipo atacante intenta progresar en el juego y finalizar tirando en la portería adversaria.
JUEGO Nº 3.-
Juego 5:5. Cada equipo ataca y defiende tres porterías pequeñas (2m). El equipo atacante intenta progresar en el juego y finalizar tirando en alguna de las porterías adversarias.
JUEGO Nº 4.-
Juego 6:6. Cada equipo ataca y defiende tres porterías (2 pequeñas, 2m, y una normal, 7m). El equipo atacante intenta progresar en el juego y finalizar pudiéndolo hacer en las porterías pequeñas atravesándolas conduciendo y en la portería normal tirando.

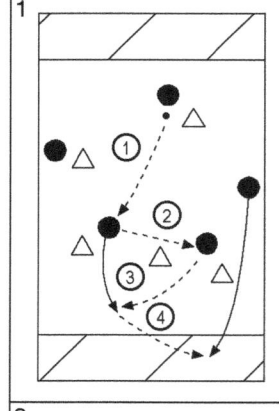
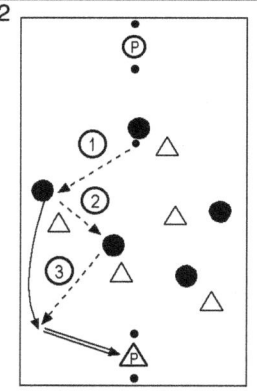
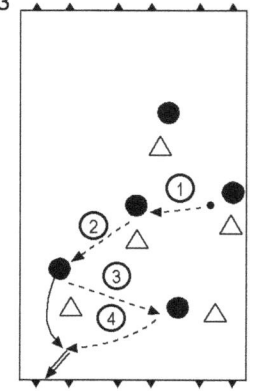
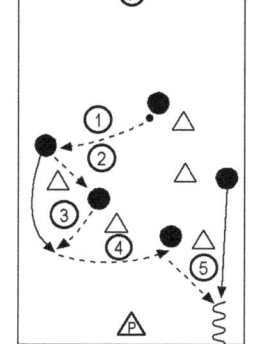

4. VUELTA A LA CALMA   4.1. CIRCUITO DE FUERZA BASE TRONCO   4.2. EJER. MOV. ARTICULAR-ESTIRAMIENTOS

BIBLIOGRAFÍA

BENEDEK, ENDRÉ. 250 Ejercicios de Entrenamiento. Paidotribo. Barcelona, 2000.

BRUGGMANN, BERNHARD. 1.000 Ejercicios y Juegos de Fútbol. Hispano Europea. Barcelona, 1.998.

BRÜGGEMANN, DETLEV Y ALBRECHT, DIRK. Entrenamiento Moderno de Fútbol. Hispano Europea. Barcelona, 2.000.

DEL FREO, ALESSANDRO. Técnica, Velocidad y Ritmo en el Fútbol. Paidotribo. Barcelona, 1.997.

KONZAG, I., DOBLER, H. y HERZOG, H.D. Entrenarse Jugando. Paidotribo. Barcelona 1.997.

MAYER, ROLF. 120 Juegos de Ataque y Defensa. Hispano Europea. Barcelona, 1.998.

MOMBAERTS, ERICK. Fútbol Entrenamiento y Rendimiento Colectivo. Hispano Europea. Barcelona, 1.998.

SANZ, ALEX Y FRATTAROLA, CÉSAR. Fútbol Base. Programa de Entrenamiento para la etapa de Tecnificación. Paidotribo. Barcelona, 1.998.

WEINECK, ERLANGEN J. Fútbol Total. Entrenamiento físico del Futbolista. Paidotribo. Barcelona,1.997.

ESCUELA GALLEGA DE ENTRENADORES: Apuntes de Metodología.

ESCUELA GALLEGA DE ENTRENADORES: Apuntes de Preparación Física.

ESCUELA GALLEGA DE ENTRENADORES: Apuntes de Táctica.

ESCUELA GALLEGA DE ENTRENADORES: Apuntes de Técnica.

ESCUELA GALLEGA DE ENTRENADORES: Apuntes de Psicología.

JAVIER LÓPEZ: Fútbol: 350 Fichas de formas jugadas para un entrenamiento globalizado.

JAVIER LÓPEZ: Fútbol: 1.380 Juegos para el entrenamiento de la técnica ofensiva y defensiva. Wanceulen. 2002.

JAVIER LÓPEZ: Fútbol: 175 Fichas de entrenamiento para Seniors. Wanceulen. 2002.

JAVIER LÓPEZ: FÚTBOL: 160 Fichas de Entrenamiento para Juveniles. Wanceulen. 2002.

JAVIER LÓPEZ: Fútbol-base: 120 Fichas de entrenamiento para Infantiles. Wanceulen. 2002.

JAVIER LÓPEZ: FÚTBOL: 120 Fichas de Entrenamiento para Alevines. Wanceulen. 2002.

JAVIER LÓPEZ: FÚTBOL: 80 Fichas de Entrenamiento para Pre-Benjamines. Wanceulen. 2002.

JAVIER LÓPEZ: FÚTBOL: 80 Fichas de Entrenamiento para Benjamines. Wanceulen. 2002.

JAVIER LÓPEZ: FÚTBOL: 160 Fichas de Entrenamiento para Cadetes. Wanceulen. 2002.

JAVIER LÓPEZ: FÚTBOL: Sus objetivos y medios para su desarrollo.

www.ingramcontent.com/pod-product-compliance
Lightning Source LLC
Chambersburg PA
CBHW081129170426
43197CB00017B/2797